ユーキャン

2025年版

介護福祉士

よくわかる！
速習テキスト

U-CANが よくわかる！ その理由

でるポイントを重点マスター！

■重要度と出題回次を表示

頻出度や出題量をふまえた総合的な観点から、
レッスン冒頭に重要度をA（高）、B、C（低）
で表示しています。

また、過去に実施された試験問題を徹底的に
分析。そのデータに基づき、見出しごとに出
題された回次を表示しています。

やさしい解説ですぐわかる

■平易な表現と簡潔な文章

平易な表現と簡潔な文章で、わかりや
すく学習内容を解説しています。

■豊富なイラスト&チャート図

学習内容をイメージで理解できるよ
う、イラスト&チャート図を豊富に盛
り込んでいます。

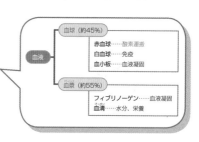

一問一答チェックで理解度アップ

■学習のまとめに理解度チェックテスト

学習した内容の復習、また理解度を確認するために、各レッスン末に
○×式の過去問題を掲載しています。

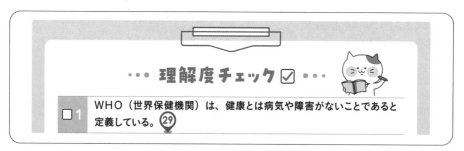

理解度チェック ☑

□ 1　WHO（世界保健機関）は、健康とは病気や障害がないことであると
定義している。㉙

本書の使い方

重要部分をチェック

重要度を確認し、各レッスンで学習する内容のうち、特に重要な『ポイント』をチェックしましょう。

重要度 **A** **Point**

本文を学習

本文は、複数回読むことで理解が深まります。1回目はざっと通読してレッスンの全体像をつかみます。2回目以降はプラスワン、吹き出し、イラスト＆チャート図を活用し、本文の内容を理解しながら読み進めていきましょう。

はじめまして。
ユーニャンです！
みんなの介護福祉士の
勉強をお手伝いするよ。

イラスト：あらいぴろよ

理解を深めよう

+1プラスワン

本文中に出てくる用語を詳しく解説したり、本文と関連して覚えておきたい情報を掲載しています。

p.100参照

関連する内容への参照ページを示しています。

重要度 **A** Lesson 3
ICF（国際生活機能分類）

Point
- ☑ ICFは生活機能に着目した分類
- ☑ 背景因子の重要性が示されている
- ☑ ストレングスを活用できるように支援

❶ ICFとは

34 33 32 27

　障害と環境との関係をより明らかにするため、1980年に制定されたICIDH（国際障害分類）の改訂作業が進められ、ICF（国際生活機能分類）が2001年にWHO（世界保健機関）から発表されました。

（1）ICFの特徴

　障害の捉え方を機能障害、能力障害（能力低下）、社会的不利の3つの階層（レベル）に分類していたICIDHがマイナス面（障害）に着目した分類だとすると、ICFはプラス面（生活機能）に着目した分類といえます。ICFの考え方を表すものをICFモデルといい、介護、保健、医療、福祉などの専門家と当事者などとの間の共通言語（相互理解のツール）となるものです。

　またICFは、各構成要素の相互関係を重要視し、人間として生きるということを総合的にとらえる統合モデルであるという点も大きな特徴です。

　統合モデルとは、医学モデル（心身機能の低下を重視し、心身機能の改善を目指す）と社会モデル（参加に対する環境因子の影響を特に重視し、その改善に主眼をおく）を統合したものをいいます。

★ICFの特徴

- 障害の原因を疾病だけに限定しない
- ICIDH1980年版のそれぞれの階層（レベル）の名称が、中立的・肯定的な表現に置き換えられている
- 各要素の関係性を示す矢印が双方向（相互関係）になっている
- 背景因子（環境因子、個人因子）の重要性が示されている

370

学習した内容の復習、また理解度を確認するために、○×式の過去問題にチャレンジしましょう。

※過去問題には一部改変している問題もありますが、原則的に本試験の原文のままとしています。

※過去問題に対応する内容に関して、関連する他の科目の本文中で解説しているものもあります。

※本文中にはない内容に関する過去問題も、補足として一部掲載しています。

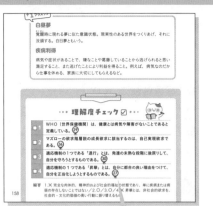

（2）ICFの構造

生活機能は、**心身機能・身体構造、活動、参加**の３つの階層（レベル）に分類されます。それらに対応する障害として、「心身機能・身体構造」に問題が生じた状態を機能障害（構造障害を含む）、「活動」に問題が生じた状態を活動制限、「参加」に問題が生じた状態を参加制約とよびます。また、生活機能の低下に影響を及ぼす環境因子、個人因子の２つの背景因子を加えた構造になっています。

★ICFモデル

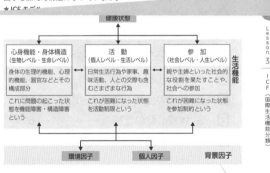

★ICFモデルの構成要素の定義

心身機能・身体構造	身体の生理的機能、心理的機能、器官・肢体とその構成部分などの、身体の解剖学的部分
活動	課題や行為の個人による遂行（日常生活や家事、趣味活動、人との交際も含むさまざまな行為）
参加	生活場面・人生場面へのかかわり（親、主婦といった社会的な役割を果たすことや、社会への参加）
環境因子	人々が生活し、人生を送っている環境を構成する因子。物的環境（福祉用具や住宅など）、人的環境（家族や介護職など）、制度的環境（法制度や医療・福祉サービスなど）といった幅広いもの
個人因子	性別、年齢、ライフスタイル、習慣、生育歴、職業など

371

出題回次を表示

過去に実施された試験問題を徹底的に分析。そのデータに基づき、見出しごとに出題された回次を表示しています。
また、レッスン末の理解度チェックテストでは、過去に出題された回次をマークで表示しています。

イラスト＆チャート図でイメージを膨らまそう

学習内容をイメージで理解できるよう、イラスト＆チャート図を豊富に盛り込んでいます。

CONTENTS

介護福祉士国家試験について

　介護福祉士国家試験は、厚生労働大臣が指定した試験・登録機関である公益財団法人 社会福祉振興・試験センター（以下、試験センター）によって実施されています。受験資格に関しては、「社会福祉士及び介護福祉士法」に規定されています。

❶受験資格
■実務経験ルートの例

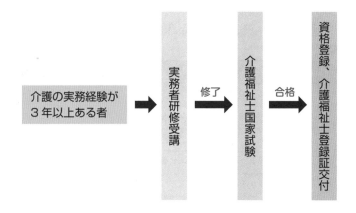

介護の実務経験が3年以上ある者 → 実務者研修受講 →（修了）介護福祉士国家試験 →（合格）資格登録、介護福祉士登録証交付

　実務経験ルートで受験される場合、実務経験に加えて実務者研修の修了が必要になります。実務経験として認められる施設や業務が細かく規定されていますので、自分が受験資格に該当するかどうかの詳細については、試験センターが送付する「受験の手引」またはホームページ等で必ず確認してください。

> **●試験に関する問い合わせ先**
> 公益財団法人 社会福祉振興・試験センター（試験案内専用電話03-3486-7559〔音声案内〕／試験室電話 03-3486-7521）にお問い合わせください。ホームページ（https://www.sssc.or.jp/）でも確認できます。

❷受験の手続き

　試験は年1回実施されます。受験の流れは例年下記のとおりですが、詳細については必ず「受験の手引」等で確認してください。

■受験の流れ

受験申込みの受付期間	8月上旬～9月上旬
筆記試験日	1月下旬の日曜日
合格発表	3月下旬

❸試験について

(1) 試験の内容

　筆記試験の出題数は全125問、試験時間は午前と午後を合わせて220分です。

■筆記試験の概要

領域	科目	出題数	試験時間
人間と社会	人間の尊厳と自立	2問	10：00～11：40 （100分）
	人間関係とコミュニケーション	4問	
	社会の理解	12問	
こころとからだのしくみ	こころとからだのしくみ	12問	
	発達と老化の理解	8問	
	認知症の理解	10問	
	障害の理解	10問	
医療的ケア	医療的ケア	5問	
介護	介護の基本	10問	13：35～15：35 （120分）
	コミュニケーション技術	6問	
	生活支援技術	26問	
	介護過程	8問	
総合問題	総合問題	12問	
合計		125問	220分

※総合問題では、4領域の知識および技術を横断的に問う問題が、事例形式で出題される

（2）出題形式

● マークシート方式
● 五肢択一を基本とする多肢選択形式とし、問題に図・表・イラスト・グラフを用いることがある

❹ 合格基準

試験センターから発表されている合格基準は次のとおりです。

■ 筆記試験

> 次の2つの条件を満たした者を筆記試験の合格者とする。
>
> ア：問題の総得点の60％程度を基準として、問題の難易度で補正した点数以上の得点の者
>
> イ：アを満たした者のうち、以下の試験科目11科目群すべてにおいて得点があった者
>
> ①人間の尊厳と自立、介護の基本、②人間関係とコミュニケーション、コミュニケーション技術、③社会の理解、④生活支援技術、⑤介護過程、⑥こころとからだのしくみ、⑦発達と老化の理解、⑧認知症の理解、⑨障害の理解、⑩医療的ケア、⑪総合問題

❺ 受験者数と合格率

	第32回 （令和2年）	第33回 （令和3年）	第34回 （令和4年）	第35回 （令和5年）	第36回 （令和6年）
受験者数	84,032名	84,483名	83,082名	79,151名	74,595名
合格者数	58,745名	59,975名	60,099名	66,711名	61,747名
合格率	69.9%	71.0%	72.3%	84.3%	82.8%

2024（令和6）年2月末までの法改正等に関連して変更となった内容や統計情報の更新のうち、第37回試験に関連のありそうな情報をまとめました。改正や変更の概要をしっかり押さえたうえで、学習を進めましょう。

☑ 民間事業者による合理的配慮の提供が義務化

2021（令和3）年5月に「障害を理由とする差別の解消の推進に関する法律の一部を改正する法律」が成立し、民間事業者も合理的配慮の提供が義務づけられた。施行は公布の日から3年を超えない範囲とされていたが、2023（令和5）年3月に政令が公布され、2024年4月1日からとなった。

🔍人間の尊厳と自立 🔍社会の理解

☑ 地域包括支援センターの業務の見直し

2023年5月に「全世代対応型の持続可能な社会保障制度を構築するための健康保険法等の一部を改正する法律」が成立し、複数の法律が一括で改正された（施行は2024年4月）。「介護保険法」にかかわる主な改正事項は次のとおり。

◎指定介護予防支援事業者の対象拡大

指定居宅介護支援事業者は、市町村から直接指定を受け、指定介護予防支援事業者として、介護予防支援を実施できることになった。

◎総合相談支援業務の委託

地域包括支援センターの設置者は、包括的支援事業のうち、総合相談支援業務の一部を指定居宅介護支援事業者に委託することが可能になった。

🔍社会の理解

☑ 障害者等の地域生活の支援体制の充実

2022年12月に「障害者の日常生活及び社会生活を総合的に支援するための法律等の一部を改正する法律案」が成立し、複数の法律が一括で改正された。「障害者総合支援法」にかかわる主な改正事項は次のとおり。

①共同生活援助の内容に、一人暮らし等を希望する人への支援や退居後の一人暮らし等の定着のための相談などの支援を追加（2024年4月施行）

②基幹相談支援センター等の整備を市町村の努力義務に（2024年4月施行）

🔍社会の理解

☑「認知症基本法」施行

　認知症の人が尊厳を保持しつつ希望をもって暮らすことができるよう、認知症の人を含めた国民一人一人がその個性と能力を十分に発揮し、相互に人格と個性を尊重しつつ支え合いながら共生する活力ある社会の実現を推進することを目的として、「共生社会の実現を推進するための認知症基本法（認知症基本法）」が2023年6月に公布された（施行は2024年1月）。

　認知症施策は基本理念に定められた事項に沿って行うとともに、施策を総合的かつ計画的に推進するため、内閣に内閣総理大臣を本部長とする**認知症施策推進本部**を設置する。

🔍認知症の理解

☑ 精神障害者の定義の変更

　2022年12月10日に「障害者の日常生活及び社会生活を総合的に支援するための法律等の一部を改正する法律」が成立し、複数の法律が一括で改正された（施行は同年12月16日）。「精神保健及び精神障害者福祉に関する法律（精神保健福祉法）」では、精神障害者の定義が「統合失調症、精神作用物質による急性中毒又はその依存症、知的障害その他の精神疾患を有する者」と変更された。

🔍障害の理解

☑ 医行為の解釈の内容更新

　2022年12月、厚生労働省は「医師法第17条、歯科医師法第17条及び保健師助産師看護師法第31条の解釈について（その2）」を発出した。これは、2005（平成17）年通知に記載のない行為のうち、介護現場で実施されることが多く、かつ原則として医行為ではないと考えられる行為などについて示されたものである。

　具体的には、「血糖値の確認（持続血糖測定器のセンサー貼り付け・測定値の読み取りなど）」「水虫や爪白癬に罹患した爪への軟膏または外用液の塗布（褥瘡の処置を除く）」「とろみ食を含む食事の介助」「義歯の着脱および洗浄」など。

🔍医療的ケア　🔍生活支援技術

徹底分析！科目別出題状況

　過去5年（2020～2024年）の試験問題を分析し、出題基準の項目ごとに、出題状況を示しています。　　　　★★★＝4問以上　★★＝2～3問　★＝1問

人間の尊厳と自立　　　　　　　　　　　　　　　　　　　　　　　（2問）

第36回試験の分析　短文事例で、友人の入院により今後の生活に不安を感じるようになった高齢者のケースが出題されました。利用者主体の考え方に基づき、介護福祉職としてどのように対応するべきかが問われています。自立についての考え方も出題されました。

項目	第32回	第33回	第34回	第35回	第36回
1 人間の尊厳と人権・福祉理念	―	★	★	★	★
2 自立の概念	★★	★	★	★	★

人間関係とコミュニケーション　　　　　　　　　　　　　　　　　（4問）

第36回試験の分析　例年、利用者と介護福祉職がコミュニケーションをとるための基本的な姿勢が問われています。チームマネジメントからは、組織におけるマネジメントと構造について出題されました。

項目	第32回	第33回	第34回	第35回	第36回
1 人間関係の形成とコミュニケーションの基礎	★★	★★	★★	★★	★★
2 チームマネジメント	―	―	―	★★	★★

社会の理解　　　　　　　　　　　　　　　　　　　　　　　　　（12問）

第36回試験の分析　介護保険制度、障害者総合支援制度ともに出題は1問のみでしたが、制度の概要やサービス利用の流れ、直近の改正内容などは押さえておかなければなりません。他科目でも出題実績があるクーリング・オフや「障害者差別解消法」が出題されました。近年、出題されていなかった社会福祉基礎構造改革やセツルメント、「感染症法」に基づく保健所の役割が問われました。

項目	第32回	第33回	第34回	第35回	第36回
1 社会と生活のしくみ	★	★★	★★	★	★★
2 地域共生社会の実現に向けた制度や施策	★	★	★	★	★
3 社会保障制度	★	★★	★	★	★
4 高齢者福祉と介護保険制度	★★	★★	★★	★	★
5 障害者福祉と障害者保健福祉制度	★★	★★	★★	★★★	★★
6 介護実践に関連する諸制度	★★★	★	★★	★★★	★★★

こころとからだのしくみ　　　　　　　　　　　　　　　　（12問）

第36回試験の分析 こころのしくみの理解では欲求階層説について問われ、からだのしくみの理解では耳や爪の構造が問われました。また、嚥下や睡眠についての基本的知識が問われています。

	項目	第32回	第33回	第34回	第35回	第36回
I	ア こころのしくみの理解	★	★	★	★	★
	イ からだのしくみの理解	★	★	★★	★★	★★
II	ア 移動に関連したこころとからだのしくみ	★	★	★	★★	★
	イ 身じたくに関連したこころとからだのしくみ	★★	★★	★	★	―
	ウ 食事に関連したこころとからだのしくみ	★	★★	★★	★★	★★
	エ 入浴・清潔保持に関連したこころとからだのしくみ	―	★	★	―	★
	オ 排泄に関連したこころとからだのしくみ	★★	★★	★	★	★
	カ 休息・睡眠に関連したこころとからだのしくみ	★	★★	★	★	★★
	キ 人生の最終段階のケアに関連したこころとからだのしくみ	★★	★	★	★★★	★

発達と老化の理解　　　　　　　　　　　　　　　　　　　（8問）

第36回試験の分析 成長・発達について5問出題されました。疾病については、特徴的な症状だけでなく、生活と結びつけて考える事例問題が出題されました。

項目	第32回	第33回	第34回	第35回	第36回
1 人間の成長と発達の基礎的理解	★★	★★	★★	★★	★★★
2 老化に伴うこころとからだの変化と生活	★★★	★★★	★★★	★★★	★★

認知症の理解　　　　　　　　　　　　　　　　　　　　（10問）

第36回試験の分析 原因疾患によるさまざまな認知症の特徴的な症状について4問出題されました。また、認知症の人とのかかわり方についても問われています。その他、軽度認知障害やせん妄、鬱などの症状についても押さえておきましょう。

項目	第32回	第33回	第34回	第35回	第36回
1 認知症を取り巻く状況	★	★	★	★★	★
2 認知症の医学的・心理的側面の基礎的理解	★★★	★★★	★★★	★★★	★★★
3 認知症に伴う生活への影響と認知症ケア	★	★	★★	★	★★
4 連携と協働	★	★	★	★★	―
5 家族への支援	★★	★	★	―	★

15

障害の理解 (10問)

第36回試験の分析 身体障害だけでなく、精神障害、難病等の特徴的症状や対応方法について出題されました。障害者虐待や受容モデル、地域でのサポート体制や多職種連携についても押さえておきましょう。総合問題も含めほかの科目でも、障害者・児に関する事例問題が多数みられました。

項目	第32回	第33回	第34回	第35回	第36回
1 障害の基礎的理解	★★	★★★	★★	★★★	★★
2 障害の医学的・心理的側面の基礎的理解	★★★	★★	★★	★★★	★★
3 障害のある人の生活と障害の特性に応じた支援	★★	★★	★★	★★	★★
4 連携と協働	★	―	★★	★★	★★
5 家族への支援	―	★	★	―	★

医療的ケア (5問)

第36回試験の分析 医療的ケアを行うにあたっての基本的な内容が問われています。痰の吸引や経管栄養を行う際の注意点などは確実に押さえておきましょう。ケア実施時に起こりやすいトラブルの対応についての理解も必要です。

項目	第32回	第33回	第34回	第35回	第36回
1 医療的ケア実施の基礎	★	★	★	★★	★★
2 喀痰吸引（基礎的知識・実施手順）	★★	★	★★	★	★
3 経管栄養（基礎的知識・実施手順）	★	★★	★★	★★	★★

介護の基本 (10問)

第36回試験の分析 介護福祉士の義務や利用者に対する対応など基本的な知識が問われたほか、認知症や片麻痺の人に対する対応が事例問題として出題されています。状況に合わせた介護職としての対応を確認しておきましょう。イラスト問題として、災害時の安全に関する出題がありました。

項目	第32回	第33回	第34回	第35回	第36回
1 介護福祉の基本となる理念	―	★	★	★	★
2 介護福祉士の役割と機能	―	―	―	★★	★
3 介護福祉士の倫理	★	★	★★	―	★
4 自立に向けた介護	★★	★★	★★	★★	★
5 介護を必要とする人の理解	★	★★	★★	★★	★
6 介護を必要とする人の生活を支えるしくみ	★★	★	★	―	★
7 協働する多職種の役割と機能	★★	★	★	★★	★
8 介護における安全の確保とリスクマネジメント	★★	★	―	★★	★★
9 介護従事者の安全	―	―	★	―	―

コミュニケーション技術 （6問）

第36回試験の分析 言語障害がある利用者とのコミュニケーション、抑鬱状態にある利用者への言葉かけ、夜盲がある利用者に対する対応などが事例問題として出題されています。さまざまなコミュニケーションについて理解が必要です。

項目	第32回	第33回	第34回	第35回	第36回
1 介護を必要とする人とのコミュニケーション	★★	★	★★	★	★
2 介護場面における利用者・家族とのコミュニケーション	★	★★★	★	★	★
3 障害の特性に応じたコミュニケーション	★★	★	★★	★★	★★
4 介護におけるチームのコミュニケーション	★	★★	★★	★★	★

生活支援技術 （26問）

第36回試験の分析 車いすでの移動、衣類の着脱など、基本的な介助方法が問われたほか、事例問題として、尿路感染症、睡眠、終末期の介護などが出題されています。基本的な介助方法だけでなく、障害に応じた介護方法についてなど幅広く押さえておくことが必要です。イラスト問題は杖の種類について出題されました。

項目	第32回	第33回	第34回	第35回	第36回
1 生活支援の理解	―	―	―	★	★
2 自立に向けた居住環境の整備	★★	★★	★	★	★★
3 自立に向けた移動の介護	★★	★★	★★	★★	★★
4 自立に向けた身じたくの介護	★★	★★	★★★	★★	★★
5 自立に向けた食事の介護	★★	★★	★★	★★	★★
6 自立に向けた入浴・清潔保持の介護	★★	★★	★★	★★	★★
7 自立に向けた排泄の介護	★★	★★	★★	★★★	★★
8 自立に向けた家事の介護	★★★	★★★	★★	★★	★★
9 休息・睡眠の介護	★★	★★	★★	★	★★
10 終末期の介護	★★	★★	★★	★	
11 福祉用具の意義と活用	―	★	★★	★★	★★

介護過程 （8問）

第36回試験の分析 介護過程の一連のプロセスにおいて、各段階の目的、内容が問われました。長文事例が2題（4問）出題されています。

項目	第32回	第33回	第34回	第35回	第36回
1 介護過程の意義と基礎的理解	★★	★★★	★★★	★★★	★★★
2 介護過程とチームアプローチ	★	―	★	★★	★★
3 介護過程の展開の理解	★★★	★★★	★★	★	★

新カリキュラムについて

　2017（平成29）年に介護福祉士養成課程における教育内容（カリキュラム）の見直しが行われました。新しいカリキュラムに基づく国家試験は、第35回試験（2023〔令和5〕年1月実施）から行われています。

求められる介護福祉士像

平成19年度カリキュラム改正時

1. 尊厳を支えるケアの実践
2. 現場で必要とされる実践的能力
3. 自立支援を重視し、これからの介護ニーズ、政策にも対応できる
4. 施設・地域（在宅）を通じた汎用性ある能力
5. 心理的・社会的支援の重視
6. 予防からリハビリテーション、看取りまで、利用者の状態の変化に対応できる
7. 多職種協働によるチームケア
8. 一人でも基本的な対応ができる
9. 「個別ケア」の実践
10. 利用者・家族、チームに対するコミュニケーション能力や的確な記録・記述力
11. 関連領域の基本的な理解
12. 高い倫理性の保持

社会状況や人々の意識の移り変わり、制度改正等

今回の改正で目指すべき像

1. 尊厳と自立を支えるケアを実践する
2. 専門職として自律的に介護過程の展開ができる
3. 身体的な支援だけでなく、心理的・社会的支援も展開できる
4. 介護ニーズの複雑化・多様化・高度化に対応し、本人や家族等のエンパワメントを重視した支援ができる
5. QOL（生活の質）の維持・向上の視点を持って、介護予防からリハビリテーション、看取りまで、対象者の状態の変化に対応できる
6. 地域の中で、施設・在宅にかかわらず、本人が望む生活を支えることができる
7. 関連領域の基本的なことを理解し、多職種協働によるチームケアを実践する
8. 本人や家族、チームに対するコミュニケーションや、的確な記録・記述ができる
9. 制度を理解しつつ、地域や社会のニーズに対応できる
10. 介護職の中で中核的な役割を担う

＋

高い倫理性の保持

出典：厚生労働省「介護福祉士養成課程における教育内容の見直し」について

❶ 新カリキュラムの見直しのポイント

①チームマネジメント能力を養うための教育内容の拡充
②対象者の生活を地域で支えるための実践力の向上
③介護と医療の連携を踏まえた実践力の向上
④介護過程の実践力の向上
⑤認知症ケアの実践力の向上

❷ 新出題基準（新カリキュラム）に対応した第35回試験の内容

　第35回試験からは、下記のとおり見直されました。

①カリキュラムの見直しにより出題される領域の順番が変更となり、午前は「人間と社会」「こころとからだのしくみ」「医療的ケア」、午後は「介護」「総合問題」の順に出題された。
②カリキュラムの見直しにより「人間関係とコミュニケーション」の時間数が増えたことで、試験科目「人間関係とコミュニケーション」の問題数が2問増えて4問になった一方で、「コミュニケーション技術」が2問減って6問になった。

Contents

人間の尊厳と
自立

ここでは、介護実践の基盤となる教養や倫理的態度を学習します。人間の尊厳の保持と自立という考え方をきちんと理解したうえで、介護場面における倫理的課題について対応するための基礎を押さえましょう。

人間の尊厳と人権・福祉理念

Point
- ☑ 人間を多面的に理解するという視点が大切
- ☑ 人権や尊厳の概念は法律に明示
- ☑ 「日本国憲法」第25条では国民の生存権などを規定

❶ 人間の多面的理解

　介護の場面では、利用者と介護職間の信頼関係（**ラポール**）は不可欠であるため、介護職には「人間を**多面的**に理解する」という視点が求められます。

> 本書では、介護サービスまたは障害福祉サービスを利用している人のことを「利用者」と表現しているよ。

❷ 人権や尊厳に関する法律　

　人権や尊厳という概念は、「**日本国憲法**」をはじめ、福祉関連法の目的や理念として広く明示されています。

（1）日本国憲法

　第13条では国民の幸福追求権、**第25条**では国民の生存権と国の**保障義務**を規定しています。

　第十三条　すべて国民は、個人として尊重される。生命、自由及び幸福追求に対する国民の権利については、**公共の福祉**に反しない限り、立法その他の国政の上で、最大の尊重を必要とする。

　第二十五条　すべて国民は、健康で文化的な**最低限度**の生活を営む権利を有する。

　2　国は、すべての生活部面について、社会福祉、社会保障及び公衆衛生の向上及び増進に努めなければならない。

生存権保障の理念を具現化した制度が「生活保護法」 p.148参照 だよ。

（2）介護保険法 p.74参照

　介護保険制度は、要介護状態となった者などの**尊厳**を保持し、自立した日常生活を営めるよう、必要な介護サービスを提供することを目的としています。尊厳の保持に関する規定は、2005（平成17）年の「介護保険法」改正時に盛り込まれました。

> 第一条　この法律は、加齢に伴って生ずる心身の変化に起因する疾病等により**要介護状態**となり、入浴、排せつ、食事等の介護、機能訓練並びに看護及び療養上の管理その他の医療を要する者等について、これらの者が**尊厳**を保持し、その有する能力に応じ**自立**した日常生活を営むことができるよう、必要な保健医療サービス及び福祉サービスに係る給付を行う（後略）

（3）障害者基本法 p.302参照

　第3条では、障害者の権利として「尊厳にふさわしい生活」を保障しています。また、第4条では「障害を理由とする**差別の禁止**」「社会的**障壁の除去**」も定めています。

> 第三条　（前略）全ての障害者が、障害者でない者と等しく、基本的人権を享有する個人としてその**尊厳**が重んぜられ、その尊厳にふさわしい生活を保障される権利を有する（後略）
>
> 第四条　何人も、障害者に対して、障害を理由として、差別することその他の権利利益を侵害する行為をしてはならない。
>
> 2　**社会的障壁の除去**は、それを必要としている障害者が現に存し、かつ、その実施に伴う負担が過重でないときは、（中略）その実施について必要かつ**合理的な配慮**がされなければならない。

（4）障害者総合支援法 p.118参照

　第1条では、「個人としての尊厳」「人格と個性の尊重」を規定しています。また、第3条では**国民の責務**も定めています。

> 第一条　この法律は、障害者基本法の基本的な理念にのっとり、（中略）障害者及び障害児が基本的人権を享有する個人としての**尊厳**にふさわしい日常生活又は社会生活を営むことができるよう、（中略）障害の有無にかかわらず国民が相互に**人格**と**個性**を尊重し安心して暮らすことのできる地域社会の実現に寄与することを目的とする。
> 第三条　すべての国民は、その障害の有無にかかわらず、障害者等が自立した日常生活又は社会生活を営めるような**地域社会**の実現に協力するよう努めなければならない。

（5）障害者差別解消法

　「障害者基本法」の基本的な理念を具体的に実施するための法律です。第1条では、「障害を理由とする**差別の解消**」「**共生社会の実現**」に資することを目的としています。

> 第一条　この法律は、障害者基本法の基本的な理念にのっとり、全ての障害者が、障害者でない者と等しく、基本的人権を享有する個人としてその尊厳が重んぜられ、その尊厳にふさわしい生活を保障される権利を有することを踏まえ、（中略）障害を理由とする**差別の解消**を推進し、もって全ての国民が、障害の有無によって分け隔てられることなく、相互に人格と個性を尊重し合いながら**共生する社会**の実現に資することを目的とする。

　障害者から何らかの配慮を求める意思表明があった場合には、実施に伴う負担が過重とならない限り、障害者の性別、年齢および障害の状態に応じて**合理的配慮**を行うことを、行政機関等および民間事業者には**義務**として定めています。

> **+1 プラスワン**
>
> ## 合理的配慮
>
> 2006年に国連が採択した「障害者の権利に関する条約」で初めて取り上げられた概念。具体的には、補助器具やサービスを提供すること、時間やルールなどの変更、設備や施設などに配慮することなどが挙げられる。

（6）高齢者虐待防止法 p.138参照

　第1条では、高齢者の尊厳の保持にとって、高齢者に対する虐待を防止することが極めて重要であるとしています。

　第一条　この法律は、高齢者に対する虐待が深刻な状況にあり、高齢者の尊厳の保持にとって高齢者に対する虐待を防止することが極めて重要であること等にかんがみ、（中略）高齢者虐待の防止、養護者に対する支援等に関する施策を促進し、もって高齢者の権利利益の擁護に資することを目的とする。

（7）障害者虐待防止法 p.140参照

　第1条では、障害者の尊厳の保持や自立、社会参加にとって、障害者に対する虐待を防止することが極めて重要であるとしています。また、第3条では「障害者への虐待」を禁止しています。

　第一条　この法律は、障害者に対する虐待が障害者の尊厳を害するものであり、障害者の自立及び社会参加にとって障害者に対する虐待を防止することが極めて重要であること等に鑑み、（中略）障害者虐待の防止、養護者に対する支援等に関する施策を促進し、もって障害者の権利利益の擁護に資することを目的とする。
　第三条　何人も、障害者に対し、虐待をしてはならない。

(8) DV防止法

人権擁護と男女平等の実現を図るため、「配偶者からの暴力の防止及び被害者の保護等に関する法律（**DV防止法**）」が2001（平成13）年に成立しました。この法律は、配偶者（事実婚や元配偶者を含む）からの暴力にかかる通報、相談、保護、自立支援等の体制を整備することにより、配偶者からの暴力の防止および被害者の保護を図ることを目的としています。

同法では、被害者を保護するため、保護命令の発令、**配偶者暴力相談支援センター**の設置などを規定しています。

配偶者暴力相談支援センターの設置は、都道府県には義務、市町村には努力義務が課せられているよ。

理解度チェック

□ 1	日本国憲法第 25 条で定められている権利は、幸福追求権である。(30)
□ 2	介護保険法第 1 条には、介護が必要となった者等が尊厳を保持し、その有する能力に応じ自立した日常生活を営めるよう、保険給付を行うことが定められている。(30)
□ 3	障害者基本法の改正（2011 年（平成 23 年））で、社会的障壁の除去が新たに法律上に規定された。(35)
□ 4	「障害者差別解消法」の対象者は、身体障害者手帳を交付された者に限定されている。(36)
□ 5	「障害者差別解消法」は、共生社会の実現を目指している。(32)
□ 6	「障害者差別解消法」では、行政機関等と事業者に対して、不当な差別的取扱いを禁止している。(29)
□ 7	合理的配慮とは、全ての障害者に同じ配慮をすることである。(32)

解答　1.✕ 幸福追求権ではなく、生存権／2.〇／3.〇／4.✕ すべての障害者が対象／5.〇／6.〇／7.✕ 障害者一人ひとりの性別や年齢、障害の状態に応じ、事物や制度の変更・調整などを行う

重要度 **A**

Lesson 2
自立の概念

Point
- ☑ 個人の尊厳の尊重は自律や自立につながる
- ☑ 尊厳の保持のためには、アドボカシーとエンパワメントの視点をもつことが重要

❶ 自立の概念

　人間の尊厳とは、「すべての人が、一人ひとりの個人として**尊重**されること」をいいます。個人の尊厳を尊重し支えることは、その人の自律、ひいては自立へとつながります。

★自立と自律

自立	利用者が主体性に基づいてニーズを表明し、生活支援のためのサービスを選定・利用してよりよい生活を営むこと（生活自立）
自律	利用者が自らの意志によって立てた規範に従い、自分のことは自分で行うこと（精神的自律）

＋1 プラスワン

糸賀一雄

知的障害児施設である近江学園や重症心身障害児施設であるびわこ学園を設立したことでも知られる糸賀一雄は、著書『福祉の思想』の中で、重症心身障害の子どもが「生き抜こうとする必死の意欲をもち、自分なりの精一ぱいの努力を注いで生活している」「どんなに重い障害をもっていても、だれととりかえることもできない個性的な自己実現をしている」と述べ、「その自己実現こそが創造であり、生産である」「この子らが自ら輝く素材そのものであるから、いよいよみがきをかけて輝かせよう」、すなわち「この子らに世の光を」ではなく、「この子らを世の光に」と唱えた。

経済的自立	収入の多寡にかかわらず労働が可能であり、かつ収支のバランスが取れていること
社会的自立	経済活動や社会活動などに参加し、社会的な役割を担うこと
身体的自立	食事や入浴、排泄など、基本的な生活を維持・継続していくために必要な身体的動作を自力で行えること
精神的自立	自分の生活や人生に目標を持ち、自らが主体となって、目標達成のために物事を判断し、進めていくこと

❷ 尊厳の保持と自立

　尊厳を保持するためには、利用者一人ひとりの権利を尊重し、擁護する必要があり、介護職には「介護を必要とする人々も人間らしく生きる権利を有する」という人権意識をもつことが求められます。そのためには利用者主体の支援姿勢を貫き、利用者の**自己判断**と**自己決定**を最大限に尊重しなくてはなりません。これを実現するためには、**アドボカシー（権利擁護）**と**エンパワメント**の視点をもつことが重要です。

★ アドボカシーとエンパワメント

アドボカシー（権利擁護）	援助者が利用者の意向をくみ、意思の疎通を図ったうえで、利用者に代わって権利やニーズを主張すること
エンパワメント	権利の侵害や抑圧された状況にある利用者が、自らその状況を主体的に解決しようとする力を引き出すこと。また、このために行う支援のことをエンパワメント・アプローチという

+1プラスワン

エンパワメント

エンパワメントは、社会福祉において重要な考え方であり、元々は「権威や権利を与えること」という意味の法律用語であった。アメリカの公民権運動において、社会福祉関係の学者である**ソロモン**が使用したことをきっかけに、現在では社会福祉や医療、教育、経済などのさまざまな領域にも広まっている。

❸ 権利侵害の実態と対応

　利用者の権利侵害は、生活環境によるもの、虐待によるもの、社会生活上のもの、などが考えられます。

★ 権利侵害の実態

- **生活環境による権利侵害**……不適切な生活環境や不十分な生活条件のために、利用者の生活が脅かされること
- **虐待による権利侵害**……高齢者や障害者に虐待（身体拘束を含む）を行うこと。これらは対人関係において生じる深刻な権利侵害である
- **社会生活上の権利侵害**……利用者に対する周囲の差別や偏見のほか、近年では悪質商法や詐欺まがい商法の被害 p.506参照 に遭うこと

　利用者の権利を擁護するためには、市町村や弁護士、**地域包括支援センター** p.113参照、**消費生活センター** p.138参照 などとの連携が不可欠です。その際、必要な情報を他職種と共有することは重要ですが、**個人情報の保護**については細心の注意を払います。

> 虐待は、家族などが、無意識のうちに行っている場合や、介護の知識や利用者の権利に関する理解が不十分なために行っている場合もあるので、利用者だけでなく、家族などへの支援も必要だよ。

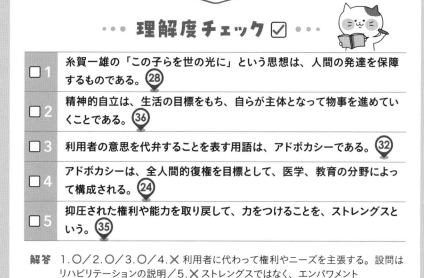

・・・ 理解度チェック ☑ ・・・

- ☐ **1** 糸賀一雄の「この子らを世の光に」という思想は、人間の発達を保障するものである。㉘
- ☐ **2** 精神的自立は、生活の目標をもち、自らが主体となって物事を進めていくことである。㊱
- ☐ **3** 利用者の意思を代弁することを表す用語は、アドボカシーである。㉜
- ☐ **4** アドボカシーは、全人的復権を目標として、医学、教育の分野によって構成される。㉔
- ☐ **5** 抑圧された権利や能力を取り戻して、力をつけることを、ストレングスという。㉟

解答 1.○／2.○／3.○／4.✕ 利用者に代わって権利やニーズを主張する。設問はリハビリテーションの説明／5.✕ ストレングスではなく、エンパワメント

Contents

人間関係と
コミュニケーション

ここでは、良好な人間関係を形成するためのコミュニケーションの基本およびチームマネジメントを学習します。介護実践のために必要な人間関係についての理解、基礎的なコミュニケーション能力、介護福祉士の資質向上に必要な人材育成や自己研鑽のための仕組みなどについて押さえましょう。

人間関係と心理

Point
- ☑ 他者を理解するためには自己覚知が大切
- ☑ 対人援助関係ではラポールの構築が必要
- ☑ 適切な自己開示により相互理解が深まる

❶ 自己覚知と他者理解

　他者を理解するためには、まず自分自身の価値観や感情などを**客観的**に理解しておくこと（**自己覚知**）が大切です。対人援助において、偏見や先入観をもったり、自分の感情に気づかないまま接したりすることは、専門職としての冷静な判断ができないだけでなく、必要なサービス提供の妨げともなります。

　利用者の価値観と自己の価値観の違いなどを理解し、適切な距離感を保てるよう、自己理解を深めることは必要です。

> 自己覚知は、介護福祉士の専門性の維持・向上だけでなく、利用者との信頼関係の構築においても必要不可欠だよ。

❷ 信頼関係（ラポール）の構築

　ラポールとは、ソーシャルワークの直接援助や心理カウンセリングにおいて、援助する側とされる側との間に結ばれる**信頼関係**のことです。利用者とラポールを構築するには、受容、共感、傾聴の３つの態度 p.36参照 が求められます。介護職がこのような態度で接することにより、利用者は安心して**自己開示**ができます。

❸ 対人関係における自己開示 34 32

(1) 自己開示とは

自分自身に関する情報を自らの意思で伝達することを**自己開示**といいます。自己開示によって情報が共有されることで、相互理解が深まります。人間関係の維持・親密化のためには、自己開示が必要です。自分が適切な自己開示をしているかを判断する基準には、次の5つがあります。

★適切な自己開示の5つの判断基準

①量	どのくらいの量の情報を開示するのか
②深さ	どのくらいの内容の深さで、どのくらい個人的な話なのか
③時	どのタイミングで自己開示するのか
④人	誰に開示するのか
⑤状況	どのような機会や頻度で開示するのか

(2) ジョハリの窓

ジョハリの窓とは、自己および他者から見た**自己の領域**を表す概念です。4つの小窓全体で、その人の心全体を表しています。

★ジョハリの窓

	自分は気づいている	自分でも気づいていない
他人は知っている	①開放部分	②盲点部分
他人は知らない	③隠蔽（いんぺい）部分	④未知部分

①**開放部分**…自分で気づいていて、他人も知っている部分
②**盲点部分**…他人には見えているが、自分では気がついていない部分
③**隠蔽部分**…自分は気づいているが、他人には見せていない部分
④**未知部分**…自分も他人も気づいていない部分

理解度チェック ☑

□1	**自己開示とは、自己を深く分析し、客観的に理解するために行うことをいう。** 34

解答 1.✕自分自身に関する情報を自らの意思で伝達すること。設問は自己覚知の説明

対人関係とコミュニケーション

Point
- ☑ コミュニケーションの目的は、意思の疎通と情報の伝達
- ☑ メッセージを成立させる諸要素を環境という
- ☑ コミュニケーションでは、対人距離や位置関係も重要

1 コミュニケーションの意義と目的

コミュニケーションの目的は、相手との意思**の疎通**、情報**の伝達**です。特に対人援助の関係にある介護職と利用者・家族では、コミュニケーションを通して信頼関係を築くことが大切であり、そのうえに支援が成り立っているといえます。

★ **コミュニケーションの機能**

情報の伝達	● 日常生活に必要な情報やニュース、知識などを伝達する ● 医療や福祉の場での情報伝達（**インフォームド・コンセント**〔説明と同意〕 p.532参照 ）の観点から、正確さ、十分な量、わかりやすさが必須）感情の伝達
感情の伝達	● 人と人との精神的交流の手段、気持ちや思い、感情を伝え合う ● 好意や親しさ、感謝などのプラスの感情、または逆に嫌悪感や不快感などのマイナスの感情を相互に伝え合う人間関係の調整
人間関係の調整	● 役割や地位関係を伝え合うことにより、お互いの性格や欲求、考え方、行動などを知る自己の形成と人間関係の形成
自己の形成と人間関係の形成	● 人間同士のコミュニケーションにより成長発達することで、自己や他者を知る ● 成長段階での自己実現の欲求を他者が受け止め反応を示すことで、自己形成や人間関係の形成構築につながる

2 コミュニケーション環境

年齢や性別、価値観、生活歴など、送り手、受け手双方のメッセージを成立させる諸要素を環境といいます。メッセージには双方の環境が反映されているため、相手の環境を知る努力はコミュニケーションを図る

うえで欠かせません。

❸ 雑音

コミュニケーションを妨げる要因を**雑音**といいます。雑音には次のようなものが挙げられます。

★ 雑音の種類

身体的雑音	聴力障害、言葉の障害、入れ歯の不具合など
物理的雑音	大きな音、不快な音、不快な空気・空間、不適切な温度・照明など
心理的雑音	心理的防衛機制、偏見や誤解に基づく先入感など

❹ 対人距離（物理的距離）

コミュニケーションには、**物理的距離**と**心理的距離**が存在します。物理的距離とは、人とコミュニケーションをとるときの**空間的距離（パーソナル・スペース）**を意味します。一方、心理的距離とは、相手に対する**関心や気持ちの距離感**を意味します。この2つの距離は、個人差や相手との関係に応じて次のように変化します。

★ 対人距離（物理的距離）

親密距離	親しい間柄の距離	0～45cm
個人的距離	相手の気持ちを察しながら個人的な関心や関係を話し合う距離	45～120cm
社会的距離	人前でも仕事に集中できる距離や個人が集団との間にとる距離	120～360cm
公衆距離	公衆との間にとる距離	360cm以上

パーソナル・スペースは、介護の場では必要に応じて**個人的距離**と**親密距離**を使い分けながらコミュニケーションを図っていきます。

❺ 位置関係

コミュニケーションを促すにはお互いの位置関係も重要です。

❶対面法

相手とまっすぐ**向かい合って座る**方法です。相手に緊張を強いるため、視線を向けられる花瓶などを机の上に置くなどの工夫が必要です。

❷直角法

相手に対して**90°の向きに座る**方法です。対面法よりも緊張せず、話しやすい環境がつくれます。

★位置関係

対面法　　　　　　　　　　直角法

••• 理解度チェック ☑ •••

☐ 1	対人援助関係におけるコミュニケーションの基本に、感情の伝達は含まない。㉔
☐ 2	相手との親密度に関係なくパーソナル・スペースは一定である。㉔
☐ 3	初対面のときから相手と密着した距離で話す。㉜
☐ 4	利用者との関係性をつくる座り方として、直角法より対面法の方が有効である。㉕
☐ 5	対面法で座る場合、視線を向けることのできる花瓶などを机の上に置くとよい。㉕

解答　1.✕ 感情の伝達も含まれる／2.✕ 個人差や相手との関係に応じて変化する／3.✕ 相手を緊張させたり不快感を与えたりする場合があるため、適切な距離を保つ／4.✕ 相手に緊張を強いるため、直角法のほうが有効／5.◯

コミュニケーション技法の基礎

重要度 **A**

- **Point**
  - ☑ 言語的コミュニケーションには、点字や手話も含まれる
  - ☑ コミュニケーションに必要な基本姿勢は、受容、共感、傾聴の3つ

❶ コミュニケーションの種類

　コミュニケーションは、言語や文字、表情やしぐさ、声のトーンといった視覚・聴覚に訴える各種の媒体（伝達媒体）を通して成立します。コミュニケーションの種類には、**言語的コミュニケーション**と**非言語的コミュニケーション**があります。

★**コミュニケーションの種類と留意点**

言語的コミュニケーション	● 人類特有の表現方法である言語を通じて思考や欲求、感情を伝達する。言語には、言葉や文字のほか、点字、手話がある ● 目線（目の高さ）を合わせ、反応を読み取り、相手に合った言葉遣い、声の強弱・高低・速度を考えて話す
非言語的コミュニケーション	● 準言語（言葉を発する際の声の強弱や高低、抑揚^{よくよう}、話す速度など）や表情、態度、動作など、言語以外の表現を通じて思考や欲求、感情を伝達する。溜め息、目線、姿勢なども含まれる ● 心理的葛藤や障害により適切な言語表現ができない場合は、非言語的コミュニケーションによって相手の本当の気持ちを読み取る

介護職自身の何気ない表情、声の強弱、抑揚、発話の速さなども、利用者にとっては重要な意味合いをもつこともあるので、注意が必要だね。

❷ コミュニケーションに必要な基本姿勢

　コミュニケーションを図る際は、**受容、共感、傾聴**の3つが基本となります。

★コミュニケーションに必要な基本姿勢

	内容	基本姿勢と留意点
受容	相手をありのままに受け止め、相手の気持ちを感受する（相手の言動をすべて認めるということではない）	● 相手が何を感じ、何を考えているのかを受容し、こちらの気持ちを返す
共感	相手の立場や考え方に対し、共感したいという態度を示す	● 相手がどのように感じているのかわかろうと努力し、わかったことを相手に伝える
傾聴	相手の話を真剣に聴くという態度を示す（リラックスした態度をとる、耳や身体を傾ける、視線を合わせる、適度に相づちを打つ、など）	● 一方的に話を進めたり、内容を先取りしたりするなど、相手のペースを乱さない ● 常に相手の立場になって考える

　また、イーガンは、コミュニケーションをとるのに必要な基本姿勢として、「私はあなたに十分関心をもっていますよ」と相手に伝える身体の5つの姿勢を示し、英語の頭文字をとって**ソーラー（SOLER）**と名づけています。

★ソーラー（SOLER）の5つの姿勢

頭文字	姿勢	具体例
S（Squarely）	まっすぐに向かい合う	● 相手の斜め前に位置する ● 適切な距離をとる
O（Open）	開いた姿勢	● 腕や足を組まない ● 相手に対し、身体を開く
L（Lean）	身体を傾ける	● やや前傾姿勢をとる
E（Eye contact）	適切に視線を合わせる	● 視線の方向、強さを適切にする ● 適度に視線を外す
R（Relaxed）	リラックスした態度	● 構えすぎない（自分の緊張を相手に伝えない） ● 相手の価値観を考慮する

・・・ 理解度チェック ☑ ・・・

□ 1	言葉だけではなく、表情やしぐさにも注意しながら聞く。㉙
□ 2	上半身を少し利用者のほうへ傾けた姿勢で話を聞く。㉞
□ 3	腕を組んで話を聞く。㉞

解答 1.○／2.○／3.✕相手に対し身体を開き、腕や足を組まない

Lesson 4

チームマネジメント

Point

- ☑ チームはリーダーとフォロワーで構成される
- ☑ 人材育成・自己研鑽は、OJTとOff-JTに大別される
- ☑ スーパービジョンの機能は管理・教育・支持の3つ

❶ チームマネジメント

　チームマネジメントとは、チームが行動するために必要な目標を設定し、その目標達成のためにチームメンバーをはじめ、さまざまな社会資源を効率的に活用したりする仕組みを整えるはたらきをいいます。

❷ チーム運営の基本

（1）チームの機能と構成

　チームでは、目指すべき目標やケアの方針をさまざまな職種のメンバーで共有し、個々の役割を果たすとともに、メンバー同士の連携や協働によって課題を達成することが重要です。

　一般に、チームは**リーダー**と**フォロワー**で構成されます。リーダーはチームをまとめ、牽引し、フォロワーはリーダーからの指示や影響を受けて行動します。

★ **リーダーシップとフォロワーシップ**

リーダーシップ	● リーダーが発揮すべき意識や行動 ● チームをまとめ、統率していく資質や能力が求められる
フォロワーシップ	● チームの目標達成のためにリーダーを補佐・支援する機能 ● 自発的・自律的な判断・行動が求められる

　また、チームの状態をよりよく保つために必要な要素として、チームの**目的を達成させる機能**（Performance function）と、チーム内の**人間関係を維持する機能**（Maintenance function）の２つがあります。これらの機能のあり方を確認していくことがチームマネジメントに有効

な方法であるとして理論化され、それぞれの頭文字をとって PM 理論とよばれています。

 介護福祉士は、介護の現場においては介護チームのリーダーとしてリーダーシップを発揮する一方で、多職種チームにおいてはフォロワーとしての役割も求められるよ。

（2）PDCA サイクル

　チーム運営においては、業務課題を発見し解決に至る過程が重要となります。そのための手法として、PDCA サイクルがあります。PDCA サイクルとは、**Plan**（**計画**）、**Do**（**実施**）、**Check**（**評価**）、**Action**（**改善**）の頭文字をとったものです。計画から改善までのプロセスを再び計画につなげて改善を図っていくことで、利用者へのサービス提供を効果的に行うことができます。

★PDCA サイクル

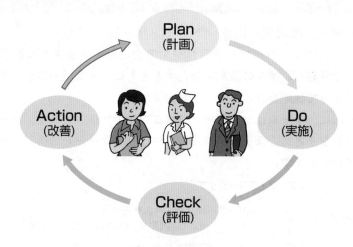

❸人材の育成と管理

（1）OJT と Off-JT

　介護の専門職として根拠のあるケア、質の高い介護を実践していくためには、専門性の向上やチームケアのスキルアップが不可欠です。その

ためには、施設内の研修システムを構築し、人材育成・自己研鑽(けんさん)に取り組むことが求められます。人材育成・自己研鑽は、職務を通じた教育訓練（OJT）と、職務を離れた教育訓練（Off-JT）に大別されます。

★ OJT と Off-JT

OJT	● 実際の介護現場で実務を通して、新人の介護職や実習生を専門職として育成する方法 ● リーダーが必要な知識や技術などを教える**ティーチング**と、リーダーが質問することでフォロワーの自発性を促し、答えを引き出す**コーチング**の2つがある
Off-JT	● 職場外で行われる研修会に介護職が参加したり、外部講師を職場に招いたりして研鑽を積む方法

★ OJT・Off-JT の長所・短所

	長所	短所
OJT	● 指導する内容と実際の仕事のズレが少ない ● スーパービジョンを行うことで、スーパーバイザーがチーム内のスーパーバイジー全体を育成できる	● スーパーバイザーの負担が大きい ● スーパーバイザーによって内容に差が生じる ● 業務内容に合わせるので、体系的・組織的なものになりにくい
Off-JT	● 知識の整理や導入に効果的 ● 教育訓練メニューが豊富で、学ぶタイミングも選べる ● 研修に専念できる	● 経費や時間がかかる ● 実際の仕事とのズレが生じやすい ● 効果が出るまで時間がかかる

（2）SDS（自己啓発援助制度）

自己啓発・自己研鑽のため、職員が自主的に行う外部研修への参加や資格取得に向けた勉強などを支援する制度です。外部研修期間中の賃金保障や研修費用の負担などの**経済的支援**、勤務調整などの**業務調整支援**、研究資源や情報の提供など、内容は多岐にわたります。

（3）スーパービジョン

スーパーバイジー（経験の浅い援助者）が専門的能力を発揮できるよう、**スーパーバイザー**（熟練した援助の専門家）から指導やサポートを受けることを**スーパービジョン**といいます。管理・教育・支持の3つの機能があります。

管理的機能	● 職務や職責などに応じた役割を理解する ● 自ら主体的に業務を計画・実行・評価する
教育的機能	● 介護に関する知識・技術について不足や課題を見つけ、スーパーバイザーとともに課題解決に向けて取り組む
支持的機能	● スーパーバイジーが抱える課題や疑問をスーパーバイザーに共有してもらうことで、介護実践の中で発生、経験するさまざまな不安や葛藤などを軽減・解消する

★スーパービジョンの種類

個別スーパービジョン	● スーパーバイザーとスーパーバイジーが1対1で行う形態 ● 面談形式で行われることが多く、個別の課題（自己覚知を含む）を深掘りできる
グループスーパービジョン	● 1人のスーパーバイザーと複数のスーパーバイジーが行う形態 ● 個別の課題を深掘りすることは困難だが、参加者から多様な意見を取り入れることが可能
ピアスーパービジョン	● 仲間や同僚同士で実施する形態 ● 上下関係が生じないので、率直な意見交換がしやすい
セルフスーパービジョン	● 自分だけで行う形態 ● 特定の課題について、客観的に振り返る

（4）コンサルテーション

　人材育成や組織体制、利用者への援助など、事業を運営していくうえで生じるさまざまな課題解決に向けた、専門家との**専門的な相談**、**助言・指導**やそのプロセスを**コンサルテーション**といいます。

・・・ 理解度チェック ☑ ・・・

☐ 1	OJT を希望している介護福祉職に対し、外部研修の受講を提案する。㉟
☐ 2	OJT を希望している介護福祉職に対し、先輩職員が移乗の介護に同行して指導する。㉟

解答　1.✕ 設問は Off-JT に当たる／2.〇

人間と社会

Contents

社会の理解

ここでは、生活と福祉や社会保障制度、介護保険制度、障害者総合支援制度、介護実践に関連する諸制度など、介護実践の基盤となる社会的知識を学習します。覚えなければならない内容が多い科目ですが、制度の仕組みを理解しながら整理していきましょう。

Lesson 1
生活と福祉

Point
- ☑ 核家族は家族形態の基礎的な単位
- ☑ 高齢者世帯（単独、夫婦のみ）は増加
- ☑ 日本は高齢化率が21%を超えた超高齢社会

❶ 家庭生活の基本機能

（1）生活のとらえ方

人間の生活は、生活形態にかかわらず一定の**サイクル（周期）**をもって営まれており、時間の使い方がおおむね決まっていることが私たちの生活の安心感につながっています。また、生活サイクルを理解することは、人々の生活に深くかかわる介護職にとって、利用者を理解するうえで重要な観察視点となります。

（2）ライフサイクルとライフコース

人間に共通した一定の周期性を**ライフサイクル（人生周期）**とよびます。それぞれの発達過程に合わせた特定時期を**ライフステージ**といい、幼児期、児童期、青年期、成人期、老年期などに分け、人々の生活を平均化・標準化してとらえてきました。

しかし、個人の生き方は性別、生まれた時代、地域などで大きく異なることから、現在ではさまざまな社会の変化や人生の出来事を考慮して、多様な人生をとらえようとする**ライフコース**という視点が優位になっています。

❷ 家族

（1）家族の定義

家族の定義は、文化や時代の違いによる家族の実態とともに変化してきており、家族を類型化するには多様な考え方があることを理解しておく必要があります。

★ 家族の定義

定位家族	自分が生まれ育った家族のこと
創設家族	結婚して新しく創っていく家族のこと。生殖家族ともいう
核家族	家族形態の基礎的な単位で、1組の夫婦とその未婚の子どもからなる家族のこと。夫婦のみの家族、母親（または父親）とその未婚の子どもからなる家族も含まれる
拡大家族	核家族以外の家族のことで、三世代が同居する家族や、夫婦の兄弟姉妹が同居する家族などがある

母子または父子家庭との再婚や事実婚により、夫婦のいずれかと血縁関係にない子どもがともに生活する家族形態を「ステップファミリー」というよ。

（2）世帯

❶世帯とは

　世帯とは、住居と生計を共にする人々の集まり、または独立して住居を維持し、もしくは生計を営む単身者のことです。

❷高齢者世帯の変化

　高齢化の影響は高齢者世帯の増加にも表れています。高齢者（65歳以上）のいる世帯数をみると、1985（昭和60）年の約940万世帯から2022（令和4）年の約2,747万世帯へと約2.9倍に増えています。

　世帯数の変化などを見てみると、世帯数は増加している一方で**平均世帯人員は減少**しており、2023（令和3）年では**2.37人**となっています。また、高齢者世帯のうち**三世代世帯は減少**していますが、**単独世帯や夫婦のみの世帯は増加**しています。

（3）家族の機能と役割

　かつて家族は、教育や生殖、介護、扶養など多くの機能や役割を担っていました。しかし、核家族化や共働き世帯の増加、女性の社会参加などにより、そういった役割を家族内だけで充足させることは難しくなってきました。さらに、先進各国における産業化や経済発展は、家族機能の代替サービスを誕生させ、その役割・機能をますます縮小させたといわれています。

その結果、現代における家族機能では、社会に対する機能よりも、個人に対する機能に重点が置かれるようになったために、次の4つの占める割合が大きくなっているといわれています。

> 家族の役割・機能の縮小により、本来、大人が担うと想定されている家事や家族（幼いきょうだいや病気・障害のある祖父母など）の世話などを日常的に行っている子ども（ヤングケアラー）が増えてきており、近年、社会問題になっているよ。

★ 家族の機能と役割

生命維持機能	個人の生存にかかわる食欲・性欲・安全や保護を求める欲求などを充足する機能。種の存続にかかわる機能ともいわれる
生活維持機能	衣食住などの一定の生活水準を保持する機能。物質的環境を整備することで、心身ともに安定した生活を実現する
パーソナリティの安定化	アメリカの社会学者パーソンズが提唱したもので、子どもの基礎的な社会化と成人のパーソナリティの安定化の2つの機能を指す。これらの機能は他のものでは代替できないとしている
ケア機能	高齢者や病人など、自らの力で生活することが困難な人に対する介護や療育の機能

❸ ライフスタイルの変化

（1）少子化

　1人の女性が一生のうちに平均何人の子どもを産むのかを示す数値を**合計特殊出生率**といい、日本では**2.07 ～ 2.08**（**人口置換水準**）を下回ると、将来人口が減少するとされています。第二次世界大戦後の第一次ベビーブームの時期（1947〔昭和22〕～ 1949〔昭和24〕年）には4.3以上にもなりましたが、2021（令和3）年現在は**1.30**まで減少しています。

　内閣府では、出生率の低下やそれに伴う家庭や社会における子ども数の低下傾向を**少子化**、子どもや若者が少ない社会を**少子社会**と定義しています。日本では少子化が進んでおり、1997（平成9）年に少子社会となっています。近年の少子化の背景には、若い世代のシングル傾向や、

晩婚化や非婚化といった結婚観の変化、女性の就労率の上昇、不十分な住宅環境、保育施設の不足などが挙げられます。

（2）高齢化

　人口に占める高齢者の割合を**老年人口比率**または**高齢化率**といい、その増加を**高齢化**といいます。2022（令和4）年10月1日現在の老年人口比率は**29.0％**を占めており、2038（令和20）年には33.9％に、2070（令和52）年には38.7％に達し、国民の約2.6人に1人が高齢者になる高齢社会の到来が予想されています。

★ 高齢化の定義と到達年

種類	定義	到達年
高齢化社会	老年人口比率が**7％**を超えた社会	1970年
高齢社会	老年人口比率が**14％**を超えた社会	1994年
超高齢社会	老年人口比率が**21％**を超えた社会	2007年

★ 人口ピラミッド

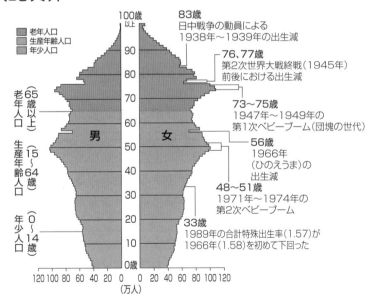

資料：総務省統計局「令和4年10月1日現在人口推計」

介護を要せず、自立して暮らすことができる期間のことを健康寿命といい、2019（令和元）年時点で男性は72.68年、女性は75.38年となっている。健康寿命を延ばすためには、介護予防などを通じたロコモティブシンドローム対策が極めて重要だよ。

④ ライフスタイルの多様化

（1）余暇時間の活用

　高度経済成長以後、人々の暮らしは経済活動中心の生活から、**個人生活の充実を優先**する選択へと比重が移ってきているといわれます。さらに、平均寿命の延びは、子育てを終えた後や退職後の時間を大幅に伸長させ、長期の人生設計が必要な時代になりました。こうした背景の下、余暇時間を有効に活用したい人々が増えてきており、地域活動やボランティアへの参加者も**増加傾向**にあるといわれます。

　また、**生涯学習**への取り組みも活発になり、多くの大学は社会人向けの講座開講や通信教育の導入などの工夫によって、多くの人が資格取得や専門上級教育が受けられるよう学習支援体制を整備しています。

（2）ワーク・ライフ・バランス

　内閣府では2007（平成19）年に「**仕事と生活の調和（ワーク・ライフ・バランス）憲章**」を策定しました。この憲章では、①就労による経済的自立が可能な社会、②健康で豊かな生活のための時間が確保できる社会、③多様な働き方・生き方が選択できる社会、の3つが示され、出産前後の女性の継続就業率、育児休業取得率や年次有給休暇の取得率の上昇などを目標として掲げています。

　国土交通省は、ワーク・ライフ・バランス政策の一環として都市部と山間部など2つの地域で反復的に生活する**二地域居住（セカンドホームツーリズム）**を推奨しています。

（3）地域活動への参加

　内閣府が実施した「社会意識に関する世論調査」（令和4年度）によると、「社会のために役立ちたい」と思っている人は約6割おり、年齢

別では40〜49歳が72.4％で最も高くなっています。内訳をみると、「自分の職業を通して」が最も高く、「環境美化、リサイクル活動、牛乳パックの回収など自然・環境保護に関する活動」「高齢者・障害者・子どもに対する身の回りの世話、介護、食事の提供、保育など社会福祉に関する活動」と続いています。経済的豊かさから生活や心の豊かさを見直すことに関心が集まったことが、地域コミュニティの活性化に大きな影響を及ぼしたといえます。

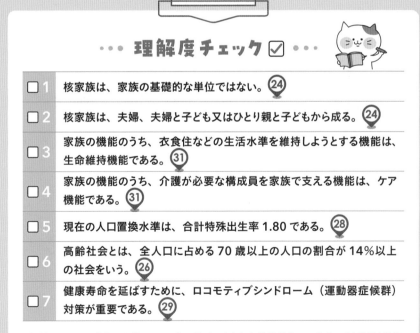

・・・ 理解度チェック ☑ ・・・

☐ 1　核家族は、家族の基礎的な単位ではない。(24)

☐ 2　核家族は、夫婦、夫婦と子ども又はひとり親と子どもから成る。(24)

☐ 3　家族の機能のうち、衣食住などの生活水準を維持しようとする機能は、生命維持機能である。(31)

☐ 4　家族の機能のうち、介護が必要な構成員を家族で支える機能は、ケア機能である。(31)

☐ 5　現在の人口置換水準は、合計特殊出生率1.80である。(28)

☐ 6　高齢社会とは、全人口に占める70歳以上の人口の割合が14％以上の社会をいう。(26)

☐ 7　健康寿命を延ばすために、ロコモティブシンドローム（運動器症候群）対策が重要である。(29)

解答　1.✕ 基礎的な単位である／2.◯／3.✕ 生命維持機能ではなく、生活維持機能／4.◯／5.✕ 2.07〜2.08／6.✕ 70歳以上ではなく、65歳以上／7.◯

地域社会、地域福祉の発展

重要度 **B**

Point
- ☑ コミュニティとは、精神的絆で結ばれる社会関係
- ☑ 地域福祉の推進は住民が主体
- ☑ 共同募金は第一種社会福祉事業

❶ 地域社会

(1) 地域社会の考え方

アメリカの社会学者**マッキーバー**は、地域社会の集団を**コミュニティ**と**アソシエーション**という対置する分類で考えました。

★地域社会の考え方

コミュニティ	地域性と共同性を含む、生活全般の土台ともいうべき枠組みであり、精神的絆（きずな）で結ばれる社会関係のこと。地域の町内会・自治会など
アソシエーション	共通の目的や関心をもつ人々が自発的につくる集団や組織のこと。コミュニティに比べ、より具体的な方向性を基に当事者の利害を優先した組織といえる。企業や組合、学校など

地域住民が主体となって、地域が抱える問題についてビジネスの手法を用いて解決する取り組みのことを「コミュニティビジネス」というよ。

(2) 地域社会の変容

家族や地域が集団として強い対社会的機能を発揮していた時代は、人々の生活は**共同体的規範**に則って営まれていました。

現代社会では**都市化**や**産業化**の影響により、個人は共同体の拘束から解放され、他者から干渉されない自由を手に入れた反面、孤立しやすい生活環境が生まれました。

こうした背景を基に、地域特性別に人々の生活をみていった場合、都市部では、利便性に優れ生活に不便を感じることが少ない反面、地域コ

ミュニティが存在しない**匿名化社会**であり、強い孤立感を感じさせる場合があります。一方、過疎地域では、生活の利便性に問題を抱えている反面、自然環境に恵まれ、近隣住民とのつきあいが頻繁であるなど、地域コミュニティが維持されています。

さらに少子高齢化に伴い、都市部での都市の空洞化、過疎地域での**限界集落**(高齢者の人口比率が50％を超えた集落)といった現象がみられ、地域福祉政策やそれに伴う人材確保、地方財政などにも大きな影響を及ぼしています。

❷ 地域福祉の理念

人は地域社会において、家族や友人、知人、近隣住民などとつながり合って生活しています。地域に暮らす人々が安心して、自分らしく暮らしていけるよう、行政や民間機関・団体、地域住民が協力し合って地域における生活課題を解決していく取り組みを**地域福祉**といいます。

「**社会福祉法**」第4条第1項では、地域福祉の推進は**住民**が**主体**となって行うこと、また第2項では、地域住民等が**相互に協力**して地域福祉の推進に努めることが定められています。

第四条　地域福祉の推進は、地域住民が相互に人格と個性を尊重し合いながら、参加し、共生する地域社会の実現を目指して行われなければならない。

2　地域住民、社会福祉を目的とする事業を経営する者及び社会福祉に関する活動を行う者は、相互に協力し、福祉サービスを必要とする地域住民が地域社会を構成する一員として日常生活を営み、社会、経済、文化その他あらゆる分野の活動に参加する機会が確保されるように、地域福祉の推進に努めなければならない。

社会福祉協議会 p.389参照 は、「社会福祉法」に基づき、都道府県や市町村において地域福祉の推進を図ることを目的として設置された社会福祉法人 p.390参照 だよ。

③ コミュニティ・ソーシャルワーク

これからの地域福祉には、**コミュニティ・ソーシャルワーク**の実践が必要とされています。

コミュニティ・ソーシャルワークは、1982年にイギリスで出された「バークレイ報告」の中で示された概念です。地域において生活課題を抱える個人や家族に対する個別支援と、それらの人々が暮らす生活圏の環境整備や地域住民のネットワーク化といった地域に対する支援も行います。つまり、個別支援と地域支援の両方を統合的に展開しようという考え方です。

④ 地域福祉計画

「社会福祉法」では、市町村は、地域福祉の推進に関する事項を一体的に定める**市町村地域福祉計画**を策定するよう努めることとされています。都道府県は、市町村地域福祉計画の達成のために、広域的な見地から市町村の地域福祉の支援に関する事項を一体的に定める**都道府県地域福祉支援計画**を策定するよう努めることとされています。

計画を策定または変更する場合は、あらかじめ地域住民などの意見を反映させるよう努めるとともに、その内容を**公表**するよう努めなければなりません。

⑤ 共同募金

共同募金とは、**地域福祉の推進**を図るために行われる寄附金の募集のことです。毎年1回、都道府県の区域を単位とした共同募金会が実施します。集められた寄附金は、配分委員会の承認を得て、各区域内の社会

福祉事業と更生保護事業を行う者などに配分されます。

共同募金を行う事業は、「社会福祉法」において第一種社会福祉事業に規定されているよ。

+1 プラスワン

社会福祉事業

社会福祉サービスを実施する事業の中でも、規制と助成を通じて公明かつ適正な実施の確保が図られなければならないものを社会福祉事業として規定している。これに該当する事業は、「**社会福祉法**」の規定に基づいて経営されなければならない。

社会福祉事業は、事業の内容から第一種と第二種に分けられる。

❶第一種社会福祉事業

公共性が高く、経営の安定を通じた利用者保護の必要性が高い事業（主として**入所施設サービス**）が該当。事業の経営主体は、原則として国および地方公共団体、社会福祉法人。

❷第二種社会福祉事業

第一種社会福祉事業以外の社会福祉事業（主として**在宅サービス**）で、届け出を行えば経営できる事業。経営主体の**制限はない**。

・・・ 理解度チェック ☑ ・・・

☐ **1**	社会福祉法に基づく、都道府県や市町村において地域福祉の推進を図ることを目的とする団体は、社会福祉協議会である。㉟
☐ **2**	地域福祉計画は、市町村社会福祉協議会に策定が義務づけられている。㉖
☐ **3**	共同募金は、都道府県の区域を単位として行う寄附金の募集であって、地域福祉の推進を図るためのものである。㉖

解答 1.○／2.✕ 市町村社会福祉協議会ではなく、市町村／3.○

Lesson 3
地域共生社会と 地域包括ケア

Point
- ☑ 地域共生社会の実現には、「我が事」と「丸ごと」が不可欠
- ☑ 地域包括支援センターは、地域包括ケアのネットワークを支える中核機関

❶ 地域共生社会とは

（1）地域共生社会を目指す社会的背景

地域共生社会という目指すべき社会像が提起された背景には、次のような課題がありました。

❶つながりの再構築

わが国では、少子高齢化や人口減少が進み、家庭や職場、地域における人々のつながりや支え合いの機能も弱まっています。例えば、介護や育児に悩む家族が誰にも相談できずに問題が複雑化してしまった場合、問題を解決するための制度やサービスを利用することができなければ、生活が困窮してしまいます。

地域共生社会の実現には、このような生活に困窮している状態を「他人事」ではなく「我が事」として思える地域づくりに取り組み、それが文化として定着するよう調整することに価値を置くという狙いがあります。

❷「縦割り」からの脱却

公的支援制度は、高齢者、障害者など対象者別、機能別に整備されていますが、制度・分野ごとの「縦割り」の支援では、多様化する個人のニーズに応えることが困難になっています。地域における多様な支援ニーズに的確に対応していくためには、横断的・包括的に支援できる体制づくりが必要であり、「縦割り」から「丸ごと」へと転換するための改革が求められています。

❸多文化共生

地域で暮らす人々には外国人も含まれ、今後も地域で暮らす外国人の

割合が増えると予想されることから、地域住民としてとらえる範囲を広げる必要があります。国籍や文化の異なる人々がその違いを認め合い、地域住民としてともに生きていけるような**多文化共生**の地域づくりをさらに進めることも重要です。

（2）地域共生社会の理念

2016（平成28）年に閣議決定された「ニッポン一億総活躍プラン」では、**地域共生社会**とは「子供・高齢者・障害者など全ての人々が地域、暮らし、生きがいを共に創り、高め合うことができる」社会とされています。地域共生社会を実現するために、「支え手側と受け手側に分かれるのではなく、地域のあらゆる住民が役割を持ち、支え合いながら、自分らしく活躍できる地域コミュニティを育成し、福祉などの地域の公的サービスと協働して助け合いながら暮らすことのできる仕組みを構築する。また、寄附文化を醸成し、NPO との連携や民間資金の活用を図る」ことを理念としています。

社会連帯、つまり、人々の「つながり」による共生社会の実現を意図した理念として、「ソーシャル・インクルージョン」 p.306参照があるよ。

❷ 地域包括ケアシステム ㉟ ㉜ ㉚

地域包括ケアシステムとは、地域の実情に応じて、高齢者が、可能な限り、住み慣れた地域でその有する能力に応じ自立した日常生活を営むことができるよう、**医療、介護、介護予防、住まいおよび自立した日常生活の支援**が包括的に確保される体制をいいます。

地域包括ケアシステムにおいては、保健・医療・福祉の専門職や専門機関相互の連携、ボランティアなどの住民活動などインフォーマルな活動を含めた地域のさまざまな社会資源を統合し、ネットワークを構築することが必要です。

地域包括支援センター p.113参照は、地域包括ケアのネットワークを支える中核機関であり、また**ワンストップサービス**の拠点としての役割

も期待されています。

　また、地域包括ケアシステムが効果的に機能するためには、介護福祉士など専門職が提供するサービス（公助・共助）のみならず、自助や互助によるサービスを利用することが重要です。

★ 地域包括ケアシステムを支える自助・共助・互助・公助

自助	自分のことは自分ですること。住み慣れた地域で暮らすために、市場サービスを自ら購入する、自ら健康を管理するなど
共助	制度化された相互扶助のこと。社会保険制度やサービスなど
互助	費用負担が制度的に裏付けされていない自発的な活動のこと。ボランティア活動、当事者団体による取組み、住民組織の活動など
公助	行政等が公費負担で行う援助のこと。一般財源で行う高齢者福祉事業等、生活保護など

★ 地域包括ケアシステムの概要

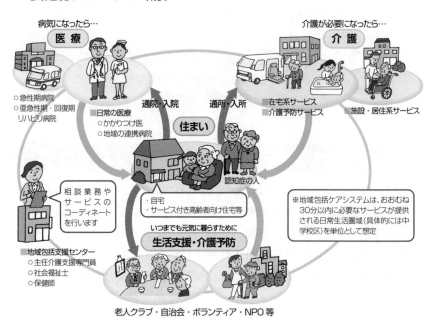

資料：厚生労働省

❸ 重層的支援体制整備事業

2017（平成29）年に行われた「社会福祉法」の改正により、地域生活課題の解決のために包括的な支援体制を整備することが市町村の努力義務とされました。2020（令和2）年の改正では、その受け皿となる重層的支援体制整備事業が創設され、市町村は次の支援を一体的に実施することができます（**任意事業**）。

★ 重層的支援体制整備事業

❶ **断らない相談支援**……介護（「介護保険法」の地域支援事業）、障害（「障害者総合支援法」の地域生活支援事業）、子ども（「子ども・子育て支援法」の利用者支援事業）、生活困窮（「生活困窮者自立支援法」の自立相談支援事業）を一体として実施し、本人・世帯の属性にかかわらず受け止める相談支援

❷ **参加支援**……本人・世帯の状態に合わせ、地域資源を活かしながら、就労支援、居住支援などを提供することで社会とのつながりを回復する支援

❸ **地域づくりに向けた支援**……地域社会からの孤立を防ぐとともに、地域における多世代の交流や多様な活躍の機会と役割を生み出す支援

市町村は、重層的支援体制整備事業を実施するにあたり、地域包括支援センターや基幹相談支援センター p.122参照、母子健康包括支援センター、生活困窮者自立相談支援事業 p.151参照 を行う者その他の支援関係機関相互間の緊密な連携が図られるよう努めなければなりません。

・・・ 理解度チェック ☑ ・・・

☐ 1 「地域共生社会」が目指すものとして、すべての住民が支え合い、自分らしく活躍できる地域コミュニティの創出がある。㉛

☐ 2 共助は、社会保障制度に含まれない。㉜

☐ 3 公助は、自助・互助・共助では対応できない生活困窮等に対応する。㉜

解答　1.○／2.✕ 社会保障制度に含まれる／3.○

Lesson **4**

重要度 **A**

社会保障の基本的な考え方と社会保障制度の発達

Point
- ☑ 社会保障の機能は生活安定・向上、所得再分配、経済安定の3つ
- ☑ 社会保険は、医療、年金、労災、雇用、介護の5つ
- ☑ 1961年に国民皆保険・皆年金体制が確立

❶ 社会保障の概念

　社会保障の概念である**ナショナル・ミニマム**（国家が国民に対して最低限度の生活を保障すること）は、19世紀末にイギリスのウェッブ夫妻が提唱しました。この考え方は、日本では「**日本国憲法**」第**25条** p.20参照 の生存権として定められています。

❷ 社会保障の役割

　日本の社会保障制度は、1950（昭和25）年に社会保障制度審議会が行った「**社会保障制度に関する勧告**」が原点といわれています。この中で、社会保障制度は次のように定義されました。

★「社会保障制度に関する勧告」（1950年）における社会保障制度の定義

疾病、負傷、分娩、廃疾、死亡、老齢、失業、多子その他困窮の原因に対し、保険的方法又は直接公の負担において経済保障の途を講じ、生活困窮に陥った者に対しては、国家扶助によって最低限度の生活を保障するとともに、公衆衛生及び社会福祉の向上を図り、もってすべての国民が文化的社会の成員たるに値する生活を営むことができるようにすること

　この定義からわかるのは、社会保障制度とは、国民の日々の生活の中で自助努力では対応しがたい事態を**共助**や**公助**によって補完する仕組みだということです。日本には、**社会保険**、**公的扶助**（生活保護）、**社会福祉**（児童福祉、障害者福祉、高齢者福祉、児童手当など）があり、これらの制度を通して国民の安定した生活が保障されています。

　最近では社会保障を**セーフティネット**（安全網）という言葉で表すこ

とが増えてきました。このセーフティネットは、病気やけが、失業など
をはじめとする不測の事態により生活の安定が損なわれたときの受け皿
になるだけでなく、その存在により安心した生活を送れるという役割も
果たしています。

日本のセーフティネットは重層的に張り巡らされており、第1
のセーフティネットが社会保険制度 p.62参照 、第2のセー
フティネットが「生活困窮者自立支援法」 p.150参照 や求
職者支援制度で、最終的な、「第3のセーフティネット」に
位置づけられているのが「生活保護法」 p.148参照 だよ。

❸ 社会保障の機能

社会保障の主な機能は、次の3つです。

★ 社会保障の主な機能

機能	内容	制度
生活安定・向上機能	疾病や負傷、介護、失業、高齢期、障害など、生活の安定を損なうさまざまな事態に対して、生活の安定を図り、安心をもたらす	医療保険、介護保険、雇用保険、労災保険、年金保険、生活保護、社会手当など
所得再分配機能	所得の移転による再分配を行うことで、所得格差を縮小する	生活保護、社会手当、医療保険など
経済安定機能	社会の安定を図るとともに、経済の安定や成長促進に貢献する	年金保険、社会手当など

❹ 社会保障の範囲

　欧米諸国においては、社会保障とは所得保障制度を指し、福祉的なサー
ビスは含まないことが一般的です。しかし、日本では前述の「社会保障
制度に関する勧告」において、社会保険、公的扶助、社会福祉に公衆衛
生などを加えた広い概念を指す言葉として用いられており、生活を不安
定にさせる要因が人生のどの過程で生じても保障が受けられる幅広い施
策が展開されています。

社会保険	● 国などが保険者となり、社会保険料を元に、保険事故に対して標準化・規格化された給付を世帯単位・個人単位で行う仕組み ● 医療保険、年金保険、労災保険、雇用保険、介護保険の5つ
公的扶助	● 生活に困窮するすべての国民に対し、最低限度の生活の保障と自立の助長を目的とした制度 ● 具体的には生活保護制度
社会福祉	● 児童福祉、障害者福祉、高齢者福祉、母子・父子・寡婦福祉などの社会サービス ● 児童手当や児童扶養手当などの社会手当 p.72参照 も含む
公衆衛生	● 地域社会の人々の健康保持・増進を図り、疾病の予防、早期発見を目的に生活環境の整備などを行う制度 ● 母子保健、学校保健など

❺ 戦後日本の社会保障制度の歴史

　日本の社会保障制度は、第二次世界大戦後からの復興とともに整備が進められました。

★ 社会福祉関連法制定の歩み（1940 〜 1960 年代）

制定年	法律名
1946（昭和21）年	**生活保護法**（公的扶助の原形。1950〔昭和25〕年に全面改正）
	日本国憲法（幸福追求権〔第13条〕、生存権〔第25条〕を規定）
1947（昭和22）年	労働者災害補償保険法
	失業保険法（現：雇用保険法）
	児童福祉法
1949（昭和24）年	**身体障害者福祉法**
1951（昭和26）年	**社会福祉事業法**（現：社会福祉法）
1958（昭和33）年	国民健康保険法の改正（国民皆保険の達成）
1959（昭和34）年	国民年金法
1961（昭和36）年	国民皆保険・国民皆年金体制が確立
1960（昭和35）年	**精神薄弱者福祉法**（現：知的障害者福祉法）
1963（昭和38）年	**老人福祉法**
1964（昭和39）年	**母子福祉法**（現：母子及び父子並びに寡婦福祉法）

(1) 戦後の緊急援護と基盤整備

1940年代後半は、戦争による失業者や引揚者などの生活困窮者、戦災孤児・浮浪児等の要援護児童、戦傷病者などへの対応が施策の中心となる救貧の時代でした。この時期に制定された「生活保護法」「児童福祉法」「身体障害者福祉法」は福祉三法とよばれ、日本の社会保障制度の骨組みとなりました。

また、1946（昭和21）年に制定された「**日本国憲法**」の生存権保障の理念に則り、1950（昭和25）年に「生活保護法」が全面改正されました。1951（昭和26）年には社会福祉関係各法に共通する事項を規定した「社会福祉事業法（現：**社会福祉法**）」が制定され、社会福祉事業の発展の基礎を築きました。

(2) 国民皆保険・国民皆年金体制の確立

1950年代半ばになると、高度経済成長により国民の生活水準は向上し、貧困状態を事前に防ぐ防貧も重視されるようになりました。防貧施策の代表である医療保険や年金保険などの充実を図る観点から関連法の改正・制定が行われ、1961（昭和36）年に現在の社会保障制度の根幹をなす国民皆保険・国民皆年金体制が確立しました。

(3) 福祉六法体制の確立

高度経済成長を背景とした社会変化の中、知的障害者や高齢者、母子世帯への対策も必要となり、1960年代には「精神薄弱者福祉法」「老人福祉法」「母子福祉法」の３法が**福祉三法**に加えて相次いで制定され、福祉六法体制となりました。

(4) 福祉元年

1972（昭和47）年には児童手当制度、1973（昭和48）年には老人医療費支給制度（老人医療費無料化）の導入や、生活保護制度および社会保険制度の給付水準の改善などが次々に行われたことから、1973（昭和48）年は「**福祉元年**」とよばれ、政府はさらなる社会福祉の充実を目指すと宣言しました。

（1）社会保障関係費用の適正化

　1973（昭和48）年に起きた石油危機（オイルショック）による経済成長の鈍化や失業者の増大、さらには社会の高齢化による財政負担の拡大に伴い、1970年代後半から国の行政改革の一環として社会保障制度の見直しが進められました。

★ 見直しにより創設・改正された主な法制度

- 1982（昭和57）年の「老人保健法」の制定（老人医療費無料化の廃止）
- 1984（昭和59）年の「**健康保険法**」の改正（被用者の自己負担を定額から1割に変更）
- 1985（昭和60）年に基礎年金制度を導入（少子高齢化による年金財源不足の解消）

> 基礎年金制度の導入により第3号被保険者制度が創設され、それまで任意加入であった被用者の被扶養配偶者にも年金が保障されたよ。

（2）高齢者介護の施策

　高齢者介護の問題についても、国の段階的な対応施策が打たれました。1989（平成元）年に「高齢者保健福祉推進十か年戦略（ゴールドプラン）」が策定され、高齢者保健福祉サービスの基盤整備が図られました。これを受けて、翌1990（平成2）年に「老人福祉法等の一部を改正する法律（**社会福祉関係八法の改正**）」が公布されました。改正の目的としては、ゴールドプランの実施基盤を整えるために、住民に最も身近な市町村が福祉行政の推進を担い、在宅福祉サービスと施設福祉サービスを総合的に提供する体制をつくることでした。

　2000（平成12）年4月からは、少子高齢社会における介護を社会全体で支えるものとして「**介護保険法**」が施行され、介護基盤の整備と総合的な介護システムの構築が図られています。

❼ 社会福祉基礎構造改革

　社会福祉基礎構造改革とは、新しい社会福祉ニーズに応えるため、社会福祉の枠組みを再編成することを目的として、2000（平成12）年に実施された一連の制度改革のことです。これにより、介護保険制度だけでなく障害者福祉制度にも、措置制度（行政庁が主体となって、サービス内容や提供機関を決定する仕組み）から利用契約制度へのサービス利用方法の転換、民間事業者の参入などが波及することになりました。

★社会福祉基礎構造改革の基本的方向

- サービスの利用者と提供者との対等な関係の確立
- 個人の多様な需要への地域での総合的な支援
- 幅広い需要に応える多様な主体の参入促進
- 信頼と納得が得られるサービスの質と効率性の向上
- 情報公開等による事業運営の透明性の確保
- 増大する費用の公平かつ公正な負担
- 住民の積極的な参加による福祉の文化の創造

社会福祉基礎構造改革で行われたものには、2000（平成12）年の「社会福祉事業法（現：社会福祉法）」の改正・改称や介護保険制度の創設、2003（平成15）年の障害者施策にかかる支援費制度の導入などがあるよ。

	理解度チェック ☑
☐ 1	国家が国民に保障する最低限度の生活水準を表す用語は、ナショナルミニマムである。㉗
☐ 2	1960年代になり、老人福祉法、母子福祉法、「精神保健福祉法」の3法が制定され、福祉6法体制が確立した。㉖
☐ 3	社会福祉基礎構造改革において、利用契約制度から措置制度に変更された。㊱

　解答　1.○／2.✕「精神保健福祉法」ではなく、「精神薄弱者福祉法」／3.✕ 措置制度から利用契約制度に変更

Lesson 5

社会保障制度の仕組み

❶ 社会保障制度の仕組み

（1）社会保険と社会扶助

　社会保障制度は、**相互扶助**と**社会連帯**の精神により支えられています。社会保障の体系は、財源の拠出方法から、**社会保険**と**社会扶助**に分けられます。

★ **社会保険と社会扶助**

	社会保険	社会扶助
保険者	国や地方公共団体など	———————
主な財源	社会保険料、税金（公費負担）など	税金（公費負担）など
加入方法	法に基づいた強制加入	———————
給付方法	保険事故に対して標準化・規格化された給付を世帯単位・個人単位で行う	国民や住民に対し、現金またはサービスを提供する
制度など	年金保険、医療保険、雇用保険、労働者災害補償保険、介護保険	生活保護、社会手当（児童扶養手当、特別児童扶養手当など）、社会サービス（児童福祉、障害者福祉など）

（2）給付と負担方法

　社会保障制度におけるサービス給付の方法には、現物給付と現金給付があります。制度の趣旨や目的に即して、より有効な支援につながる給付方法が選択されます。また、利用者の負担方法には応能負担と応益負担があります。

★ 現物給付と現金給付

	給付方法	制度
現物給付	サービスそのものを給付	生活保護（介護扶助・医療扶助）、医療保険（医療サービス）、介護保険（介護サービス）など
現金給付	金銭を支給	生活保護（生活扶助、葬祭扶助など）、年金保険など

★ 応能負担と応益負担

	負担方法	制度
応能負担	利用者の支払い能力に応じて負担額を決定	障害福祉サービスなど
応益負担	利用者（患者）が受けたサービスの量に応じて負担額を決定	介護保険や医療保険の一部負担など

❷ 社会保障制度の財源

　社会保障制度の財源は、**社会保険料**と**税金**（公費負担）などにより賄われています。2020（令和２）年度の財源の総額は184兆8,160億円で、項目別にみると、社会保険料が73兆5,410億円（収入総額の39.8％）で、次いで公費負担が58兆9,527億円（同31.9％）となっています。

（1）社会保障にかかわる費用

　国の発表による2020（令和２）年度の社会保障給付費は132兆2,211億円に上り、対前年度比の伸び率は6.7％、国民１人当たりに換算すると104万8,200円です。部門別にみると、**年金**が55兆6,336億円（社会保障給付費の42.1％）、**医療**が42兆7,193億円（同32.3％）、**福祉その他**が33兆8,682億円（同25.6％）で、それぞれの部門別割合は約**５：３：２**となっています。給付額は３部門ともに年々増加していますが、社会保障給付費に対する年金・医療の構成割合は**微減**または**横ばい傾向**となっています。

　給付対象でみるとその多くが**高齢者関係**であり、全体の**約60％**を占めています。一方、児童・家族関係はわずか**9.6％**であり、給付配分の見直しが指摘されています。

さらに社会福祉に関する費用は、国家会計予算のうち社会保障関係費として計上されます。2022（令和4）年度の社会保障関係費は36兆2,735億円で、一般会計歳出総額の約**34%**を占めています。

> 社会保障給付費とは、ILO（国際労働機関）が定めた基準に基づき、社会保障や社会福祉等の社会保障制度を通じて、1年間に国民に給付される金銭またはサービスの総額のことだよ。

（2）国民負担率

国民負担率とは、国民所得に占める租税負担と社会保障負担（社会保険料）を合計した割合をいいます。日本の国民負担率は、2022（令和4）年度で46.5%であり、そこに財政赤字を含めた潜在的な国民負担率は56.9%となる見通しです。なお、経済協力開発機構（OECD）加盟国の中では、日本は中位に位置しています（2020〔令和2〕年時点）。

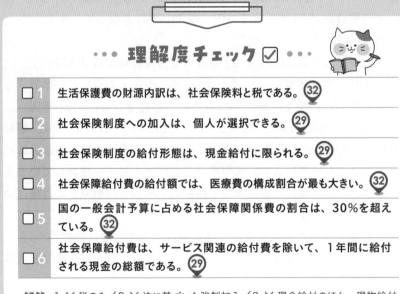

・・・ 理解度チェック ☑ ・・・

- [ ] **1** 生活保護費の財源内訳は、社会保険料と税である。㉜
- [ ] **2** 社会保険制度への加入は、個人が選択できる。㉙
- [ ] **3** 社会保険制度の給付形態は、現金給付に限られる。㉙
- [ ] **4** 社会保障給付費の給付額では、医療費の構成割合が最も大きい。㉜
- [ ] **5** 国の一般会計予算に占める社会保障関係費の割合は、30%を超えている。㉜
- [ ] **6** 社会保障給付費は、サービス関連の給付費を除いて、1年間に給付される現金の総額である。㉙

解答 1.✕ 税のみ／2.✕ 法に基づいた強制加入／3.✕ 現金給付のほか、現物給付もある／4.✕ 医療費ではなく、年金／5.〇／6.✕ 1年間に国民に給付される金銭またはサービスの総額

Lesson 6

社会保険制度の概要

Point
- ☑ 公的年金保険は、国民年金と厚生年金保険で構成
- ☑ 労働者災害補償保険の保険料の拠出は事業主のみ
- ☑ 失業等給付、育児休業給付の保険料は労使折半

❶ 社会保険の種類

日本の社会保険制度は、**年金保険**、**医療保険**、**労働者災害補償保険**（労災保険）、**雇用保険**、**介護保険** p.74参照 の5分野から構成されています。

❷ 年金保険

(1) 年金保険の概要

公的年金保険は、老齢・障害・死亡などに伴う所得の減少・喪失といったすべての国民に共通して起こり得る**保険事故**に対して、その生活を支える所得給付を国が保障する制度です。

公的年金保険は、全国民を対象とした**国民年金**（1階部分）と**厚生年金保険**（2階部分）で構成され、さらに国民年金基金・確定拠出年金（企業型）などによる支給が上乗せされ、**3階建て**の体系となっています。

★ 年金保険制度の体系

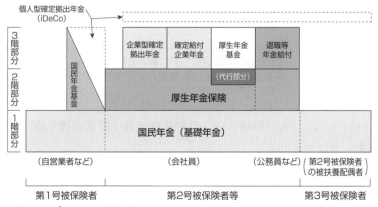

資料：厚生労働省「厚生労働白書」を基に作成

(2) 国民年金

❶被保険者

国民年金の被保険者は次のとおりです。

★国民年金の被保険者

第1号被保険者	日本国内に住所を有する20歳以上60歳未満の自営業者、農業者、学生等
第2号被保険者	民間サラリーマン、公務員等
第3号被保険者	第2号被保険者に扶養される配偶者であって、20歳以上60歳未満の者

外国籍であっても、日本国内に住所があれば、国民年金の被保険者となる。この仕組みは、医療保険、介護保険も同様だよ。

❷保険料

第1号被保険者の保険料は**均一拠出**となっています。なお、次のような場合には、申請により保険料の納付が**免除**または**猶予**されます。

★保険料の免除・納付猶予制度

免除制度	所得が少なく、本人・世帯主・配偶者の前年所得が一定額以下の場合や失業した場合など
産前産後期間の免除制度	出産予定日または出産日が属する月の前月から4か月間（多胎妊娠の場合は3か月前から6か月間）の保険料が免除される
納付猶予制度	20歳以上50歳未満の者で、本人・配偶者の前年所得が一定額以下の場合
学生納付特例制度	所得が一定以下の20歳以上の学生が対象。保険料を納付しなくても年金の受給資格期間に算入される。また、障害事故についても障害の程度に応じ障害基礎年金が満額支給される

❸給付の種類

給付される年金の種類には、**老齢基礎年金**、**障害基礎年金**、**遺族基礎年金**の3つがあります。

★ 給付の種類

老齢基礎年金	原則として**受給資格期間（10年）**を満了した者が**65歳**になった時から支給
障害基礎年金	20歳以上で一定の要件を満たした障害者が受給できる（所得制限あり）。障害等級は1級と2級に分けられ、それぞれ支給額が異なる。また、子の人数に応じた加算がある。なお、65歳に到達した者は、障害基礎年金と老齢基礎年金（または老齢厚生年金）の併給可
遺族基礎年金	被保険者または受給権者が死亡した場合に、死亡した者に生計を維持されていた子のある配偶者、その子に支給。遺族厚生年金を受給できる遺族は併給可

（3）厚生年金

　厚生年金は、民間企業や官公庁などに雇用されている者が加入している年金です。

★ 厚生年金の概要

被保険者	適用事業所に就業している**70歳未満**の者
保険料	被保険者の月収（標準報酬月額）と賞与（標準賞与額）の総報酬に応じ、それぞれに保険料率を乗じた額
負担方法	被保険者と事業主で折半（労使折半）
給付の種類	老齢厚生年金、障害厚生年金、遺族厚生年金など

❸ 医療保険　

（1）医療保険の概要

　医療保険とは、あらかじめ保険料を支払い、疾病や傷害などの際にかかった医療費の一部を保険から給付する制度です。医療保険は、健康保険や共済組合などの**被用者保険**と、自営業者などを対象とする**国民健康保険**に大別することができます。

　保険料は、被用者保険は**労使折半**ですが、国民健康保険は**全額自己負担**となります。

★ 医療保険制度の概要

制度名			保険者	被保険者	自己負担
被用者保険	健康保険	組合管掌健康保険	健康保険組合	大企業の従業員	義務教育就学前 2割
		協会けんぽ	全国健康保険協会	中小企業の従業員	6歳以上70歳未満 3割
		船員保険		船員	
		各種共済	共済組合	公務員	70歳以上75歳未満 2割 （ただし、現役並み所得者は3割）
			事業団	私立学校教職員	
国民健康保険			都道府県、市町村	農業者、自営業者等	
			国民健康保険組合	医師、弁護士等の同職種者	

生活保護の受給者（停止中の者を除く）は、国民健康保険の被保険者にはなれないよ。

（2）保険給付の種類

　被用者保険と国民健康保険の基本的な給付は、**現物給付**されるものに療養の給付（治療）、**高額療養費**、**入院時食事療養費**、**入院時生活療養費**などがあり、**現金給付**されるものに**葬祭費**、**出産育児一時金**などがあります。なお、被用者保険には、不就労時の所得を保障する**出産手当金**、**傷病手当金**の給付があります。

★ 主な保険給付の種類

高額療養費	1か月の医療費負担が、所得に応じて決められた一定の自己負担限度額を超えた場合に、その超えた額が支給される
出産育児一時金	被保険者（被用者保険では被扶養者も含む）が出産したときに、出産に要する費用負担を軽減するため、法定給付額が支給される
出産手当金	被用者保険の被保険者が出産のために休業し、報酬を受けられなかった場合に、出産日以前42日から出産日の翌日以後56日までの期間、休業1日につき標準報酬日額の3分の2が支給される
傷病手当金	被用者保険の被保険者が負傷や疾病による療養のために4日以上休業し、十分な報酬を受けられなかった場合に支給される。なお、2022（令和4）年1月から、支給期間が支給開始日から「通算して1年6か月に達する日まで」とされた

❹ 後期高齢者医療制度

（1）後期高齢者医療制度の概要

　2006（平成18）年に「老人保健法」が「高齢者の医療の確保に関する法律（**高齢者医療確保法**）」に改正・改称され、同法に基づく後期高齢者医療制度が2008（平成20）年度より開始されました。

（2）運営主体

　運営主体は、都道府県を単位にすべての市町村が加入して設立する後期高齢者医療広域連合（以下、広域連合）が行いますが、保険料は**市町村**が徴収します。

（3）被保険者

　被保険者は、①広域連合の区域内に住所を有する**75歳以上の者**、②**65歳以上75歳未満**で広域連合の障害認定を受けた者です（ただし、生活保護世帯に属する者などは適用除外）。

> 後期高齢者医療制度の給付内容は、療養の給付、高額療養費、入院時食事療養費、入院時生活療養費、葬祭費などで、他の医療保険制度とほぼ同様となっているよ。

（4）保険料と自己負担割合

　保険料は、各広域連合が条例で定めた保険料率により算定し、特別な理由がある者には、保険料の減免、徴収の猶予ができます。年額18万円以上の年金受給者は、年金保険者による特別徴収が行われます。

　患者の自己負担割合は、原則1割、一定以上所得者（現役並み所得者以外）は2割、現役並み所得者は3割です。

（5）財源構成

　後期高齢者医療制度の財源は、患者の自己負担部分を除き、公費（国・都道府県・市町村の負担）、後期高齢者支援金（現役世代の保険料）、被保険者の保険料で賄われています。

★後期高齢者医療制度の仕組み

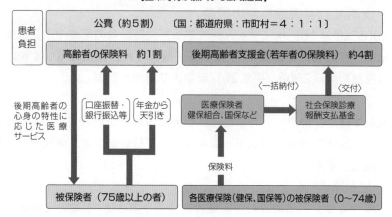

資料：厚生労働省「医療制度改革大綱による改革の基本的考え方」

❺ 労働保険

　労働者関連の社会保険としては、**労働者災害補償保険**（**労災保険**）と**雇用保険**があり、両者を併せて**労働保険**とよんでいます。労働保険は、労働者が被る業務上の傷病・障害・死亡、さらに労働者固有の失業というリスクに対応するための保険制度です。

（1）労働者災害補償保険（労災保険）

　労災保険は、業務執行中に起こった**業務災害**や通勤途中に起こった**通勤災害**によって労働者が負傷したり、病気（業務上の心理的負荷による精神障害も含む）したり、死亡したりした場合に必要な保険給付を行うことで、労働者やその遺族の生活の安定を図る制度です。

❶保険者と給付対象者

　労災保険の保険者は国ですが、実務は都道府県労働局と労働基準監督署が担当しています。給付対象者は、公務員などを除く、**すべての労働者**（アルバイトやパートタイム労働者も含む）です。

❷保険料と保険給付

　保険料の拠出は**事業主のみ**ですが、若干の国庫負担があります。労働者本人は保険料を支払うことなく給付が受けられますが、給付の対象と

なるためには「業務災害」あるいは「通勤災害」であると認定されることが必要です。認定にあたっては、事業主に故意・過失がない場合でも、災害補償の対象になります（**無過失責任**）。

（2）雇用保険

雇用保険は、労働者が失業したときや、子を養育するために休業したときなどに、必要な給付（**失業等給付、育児休業給付**）を行うことによって労働者の生活および雇用の安定と雇用の促進を図る制度です。また、失業の予防や雇用構造の改革、労働者の能力開発や福祉の増進等を図ることを目的として、**雇用保険二事業**（**雇用安定事業、能力開発事業**）も行っています。

★雇用保険制度の体系

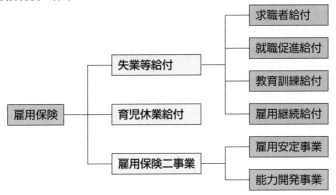

❶保険者と被保険者

雇用保険も保険者は国ですが、実務は都道府県労働局と公共職業安定所（ハローワーク）が担当しています。被保険者は、原則として適用事業所に雇用される**労働者**（原則として季節労働者や公務員などは適用対象外）で、事業主には被保険者の届出義務があります。

❷保険料

失業等給付、育児休業給付の保険料は**労使折半**ですが、雇用保険二事業は**事業主が全額負担**します。

⑥ 社会手当

　社会手当は、社会保険のように事前の加入や拠出を条件とせず、ある一定要件の該当者に現金給付（財源は公費）を行い、生活を支援する仕組みです。社会手当には、児童手当、児童扶養手当、特別児童扶養手当などがあります。

★ 主な社会手当の種類

児童手当	家庭等における生活の安定に寄与するとともに、次代の社会を担う児童の健やかな育ちに資することを目的とした制度。中学校修了まで（2024〔令和6〕年10月からは高校修了まで）の児童1人につき一定の額（月額）を父母等に支給
児童扶養手当	ひとり親家庭の生活の安定と自立の促進に寄与し、児童の福祉の増進を図ることを目的とした制度。離婚や死別等によって、父または母と生計を同じくしていない児童につき、一定の額を父母等に支給
特別児童扶養手当など	● 特別児童扶養手当……20歳未満の障害児を監護する父母等に支給 ● 障害児福祉手当……身体または精神に重度の障害を有する在宅の児童に支給 ● 特別障害者手当……20歳以上の身体または精神に著しい重度の障害を有する者に支給

・・・ **理解度チェック** ☑ ・・・

☐ 1	社会保険制度は、医療保険、年金保険、雇用保険、労災保険、介護保険の5つである。㉙
☐ 2	障害基礎年金の障害等級は、1級と2級である。㉘
☐ 3	労働者災害補償保険制度では、パートやアルバイトは、保険給付の対象である。㉛
☐ 4	労働者災害補償保険制度では、通勤途上の事故は、保険給付の対象外である。㉛
☐ 5	社会手当制度は、サービスの現物給付を行う。㉖

解答 1.○／2.○／3.○／4.✕ 保険給付の対象／5.✕ 現物給付ではなく、現金給付

介護保険制度創設の背景および目的

重要度 **A**

Point
- ☑ 介護者の高齢化（老老介護）が進んでいる
- ☑ 利用者本位の制度が導入されている
- ☑ 介護保険制度の保険者は市町村

❶ 高齢化の進展とその課題

（1）要介護高齢者と認知症高齢者の増加

　介護保険制度創設以来、要介護認定・要支援認定を受けた高齢者の数は**増加**し続けており、2022（令和4）年10月時点では高齢者人口の**約2割**を占める約685万人に至っています。

　また、厚生労働省の推計によると、2012（平成24）年時点で462万人であった認知症高齢者数は、2025（令和7）年には約700万人と高齢者人口の**約2割**に達すると見込まれています。

（2）介護者の高齢化

　主な介護者と要介護者・要支援者（以下、要介護者等）の同別居の状況をみると、要介護者等と同居している家族が**約5割**を占めています（2022〔令和4〕年国民生活基礎調査）。

★ **主な介護者と要介護者等との続柄および同別居の構成割合**

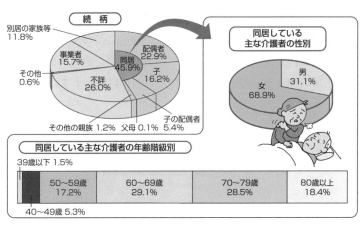

資料：厚生労働省「令和4年国民生活基礎調査」

同居の主な介護者を年齢層でみると、60〜69歳の介護者が**約3割**と最も多く、全体でも60歳以上の割合が**約8割**を占めており、老老介護の厳しい現実が表れています。

② 介護保険制度の創設

（1）介護保険制度創設までの流れ

　高齢者介護の問題が深刻化する中、従来の制度や家族介護の限界が指摘され、高齢者介護を社会全体で支える新しいシステムの構築が望まれるようになりました。こうした社会情勢を背景に、「介護保険法」が1997（平成9）年12月に成立し、2000（平成12）年4月から施行されました。

（2）介護保険制度の目的

　介護保険制度は「介護保険法」第1条に基づき、①**個人の尊厳保持**、②**自立**した日常生活の保障、③**国民の共同連帯の理念**、④**国民の保健医療の向上および福祉の増進**、の4つを柱に運営されています。

　第一条　この法律は、加齢に伴って生ずる心身の変化に起因する疾病等により要介護状態となり、入浴、排せつ、食事等の介護、機能訓練並びに看護及び療養上の管理その他の医療を要する者等について、これらの者が尊厳を保持し、その有する能力に応じ自立した日常生活を営むことができるよう、必要な保健医療サービス及び福祉サービスに係る給付を行うため、国民の共同連帯の理念に基づき介護保険制度を設け、その行う保険給付等に関して必要な事項を定め、もって国民の保健医療の向上及び福祉の増進を図ることを目的とする。

（3）介護保険制度の特徴

　また、介護保険制度は次のような特徴を備えています。

★ 介護保険制度の特徴

社会保険方式の導入	社会保険方式を導入することで、保険料の負担と給付（介護サービス等の提供）との関係が明確になる
応益負担の採用	応益負担を基本とすることで、利用者負担の不均衡が是正される
利用者本位の制度の導入	サービス提供事業者との利用契約に基づき、利用者自身によるサービスの選択が認められている
ケアマネジメントの導入	ケアマネジメント p.381参照 の手法を導入することで、保健・医療・福祉各制度の総合的・一体的・効率的なサービスの提供が可能となる
民間活力の導入	多様な事業者の参入を認めることで自由競争を促進し、利用者の選択の幅が広がることが期待されている
市町村による運営	制度を運営する保険者を、被保険者に身近な市町村（特別区を含む）としている

 サービス提供事業者は、利用者や家族に重要事項説明書を渡してサービス内容を説明し、同意を得たうえで契約書を取り交わさなければならないよ。

❸ 「介護保険法」の改正

(1) 2005（平成17）年の法改正

制度創設以来、要介護認定・要支援認定を受けた高齢者（特に軽度者〔要支援、要介護1〕）や給付率の増加などを背景に、制度の持続可能性を高めるため、次のような見直しが行われました（主に2006〔平成18〕年度施行）。

★ 2005（平成17）年の法改正のポイント

- 予防重視型システムへの転換（新予防給付〔介護予防サービス〕、地域支援事業 p.108参照 、地域包括支援センター p.113参照 の創設）
- 施設等での給付の見直し（居住費、食費を自己負担に）
  ⇨ 低所得者には配慮し、所得に応じて設定された負担限度額を超える費用については補足給付を支給（2014〔平成26〕年の改正で、受給要件に資産などを追加）
- 新たなサービス体系の確立（地域密着型サービス p.101参照 の創設など）
- サービスの質の向上（介護サービス情報の公表の義務化、事業者・施設の指定や介護支援専門員の資格の更新制の導入）　など

地域密着型サービスは、利用者の住み慣れた地域での生活を支えるため、身近な市町村で提供されることが適切なサービス類型として創設されたよ。

（2）2011（平成23）年の法改正

　地域包括ケアシステムを実現し、医療と介護の連携強化や認知症施策を推進するため、次のような見直しが行われました（主に2012〔平成24〕年度施行）。

★2011（平成23）年の法改正のポイント

- 地域密着型サービスに定期巡回・随時対応型訪問介護看護と複合型サービス（看護小規模多機能型居宅介護）を創設
- 地域支援事業に介護予防・日常生活支援総合事業を創設　など

2014（平成26）年の法改正で介護予防・日常生活支援総合事業が発展的に見直され、新しい「介護予防・日常生活支援総合事業」として再編されたよ。再編後の内容はLesson12を参照してね。

（3）2014（平成26）年の法改正

　高齢化が急速に進行する中、持続可能な社会保障制度の確立を図るため、主に次のような見直しが行われました（主に2015〔平成27〕年度施行）。

★2014（平成26）年の法改正のポイント

- 包括的支援事業に在宅医療・介護連携推進事業、生活支援体制整備事業、認知症総合支援事業を追加
- 市町村による地域ケア会議 p.113参照 の設置を努力義務として法定化
- 介護予防訪問介護・介護予防通所介護を地域支援事業（介護予防・日常生活支援総合事業）に移行
- **指定介護老人福祉施設**（＝特別養護老人ホーム）の入所対象を要介護3以上に（ただし、やむを得ない事情がある場合には要介護1および2の者も入所可）
- 一定以上所得のある第1号被保険者の利用者負担割合を2割に引き上げ　など

（4）2017（平成29）年の法改正

2017（平成29）年に「地域包括ケアシステムの強化のための介護保険法等の一部を改正する法律」が成立しました。同法では、高齢者の自立支援と要介護状態の重度化防止、地域共生社会 〔p.53参照〕 の実現を図るとともに、制度の持続可能性を確保することをねらいとしています（主に2018〔平成30〕年度施行）。

★ **2017（平成29）年の法改正のポイント**

- 新たな介護保険施設として、介護医療院 〔p.104参照〕 を創設
- 高齢者と障害者が同一事業所でサービスを受けやすくするため、共生型サービス 〔p.128参照〕 を創設
- 2割負担者のうち、特に所得の高い第1号被保険者の利用者負担割合を3割に引き上げ
- 介護納付金（第2号被保険者の保険料）の総報酬割の導入　など

（5）2020（令和2）年の法改正

2020（令和2）年に「地域共生社会の実現のための社会福祉法等の一部を改正する法律」による改正が行われました。「介護保険法」では、認知症施策の総合的な推進や介護サービス提供体制の整備等の推進、医療・介護のデータ基盤の整備の推進などをポイントとした改正が行われました（主に2021〔令和3〕年度施行）。

★ **2020（令和2）年の法改正のポイント**

- 国および地方公共団体の努力義務に、地域共生社会の実現に資することなどを規定
- 認知症に関する定義の変更
- 介護予防・日常生活支援総合事業の介護予防・生活支援サービス事業の対象者に要介護者を追加
- 包括的支援事業の生活支援体制整備事業に就労的活動支援コーディネーター 〔p.112参照〕 を配置、認知症総合支援事業にチームオレンジを整備　など

（6）2023（令和5）年の法改正

2023（令和5）年5月に「全世代対応型の持続可能な社会保障制度を構築するための健康保険法等の一部を改正する法律」による改正が行われました。「介護保険法」では、複合型サービスの定義の見直しや地域包括支援センターの業務の見直しなどをポイントとした改正が行われ

ました（主に2024〔令和6〕年度施行）。

★ **2023（令和5）年の法改正のポイント**

- 複合型サービス（看護小規模多機能型居宅介護）の法律上の定義を明確化
- 指定介護予防支援事業者の対象に、指定居宅介護支援事業者を追加　など

現在、看護小規模多機能型居宅介護以外のサービスの組み合わせも検討されている。新しいサービスが決まった場合は「厚生労働省令」で定められるよ。

··· 理解度チェック ☑ ···

- ☐ **1** 介護保険法は、国民の共同連帯の理念に基づくものである。㉖
- ☐ **2** 2015年4月に施行された介護保険制度の改正では、介護老人福祉施設の新規入所者を原則として要介護3以上の者にした。㉘
- ☐ **3** 2015年4月に施行された介護保険制度の改正では、予防給付の訪問介護（ホームヘルプサービス）・通所介護（デイサービス）を都道府県が実施する事業に移行した。㉘
- ☐ **4** 2015年度に施行された介護保険制度の改正では、一定以上の所得のある利用者の自己負担割合を3割に引き上げた。㉘
- ☐ **5** 2018年度に施行された介護保険制度の改正により、介護医療院が創設された。㉛
- ☐ **6** 2018年度に施行された介護保険制度の改正により、定期巡回・随時対応型訪問介護看護が創設された。㉛
- ☐ **7** 2018年度に施行された介護保険制度の改正により、在宅医療・介護連携推進事業が地域支援事業に位置づけられた。㉛
- ☐ **8** 2018年度に施行された介護保険制度の改正により、施設の食費は、材料費等の実費を新たに全額自己負担することになった。㉛
- ☐ **9** 2018年度に施行された介護保険制度の改正により、居宅介護サービス計画費について自己負担が導入された。㉛

解答　1.○／2.○／3.✕ 都道府県ではなく、市町村／4.✕ 2018年度の改正内容／5.○／6.✕ 2012年度に創設／7.✕ 2015年度の改正内容／8.✕ 2006年度の改正内容／9.✕ 自己負担は導入されていない

Lesson 8

介護保険制度の実施体制

Point
- ☑ 都道府県は介護保険審査会の設置・運営などを行う
- ☑ 市町村は要介護認定・要支援認定事務などを行う
- ☑ 国保連は、独立業務として苦情処理を行う

❶ 国の役割

　国は、介護保険事業の運営が健全かつ円滑に行われるよう、保健医療サービスおよび福祉サービスを提供する体制の確保に関する施策など、必要な措置（そち）を講じなければなりません。

　また、厚生労働大臣は、「地域における医療及び介護の総合的な確保の促進に関する法律（医療介護総合確保法）」に規定する総合確保方針に即して、**基本指針**を定めます。

★ **国が扱う主な事務**

制度の枠組み設定に関する事務	● 法令の制定 ● 要介護認定・要支援認定の基準づくり ● 介護報酬の額や支給限度基準額の設定 ● 事業者・施設の人員・設備・運営などの基準づくり ● 第2号被保険者負担率の設定
財政支援に関する事務	● 介護給付費・地域支援事業に対する定率の国庫負担 ● 調整交付金 p.88参照 の交付 ● 都道府県の財政安定化基金への国庫負担
保険給付の基盤整備に関する事務	● 保険給付の円滑な実施を確保するための基本指針の策定 ● 介護サービス基盤整備についての財政上の支援

❷ 都道府県の役割

　都道府県は、介護保険事業の運営が健全かつ円滑に行われるよう、市町村に必要な助言および適切な援助をしなければなりません。

　なお、2012（平成24）年度から**大都市特例**として、都道府県が行う事業者等の指定や指定取り消し、報告命令、立ち入り検査などは、指定都市または中核市に移譲されることになりました。

★ 都道府県が扱う主な事務

事業者等に関する事務	● 居宅サービス事業、介護予防サービス事業、介護保険施設の人員・設備・運営に関する基準などの設定 ● 居宅サービス事業者、介護予防サービス事業者、介護保険施設に対する指定（許可）・指定更新、指導・監督
市町村支援に関する事務	● 市町村による介護認定審査会の共同設置などの支援 ● 介護保険審査会 p.93参照 の設置・運営
介護サービス情報の公表に関する事務	● 介護サービス事業者の調査およびその結果の公表 ● 介護サービス情報の公表に関する事業者に対する指導・監督
介護支援専門員に関する事務	● 介護支援専門員の登録・登録更新 ● 介護支援専門員証の交付 ● 介護支援専門員の試験および実務研修、更新研修、再研修の実施
財政支援に関する事務	● 財政安定化基金 p.88参照 の設置・運営
計画の策定・変更に関する事務	● 都道府県介護保険事業支援計画の策定（3年を1期）・変更

❸ 市町村の役割

　介護保険制度の保険者は、**市町村および特別区**（以下、市町村）です。市町村は、保険運営の責任主体として、被保険者の把握や資格管理をし、保険事故が起こった場合には被保険者に保険給付を行います。

　また、保険料の徴収や保険財政の管理、**地域支援事業** p.108参照 の実施なども保険者の事務です。保険財政の管理にあたっては、一般会計と経理を区分して、介護保険の収入および支出を管理する**特別会計**を設けます。

★ 市町村が扱う主な事務

被保険者の資格管理に関する事務	● 被保険者証の発行・更新　　●住所地特例の管理 ● 被保険者の資格管理　　　　●被保険者台帳の作成
要介護認定・要支援認定に関する事務	● 要介護認定・要支援認定事務（事務の一部を指定市町村事務受託法人に委託可） ● 介護認定審査会 p.93参照 の設置

保険給付に関する事務	● 市町村特別給付の実施 ● 償還払いの保険給付の支給 ● 現物給付による介護報酬審査・支払い（国保連に委託可） ● 第三者行為求償事務（国保連に委託可）
地域支援事業・保健福祉事業に関する事務	● 地域支援事業の実施 ● 地域包括支援センターの設置・評価など ● 介護予防・日常生活支援総合事業の費用の審査・支払い（国保連に委託可） ● 保健福祉事業の実施
事業者等に関する事務	● 居宅介護支援事業、地域密着型（介護予防）サービス事業、介護予防支援事業の人員・設備・運営に関する基準の設定 ● 居宅介護支援事業者、地域密着型（介護予防）サービス事業者、介護予防支援事業者に対する指定・指定更新、指導・監督 ● 事業者等への報告提出命令、立ち入り検査など
計画の策定・変更に関する事務	● 市町村介護保険事業計画の策定（3年を1期）・変更
保険料に関する事務	● 第1号被保険者の保険料率の設定・保険料額の算定 ● 保険料の徴収、減免
財政運営に関する事務	● 公費負担の申請・収納など ● 特別会計の設置・管理 ● 介護給付費交付金・地域支援事業支援交付金の申請・収納など

④ 国民健康保険団体連合会の役割

　国民健康保険団体連合会（国保連）は都道府県単位で設置され、主に保険請求に関する審査・支払いや苦情処理など介護保険事業にかかる業務を行っています。なお、苦情処理は、**中立性・公平性**を確保するため、市町村からの委託ではなく**国保連の独立した業務**となります。

★ 国保連の主な業務

- 市町村からの委託業務（介護給付費などの審査・支払い、第三者行為求償事務）
- 介護給付費等審査委員会の設置
- 介護サービスに関する利用者からの苦情の受け付けや相談など（苦情処理）
- 指定居宅サービス、指定地域密着型サービス、指定居宅介護支援、指定介護予防サービス、指定地域密着型介護予防サービスの事業や介護保険施設の運営

（1）介護支援専門員とは

　一般にケアマネジャーとよばれ、「**介護保険法**」において制度化された資格です。要介護者等からの相談に応じ、心身の状況などに応じた適切なサービスを利用できるようケアプラン〈 **p.530 参照** 〉を作成するほか、保険者やサービス提供事業者との連絡調整を行うなど、介護支援サービスにおいて中心的な役割を担っています。

+1 プラスワン

主任介護支援専門員

地域支援事業の包括的・継続的ケアマネジメント支援業務として、関係機関・多職種との連携・協働体制の構築や医療との連携づくり、地域のインフォーマルサービスとの連携体制の整備、介護支援専門員の地域ネットワークづくり、困難事例に対する指導および助言などを担う。なお、主任介護支援専門員になるためには、所定の要件を満たしたうえで主任介護支援専門員研修を受講する必要がある。

（2）介護支援専門員の資格

　介護支援専門員の業務に従事するには、**都道府県**が実施する介護支援専門員実務研修受講試験に合格し、所定の実務研修を修了して都道府県知事の登録を受けます。そして、都道府県知事に申請し、**介護支援専門員証**の交付を受けることが必要となります。

（3）資格の更新と研修の義務

　介護支援専門員証の有効期間は **5 年**です。更新する場合は、原則的に都道府県知事が行う**更新研修**を受けなければなりません。登録後 5 年を超えている人は、**再研修**を受ける必要があります。

（4）介護支援専門員の義務等

　介護支援専門員の義務等については、「介護保険法」において、次の事項が規定されています。

★ 介護支援専門員の義務等

公正・誠実な業務遂行義務	要介護者等の人格を尊重し、常に要介護者等の立場に立って、提供するサービスや事業が特定の種類や事業者・施設に不当に偏ることがないよう、公正かつ誠実に業務を行わなければならない
基準遵守義務	厚生労働省令の定める基準（指定居宅介護支援等基準の基本取扱方針）に従って、業務を行わなければならない
資質向上努力義務	要介護者等が自立した日常生活を営むのに必要な援助に関する専門的知識および技術の水準を向上させ、その資質の向上を図るよう努めなければならない
名義貸しの禁止等	介護支援専門員証を不正に使用したり、他人にその名義を貸したりして、介護支援専門員の業務のため、使用させてはならない
信用失墜行為の禁止	介護支援専門員の信用を傷つけるような行為をしてはならない
秘密保持義務	正当な理由なしに、その業務について知り得た人の秘密を漏らしてはならない。介護支援専門員でなくなった後も同様である

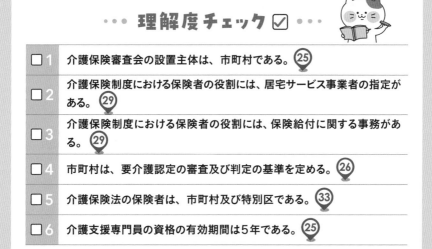

··· 理解度チェック ☑ ···

- ☐ 1 介護保険審査会の設置主体は、市町村である。㉕
- ☐ 2 介護保険制度における保険者の役割には、居宅サービス事業者の指定がある。㉙
- ☐ 3 介護保険制度における保険者の役割には、保険給付に関する事務がある。㉙
- ☐ 4 市町村は、要介護認定の審査及び判定の基準を定める。㉖
- ☐ 5 介護保険法の保険者は、市町村及び特別区である。㉝
- ☐ 6 介護支援専門員の資格の有効期間は5年である。㉕

解答　1.✕ 市町村ではなく、都道府県／2.✕ 都道府県の役割／3.○／4.✕ 市町村ではなく、国／5.○／6.○

介護保険制度の被保険者、利用者負担など

Point

- ☑ 被保険者資格は40歳以上で、強制加入
- ☑ 住所地特例が設けられている
- ☑ 利用者負担は定率1割、2割または3割

❶ 被保険者

(1) 被保険者の資格要件

介護保険制度では、**40歳以上**で要件に該当すれば、本人の意思にかかわりなく、何ら手続きを要せずに被保険者となります（強制加入）。なお、指定障害者支援施設など厚生労働省令で定める施設（**適用除外施設**）に入所している者については、当面は介護保険の被保険者の適用から除外されます。

被保険者は、年齢などにより**第1号被保険者**と**第2号被保険者**に分かれています。

★ 被保険者の資格要件

第1号被保険者	市町村の区域内に住所を有する65歳以上の者
第2号被保険者	市町村の区域内に住所を有する40歳以上65歳未満の者で、医療保険に加入している者

> 生活保護受給者は国民健康保険の適用除外となるため、40歳以上65歳未満の者は健康保険等に加入していない限り、第2号被保険者になることはできないよ。

(2) 届出および被保険者資格の取得と喪失

第1号被保険者が資格を取得・喪失したなどの場合には、市町村に届出が必要です。届出は、被保険者本人のほか、**世帯主**が代行することもできます。第2号被保険者の届出は原則不要ですが、要介護認定・要支援認定や**介護保険被保険者証の交付**を申請した人は、第1号被保険者と

同様に市町村に届け出ます。

被保険者資格の取得時期と喪失時期はそれぞれ次のとおりです。

★ 被保険者資格の取得と喪失時期

資格の取得	● 市町村の区域内に住所を有する医療保険加入者が40歳に達したとき（誕生日の前日） ● 市町村の区域内に住所を有する40歳以上65歳未満の医療保険未加入者が65歳に達したとき（誕生日の前日） ● 市町村の区域内に住所を有する40歳以上65歳未満の者が医療保険に加入したとき（当日） ● 第1号被保険者または第2号被保険者が住所を移転し、市町村の区域内に住所を有するに至ったとき（当日） ● 適用除外施設を退所・退院したとき（当日）
資格の喪失	● 市町村の区域内に住所がなくなったとき（転出日の翌日） 　※転出と転入が同時の場合は、転出日当日 ● 第2号被保険者が医療保険加入者でなくなったとき（当日） ● 死亡したとき（死亡日の翌日） ● 適用除外施設に入所・入院したとき（翌日）

（3）住所地特例

介護保険制度では、実際に居住している市町村の被保険者となるのが原則です（住所地主義）。しかし、介護保険施設などの多い市町村は介護費用の負担が重くなり、市町村間に財政上の不均衡を招いてしまいます。

このため、被保険者が住所地特例対象施設に入所・入居するために、他の市町村に住所を変更した場合には、変更前の住所地の市町村が保険者になる住所地特例が設けられています。

★ 住所地特例対象施設

● 介護保険施設（指定介護老人福祉施設、介護老人保健施設、介護医療院）
● 特定施設（有料老人ホーム、軽費老人ホーム、養護老人ホームで、地域密着型特定施設でないもの）
● 養護老人ホーム（「老人福祉法」上の入所措置）

また、2018（平成30）年度から、一定の適用除外施設の退所者が住所地特例対象施設に入所した場合は、適用除外施設入所前の住所地の市町村が保険者となります（次ページの図でYさんの場合と同様）。

★ 住所地特例

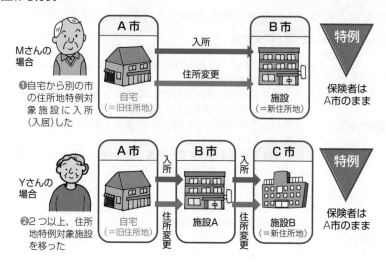

（4）保険料

　第1号被保険者の保険料（1号保険料）は、その市町村の給付費の見込み額などに応じて市町村ごとに異なり、3年ごとに見直される市町村介護保険事業計画を基に算出し、条例で定められます。第2号被保険者の保険料（2号保険料）は、全国一律のものが定められます。

　保険料の徴収方法は次のとおりです。

★ 保険料の徴収方法

第1号被保険者	● 老齢・退職年金、障害年金、遺族年金の受給者（年額18万円以上）⇨年金保険者が年金から天引き（特別徴収）し、市町村に納入 ● 低年金者（年額18万円未満）、無年金者⇨市町村が直接徴収（普通徴収）
第2号被保険者	医療保険者が医療保険料と一体的に徴収し、介護給付費・地域支援事業支援納付金として社会保険診療報酬支払基金に納付し、支払基金が市町村に定率交付する

❷ 利用者負担

（1）定率の利用者負担

　利用者が介護保険のサービスを利用した場合、サービス費用の定率1割（**第1号被保険者のうち、一定以上の所得者は2割、現役並み所得者は3割**）を負担します。

　認定を受けた被保険者には市町村から利用者負担の割合を記載した負担割合証が交付されます。サービスを利用する際には、介護保険被保険者証と負担割合証の両方をサービス提供事業者等に提示します。

（2）保険給付の対象外となる費用

　下記については保険給付の対象外で、**全額利用者負担**です。なお、おむつ代については、施設サービス、地域密着型介護老人福祉施設入所者生活介護、短期入所サービスでは、保険給付の対象です。

★ 保険給付の対象外となる費用

- 施設サービス、地域密着型介護老人福祉施設入所者生活介護における**食費・居住費**
- 短期入所サービスにおける**食費・滞在費**
- 小規模多機能型居宅介護、看護小規模多機能型居宅介護における**食費・宿泊費**
- 通所介護など通所系サービスにおける**食費**
- 日常生活費（理美容代、教養娯楽費、おむつ代など）
- 利用者の希望による**特別なサービスにかかる費用**

❸ 介護保険の財源

（1）財源の負担割合

　介護費用から利用者負担分を除いた**介護給付費**（予防給付費を含む）の費用は、**公費**（国、都道府県、市町村）と**保険料**（1号保険料、2号保険料）で賄います。

　保険料の負担割合は、第1号被保険者と第2号被保険者の人口比に応じ、**1人当たりの平均的な保険料がほぼ同じ水準**になるように、3年ごとに第2号被保険者の負担率が政令により改定されます。

★介護給付費と地域支援事業の負担割合

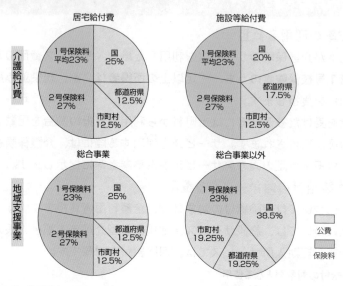

（2）調整交付金

　国の負担分は、すべての市町村に一律に交付される定率負担金と、市町村の財政力の格差に応じて傾斜的に交付される調整交付金（5％相当）から構成されます。

（3）財政安定化基金

　市町村の介護保険事業の運営における、保険料の収納率低下や給付費の見込み誤りによる財政不足などに対応するため、**都道府県**に**財政安定化基金**が設置されます。基金の財源は、国、都道府県、市町村（1号保険料）の拠出金で賄われ、それぞれの負担割合は**3分の1**ずつです。

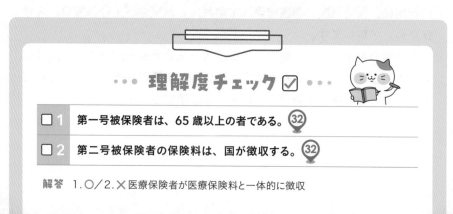

理解度チェック ☑

| □ 1 | 第一号被保険者は、65歳以上の者である。㉜ |
| □ 2 | 第二号被保険者の保険料は、国が徴収する。㉜ |

解答　1.○／2.✕ 医療保険者が医療保険料と一体的に徴収

介護保険サービスの利用手続き

重要度 **A**

Point
- ☑ 第2号被保険者は特定疾病が認定要件
- ☑ 認定申請は本人以外も代行可能
- ☑ 認定には有効期間が設けられている

❶ 保険給付を受けるための要件

（1）要介護状態・要支援状態

　介護保険は、被保険者が**要介護状態**および**要支援状態**になった場合を**保険事故**ととらえ、介護給付・予防給付等の保険給付を行う社会保険 p.65参照 です。

　要介護状態および要支援状態の定義は次のとおりです。

★ 要介護状態・要支援状態の定義

要介護状態	身体上または精神上の障害があるために、入浴、排泄（はいせつ）、食事などの日常生活における基本的な動作の全部または一部について、6か月にわたり継続して、常時介護を要すると見込まれる状態
要支援状態	身体上もしくは精神上の障害があるために、入浴、排泄、食事などの日常生活における基本的な動作の全部もしくは一部について、6か月にわたり継続して、常時介護を要する状態の軽減もしくは悪化の防止のための支援を要する、または日常生活を営むのに支障があると見込まれる状態

（2）特定疾病

　介護保険制度において第2号被保険者は、その要介護状態または要支援状態の原因が**特定疾病**（しっぺい）でなければ要介護者または要支援者として認められず、保険給付の対象となりません。介護保険制度では、次の**16の疾病**が指定されています。

★ 特定疾病

① がん（いわゆるがん末期）
② 関節リウマチ
③ 筋萎縮性側索硬化症
④ 後縦靱帯骨化症
⑤ 骨折を伴う骨粗鬆症
⑥ 初老期における認知症（アルツハイマー病、血管性認知症、レビー小体型認知症など）
⑦ 進行性核上性麻痺、大脳皮質基底核変性症およびパーキンソン病
⑧ 脊髄小脳変性症
⑨ 脊柱管狭窄症
⑩ 早老症
⑪ 多系統萎縮症（シャイ・ドレーガー症候群、オリーブ橋小脳萎縮症、線条体黒質変性症）
⑫ 糖尿病性神経障害、糖尿病性腎症および糖尿病性網膜症
⑬ 脳血管疾患
⑭ 閉塞性動脈硬化症
⑮ 慢性閉塞性肺疾患（慢性気管支炎、肺気腫、気管支喘息、びまん性汎細気管支炎）
⑯ 両側の膝関節または股関節に著しい変形を伴う変形性関節症

❷ 要介護認定・要支援認定の概要

(1) 要介護認定・要支援認定とは

　被保険者が、介護保険の給付を受けるためには、市町村に**要介護認定・要支援認定**（以下、要介護認定等）を申請し、**要介護状態にある**要介護者または**要支援状態にある**要支援者と認定される必要があります。

　要介護認定等は、被保険者が要介護状態または要支援状態にあるかどうか、ある場合はその程度を判定するものです。認定調査や審査・判定の基準は、公平・客観性の観点から国の定める全国一律の基準となっています。

★ 要介護者・要介護状態区分

要介護者	● 第1号被保険者で、要介護状態にある人 ● 第2号被保険者で、加齢に伴う特定疾病によって要介護状態になった人
要介護状態区分	介護の必要度に応じて、最も重度である要介護5から最も軽い要介護1までの5段階に区分

★ 要介護認定・要支援認定とサービス利用の流れ

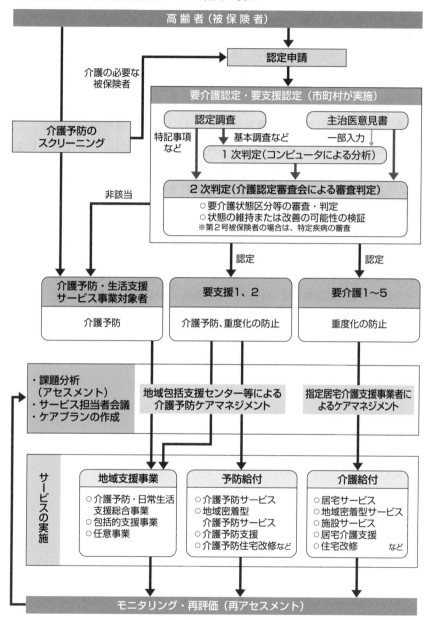

高齢者（被保険者）

認定申請

介護の必要な
被保険者

要介護認定・要支援認定（市町村が実施）

認定調査　　　　　　　　主治医意見書

特記事項
など　　　基本調査など　　　一部入力

1次判定（コンピュータによる分析）

2次判定（介護認定審査会による審査判定）
○要介護状態区分等の審査・判定
○状態の維持または改善の可能性の検証
※第2号被保険者の場合は、特定疾病の審査

介護予防の
スクリーニング

非該当

認定　　　　　　　　認定

介護予防・生活支援 サービス事業対象者	要支援1、2	要介護1～5
介護予防	介護予防、重度化の防止	重度化の防止

・課題分析
（アセスメント）
・サービス担当者会議
・ケアプランの作成

地域包括支援センター等による
介護予防ケアマネジメント

指定居宅介護支援事業者に
よるケアマネジメント

サービスの実施

地域支援事業	予防給付	介護給付
○介護予防・日常生活支援総合事業 ○包括的支援事業 ○任意事業	○介護予防サービス ○地域密着型 介護予防サービス ○介護予防支援 ○介護予防住宅改修 など	○居宅サービス ○地域密着型サービス ○施設サービス ○居宅介護支援 ○住宅改修 など

モニタリング・再評価（再アセスメント）

要支援者	● 第1号被保険者で、要支援状態にある人 ● 第2号被保険者で、加齢に伴う特定疾病によって要支援状態になった人
要支援状態区分	支援の必要度に応じて、要支援2と要支援1の2段階に区分

(2) 認定申請

被保険者は、申請書に必要事項を記入し、**介護保険被保険者証**を添付して、市町村の窓口に申請します（被保険者証の交付を受けていない第2号被保険者の場合は不要）。また、第2号被保険者は、医療保険の被保険者証を提示します。認定申請は被保険者本人のほか、次の者が代行・代理することもできます（**申請代行・代理**）。

★ 本人に代わって認定申請ができる者

- 家族、親族等、民生委員、成年後見人、社会保険労務士
- 地域包括支援センター
- 指定居宅介護支援事業者、地域密着型介護老人福祉施設、介護保険施設（運営基準の要介護認定等の申請にかかる援助の規定に違反したことのない者）

(3) 市町村による認定調査

認定申請を受けた市町村は、担当職員（福祉事務所のケースワーカーや市町村保健センターの職員など）が被保険者の居宅を訪問して、全国一律の認定調査票（**概況調査**、**基本調査**、**特記事項**で構成）を基に認定調査を行います。

新規認定の調査は、原則的に**市町村**が行いますが、指定市町村事務受託法人には、例外的に調査の委託が可能です。

更新認定および**区分変更認定**の調査は、市町村が行うほか、下記の者に委託することも可能です。

★ 認定調査の委託ができる者

- 指定市町村事務受託法人
- 地域包括支援センター
- 指定居宅介護支援事業者、地域密着型介護老人福祉施設、介護保険施設、介護支援専門員（運営基準の利益供与などの禁止の規定などに違反したことのない者）

（4）1次判定・2次判定

　基本調査の結果（および必要に応じて主治医意見書）に基づき、１次判定（コンピュータによる分析）が行われ、非該当（自立）、要支援１、２、要介護１〜５のいずれに当てはまるかの結果が示されます。市町村の**介護認定審査会**は、この結果を基に、**主治医意見書**および特記事項の内容をふまえ、審査・判定（２次判定）を行います。そして、審査・判定結果を**市町村**に通知します。

　２次判定の結果をふまえ、市町村が要介護認定・要支援認定を行い、被保険者に結果を通知します。なお、被保険者は、市町村の決定内容に不服がある場合は、**都道府県**に設置された**介護保険審査会**に審査請求することができます。

③ 主治医意見書

　市町村は、認定調査と同時に、被保険者が申請書に記載した主治医に、**主治医意見書**（全国一律の様式）への記載を求めます。被保険者に主治医がいない場合は、市町村の指定する医師または市町村の職員である医師の診断を受けるよう命じることができます。

④ 更新認定

　要介護認定・要支援認定には**有効期間**（**新規・区分変更認定**は原則６か月、**更新認定**は原則**12か月**）が設けられています。サービスの継続を希望する場合は、**有効期間満了日**の**60日前**から**満了日までの間**に更新認定の申請を行うことができます。

有効期間内であっても、要介護状態等が重くなった場合などは要介護度等区分の変更認定を受けることができるよ。

❺ 認定の取り消し

　有効期間満了日前であっても要介護認定・要支援認定を受けた被保険者が次に該当する場合には、**市町村**は認定を取り消すことができます。

★ 認定の取り消し

- 要介護者または要支援者に該当しなくなった場合
- 正当な理由なく、認定調査または主治医意見書のための診断命令に応じない場合

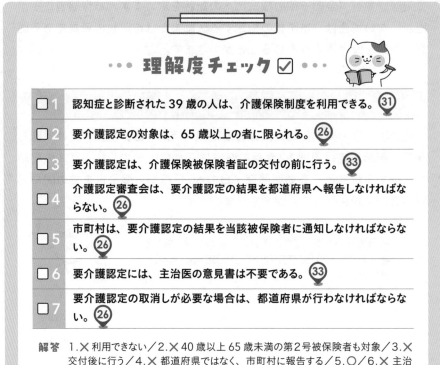

・・・ **理解度チェック** ☑ ・・・

☐ **1** 認知症と診断された39歳の人は、介護保険制度を利用できる。㉛

☐ **2** 要介護認定の対象は、65歳以上の者に限られる。㉖

☐ **3** 要介護認定は、介護保険被保険者証の交付の前に行う。㉝

☐ **4** 介護認定審査会は、要介護認定の結果を都道府県へ報告しなければならない。㉖

☐ **5** 市町村は、要介護認定の結果を当該被保険者に通知しなければならない。㉖

☐ **6** 要介護認定には、主治医の意見書は不要である。㉝

☐ **7** 要介護認定の取消しが必要な場合は、都道府県が行わなければならない。㉖

解答　1.✕ 利用できない／2.✕ 40歳以上65歳未満の第2号被保険者も対象／3.✕ 交付後に行う／4.✕ 都道府県ではなく、市町村に報告する／5.○／6.✕ 主治医意見書は必要／7.✕ 都道府県ではなく、市町村が行う

介護保険給付の種類・内容

重要度 **A**

- Point
  - ☑ 介護給付・予防給付は法定給付
  - ☑ 保険給付は、償還払いまたは現物給付で行われる
  - ☑ ケアマネジメントにかかる費用は全額現物給付

① 介護保険給付の種類

「介護保険法」による保険給付には、介護給付、予防給付、市町村特別給付の3種類があります。

★ 介護保険給付の種類

介護給付	● 要介護者を対象とする給付 ● 居宅介護サービス費、地域密着型介護サービス費、居宅介護福祉用具購入費、居宅介護住宅改修費、施設介護サービス費、居宅介護サービス計画費、高額介護サービス費、高額医療合算介護サービス費など
予防給付	● 要支援者を対象とする給付 ● 介護予防サービス費、地域密着型介護予防サービス費、介護予防福祉用具購入費、介護予防住宅改修費、介護予防サービス計画費、高額介護予防サービス費、高額医療合算介護予防サービス費など
市町村特別給付	● 市町村が独自に行う給付で、要介護者と要支援者が対象 ● 法定給付以外のサービス（例：移送サービス、配食サービスなど）を条例に定め、給付の対象とする。ただし、サービス内容は、要介護状態または要支援状態の軽減、悪化防止のためのものに限られる ● 財源は、原則1号保険料で賄われる

② 償還払いと現物給付

サービス利用時に、利用者がサービス提供事業者に費用をいったん全額支払い、後で市町村から保険給付分の払い戻しを受ける仕組みを償還払いといいます。一方、利用者が必要なサービスや物品を直接受給する仕組みを現物給付といいます。

法律上の規定では、保険給付は**償還払いが原則**となっていますが、利用者の負担が一時的に重くなることなどを考慮して、一定の要件を満たした場合には、**現物給付**が認められています。ただし、次に該当する場合は現物給付にはならず、**償還払いのみ**で給付されます。

★ **償還払いのみで給付されるケース**

- 居宅介護福祉用具購入費、介護予防福祉用具購入費、居宅介護住宅改修費、介護予防住宅改修費、高額介護（予防）サービス費、高額医療合算介護（予防）サービス費の支給
- 認定申請前または居宅サービス計画にないサービスの利用
- 介護保険被保険者証の未提示
- 保険料を滞納した場合　など

★ **償還払いの流れ（1割負担の場合）**

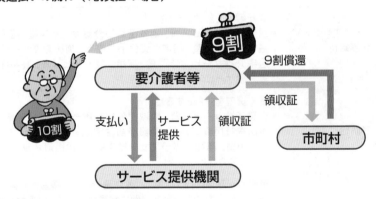

★ **現物給付の流れ（1割負担の場合）**

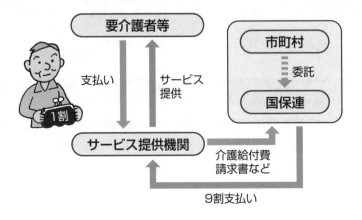

★ 保険給付の対象となるサービスと地域支援事業

要介護1〜5	要支援1、2	事業対象者など
重度化の防止	介護予防、重度化の防止	介護予防、状態の維持・改善

介護給付	予防給付	地域支援事業

■居宅サービス ≫ p.98
①訪問介護
②訪問入浴介護
③訪問看護
④訪問リハビリテーション
⑤居宅療養管理指導
⑥通所介護
⑦通所リハビリテーション
⑧短期入所生活介護
⑨短期入所療養介護
⑩特定施設入居者生活介護
⑪福祉用具貸与
⑫特定福祉用具販売

■地域密着型サービス ≫ p.101
①定期巡回・随時対応型訪問介護看護
②夜間対応型訪問介護
③地域密着型通所介護
④認知症対応型通所介護
⑤小規模多機能型居宅介護
⑥認知症対応型共同生活介護
⑦地域密着型特定施設入居者生活介護
⑧地域密着型介護老人福祉施設入所者生活介護
⑨看護小規模多機能型居宅介護（複合型サービス）

■住宅改修 ≫ p.103
■居宅介護支援 ≫ p.103
■施設サービス ≫ p.104
①介護福祉施設サービス
②介護保健施設サービス
③介護医療院サービス

■介護予防サービス ≫ p.98
①介護予防訪問入浴介護
②介護予防訪問看護
③介護予防訪問リハビリテーション
④介護予防居宅療養管理指導
⑤介護予防通所リハビリテーション
⑥介護予防短期入所生活介護
⑦介護予防短期入所療養介護
⑧介護予防特定施設入居者生活介護
⑨介護予防福祉用具貸与
⑩特定介護予防福祉用具販売

■地域密着型介護予防サービス
≫ p.101
①介護予防認知症対応型通所介護
②介護予防小規模多機能型居宅介護
③介護予防認知症対応型共同生活介護

■介護予防住宅改修 ≫ p.103
■介護予防支援 ≫ p.103

■介護予防・日常生活支援総合事業 ≫ p.109
●介護予防・生活支援サービス事業
○訪問型サービス
○通所型サービス
○生活支援サービス
○介護予防ケアマネジメント
●一般介護予防事業
○介護予防把握事業
○介護予防普及啓発事業
○地域介護予防活動支援事業
○一般介護予防事業評価事業
○地域リハビリテーション活動支援事業

■包括的支援事業 ≫ p.111
●第1号介護予防支援事業（要支援者以外）
●総合相談支援業務
●権利擁護業務
●包括的・継続的ケアマネジメント支援業務
●在宅医療・介護連携推進事業
●生活支援体制整備事業
●認知症総合支援事業

■任意事業 ≫ p.112
●介護給付等費用適正化事業
●家族介護支援事業
●その他の事業

地域支援事業についてはLesson12で詳しく学習するよ。ここでは、介護保険制度で利用できるサービスや事業について、ざっと全体を確認しておいてね。

③ 支給限度基準額

　要介護者や要支援者が無制限にサービスを利用すると、給付財源が不足して分配に不公平が生じるため、**支給限度基準額**を設け、その範囲内で保険給付を行う仕組みがとられています。支給限度基準額を超えてサービスを利用する場合は、利用者自らの選択で、その超える部分の費用は原則として**全額自己負担**となります。

④ 保険給付の内容　

(1) 居宅サービス・介護予防サービス

　要介護者（要支援者）が、都道府県知事の指定を受けた**指定居宅サービス事業者（指定介護予防サービス事業者）**から指定居宅サービス（指定介護予防サービス）を受けたときに、**居宅介護サービス費（介護予防サービス費）**として支給されます。

　なお、短期入所サービスを利用している間は、訪問・通所系サービスなどを同時に利用することはできません。

★指定居宅サービス・指定介護予防サービス

①訪問介護

介護福祉士などが要介護者の居宅を訪問して、入浴、排泄（はいせつ）、食事などの介護、生活等に関する相談・助言、その他の日常生活上の世話を行う。身体介護と生活援助に大別される。個別援助計画 p.530参照 はサービス提供責任者が作成する

②訪問入浴介護・介護予防訪問入浴介護

自宅の浴槽での入浴が困難な要介護者等の居宅を、看護職員や介護職員が入浴車で巡回訪問し、入浴の介護を行う

③訪問看護・介護予防訪問看護

主治医が必要と認めた場合に、看護師等が要介護者等の居宅を訪問し、医師の指示に基づいた療養上の世話や必要な診療の補助を行う。個別援助計画は看護師等が作成する

④訪問リハビリテーション・介護予防訪問リハビリテーション

主治医が必要と認めた場合に、理学療法士や作業療法士、言語聴覚士が要介護者等の居宅を訪問し、理学療法や作業療法、その他必要なリハビリテーションを行う。個別援助計画は医師および理学療法士等が作成する

⑤居宅療養管理指導・介護予防居宅療養管理指導

医師、歯科医師、歯科衛生士、薬剤師、管理栄養士等が要介護者等の居宅を訪問し、療養上の管理・指導を行う

⑥通所介護

引きこもりの防止やレスパイトケア（家族の介護負担の軽減）などを目的として、通所が可能な要介護者を老人デイサービスセンターなどに通わせ、入浴や食事の提供、日常生活に関する相談・助言や機能訓練などを行う。個別援助計画は管理者が作成する

⑦通所リハビリテーション・介護予防通所リハビリテーション

主治医が必要と認めた場合に、通所が可能な要介護者等を介護老人保健施設や介護医療院、病院、診療所に通わせ、理学療法や作業療法、その他必要なリハビリテーションを行う。個別援助計画は医師および理学療法士等の従事者が共同して作成する

⑧短期入所生活介護・介護予防短期入所生活介護

利用者の心身機能の維持やレスパイトケアを目的として、老人短期入所施設や介護医療院、特別養護老人ホームなどに要介護者等を短期間入所させ、食事、入浴、排泄などの介護、その他の日常生活上の世話や機能訓練を行う。個別援助計画は管理者が作成する

⑨短期入所療養介護・介護予防短期入所療養介護

医学的管理が必要な要介護者等を介護老人保健施設等に短期間入所させ、日常生活上の世話や必要な医療などを提供する。個別援助計画は管理者が作成する

⑩特定施設入居者生活介護・介護予防特定施設入居者生活介護

特定施設（養護老人ホーム、有料老人ホーム、軽費老人ホーム）に入居している要介護者等に対し、日常生活上の世話や相談、療養上の世話、機能訓練などのサービスを提供する。個別援助計画は施設の計画作成担当者である介護支援専門員が作成する。なお、サービス利用中は、居宅療養管理指導のみ同時利用可

⑪福祉用具貸与・介護予防福祉用具貸与（※軽度者には給付されない種目）

要介護者等が可能な限り自立した生活を送るため、また介護に当たる家族の負担を軽減するためのものを貸与。個別援助計画は福祉用具専門相談員が作成する
【対象種目】
- 車いす・車いす付属品※　　● 特殊寝台・特殊寝台付属品※
- 床ずれ防止用具　※　　● 体位変換器※　　● 手すり（工事を伴わないもの）
- スロープ（主に敷居等の小さい段差の解消に使用し、工事を伴わないもの）※
- 歩行器（固定式・交互式歩行器、歩行車）※　　● 歩行補助つえ（カナディアン・クラッチ、ロフストランド・クラッチ、プラットホームクラッチ、多点杖、松葉杖）※
- 認知症老人徘徊感知機器※　　● 移動用リフト（吊り具の部分を除く）※
- 自動排泄処理装置（交換可能部品を除く）※

⑫特定福祉用具販売・特定介護予防福祉用具販売

入浴や排泄等に使用するなど特定の福祉用具の購入費を支給。個別援助計画は福祉用具専門相談員 p.386参照〉が作成する

【対象種目】
- 腰掛便座
- 自動排泄処理装置の交換可能部品
- 排泄予測支援機器
- 簡易浴槽
- 入浴補助用具
- 移動用リフトの吊り具の部分
- スロープ※
- 歩行器（歩行車を除く）※
- 歩行補助つえ（松葉杖を除く）※

福祉用具貸与では、その使用が想定しにくいことから、前ページ表中の※は原則として軽度者（要支援1・2と要介護1、自動排泄処理装置は要支援1・2と要介護1〜3）には給付されないよ。また、2024年度から一部の福祉用具に選択制が導入され（99〜100ページ表中の※）、福祉用具貸与または特定福祉用具販売のいずれかを利用者が選択できるようになったよ。

★福祉用具貸与と特定福祉用具販売

【主な福祉用具貸与の対象種目】

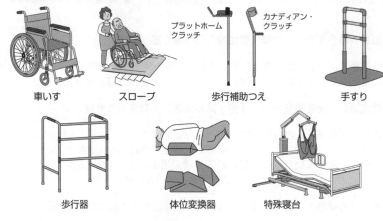

車いす　　スロープ　　歩行補助つえ　　手すり

歩行器　　体位変換器　　特殊寝台

【主な特定福祉用具販売の対象種目】

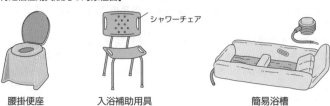

腰掛便座　　入浴補助用具　　簡易浴槽

★ 訪問介護の身体介護と生活援助のサービスの区分け

身体介護	● 嚥下困難者のための流動食、糖尿病食など特段の専門的配慮をもって行う調理 ● 自立生活支援・重度化防止のための見守り的援助 ● 食事、排泄、入浴の介助 　● 更衣の介助 ● 身体の清拭・洗髪・整容 　● 体位変換 ● 移乗・移動介助 　● 通院・外出の介助 ● 就寝・起床介助 　● 服薬介助
生活援助	● 掃除、ごみ出し、片づけ 　● 衣類の洗濯・補修 ● 一般的な調理・配下膳 　● ベッドメイク ● 買い物 　● 薬の受け取り ◎下記のものは、生活援助の内容に含まれない ×直接本人の援助に該当しない行為 例) 利用者以外の人に対する洗濯、調理、買い物、布団干し、主に利用者が使用する居室等以外の掃除、来客の応接、自家用車の洗車・掃除など ×日常生活の援助に該当しない行為 例) 草むしり、花木の水やり、ペットの世話、家具の移動、植木の剪定などの園芸、器具の修繕、模様替え、大掃除、窓のガラス磨き、床のワックスがけ、室内外家屋の修理、ペンキ塗り、正月料理など特別な手間をかけて行う調理

（2）地域密着型サービス・地域密着型介護予防サービス

　要介護者（要支援者）が、市町村長の指定を受けた**指定地域密着型サービス事業者（指定地域密着型介護予防サービス事業者）**から指定地域密着型サービス（指定地域密着型介護予防サービス）を受けたときに**地域密着型介護サービス費（地域密着型介護予防サービス費）**として支給されます。

★ 指定地域密着型サービス・指定地域密着型介護予防サービス

①定期巡回・随時対応型訪問介護看護（要介護者のみ）

介護福祉士などが定期的な巡回訪問により、または随時通報を受け、**要介護者の居宅**を訪問し、入浴、排泄、食事などの介護、日常生活上の世話、看護師等により行われる療養上の世話や必要な診療の補助を行う。サービスの提供形態により、次の2つに分かれる。個別援助計画は計画作成責任者が作成する
● 介護・看護一体型……訪問介護と訪問看護を一体的に提供。介護報酬は、訪問看護サービスの利用の有無により異なる
● 介護・看護連携型……訪問看護事業所と緊密な連携を図って実施

②夜間対応型訪問介護（要介護者のみ）

要介護者を、夜間の定期的な巡回訪問または随時通報によって訪問し、入浴、排泄、食事などの介護、その他の日常生活上の世話を行う。個別援助計画はオペレーションセンター従業者が作成する

③地域密着型通所介護（要介護者のみ）

要介護者を老人デイサービスセンターなどに通わせ、入浴、排泄、食事などの介護、その他の日常生活上の世話や機能訓練を行う（利用定員が18人以下である小規模事業所が対象）。個別援助計画は管理者が作成する

④認知症対応型通所介護・介護予防認知症対応型通所介護

認知症の要介護者等を、老人デイサービスセンターなどに通わせ、入浴、排泄、食事などの介護、その他の日常生活上の世話や機能訓練を行う。サービス提供時間の上限は14時間（延長加算を含む）。個別援助計画は管理者が作成する

⑤小規模多機能型居宅介護・介護予防小規模多機能型居宅介護

通いを中心とし、要介護者等の様態や希望に応じて訪問や短期間の宿泊を組み合わせ、入浴、排泄、食事などの介護、その他の日常生活上の世話、機能訓練を行う。登録定員は29人以下。個別援助計画は介護支援専門員が作成する。なお、サービス利用中は、訪問看護、訪問リハビリテーション、居宅療養管理指導、福祉用具貸与、特定福祉用具販売、住宅改修のみ同時利用可

⑥認知症対応型共同生活介護・介護予防認知症対応型共同生活介護

認知症の要介護者等（急性の状態にある者を除く）に、入居定員が5〜9人の共同生活住居（居室は原則個室）において、入浴、排泄、食事などの介護、その他の日常生活上の世話、機能訓練を行う。個別援助計画は施設の計画作成担当者が作成する。なお、サービス利用中は、居宅療養管理指導のみ同時利用可

⑦地域密着型特定施設入居者生活介護（要介護者のみ）

地域密着型特定施設（入居定員が29人以下の介護専用型特定施設）に入居している要介護者に、入浴、排泄、食事などの介護、その他の日常生活上の世話、機能訓練、療養上の世話を行う。個別援助計画は施設の計画作成担当者が作成する

⑧地域密着型介護老人福祉施設入所者生活介護（要介護者のみ）

地域密着型介護老人福祉施設（入所定員が29人以下の特別養護老人ホーム）に入所している要介護者（原則として要介護3以上）に、入浴、排泄、食事などの介護、その他の日常生活上の世話、機能訓練、健康管理、療養上の世話を行う。個別援助計画は施設の計画担当介護支援専門員が作成する

⑨看護小規模多機能型居宅介護（複合型サービス）（要介護者のみ）

居宅の要介護者に対し、小規模多機能型居宅介護に、必要に応じて訪問看護を組み合わせて提供するサービス。看護と介護の一体的な提供により、医療ニーズの高い要介護者への支援の充実を図る。個別援助計画は介護支援専門員が作成する

「老人福祉法」に規定される入所定員が30人以上の特別養護老人ホームで、都道府県知事の指定を受けたものは指定介護老人福祉施設というよ。

（3）住宅改修・介護予防住宅改修

在宅の要介護者（要支援者）が一定の住宅改修を行った場合、**居宅介護住宅改修費（介護予防住宅改修費）** が償還払いで給付されます。

給付額は、要介護状態区分等に関係なく、居住する同一の住宅についての支給限度基準額（**20万円**）が設定されています。転居した場合は**再支給**が受けられます。また、要介護状態区分等が著しく重くなった場合（介護の必要の程度の段階が３段階以上）には、**再支給（１回限り）** が受けられます。

★給付対象となる住宅改修

- 手すりの取り付け
- 段差の解消（昇降機、段差解消機などの設置は×）
- 引き戸などへの扉の取り換え（自動ドアへの変更は×）
- 洋式便器などへの便器の取り換え（暖房・洗浄機能の追加のみは×）
- 滑りの防止や移動を円滑にするための床または通路面の材料の変更
- その他、上記に付帯して必要な住宅改修

住宅改修では、工事を伴うものが給付対象となるよ。工事を伴わない手すりやスロープの設置は、福祉用具貸与または特定福祉用具販売の給付対象種目となるから注意してね。

（4）居宅介護支援・介護予防支援

居宅介護支援・介護予防支援は、居宅の要介護者・要支援者に対する**ケアマネジメント**です。利用者から依頼を受け、その心身の状況や置かれている環境、本人や家族の意向などから生活課題（ニーズ）を把握し、

利用するサービスの種類・内容、担当者などを定めたケアプラン（**居宅サービス計画、介護予防サービス計画**）を作成します。

　また、ケアプランに基づいた適切なサービス提供が確保されるよう、事業者・施設や関係機関との連絡調整などを行うほか、介護保険施設などへの入所・入院が必要な場合は、施設への紹介も行います。

● **居宅介護サービス計画費（介護予防サービス計画費）**

　要介護者（要支援者）が、都道府県知事（市町村長）から指定を受けた**指定居宅介護支援事業者（指定介護予防支援事業者**である**地域包括支援センター**または**指定居宅介護支援事業者）**から**指定居宅介護支援（指定介護予防支援）**を受けたときに、**居宅介護サービス計画費（介護予防サービス計画費）**として費用の全額（**10割**）が**現物給付**されます。なお、居宅介護支援の一連の業務は居宅介護支援事業所の**介護支援専門員**、介護予防支援は地域包括支援センターの**担当職員**または居宅介護支援事業所の介護支援専門員が担当します。

（5）施設サービス

　要介護者が、都道府県知事の**指定**（介護老人保健施設、介護医療院の場合は**許可**）を受けた**介護保険施設**（指定介護老人福祉施設、介護老人保健施設、介護医療院）に入所し、**指定施設サービス**を受けたときに**施設介護サービス費**が**現物給付**されます。

★指定施設サービスの種類

介護老人福祉サービス （介護老人福祉施設の入所者が対象）	身体上または精神上著しい障害があるため、常時介護を必要としている者で、居宅でその介護を受けることが困難な要介護者（原則として要介護3以上）に対し、施設サービス計画に基づいて入浴、排泄、食事などの介護、その他日常生活上の世話および機能訓練、健康管理、療養上の世話を行う
介護老人保健サービス （介護老人保健施設の入所者が対象）	病状が安定期にあり、主に心身機能の維持回復を図り、在宅復帰に向けた支援を必要とする要介護者に対し、施設サービス計画に基づいて看護、医学的管理下における介護および機能訓練その他必要な医療ならびに日常生活上の世話を行う
介護医療院サービス （介護医療院の入所者が対象）	病状が安定期にあり、主として長期にわたり療養が必要である要介護者に対し、施設サービス計画に基づいて、療養上の管理、看護、医学的管理下における介護および機能訓練その他必要な医療ならびに日常生活上の世話を行う。日常的な医学管理や看取り・ターミナルケアなどの医療機能と、生活施設としての機能を兼ね備えている

（6）その他の保険給付

　介護保険制度では、上述したサービスのほか、高額介護（予防）サービス費、高額医療合算介護（予防）サービス費、特定入所者介護（予防）サービス費があります。

★その他の保険給付

高額介護サービス費・高額介護予防サービス費

要介護者（要支援者）が1か月に支払った介護サービスの定率1割（または2割か3割）の利用者負担額が所得区分ごとに定められた負担上限額を超えた場合、高額介護サービス費（要支援者の場合は高額介護予防サービス費）として超えた額が償還払いで支給される。ただし、福祉用具購入費と住宅改修費の利用者負担額のほか、食費、居住費・滞在費、その他の日常生活費など別途利用者の自己負担となる分も対象外

高額医療合算介護サービス費・高額医療合算介護予防サービス費

要介護者（要支援者）が1年間に支払った介護サービス利用者負担額と、各医療保険における利用者負担額の合計額（高額介護サービス費、医療保険の高額療養費等が受けられる場合は、それらの適用を受けたうえでの額）が世帯の所得区分に応じた上限額を超えた場合、高額医療合算介護サービス費（要支援者の場合は高額医療合算介護予防サービス費）として、超えた額が各制度から償還払いで支給される。なお、福祉用具購入費と住宅改修費の自己負担分については対象外

特定入所者介護サービス費・特定入所者介護予防サービス費

低所得の要介護者（要支援者）が特定介護サービス（施設サービス、短期入所生活介護など）を利用した場合、食費、居住費（滞在費）の負担限度額を超える費用について、特定入所者介護サービス費（要支援者の場合は特定入所者介護予防サービス費）が現物給付される

❺ 特定施設　

　介護保険制度では、「老人福祉法」に規定される**有料老人ホーム**、**軽費老人ホーム（ケアハウス）**、**養護老人ホーム**のうち、都道府県知事の指定を受けたものを**特定施設**と位置づけています。

（1）有料老人ホーム

　高齢者に入浴、排泄、食事の介護、食事の提供、その他の日常生活上必要な便宜を提供することを目的とした施設です。施設と利用者との個別的な契約により入居し、入居費用は**全額利用者負担**となります。

有料老人ホームは、介護付、住宅型、健康型に分類されますが、**介護付のみ指定特定施設入居者生活介護事業者**としてサービスを提供することができます。

介護付有料老人ホームは、施設職員によりすべてのサービスが提供される「一般型」と、施設が契約した外部事業者がサービス提供を行う「外部サービス利用型」の2種類に分かれているよ。

● **サービス付き高齢者向け住宅**

サービス付き高齢者向け住宅は、2011（平成23）年の「高齢者の居住の安定確保に関する法律（**高齢者住まい法**)」の改正により制度化されました。

入居対象、建築物の規模や設備基準、サービス内容は次のとおりです。

★**サービス付き高齢者向け住宅の概要**

入居対象	● 単身高齢者または高齢者とその同居者 ※高齢者とは、60歳以上の者または「介護保険法」に規定する要介護認定・要支援認定を受けている40歳以上60歳未満の者
規模・設備	● 各居室の床面積は原則25㎡以上（居間、食堂、台所その他の住宅部分が高齢者の共同利用するために十分な面積を有する場合は18㎡以上） ● 各居室に台所、水洗便所、収納設備、浴室を備える（ただし、台所、収納設備、浴室は共同利用でも可） ● バリアフリー構造であること
サービス	● 状況把握サービス（安否確認サービス）と生活相談サービスの提供は必須 ● 特定施設入居者生活介護（有料老人ホームに該当し、都道府県知事の指定を受けている場合） ● 訪問介護などの介護保険サービス（有料老人ホームに該当しない場合）

（2）軽費老人ホーム（ケアハウス）

無料または低額な料金で高齢者（原則として**60歳以上**）を入所させ、日常生活上必要な便宜を提供することを目的とした施設です。

（3）養護老人ホーム

環境上および経済的**理由**により、自宅で養護を受けることが困難な高

齢者（原則として**65歳以上**）を「老人福祉法」上の措置により入所させ、必要な援助を行う施設です。都道府県知事の指定を受けて**指定特定施設入居者生活介護事業者**となった場合は、**外部サービス利用型**のみ利用者に提供することができます。

理解度チェック ☑

☐ **1** 訪問介護において、通院介助は生活援助に位置づけられる。㉖

☐ **2** 定期巡回・随時対応型訪問介護看護では、利用者の状態の変化に応じて、随時訪問サービスを利用することができる。㉛

☐ **3** 認知症対応型共同生活介護（グループホーム）では、機能訓練は行わない。㉙

☐ **4** 看護小規模多機能型居宅介護は、都道府県域でのサービス提供を行う。㉚

☐ **5** 手すりを取り付けるために壁の下地を補強することは、介護保険の給付対象となる住宅改修である。㉗

☐ **6** 風呂場に取り外し可能な手すりを設置することは、介護保険の給付対象となる住宅改修である。㉕

☐ **7** 介護老人福祉施設は、要支援2の認定を受けた者が入所できる。㉕

☐ **8** 介護老人保健施設は、最後まで住み続けることを目的とした施設である。㉕

☐ **9** 介護医療院は、入所者のためのレクリエーション行事を行うように努める。㉝

☐ **10** サービス付き高齢者向け住宅の対象者は、単身高齢者に限られている。㉚

☐ **11** サービス付き高齢者向け住宅の居室の面積基準は、15㎡である。㉚

☐ **12** サービス付き高齢者向け住宅では、入居者は必要に応じて、介護保険サービスの利用ができる。㉚

解答 1.✕ 生活援助ではなく、身体介護／2.○／3.✕ 機能訓練も行う／4.✕ 都道府県域ではなく、事業所のある市町村の住民が対象／5.○／6.✕ 取り外し可能な手すりは給付対象外／7.✕ 原則要介護3以上／8.✕ 在宅復帰が目的／9.○／10.✕ 単身高齢者のほか、高齢者とその同居者も対象／11.✕ 原則として25㎡以上／12.○

重要度
A

地域支援事業、サービス提供事業者

Point
- ☑ 総合事業、包括的支援事業は必須事業
- ☑ 包括的支援事業の実施機関は地域包括支援センター
- ☑ サービス提供事業者等の指定には有効期間が設けられている

❶ 地域支援事業

(1) 地域支援事業の概要

　地域支援事業は、被保険者が要介護状態等になることを予防するとともに、要介護状態等になった場合においても、可能な限り、地域において自立した日常生活を営むことができるよう支援するため、すべての市町村が保険給付とは別に行う事業です。

★ **地域支援事業の構成**

		事業内容	対象
必須事業	介護予防・日常生活支援総合事業	● 介護予防・生活支援サービス事業（第1号事業） 　○ 訪問型サービス（第1号訪問事業） 　○ 通所型サービス（第1号通所事業） 　○ 生活支援サービス（第1号生活支援事業） 　○ 介護予防ケアマネジメント（第1号介護予防支援事業）	要支援者等
		● 一般介護予防事業 　○ 介護予防把握事業 　○ 介護予防普及啓発事業 　○ 地域介護予防活動支援事業 　○ 一般介護予防事業評価事業 　○ 地域リハビリテーション活動支援事業	第1号被保険者
	包括的支援事業	● 第1号介護予防支援事業（要支援者以外） ● 総合相談支援業務 ● 権利擁護業務 ● 包括的・継続的ケアマネジメント支援業務 ● 在宅医療・介護連携推進事業 ● 生活支援体制整備事業 ● 認知症総合支援事業	被保険者

任意事業	任意事業	● 介護給付等費用適正化事業 ● 家族介護支援事業 ● その他の事業（成年後見制度利用支援事業、認知症サポーター等養成事業など）	被保険者や介護者など

（2）介護予防・日常生活支援総合事業

介護予防・日常生活支援総合事業（以下、総合事業）では、地域の実情に応じ、多様な提供主体により柔軟なサービス提供を行います。

総合事業のうち**介護予防・生活支援サービス事業**は、**要支援者、介護予防・生活支援サービス事業対象者**（基本チェックリストに該当した第1号被保険者）、**要介護者**（要介護認定前から市町村の補助により実施される介護予防・生活支援サービス事業を利用する者〔継続利用要介護者〕に限る）が対象となります。

一般介護予防事業は、**すべての第1号被保険者**とその支援のための活動にかかわる人を対象とします。

★総合事業の利用

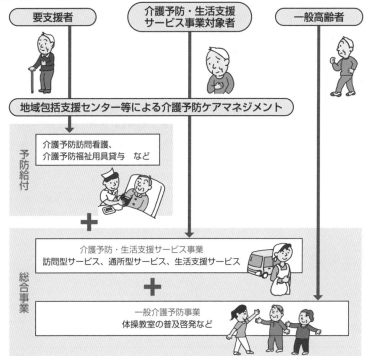

資料：厚生労働省

★ 介護予防・生活支援サービス事業の内訳

訪問型サービス （第1号訪問事業）	要支援者等の居宅において、掃除、洗濯などの日常生活上の支援を行う
通所型サービス （第1号通所事業）	施設において、日常生活上の支援や機能訓練を行う
生活支援サービス （第1号生活支援事業）	介護予防サービスや訪問・通所型サービスと一体的に行われる場合に効果があると認められる、次の生活支援サービスを行う ● 栄養改善などを目的とした配食 ● 定期的な安否確認と緊急時の対応（住民ボランティアなどが行う訪問による見守り） ● その他介護予防と自立した日常生活の支援のための市町村が定めるもの（訪問型サービス・通所型サービスの一体的提供など）
介護予防ケアマネジメント（第1号介護予防支援事業）	総合事業のみを利用する要支援者等を対象に、総合事業のサービスを適切に提供できるよう、地域包括支援センターが介護予防ケアマネジメントを実施する（業務の一部を指定居宅介護支援事業者に委託可）

予防給付を併用する要支援者には、総合事業ではなく予防給付の介護予防支援が行われるよ。

★ 一般介護予防事業の内訳

介護予防把握事業	地域の実情に応じて収集した情報等の活用により、閉じこもり等の支援を要する者を把握し、介護予防活動へつなげる
介護予防普及啓発事業	介護予防活動の普及・啓発を行う。体操教室や講演会などの開催、介護予防の普及啓発のためのパンフレット作成、介護予防手帳の配布など
地域介護予防活動支援事業	地域における住民主体の介護予防活動の育成・支援を行う。介護予防に関するボランティアなどの人材育成の研修、社会参加活動を通じた地域活動の実施、ボランティア活動を行った場合のポイントの付与など
一般介護予防事業評価事業	介護保険事業計画に定める目標値の達成状況等の検証を行い、一般介護予防事業を評価する
地域リハビリテーション活動支援事業	介護予防の取り組みを機能強化するため、通所、訪問、地域ケア会議、住民主体の通いの場などでリハビリテーション専門職等が助言などを行う

（3）包括的支援事業

　包括的支援事業は、**第1号被保険者**と**第2号被保険者**を対象とした事業で、次の業務と事業が実施されます。この包括的支援事業を一体的に実施する機関として、**地域包括支援センター**が位置づけられています。

　地域包括支援センターは、包括的支援事業の効果的な実施のために、高齢者の日常生活を支援するボランティアや民生委員、介護サービス事業者、医療機関などの関係者との連携に努めなければなりません。

★ 包括的支援事業の内訳

要支援者以外 （第1号介護予防支援事業）	総合事業のサービスを包括的・効率的に提供できるよう、必要な援助を行う ※総合事業の介護予防ケアマネジメントとして、一体的に実施
総合相談支援業務	相談支援や関係機関の連絡調整を行う ● 地域におけるネットワーク構築 ● 高齢者の心身の状況や家族の状況などについての実態把握 ● 総合事業の介護予防ケアマネジメントとして、一体的に実施 ● 高齢者からの初期段階での相談対応、サービスや制度の情報提供や関連機関の紹介など総合相談支援　など
権利擁護業務	虐待の防止や早期発見のための業務その他権利擁護のために必要な援助を行う ● 成年後見制度 p.136参照 の説明や申し立ての支援 ● 老人福祉施設などへの措置入所の支援 ● 高齢者虐待 p.138参照 への対応 ● 専門職の連携による困難事例への対応の検討、必要な支援 ● 消費者被害を未然に防止
包括的・継続的ケアマネジメント支援業務	保健医療・福祉の専門家が居宅サービス計画や施設サービス計画を検証し、被保険者の心身の状況などを定期的に協議するなどの取り組みを通じて、被保険者が地域で自立した日常生活を送ることができるように包括的・継続的な支援を行う ● 地域ケア会議を通じての自立支援に資するケアマネジメントの支援、地域の介護支援専門員のネットワークの構築や活用 ● 地域の介護支援専門員への相談対応、支援困難事例についての指導や助言　など
在宅医療・介護連携推進事業	医療の専門家が、介護サービス事業者、在宅医療を提供する医療機関その他の関係者の連携を推進するため、次のような取り組みを行う ● 地域の医療・介護の資源の把握 ● 切れ目のない在宅医療と在宅介護の提供体制の構築推進 ● 在宅医療・介護連携に関する相談支援 ● 医療・介護関係者の情報共有の支援、研修　など

生活支援体制整備事業	高齢者の社会参加および生活支援の充実を推進するため、次の配置などを行う ● 生活支援コーディネーターの配置……生活支援コーディネーターが、サービスの創出や担い手の養成、活動場所の確保などの資源開発、関係者間の情報共有などのネットワーク構築、ニーズと取り組みのマッチングを行う ● 協議体の設置……生活支援コーディネーターと多様な提供主体が参画して定期的な情報の共有・連携強化を行う場を設置する ● 就労的活動支援コーディネーターの配置……就労的活動支援コーディネーターが、就労的活動の取り組みを実施したい事業者等と就労的活動の場を提供できる民間企業等をマッチングし、役割がある形での高齢者の社会参加等を促進する
認知症総合支援事業	認知症の早期における症状の悪化防止のための支援、認知症の人またはその疑いのある人に対する総合的な支援を行う ● 認知症初期集中支援推進事業……認知症初期集中支援チーム p.295参照 を配置し、医療・介護の専門職が、認知症が疑われる人や認知症の人、その家族を訪問し、初期の支援を包括的・集中的に実施する ● 認知症地域支援・ケア向上事業……認知症地域支援推進員 p.295参照 を中心として、医療機関、介護サービス事業者、地域の支援関係者の連携づくり、相談支援や支援体制を構築するための取り組み、認知症対応力向上、多職種協働のための研修などを行う ● 認知症サポーター活動促進・地域づくり推進事業……チームオレンジコーディネーターを配置して、認知症の人やその家族の支援ニーズと認知症サポーターを中心とした支援をつなぐ仕組みであるチームオレンジを整備し、その運営を支援して、「共生」の地域づくりを推進する

（4）任意事業

　任意事業は、被保険者および要介護者を介護している者等に対して、市町村が地域の実情に応じた必要な支援を行います。

★ 任意事業の内訳

介護給付等費用適正化事業	利用者に適切なサービスを提供できる環境の整備や介護給付費の適正化を図るための事業 ● 認定調査状況チェック　　● ケアプラン点検 ● 住宅改修等の点検　　　　● 医療情報との突合　など
家族介護支援事業	介護方法の指導など、要介護者を介護する人を支援するための事業 ● 認知症高齢者見守り事業　　● 介護教室の開催 ● 家族介護継続支援事業

その他の事業	介護保険事業の運営安定化のための事業や、被保険者が地域で自立した日常生活が送れるよう支援する事業 ● 成年後見制度利用支援事業 ● 福祉用具・住宅改修支援事業 ● 認知症サポーター等養成事業　など

❷ 地域包括支援センター

　地域包括支援センターは、地域の高齢者の心身の健康の保持、生活の安定のために必要な援助を行うことにより、保健・医療の向上、福祉の増進を包括的に支援する中核的機関です。市町村ごとに弾力的に判断をするものの、おおむね人口2〜3万人を目安として設置されます。

★ 地域包括支援センターの概要

設置主体	● 市町村 ● 市町村の委託を受けた法人
主な業務	包括的支援事業、介護予防支援、介護予防ケアマネジメント（第1号介護予防支援事業）、一般介護予防事業、任意事業
職員体制	原則として、常勤専従の保健師、社会福祉士、主任介護支援専門員を各1人配置

❸ 地域ケア会議

　市町村は、地域包括ケアシステムの構築に向けて、行政職員、地域包括支援センター職員、介護支援専門員、保健医療関係者、民生委員、その他の関係者で構成される地域ケア会議を設置するように努めなければなりません。会議は地域包括支援センター（または市町村）が開催します。

　また、地域ケア会議には、**個別課題解決機能**、**ネットワーク構築機能**、**地域課題発見機能**、**地域づくり・資源開発機能**、**政策形成機能**、の5つの機能があります。市町村は、それぞれの機能が有機的に相互連関するよう、地域の実情に応じて出席者を選定して目的や機能を整理し、地域ケア会議を設置・運営することが求められています。

個別課題解決機能	多職種協働による個別ケース（困難事例等）の支援内容を検討することによって、高齢者の課題解決を支援するとともに、介護支援専門員の高齢者自立支援に資するケアマネジメントの実践力を高める機能
ネットワーク構築機能	高齢者の実態把握や課題解決を図るため、地域の関係機関等の相互の連携を高め地域包括支援ネットワークを構築する機能
地域課題発見機能	個別ケースの課題分析等を積み重ねることにより、地域に共通した課題を浮き彫りにする機能
地域づくり・資源開発機能	インフォーマルサービスや地域の見守りネットワークなど、地域で必要な資源を開発する機能
政策形成機能	地域に必要な取り組みを明らかにし、次期介護保険事業計画に反映するなど、政策を立案・提言していく機能

資料：厚生労働省「地域包括支援センターの設置運営について（H25.3.29改正）」を基に作成

❹ サービス提供事業者・施設の指定

（1）指定の概要

　介護保険給付の対象となるサービスの提供は、**都道府県知事**または**市町村長**の指定を受けた事業者・施設（以下、事業者等）が行います。

　また、指定を受けるためには、原則として**法人格**をもち、人員・設備・運営基準などの要件を満たす必要があります。ただし、営利・非営利は問われません。

★ 都道府県知事・市町村長が指定する事業者等

都道府県知事	指定居宅サービス事業者、指定介護予防サービス事業者、介護保険施設
市町村長	地域密着型サービス事業者、指定地域密着型介護予防サービス事業者、指定居宅介護支援事業者、指定介護予防支援事業者

（2）指定の更新

　事業者等の指定には、**6年間**の有効期間が設けられています。そのため、事業者等は6年ごとに指定の更新申請を行わなければなりません。

❺ 介護サービス情報の公表

利用者が**適切に介護サービスを比較検討し選択**できるよう、介護サービス事業者（介護サービスを行う事業者と施設）には、**介護サービス情報の公表**が義務づけられています。

介護サービス事業者は、**定期的**（年1回程度）に介護サービス情報（介護サービスの内容や運営状況に関する情報等）を都道府県知事に**報告**します。介護サービス情報の報告を受けた都道府県知事は、その報告の内容を**公表**しなければなりません。また、報告に関して必要があると認めて調査を行った場合は、その調査の結果を公表します。

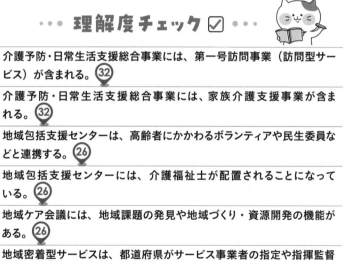

理解度チェック ☑

☐ 1	介護予防・日常生活支援総合事業には、第一号訪問事業（訪問型サービス）が含まれる。㉜
☐ 2	介護予防・日常生活支援総合事業には、家族介護支援事業が含まれる。㉜
☐ 3	地域包括支援センターは、高齢者にかかわるボランティアや民生委員などと連携する。㉖
☐ 4	地域包括支援センターには、介護福祉士が配置されることになっている。㉖
☐ 5	地域ケア会議には、地域課題の発見や地域づくり・資源開発の機能がある。㉖
☐ 6	地域密着型サービスは、都道府県がサービス事業者の指定や指揮監督を行う。㉕
☐ 7	地域密着型サービスは、営利を目的とする事業者の参入が制限されている。㉕

解答 1.○／2.✕ 家族介護支援事業は含まれない／3.○／4.✕ 介護福祉士は配置されない／5.○／6.✕ 都道府県ではなく、市町村／7.✕ 営利・非営利は問われない

社会の理解

Lesson

12

地域支援事業、サービス提供事業者

障害者の定義と障害者福祉の動向

Point
- ☑ 国は障害者基本計画を策定する
- ☑ 支援費制度では、利用者本位のサービスを提供
- ☑ 障害者総合支援制度では、難病患者等も給付対象に追加

❶ 障害者の定義

日本の障害者施策の基本を定めた「障害者基本法」や障害者に対する福祉サービスなどを規定した「障害者総合支援法」では、障害者を下表のとおり定義しています。なお、障害者の具体的な定義については、「身体障害者福祉法」など個別の法律でそれぞれ定められています p.302参照。

★法律における障害者・障害児の定義

法律名	呼称	定義
障害者基本法	障害者	身体障害、知的障害、精神障害（発達障害を含む）その他の心身の機能の障害がある者であって、障害および社会的障壁により継続的に日常生活または社会生活に相当な制限を受ける状態にある者
障害者総合支援法	障害者	● 「身体障害者福祉法」に規定する身体障害者のうち18歳以上の者 ● 「知的障害者福祉法」に規定する知的障害者のうち18歳以上の者 ● 「精神保健福祉法」に規定する精神障害者のうち18歳以上の者 ● 「発達障害者支援法」に規定する発達障害者のうち18歳以上の者 ● 難病等（治療方法が確立していない疾病等であって、政令で定めるものによる障害の程度が主務大臣の定める程度）の患者のうち18歳以上の者
	障害児	「児童福祉法」に規定する障害児（18歳未満の児童）

社会的障壁とは、障害がある者にとって、日常生活または社会生活を営むうえで障壁となるような社会における事物、制度、慣行、観念その他一切のものを指すよ。

❷ 障害者基本計画

　1993（平成5）年に改正・改称された「**障害者基本法**」では、国に対し、障害者施策に関する基本的な計画（障害者基本計画）を策定するよう定めています。この障害者基本計画などに基づいて、都道府県と市町村は障害者計画を策定することが義務づけられています。

★ **障害者基本計画の変遷**

計画の名称と対象期間	概要
障害者対策に関する新長期計画（第1次）（1993～2002年度）	● 1995（平成7）年に「障害者プラン～ノーマライゼーション7か年戦略～」を策定、1996（平成8）年度から実施 ● リハビリテーションとノーマライゼーションの理念をふまえ、施策の重点的推進を図る
障害者基本計画（第2次）（2003～2012年度）	旧計画の理念を継承し、共生社会の実現を目指す ⇨「発達障害者支援法」「障害者自立支援法」「バリアフリー法」の制定など
障害者基本計画（第3次）（2013～2017年度）	共生社会の実現に向けて、障害者の自己実現への支援、障害者に対する社会的な障壁の除去を目指す ⇨「障害者差別解消法」の制定など
障害者基本計画（第4次）（2018～2022年度）	障害者施策の検討および評価において、障害者が意思決定過程に参画し、障害者の視点を施策に反映
障害者基本計画（第5次）（2023～2027年度）	● 障害者の自立および社会参加の支援等のための施策を総合的・計画的に推進することで、「障害者の権利に関する条約」が目指す共生社会の実現につなげる ● 障害者への偏見や差別意識の払拭、「障害の社会モデル」など障害者の人権の確保のうえで基本となる考えなどへの理解促進に取り組み、SDGs（持続可能な開発目標）の視点である多様性と包摂性のある社会の実現を目指す

リハビリテーション、ノーマライゼーション、共生社会は、障害者福祉の基本理念だよ。

③ 支援費制度から障害者自立支援法へ

2000（平成12）年の社会福祉基礎構造改革により、障害者施策は、従来の措置制度から利用契約制度へと転換し、2003（平成15）年4月から支援費制度が導入されました。

★支援費制度の特徴

- サービス提供事業者との対等な関係に基づく利用者本位のサービスが受けられる
- 制度の対象は身体障害・知的障害のみ（精神障害は対象外）
- 自己負担制度（応能負担）の採用

支援費制度の導入により障害者の地域生活支援は大きく前進したものの、サービス利用者の急増による市町村の財政圧迫、障害種別による不公平感などの問題を解決するため、「障害者自立支援法」が2005（平成17）年に成立し、2006（平成18）年4月から段階的に施行されました。

★「障害者自立支援法」の特徴

- 障害種別（身体障害、知的障害、精神障害〔発達障害を含む〕）にかかわらず、サービスを利用するための仕組みを一元化
- 障害程度区分（現：障害支援区分）の導入
- 自己負担制度を応能負担から応益負担に変更（2012〔平成24〕年度からは、再び応能負担に変更）

④ 障害者総合支援法の成立

(1)「障害者総合支援法」の成立

その後、「障害者自立支援法」の見直しが進められ、2012（平成24）年6月に「障害者の日常生活及び社会生活を総合的に支援するための法律（障害者総合支援法）」が成立し、2013（平成25）年4月から段階的に施行されました。

★「障害者自立支援法」から「障害者総合支援法」への主な改正内容

施行年度	主な改正内容
2013（平成25）年度	● 基本理念の創設 ● 障害児・者の範囲に難病等を追加　など
2014（平成26）年度	● 障害程度区分から障害支援区分 p.132参照 に変更 ● 共同生活介護の共同生活援助への一元化　など

(2)「障害者総合支援法」の目的と基本理念

「障害者総合支援法」第1条には、次のような目的が掲げられています。

第一条　この法律は、障害者基本法の基本的な理念にのっとり、(中略)
障害者及び障害児が基本的人権を享有する個人としての尊厳にふさわ
しい日常生活又は社会生活を営むことができるよう、必要な障害福祉
サービスに係る給付、地域生活支援事業その他の支援を総合的に行い、
もって障害者及び障害児の福祉の増進を図るとともに、障害の有無に
かかわらず国民が相互に人格と個性を尊重し安心して暮らすことので
きる地域社会の実現に寄与することを目的とする。

また、第1条の2には、次のような基本理念が掲げられています。

★「障害者総合支援法」の基本理念

- すべての国民が、障害の有無にかかわらず、等しく基本的人権を享有するかけがえの ない個人として尊重される
- すべての国民が、障害の有無によって分け隔てられることなく、相互に人格と個性を 尊重し合いながら共生する社会を実現する
- すべての障害者および障害児が可能な限りその身近な場所において必要な日常生活 または社会生活を営むための支援を受けられることにより、社会参加の機会が確保 される
- どこで誰と生活するかについての選択の機会が確保され、地域社会において他の 人々と共生することを妨げられない
- 社会的障壁の除去

上記の基本理念は、2011（平成23）年の「障害者基
本法」改正で盛り込まれた目的や基本原則といった重要
な考え方をふまえた内容となっているよ。

・・・ 理解度チェック ☑ ・・・

| ☐ 1 | 政府は、「障害者基本計画」を策定しなければならない。 |

解答　1. ○

Lesson **14**

障害者総合支援制度の実施体制

重要度 **B**

Point
- ☑ 市町村は基幹相談支援センターを設置
- ☑ 都道府県および市町村は、基本指針に則して障害福祉計画を策定
- ☑ サービス提供事業者は都道府県知事から指定を受ける

① 国の役割

　国は、「障害者総合支援法」に基づく業務が適正かつ円滑に行われるよう、都道府県および市町村に対して必要な助言、情報の提供その他の援助を行います。

　また、主務大臣は、障害福祉サービスおよび相談支援並びに地域生活支援事業の提供体制を整備し、自立支援給付および地域生活支援事業の円滑な実施を確保するための基本指針を定めます。

② 都道府県の役割

　都道府県は、障害者総合支援制度の実施にあたり、次の責務を担います。

★都道府県の責務・事務

責務	● 市町村に対して必要な助言、情報の提供その他の援助を行う ● 市町村と連携を図りつつ、必要な自立支援医療費の支給および地域生活支援事業を総合的に行う ● 障害者等に関する相談および指導のうち、専門的な知識および技術を必要とするものを行う ● 市町村と協力して障害者等の権利の擁護のために必要な援助を行う
事務	● 都道府県障害福祉計画の策定（3年を1期）・変更

③ 市町村の役割

　市町村は、障害者総合支援制度の運営実施主体となるため、サービス利用にかかわる窓口の役割を担います。

★市町村の責務・事務

責務	● 自立支援給付および地域生活支援事業を総合的かつ計画的に行う ● 障害者等の福祉に関する情報の提供、相談、調査、指導などを行う ● 意思疎通支援が必要な障害者等がサービスを円滑に利用できるよう便宜を図る ● 障害者等に対する虐待の防止および早期発見のために関係機関と連絡調整を行う ● 障害者等の権利の擁護のために必要な援助を行う
事務	● 市町村審査会の設置 ● 基幹相談支援センターの設置（努力義務） ● 市町村障害福祉計画の策定（3年を1期）・変更

❹ 障害福祉計画の策定

　「障害者総合支援法」に基づく障害者へのサービスを計画的に確保するため、都道府県および市町村は、厚生労働大臣が定める基本指針に則して、障害福祉計画の策定（3年を1期）が義務づけられています。なお、障害福祉計画は、障害児福祉計画 p.131参照と一体のものとして作成することができます。

❺ サービス提供事業者

　「障害者総合支援法」において、障害福祉サービスを提供し、介護給付費等を受けようとする事業者・施設は、指定権者である都道府県知事からサービスごとに指定を受けることが必要です。

　事業者・施設の指定には、6年間の有効期間が設けられています。そのため、事業者・施設は6年ごとに指定の更新申請を行わなければなりません。

★サービス提供事業者の責務・基準

責務	● 障害者等の意向、適性、障害の特性などに応じ、常に障害者等の立場に立って効果的にサービスを提供するように努める ● サービスの質の評価を行うことなどにより、サービスの質の向上に努める ● 障害者等の人格を尊重するとともに、法律等に基づく命令を遵守し、障害者等のため忠実にその職務を遂行する

| 基準 | ● サービス事業所ごとに、都道府県の条例で定める基準に従い、従業者を有する
● 利用者またはその家族からの苦情に迅速かつ適切に対応するために、苦情相談窓口を設置する　など |

介護給付費等の請求についても、介護保険と同様に、利用者の負担軽減と制度の円滑な運営のために、現物給付
が認められているよ。

⑥ その他の機関　㉟ ㉝ ㉚ ㉙

　障害者総合支援制度の運用には、国や地方公共団体のほか、次のような機関もかかわります。

★障害者総合支援制度にかかわるその他の機関

基幹相談支援センター	地域における相談支援の中核的な役割を担う機関。障害者（児）の相談を総合的に行うほか、地域の相談支援事業者間の連絡調整や関係機関の連携の支援を担う。主任相談支援専門員、相談支援専門員、社会福祉士、精神保健福祉士、保健師等が配置される
地域活動支援センター	障害者等を通わせ、創作的活動や生産活動の機会の提供、社会との交流の促進などの支援を行う機関
運営適正化委員会	制度の安定運営と適正なサービス提供の確保、サービスに関する苦情などを適切に解決する機関。都道府県社会福祉協議会に設置

障害者総合支援制度の運用には国民健康保険団体連合会（国保連）もかかわっているよ。市町村から委託を受けて、障害福祉サービス費の審査・支払い業務を行っているんだ。

★ 基幹相談支援センターの役割のイメージ

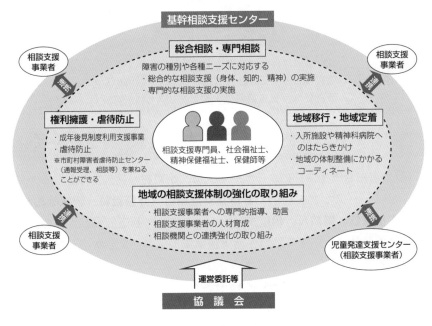

資料：厚生労働省「基幹相談支援センターの役割のイメージ」を基に一部改変

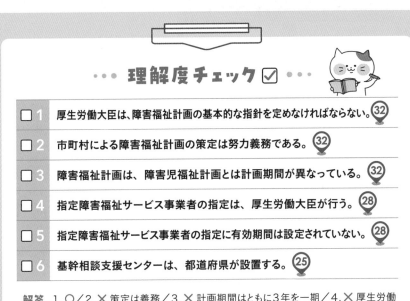

・・・ 理解度チェック ☑ ・・・

☐ **1** 厚生労働大臣は、障害福祉計画の基本的な指針を定めなければならない。㉜

☐ **2** 市町村による障害福祉計画の策定は努力義務である。㉜

☐ **3** 障害福祉計画は、障害児福祉計画とは計画期間が異なっている。㉜

☐ **4** 指定障害福祉サービス事業者の指定は、厚生労働大臣が行う。㉘

☐ **5** 指定障害福祉サービス事業者の指定に有効期間は設定されていない。㉘

☐ **6** 基幹相談支援センターは、都道府県が設置する。㉕

解答 1.○／2.✕ 策定は義務／3.✕ 計画期間はともに3年を一期／4.✕ 厚生労働大臣ではなく、都道府県知事／5.✕ 6年間の有効期間が設定されている／6.✕ 都道府県ではなく、市町村

自立支援給付と地域生活支援事業

重要度 **A**

Point
- ☑ 自立支援給付と地域生活支援事業がある
- ☑ 障害福祉サービスは介護給付と訓練等給付の2つ
- ☑ 障害児は「児童福祉法」のサービスも利用可能

❶ 障害者総合支援法によるサービス

「障害者総合支援法」によるサービスは、市町村が実施主体となって障害福祉サービスなどを提供する自立支援給付（**介護給付、訓練等給付、自立支援医療、補装具、相談支援**）と、市町村・都道府県が地域の実情に応じて柔軟に実施する地域生活支援事業の２つが大きな柱となっています。

★ 障害者（児）に対する福祉サービスの体系

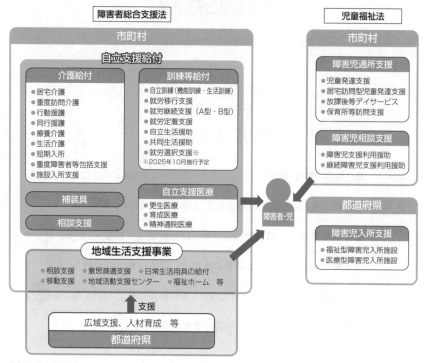

資料：厚生労働省

124

（1）障害福祉サービス

自立支援給付のうち、介護給付と訓練等給付の２つが**障害福祉サービス**に該当します。

★障害福祉サービスの種類

- 介護給付……支援の度合が一定以上の障害者（児）が、生活上または療養上の必要な介護を受けたときに介護給付費が支給される
- 訓練等給付……施設等で、身体的または社会的リハビリテーションや、就労につながる支援を受けたときに訓練等給付費が支給される。対象となるサービスは障害者のみ利用可

★介護給付費の支給対象となるサービス

サービス名	サービス内容
居宅介護※（ホームヘルプ）	居宅を訪問し、食事・入浴・排泄の介護、調理・掃除・洗濯等の家事、生活等に関する相談・助言、通院等の介助などを行う 【対象】障害支援区分が区分１以上（身体介護を伴う通院等の介助の場合は区分２以上などの要件が加わる）
重度訪問介護	重度の肢体不自由者や重度の知的障害または精神障害により行動上著しい困難があり、常時介護を必要とする者に対し、居宅で食事・入浴・排泄の介護、外出時の移動支援などを総合的に行うほか、病院等に入院または入所している障害者に対する意思疎通支援などを行う 【対象】障害支援区分が区分４以上（病院等で利用する場合は区分６。ただし、入院または入所前からサービスを利用していた者に限る）
行動援護※	知的障害または精神障害によって行動上著しい困難があり、常時介護を必要とする者に対して、行動する際に生じる危険を回避するために必要な援護や、外出時の移動支援などを行う 【対象】障害支援区分が区分３以上で、一定の要件を満たした者
同行援護※	視覚障害によって移動に著しい困難を伴う者に対し、外出時に同行して移動に必要な情報を提供するとともに、移動支援を適切かつ効果的に行う
短期入所※（ショートステイ）	家族介護者などが冠婚葬祭や病気、けがなどによって在宅介護ができなくなった場合に、障害者を障害者支援施設等に短期間入所させ、食事・入浴・排泄の介護などを行う 【対象】障害支援区分が区分１以上
重度障害者等包括支援※	常時介護を必要とし、その介護の必要の程度が著しく高い者に対し、居宅介護などの障害福祉サービスを包括的に提供する 【対象】障害支援区分が区分６で意思疎通に著しい困難を有し、一定の要件を満たした者

療養介護	医療と常時介護を必要とする者に、主に昼間、病院等において行われる機能訓練、療養上の管理、看護、医学的管理下での介護および日常生活上の世話を行う 【対象】長期入院による医療的ケアに加え、障害支援区分が区分6（気管切開に伴う人工呼吸器による呼吸管理）または区分5以上で一定の要件を満たした者など
生活介護	常時介護を必要とする者に、主に昼間、障害者支援施設等で食事・入浴・排泄等の介護、創作的活動、生産活動の機会の提供などを行う 【対象】障害支援区分が区分3以上（施設入所は区分4以上）などの者
施設入所支援	施設入所者を対象に、主に夜間、食事・入浴・排泄等の介護、生活等に関する相談・助言その他の必要な日常生活上の支援を行う 【対象】生活介護を受けている障害支援区分が区分4以上（50歳以上は区分3以上）などの者

※障害児も利用可能なサービス

本試験では、障害の種類や障害支援区分の度合いから障害者が利用できるサービスを問う問題もみられるよ。各サービスの対象を押さえておこう。

★ 訓練等給付費の支給対象となるサービス

サービス名	サービス内容
自立訓練	自立した日常生活または社会生活を営むことができるよう、一定期間、身体機能または生活能力の向上のための訓練などを行う。機能訓練（利用期間は18か月）と生活訓練（利用期間は原則24か月）がある
就労移行支援※	一般企業等への就労を希望し、通常の事業所に雇用されることが可能と見込まれる65歳未満の者に、生産活動、職場体験など活動の機会の提供、就労に必要な知識および能力の向上のために必要な訓練、求職活動に関する支援、就職後の職場への定着のために必要な相談などを行う。利用期間は24か月
就労継続支援※	一般企業等で雇用されることが困難な者に、就労の機会や生産活動その他の機会を提供し、知識・能力の向上に必要な訓練を行う ● **A型（雇用型）**……特別支援学校の卒業者や離職者などが対象 ● **B型（非雇用型）**……年齢や体力面で一般就労が難しい者などが対象

就労定着支援	生活介護、自立訓練、就労移行支援、就労継続支援を利用して通常の事業所に新たに雇用された者に、就労の定着を図るために必要な者との連絡調整などを行う。利用期間は36か月
自立生活援助	施設入所支援または共同生活援助を利用していた者などを対象に、定期的な巡回訪問または随時通報により、障害者からの相談に応じ、必要な情報の提供および助言などを行う。利用期間は12か月
共同生活援助 **（グループホーム）**	共同生活住居の入居者を対象に、主に夜間、次の援助を行う ● 相談や食事・入浴・排泄の介護その他の必要な日常生活上の援助 ● 一人暮らし等を希望する人への支援や退居後の一人暮らし等の定着のための相談など

※就労移行支援、就労継続支援の対象には、通常の事業所に雇用され、一定の事由により事業所での就労に必要な知識・能力の向上のための支援を一時的に必要とする者も含まれる

障害者が職場に適応できるよう、職場適応援助者（ジョブコーチ）が障害者や雇用主に対してさまざまな援助や助言を行うよ。

（2）自立支援医療

　身体障害者に対する**更生医療**、精神障害者に対する**通院医療**、障害児に対する**育成医療**という公費負担医療制度が統合されたものです。指定自立支援医療機関で医療を受けた場合、その費用が**自立支援医療費**として支給されます。実施主体は、更生医療と育成医療は**市町村**、通院医療は**都道府県・政令指定都市**です。

（3）補装具

　補装具とは、障害者（児）の身体の一部の欠損または機能の障害を補い、日常生活や職業生活を容易にするために用いられる器具のことです。補装具を**購入**または**修理**もしくは**借受け**（レンタル）した場合に、**補装具費**が支給されます。実施主体は**市町村**です。

★ 補装具の種目（障害別）

視覚障害	盲人安全つえ、義眼、眼鏡
聴覚障害	補聴器
肢体不自由	義肢、装具、座位保持装置、座位保持いす、起立保持具、排便補助具、重度障害者用意思伝達装置、車いす、電動車いす、歩行器、歩行補助つえ（1本つえを除く）、頭部保持具
難病等	車いす、電動車いす、歩行器、意思伝達装置、整形靴

(4) 相談支援

　障害者がさまざまなサービスを組み合わせ、計画的な利用ができるように、**ケアマネジメント**が制度に導入されています。

　相談支援には、**基本相談支援**、**地域相談支援**、**計画相談支援**の3つのサービスがあります。このうち、基本相談支援と地域相談支援の両方を行う事業を**一般相談支援事業**、基本相談支援と計画相談支援の両方を行う事業を**特定相談支援事業**といいます。

★**相談支援の種類**

基本相談支援	地域の障害者等からの相談に応じ、必要な情報の提供および助言、サービス提供事業者との連絡調整（サービス利用支援および継続サービス利用支援に関するものを除く）などを行う
地域相談支援	● **地域移行支援**……障害者支援施設などに入所している障害者または精神科病院に入院している精神障害者などに対して、指定一般相談事業所の相談支援専門員が住居の確保その他の地域における生活に移行するための活動に関する相談などに対応する ● **地域定着支援**……居宅において単身等で生活する障害者に対して、常時連絡体制を確保し、障害の特性により生じた緊急事態等に相談などを行う
計画相談支援	● **サービス利用支援**……障害福祉サービスの利用申請に基づき、指定特定相談事業所の相談支援専門員が「**サービス等利用計画案**」を作成。支給が決定した後は、指定障害福祉サービス事業者等との連絡調整、決定内容に基づく**サービス等利用計画**の作成などを行う ● **継続サービス利用支援**……障害福祉サービスを継続して適切に利用できるよう、一定期間ごとに利用状況を検証（**モニタリング**）し、必要に応じて計画の見直しを行う

❷ 共生型サービス

　地域共生社会 p.53参照 の実現に向けた施策のひとつとして、2018（平成30）年4月から、高齢者と高齢障害者等が同一事業所でサービスを受けやすくするため、介護保険制度と障害者福祉制度（「障害者総合支援法」「児童福祉法」）に**共生型サービス**が位置づけられました。

★ 共生型サービスの対象サービス

	介護保険サービス		障害福祉サービス等
ホームヘルプ サービス	訪問介護	⇔	居宅介護 重度訪問介護
デイサービス	通所介護 （地域密着型を含む）	⇔	生活介護^(注1) 自立訓練（機能訓練・生活訓練） 児童発達支援^(注1) 放課後等デイサービス^(注1)
	療養通所介護	⇔	生活介護^(注2) 児童発達支援^(注2) 放課後等デイサービス^(注2)
ショートステイ	短期入所生活介護 （介護予防を含む）	⇔	短期入所

注：1）主として重症心身障害者または児童を通わせる事業所を除く
　　2）主として重症心身障害者または児童を通わせる事業所に限る

❸ 地域生活支援事業

　地域生活支援事業は、障害者（児）が自立した日常生活または社会生活を営むことができるよう地域の特性や利用者の状況に応じて柔軟に行うもので、**市町村**と**都道府県**が実施します。都道府県が実施する事業は、**高い専門性**や**広域的な対応**が必要なものが中心となります。

★ 地域生活支援事業（※は必須事業）

市町村地域生活支援事業	都道府県地域生活支援事業
● 理解促進研修・啓発事業※ ● 自発的活動支援事業※ ● 相談支援事業※ ● 成年後見制度利用支援事業※ ● 成年後見制度法人後見支援事業※ ● 意思疎通支援事業※ ● 日常生活用具給付等事業※ ● 手話奉仕員養成研修事業※ ● 移動支援事業※ ● 地域活動支援センター機能強化事業※ ● 任意事業	● 専門性の高い相談支援事業※ ● 専門性の高い意思疎通支援を行う者の養成研修事業※ ● 専門性の高い意思疎通支援を行う者の派遣事業※ ● 意思疎通支援を行う者の派遣に係る市町村相互間の連絡調整事業※ ● 広域的な支援事業※ ● 任意事業

★ 主な市町村地域生活支援事業の概要

自発的活動支援事業	障害者等やその家族、地域住民等が自発的に行う活動を支援することにより、「心のバリアフリー」の推進および共生社会の実現を図る
相談支援事業	障害者、障害児の保護者などからの相談に応じ、必要な情報の提供等の便宜の供与や、権利擁護のために必要な援助を行う
成年後見制度利用支援事業	障害福祉サービスを利用、または利用しようとする知的障害者、精神障害者に対し、成年後見制度 p.136参照 の申立てにかかる経費や後見人等への報酬等を補助する
移動支援事業	屋外での移動が困難な障害者等に対して外出支援を行う

❹ 障害児支援

　障害児は、「障害者総合支援法」だけでなく「児童福祉法」に基づく福祉サービスも利用できます。福祉サービスには、**市町村**が実施主体となる障害児通所支援と障害児相談支援、**都道府県**が実施主体となる障害児入所支援があります。

　地域における障害児支援の中核的役割を担う機関として、児童発達支援センターが位置づけられています。

★障害児通所支援

児童発達支援	障害児を児童発達支援センター等に通わせ、以下の①または①と②の両方を提供する ❶日常生活における基本的な動作および知識技能の習得、集団生活への適応のための支援などの提供 ❷児童発達支援センターでの肢体不自由児に対する治療
居宅訪問型児童発達支援	障害児通所支援を利用するために外出することが著しく困難な重度障害児の居宅を訪問し、日常生活における基本的な動作の指導、知識技能の付与、生活能力の向上のために必要な訓練などを行う
放課後等デイサービス	学校（幼稚園および大学を除く）に就学している障害児を、授業の終了後または休業日に児童発達支援センター等に通わせ、生活能力の向上のために必要な訓練、社会との交流の促進などを行う
保育所等訪問支援	保育所などに通うまたは児童養護施設などに入所している障害児について、障害児施設で指導経験のある児童指導員や保育士が訪問し、障害児以外の児童との集団生活への適応のための専門的な支援などを行う

医療型児童発達支援は、2022（令和4）年の「児童福祉法」の改正により2024（令和6）年4月から、児童発達支援に一元化されたよ。

★ 障害児相談支援

障害児支援利用援助	障害児通所支援の利用申請手続きにおいて、障害児の心身の状況や環境、障害児または保護者の意向などをふまえ、指定障害児相談支援事業所の相談支援専門員が「障害児支援利用計画案」を作成。利用が決定した際は、サービス提供事業者等との連絡調整、決定内容に基づく障害児支援利用計画を作成
継続障害児支援利用援助	利用している障害児通所支援について、その内容が適切かどうか一定期間ごとにサービス等の利用状況を検証（モニタリング）し、障害児支援利用計画の見直しを行う。その結果に基づき、計画の変更または給付決定の変更にかかる申請の勧奨を行う

★ 障害児入所支援

福祉型障害児入所施設	障害児入所施設または指定発達医療機関に入所・入院する障害児に対して、保護、日常生活の指導および知識技能の付与を行う
医療型障害児入所施設	障害児入所施設または指定発達医療機関に入所・入院する障害児のうち知的障害児、肢体不自由児、重度の知的障害および重度の肢体不自由が重複している児童（重症心身障害児）に対して、保護、日常生活の指導、知識技能の付与および治療を行う

❺ 障害児福祉計画の策定

「児童福祉法」に基づく障害児のサービスの提供体制を計画的に確保するため、都道府県および市町村は、内閣総理大臣が定める基本指針に即して、障害児福祉計画の策定（3年を1期）が義務づけられています。

 ···· 理解度チェック ☑ ····

- [ ] 1 重度訪問介護は、重度障害者の外出支援も行う。 36
- [ ] 2 通所介護（デイサービス）は、共生型サービスの対象となる。

解答 1.○／2.○

重要度 **A**

障害福祉サービスの利用手続きと利用者負担など

Point
- ☑ 市町村にサービス利用申請を行う
- ☑ 2次判定は、市町村審査会で行われる
- ☑ 利用者負担は応能負担が原則

❶ 障害福祉サービスの支給決定

「障害者総合支援法」では、障害者が障害福祉サービス（**介護給付**）を利用する際の指標として**障害支援区分**（6段階の区分）を導入しています。身体障害、知的障害、精神障害、難病等の特性を反映できるよう考慮されていますが、**共通の基準**となっています。

サービスの利用申請から利用開始までの流れは次のとおりです。

★ **サービスの利用申請から利用開始までの流れ**

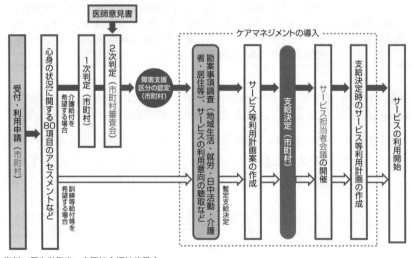

資料：厚生労働省・全国社会福祉協議会

障害支援区分の審査判定（2次判定）は、市町村の附属機関である**市町村審査会**で行われます。なお、審査判定を行うにあたって必要があると認めるときは、その対象となる障害者や家族、医師その他の関係者の

意見を聴くことができます。

　利用者は、市町村が行った障害支援区分認定や支給決定に不服がある場合、都道府県に設置された**障害者介護給付費等不服審査会**に審査請求することができます。

❷ 財源と利用者負担

（1）財源

　自立支援給付の財源は、利用者負担分を除いて、国が**50%**、都道府県と市町村が**25%ずつ**を負担することが義務づけられています。

（2）利用者負担

　利用者は、原則として負担能力に応じて設定された額（応能負担）と、食費や光熱費などの実費を負担します。

　障害福祉サービス、補装具、障害児支援、介護保険サービスなど各種のサービスを併用し、1か月の自己負担額の合計が著しく高額な場合は、**高額障害福祉サービス等給付費**が支給されるなど、利用者負担の軽減化が図られています。

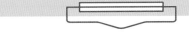

理解度チェック ☑

□ 1　「障害者総合支援法」の介護給付を利用するときに、利用者が最初に市町村に行う手続きは、認定調査である。㉟

□ 2　知的障害者や精神障害者の場合は、その家族が支給決定の申請をすることとしている。㉗

□ 3　障害支援区分の審査・判定は、市町村審査会が行う。㉕

□ 4　障害支援区分の審査および判定を行う場合、市町村審査会は、その対象となる障害者の家族に意見を聴くことができる。㉗

□ 5　「障害者総合支援法」の居宅介護を利用したときの利用者負担は、利用者の負担能力に応じて負担する。㉟

解答　1.✕認定調査ではなく、支給申請／2.✕障害者本人の申請も認められている／3.○／4.○／5.○

個人の権利を守る制度

❶ 個人情報保護に関する制度

（1）個人情報保護法とは

　個人情報の有用性に配慮しながら、個人の**権利や利益を**保護することを目的として、2003（平成15）年に「個人情報の保護に関する法律（個人情報保護法）」が制定されました。同法では、個人情報の適正な取扱いについて、基本理念や国・地方公共団体の責務等を明らかにするとともに、個人情報取扱事業者などが遵守すべき義務などを定めています。

（2）「個人情報保護法」における定義

　同法では、個人情報と個人情報取扱事業者について、次のように規定しています。

★個人情報の定義

生存する個人に関する情報であって、次のいずれかに該当するもの

❶氏名、生年月日その他の記述等（文書、図画、電磁的記録に記載・記録され、または音声、動作その他の方法を用いて表された一切の事項）により特定の個人を識別することができるもの

❷個人識別符号が含まれるもの

- ○ 生体情報を変換した符号（DNA、顔、虹彩、声紋、歩行の態様、手指の静脈、指紋・掌紋など）
- ○ 個人に割り当てられた符号（パスポート番号、基礎年金番号、免許証番号、マイナンバー、健康保険証番号など）

★個人情報取扱事業者の定義

個人情報データベース等を事業の用に供している者。ただし、国、地方公共団体、独立行政法人等、地方独立行政法人は除外される

個人情報取扱事業者については、個人情報の取扱い件数の多寡にかかわらず、国などを除いたすべての事業者が法の適用対象となるよ。

（3）個人情報取扱事業者の義務

「個人情報保護法」では、個人情報取扱事業者に対して、次のような義務を課しています。

★個人情報取扱事業者の義務（ポイント）

利用目的の特定	● 個人情報を取り扱うにあたり、その利用目的をできる限り特定しなければならない ● 利用目的を変更する場合には、変更前の利用目的と関連性を有すると合理的に認められる範囲を超えて行ってはならない
利用目的による制限	特定された利用目的の達成に必要な範囲を超えて個人情報を取り扱う場合は、あらかじめ本人の同意を得なければならない
安全管理措置	取り扱う個人データの漏えい、滅失または毀損の防止その他の個人データの安全管理のために必要かつ適切な措置を講じなければならない
第三者提供の制限	あらかじめ本人の同意を得ないで、個人データを第三者に提供してはならない（外国の第三者への提供についても同様）
開示	本人は、個人情報取扱事業者に対し、個人データの開示を請求することができる。請求を受けた事業者は、遅滞なく、その個人データを開示しなければならない

●本人の同意を必要としない例外的事項

上記の「利用目的による制限」「第三者提供の制限」では、次のような場合は、本人の同意を得る必要はありません。

★本人の同意を必要としない例外的事項

- 法令に基づく場合
- 人の生命、身体・財産の保護に必要で、本人の同意を得ることが困難な場合
- 公衆衛生の向上、児童の健全な育成の推進に特に必要で、本人の同意を得ることが困難な場合　など

❷ 成年後見制度

　成年後見制度は、**認知症**、**知的障害**、**精神障害**などによって判断能力が不十分であり、意思決定が困難な人の権利を守る制度で、**法定後見制度と任意後見制度**があります。成年後見人等は、具体的には次の2つの職務を行います。

★**成年後見人等が行う職務**

身上監護	生活や介護に関する各種契約、施設入所、入院手続きなどの行為を本人に代わって行う。食事の世話などの実務上の介護は含まれない
財産管理	預貯金、不動産、相続、贈与などの財産を本人に代わって管理する

(1) 法定後見制度

❶法定後見制度の申立て

　法定後見制度では、**本人、配偶者、四親等内の親族**などによる後見開始等の審判の請求（申立て）に基づき、**家庭裁判所**が保護者（成年後見人等）を選任します。ただし、**市町村長**の判断で申立てを行う場合には、**二親等内の親族**の有無を確認することで申立てが可能です。

> 成年後見人等には、本人の親族以外にも、法律・福祉の専門家（司法書士や弁護士、社会福祉士など）や福祉関係の公益法人などが選ばれる場合があるよ。

❷法定後見制度の類型と対象者

　法定後見制度は、本人の判断能力の状態によって**後見、保佐、補助**の3類型に分けられます。

★**法定後見制度の3類型**

類型	対象者	保護者
後見	判断能力を喪失した人	成年後見人
保佐	判断能力が著しく損なわれた人	保佐人
補助	軽度の知的障害者、精神障害者、認知症高齢者等	補助人

❸成年後見制度利用支援事業

　成年後見制度を利用することが有用であると認められる者（低所得の高齢者や知的障害者、精神障害者など）には、成年後見制度の申立てに要する経費や後見人等の報酬などを補助する**成年後見制度利用支援事業**があります。介護保険では**地域支援事業**（任意事業）、障害者福祉では**市町村地域生活支援事業**（必須事業）の中で行われています。

（2）任意後見制度

　任意後見制度では、制度を利用する本人が、判断能力が低下する前に自ら**任意後見人**を指定し、**公正証書**による契約を結び、法務局に申請して後見登記を行っておきます。本人の判断能力が不十分になった際には、これに基づいて家庭裁判所への申立てにより**任意後見監督人**が選任されることで、任意後見が開始されます。

（3）成年後見制度の利用動向

　「成年後見関係事件の概況（—令和4年1月〜12月—）」によると、成年後見関係事件（後見開始、保佐開始、補助開始および任意後見監督人選任）の申立件数（合計39,719件）では「**後見開始**」（約70.5％）が最も多く、次いで「保佐開始」「補助開始」の順となっています。申立人と本人との関係では「**市区町村長**」（約23.3％）が最も多く、次いで「本人」「本人の子」の順となっています。

　選任された成年後見人等と本人との関係別割合では、全体では親族以外が約8割、親族が約2割となっています。親族以外の内訳では「**司法書士**」（36.8％）が最も多く、次いで「弁護士」「社会福祉士」、親族の内訳では「子」（53.4％）が最も多く、次いで「その他親族」「兄弟姉妹」の順となっています。

　また、開始原因では「**認知症**」（約63.2％）が最も多く、次いで「知的障害」「統合失調症」の順となっています。

> 成年後見関係事件の概況は、本試験でもよく出題されているよ。赤字になっている内容はしっかり押さえておこうね。

❸ 消費者保護に関する制度や機関

(1) クーリング・オフ制度

　契約後であっても、**一定期間内**であれば、消費者が業者に申し出ると**無条件で解約**できる制度です。クーリング・オフの起算日は、申込み書面または契約書面のいずれか早いほうを受け取った日を1日目として計算します。なお、通信販売は制度の対象外です。

★クーリング・オフ制度で定める一定期間

一定期間	取引形態
8日	訪問販売、訪問購入、電話勧誘販売、特定継続的役務提供（エステ、語学教室など）
20日	連鎖販売取引（マルチ商法）、業務提供誘引販売取引

(2) 相談機関

❶国民生活センター

　国民生活の安定および向上に寄与するための国の機関（消費者庁の所管）で、全国の消費生活センターと協力して、国民生活に関する情報の提供および調査研究などを行います。

❷消費生活センター

　地方公共団体が設置する行政機関で、国民生活センターなどと連携を図りながら、商品やサービスなどの消費生活全般に関する苦情、**悪質商法**による消費者被害、**クーリング・オフ**の手続きなどの相談に応じます。

❹ 虐待防止に関する制度

(1) 高齢者虐待防止法

　家庭内や施設内での高齢者虐待の防止、養護者への支援を目的として「高齢者虐待の防止、高齢者の養護者に対する支援等に関する法律（高齢者虐待防止法）」が2005（平成17）年11月に制定され、2006（平成18）年4月から施行されています。

　同法では、高齢者に対する、**養護者**、**養介護施設従事者等**による虐待を、高齢者虐待と定義しています。

★ 高齢者虐待の種類

身体的虐待	高齢者の身体に外傷が生じ、または生じる恐れのある暴行を加えること
ネグレクト（介護の怠慢・放棄）	高齢者を衰弱させるような著しい減食または長時間の放置、養護者以外の同居人による、身体的・心理的・性的虐待と同様の行為の放置等養護を著しく怠ること
心理的虐待	高齢者に対する著しい暴言または著しく拒絶的な対応その他の高齢者に著しい心理的外傷を与える言動を行うこと
性的虐待	高齢者にわいせつな行為をすることまたは高齢者にわいせつな行為をさせること
経済的虐待	養護者または高齢者の親族が当該高齢者の財産を不当に処分するなど、高齢者から不当に財産上の利益を得ること

　このほか、市町村による高齢者および養護者に対する相談・指導・助言、虐待発見者の**市町村への通報**などについて定められています。

　虐待の通報を受けた市町村は、速やかに、その高齢者の安全の確認等を行い、高齢者の生命または身体に重大な危険が生じている恐れがあると認められる場合は、一時的に保護するために「老人福祉法」上の措置を講じます。

★ 養介護施設従事者等による高齢者虐待を発見した場合の対応

発見者	養介護施設従事者等以外の者	養介護施設従事者等
高齢者の状況	生命・身体に**重大な危険が生じている**	生命・身体に対する**危険発生の有無を問わない**
対応	通報義務	

養護者による虐待の場合、高齢者の生命・身体に重大な危険が生じていなければ、通報は**努力義務**とされているよ。

★ 高齢者虐待の現状

項目	養護者による虐待	養介護施設従事者等による虐待
相談・通報者	①警察 ②介護支援専門員 ③家族・親族	①当該施設職員 ②当該施設管理者等 ③家族・親族
施設・事業所	———	①特別養護老人ホーム（介護老人福祉施設） ②有料老人ホーム ③認知症対応型共同生活介護
虐待の種別	①身体的虐待、②心理的虐待、③介護等放棄	
虐待者	①息子 ②夫 ③娘	①介護職 ②看護職 ③管理職
被虐待者	男性＜女性（女性が8割弱） 80〜84歳が最多 「虐待者のみと同居」「未婚の子と同居」が最多	男性＜女性（女性が約7割） 85〜89歳が最多 要介護4が最多

資料：令和3年度「高齢者虐待の防止、高齢者の養護者に対する支援等に関する法律」に基づく対応状況等に関する調査結果

(2) 障害者虐待防止法

　2011（平成23）年に「障害者虐待の防止、障害者の養護者に対する支援等に関する法律（障害者虐待防止法）」が制定され、2012（平成24）年10月に施行されました。

　同法では、障害者に対する、**養護者**、**障害者福祉施設従事者等**、**使用者**による虐待を、障害者虐待と定義しています（虐待の種類は高齢者虐待と同様）。このほか、市町村による障害者および養護者に対する相談・指導・助言、虐待発見者の市町村への通報義務（**使用者**による虐待の場合は**都道府県も含む**）、**市町村障害者虐待防止センター**の設置などが定められています。

市町村障害者虐待防止センターの役割は、虐待を受けた障害者本人や虐待発見者からの通報や届出の受理、虐待の事実確認や訪問調査、障害者や養護者に対する相談、指導および助言などだよ。

児童虐待

「児童虐待の防止等に関する法律（児童虐待防止法）」は、児童相談所への児童虐待に関する相談件数の急増を受け、2000（平成12）年に制定された。この法律の目的は、児童虐待の予防および早期発見・早期対応と、虐待を受けた児童の適切な保護を行うことなどを目的としている。

同法では児童虐待を、保護者（親権を行う者、未成年後見人その他の者で、児童を現に監護する者）と定義し、身体的虐待、性的虐待、ネグレクト（保護の怠慢・拒否）、心理的虐待の4つに分類している。また、児童虐待を発見した者は児童相談所または福祉事務所への通告義務などが課せられている。

 ・・・ 理解度チェック ☑ ・・・

- [ ] 1 マイナンバーなどの個人識別符号は、個人情報ではない。㉟
- [ ] 2 意識消失とけいれん発作を起こした利用者の個人情報を救急隊員に提供する場合は、本人や家族への説明と同意は不要である。㉚
- [ ] 3 成年後見制度は、「後見」と「保佐」の2類型で構成される。㉕
- [ ] 4 訪問販売のクーリング・オフ期間は、10日間である。㉖
- [ ] 5 心理的虐待とは、著しい暴言、または著しく拒絶的な対応を行うことをいう。㉝
- [ ] 6 虐待を発見した養介護施設従事者には、通報する義務がある。㉟
- [ ] 7 市町村は、障害者虐待に対応するために地域活動支援センターを設置することが義務づけられている。㉖

解答 1.× 個人情報に該当する／2.○／3.× 後見、保佐、補助の3類型／4.× 10日間ではなく、8日間／5.○／6.○／7.× 地域活動支援センターではなく、市町村障害者虐待防止センター

B

Lesson 18

地域生活を支援する制度

∴ Point
- ☑ 日常生活自立支援事業の実施主体は都道府県・指定都市社協
- ☑ 「災害対策基本法」では、市町村長に名簿の作成・提供、避難所の指定を義務づけ

❶ 日常生活自立支援事業

　日常生活自立支援事業とは、**認知症、知的障害、精神障害**などにより**判断能力が不十分な人**（ただし、契約内容について**判断し得る能力**のある人）を対象に、福祉サービスの利用援助等を行うものです。

❶事業の実施主体とサービス内容

　実施主体は都道府県・指定都市社会福祉協議会で、事業の一部を**市町村社会福祉協議会**などに委託できます。

★日常生活自立支援事業で提供されるサービス

福祉サービスの利用援助	利用に関する相談や情報の提供、苦情解決制度の利用援助、利用料の支払い手続きなど
日常的金銭管理サービス	利用者の日常生活費の管理（預金の払い戻し・解約・預け入れの手続き、公共料金の支払いなど）
書類等の預かりサービス	預貯金通帳や権利証等の預かり

❷事業の実施体制

　市町村社会福祉協議会には、初期相談から支援計画の策定、利用契約の締結までを行う**専門員**と、支援計画に基づいて具体的な支援を行う**生活支援員**が配置されます。

❸利用料

　実施主体が料金を定め、利用者が負担します。ただし、契約締結前の初期相談等にかかる費用や生活保護受給者については無料にするなど、利用しやすくするための配慮も行われています。

❷ 災害時に関する制度

近年、大地震や豪雨・豪雪、台風など、甚大な被害をもたらす自然災害が多く発生し、災害対策および災害時の支援の重要性が高まっています。災害に関連した法律には、「災害対策基本法」などがあります。

同法では、**市町村長**に対し、次のことを義務づけています。

社会の理解

Lesson

18

地域生活を支援する制度

★市町村長の責務

名簿の作成・提供	● 避難行動要支援者の把握に努める ● 避難行動要支援者名簿を作成し、避難支援等関係者に名簿を提供する
緊急避難場所・避難所の指定	災害が発生した場合に、緊急的な避難に適した場所を確保するため、政令で定める基準に適合する施設・場所などを指定緊急避難場所または指定避難所として指定する

●指定避難所の種類

指定避難所は、**一般避難所**と福祉避難所に大別されます。

★指定避難所の種類

一般避難所	公民館や学校など宿泊する場所や食事などが提供され、仮の生活ができる一時的な避難施設。近隣の住民が集まって生活を共にする
福祉避難所	高齢者や障害者、妊産婦、乳幼児、医療的ケアを必要とする者、難病患者、内部障害者など何らかの特別な配慮を必要とする人（要配慮者）とその家族（介助者）が避難する施設。老人福祉施設、障害者支援施設、児童福祉施設などが福祉避難所としての指定を受ける

★防災に関する図記号

避難場所　　　　避難所　　　　津波注意　　　土石流注意　　洪水・内水氾濫

143

+1 プラスワン

DMAT、DWAT

DMAT（災害派遣医療チーム）とは、災害急性期に活動できる機動性をもった
トレーニングを受けた医療チーム。

DWAT（災害派遣福祉チーム）とは、一般避難所等で要配慮者に対する福祉
支援を行う民間の福祉専門職で構成するチーム。

••• 理解度チェック ☑ •••

☐ 1 日常生活自立支援事業の対象者は、認知症高齢者で判断能力が不十分な者に限られている。㉗

☐ 2 日常生活自立支援事業には、初期相談、利用援助契約などを行う「専門員」が配置される。㉕

☐ 3 初期の認知症で、家賃の支払を忘れて、家主から督促されることが多くなった人に対する支援は、日常生活自立支援事業の専門員が行う。㉘

☐ 4 介護老人福祉施設における防災対策は、災害対策基本法に基づき、避難行動要支援者名簿の作成が、施設長に義務づけられている。㉚

☐ 5 福祉避難所は、介護保険法に基づいて指定される避難所である。㊱

☐ 6 福祉避難所は、医療的ケアを必要とする者は対象にならない。㊱

解答 1.✗ 認知症高齢者のほか、知的障害、精神障害などがある者も対象／2.○／3.○／4.✗ 施設長ではなく、市町村長／5.✗「介護保険法」ではなく、「災害対策基本法」／6.✗ 対象に含まれる

保健医療に関する制度

Point
- ☑ 健康日本21では、一次予防を重視している
- ☑ 特定健康診査は、40歳以上75歳未満の被保険者等が対象
- ☑ 「難病法」は、医療費助成の対象となる指定難病を規定

❶ 健康日本21

　「21世紀における国民健康づくり運動（健康日本21）」は、21世紀を、すべての国民が健やかで心豊かに暮らせる社会とするために、壮年期死亡の減少、**健康寿命の延伸**、**生活の質の向上**を目的として、2000（平成12）年から実施されました。10年を目処として、9つの分野における具体的な目標値などを掲げ、**一次予防**を重視していました。

　2012（平成24）年には、2013（平成25）～2023（令和5）年度を期間とした健康日本21（第2次）が策定され、5つの基本的方向が示されました。

★5つの基本的方向

❶健康寿命の延伸と健康格差の縮小
❷生活習慣病の発症予防と重症化予防の徹底（NCD〔非感染性疾患〕の予防）
❸社会生活を営むために必要な機能の維持および向上
❹健康を支え、守るための社会環境の整備
❺栄養・食生活、身体活動・運動、休養、飲酒、喫煙および歯・口腔の健康に関する生活習慣および社会環境の改善

　さらに、2023（令和5）年には、2024（令和6）～2035（令和17）年度を期間とする健康日本21（第3次）が策定され、4つの基本的方向が示されました。

❶健康寿命の延伸と健康格差の縮小
❷個人の行動と健康状態の改善（生活習慣病〔NCDs〕の発症・重症化予防だけでなく、「誰一人取り残さない」という観点での健康づくり）
❸社会環境の質の向上（自らの健康情報を入手できるインフラ整備、科学的根拠に基づく健康に関する情報を入手・活用できる基盤の構築や周知啓発の取り組みなど）
❹ライフコースアプローチ（胎児期から高齢期に至るまでの人の生涯を経時的にとらえた健康づくり）をふまえた健康づくり

　健康日本21開始以来、基本的な法制度の整備や仕組みの構築、企業・民間団体など多様な主体による予防・健康づくり、データヘルス・ICTの利活用などにより健康寿命は着実に延伸してきました。しかし、健康増進に関連するデータの見える化・活用が不十分であるなどの課題が指摘されています。また計画期間において、育児・介護との両立や多様な働き方の広まり、高齢者の就労拡大などを通じて社会の多様化がさらに進むなどの変化も予想されています。

　このため、第3次では「**すべての国民が健やかで心豊かに生活できる持続可能な社会の実現**」をビジョンとして掲げ、その実現に向けて「**誰一人取り残さない健康づくり**」を展開し、「**より実効性をもつ取り組みの推進**」に重点を置くとしています。

❷ 特定健康診査と特定保健指導

　「高齢者の医療の確保に関する法律（高齢者医療確保法）」に基づき、**40歳以上75歳未満**の被保険者・被扶養者を対象に、**メタボリックシンドローム（内臓脂肪症候群）** p.260参照 に着目した特定健康診査が実施されています。健診結果により生活習慣の改善が必要な対象者には、**特定保健指導**が実施されます。

❸ 難病対策

　わが国の難病対策は、1972（昭和47）年に取りまとめられた「難病対策要綱」 p.332参照 に基づいて行われてきましたが、難病患者に対する良質かつ適切な医療の確保及び難病の患者の療養生活の質の維持向上を図り、もって国民保健の向上を図ることを目的として、2015（平成27）年1月に「難病の患者に対する医療等に関する法律（難病法）」が施行されました。

　同法では、医療費助成の対象となる指定難病を定めているほか、難病医療にかかる調査および研究の推進、療養生活環境整備事業の実施などが規定されています。

　また、「障害者総合支援法」では、2013（平成25）年4月から法の対象に難病等が加わり、障害者手帳（身体障害者手帳・療育手帳・精神障害者保健福祉手帳） p.303参照 が取得できなくても、同法における対象疾病であれば障害福祉サービス等を受けられるよう定められています。

・・・ 理解度チェック ☑ ・・・

- [ ] **1** 特定健康診査には、胸囲の検査が含まれる。㉚
- [ ] **2** 特定健康診査には、生活習慣病の検査が含まれる。㉚
- [ ] **3** 特定健康診査には、がん検診が含まれる。㉚
- [ ] **4** 特定健康診査は、受診の後で、希望者には特定保健指導が行われる。㉚
- [ ] **5** 特定健康診査の対象は75歳以上の者である。㉚

解答　1.✕ 胸囲ではなく腹囲／2.○／3.✕ 含まれない／4.✕ 希望者ではなく、メタボリックシンドローム該当者および予備群／5.✕ 75歳以上ではなく、40歳以上74歳未満の者

貧困と生活困窮に関する制度

重要度 **A**

Point
- ☑ 生活保護はすべて公費負担で給付
- ☑ 生活保護には8つの扶助がある
- ☑ 自立相談支援事業と住居確保給付金は必須事業

❶ 生活保護制度

(1) 生活保護制度とは

　生活保護は**公的扶助**であり、その特質として**すべて公費負担で給付**が行われます。また、他の社会保障制度によって国民の生活が保障されない場合に限って行われる**最終的な救済措置**（そち）でもあります。

(2) 「生活保護法」の目的

　「生活保護法」は、「**日本国憲法**」**第25条** p.20参照 の生存権保障を受け、生活に困窮するすべての国民に対して必要な保護を国が行い、**最低限度の生活を保障**するとともに、その人の**自立を助長**することを目的としています。

(3) 基本原理と保護の原則

　同法には、次の4つの基本原理と保護の原則が定められています。

★「生活保護法」の基本原理

国家責任	国家がその責任の下に、直接、保護を行う
無差別平等	生活の困窮の原因を問わず、経済状況の視点からすべての国民を対象とする
最低生活保障	保障する最低限度の生活は、健康で文化的な生活水準を維持できるものでなければならない
補足性	保護を受けるためには、まず資産や能力を活用するといった努力が前提であり、扶養義務者の扶養や他法の扶助によっても救済できない場合に保護を適用する（他法優先の原則）

★「生活保護法」の保護の原則

申請保護	保護は、要保護者、その扶養義務者、同居の親族の申請により行われる（急迫した状況にある場合は、申請がなくても保護が開始できる）
基準および程度	保護は、厚生労働大臣の定める基準により測定した要保護者の生活の困窮の状態に応じて不足分を補う程度とする
必要即応	保護は、要保護者の年齢・性別・健康状態など個人または世帯の実際の必要の相違を考慮し、有効かつ適切に行う
世帯単位	保護は世帯を単位として行う（それができない場合は個人を単位とすることもできる）

（4）扶助の種類と給付方法

生活保護には、次の8種類の扶助があります。このうち**医療扶助**と**介護扶助**が原則として現物給付であり、その他の扶助は原則として現金給付となります。

★「生活保護法」が定める扶助の種類

種類	内容	給付方法
①生活扶助	衣食など、日常生活に必要な扶助	現金給付
②教育扶助	義務教育に必要な扶助	
③住宅扶助	住宅とその補修等にかかる扶助	
④医療扶助	医療処置、療養上の世話等にかかる扶助	現物給付
⑤介護扶助	「介護保険法」における要介護者等が必要とするサービスにかかる扶助	
⑥出産扶助	分娩等にかかる扶助	現金給付
⑦生業扶助	生業に必要な資金、技能修得等にかかる扶助	
⑧葬祭扶助	死体の運搬、葬祭等に必要な扶助	

●介護扶助と介護保険制度との関係

介護保険の被保険者となる場合は、介護保険のサービスが優先し、介護保険で賄われない部分が生活保護から給付されます。

★**介護保険制度への生活保護の対応（保険料・定率負担）**

	65歳以上の被保護者 ↓ 第１号被保険者	40歳以上65歳未満の被保護者	
		医療保険加入 ↓ 第２号被保険者	医療保険未加入 ↓ 被保険者とならない
保険料	生活扶助	勤労収入から控除	———
定率負担	介護扶助（１割）	介護扶助（１割）	介護扶助（10割）

（5）保護施設

保護施設は、生活に困窮する要保護者を対象とした社会福祉施設です。

★**保護施設の種類**

救護施設	心身の著しい障害のため日常生活を営むことが困難な者に生活扶助を行う入所施設
更生施設	心身の理由により養護等が必要な者に生活扶助を行う入所施設
医療保護施設	医療が必要な者に医療の給付を行う施設
授産施設	心身の理由や世帯の事情により就業能力が限られている者に就労・技能の修得の機会の便宜を図る施設
宿所提供施設	住居のない者に住宅扶助の便宜を図る施設

（6）生活保護の実施機関

生活保護の実施機関は福祉事務所 p.390参照 で、都道府県、市（特別区を含む）には**設置義務**があります。町村は**任意**です。業務は、社会福祉主事 p.386参照 の資格を保有する**現業員**（ケースワーカー）が行います。

生活保護にかかる費用は、国が４分の３を負担し、残りの４分の１を都道府県・市町村が負担します。

❷ 生活困窮者自立支援制度

生活保護に至る前段階の支援策の強化を図るため、生活困窮者に対する**自立の**支援に関する措置を講じ、生活困窮者の**自立の**促進を図ることを目的として、2013（平成25）年に「生活困窮者自立支援法」が制定されました（施行は2015〔平成27〕年）。

★**生活困窮者の定義**

就労の状況、心身の状況、地域社会との関係性その他の事情により、現に経済的に困窮し、最低限度の生活を維持することができなくなるおそれのある者

（1）実施主体

都道府県、市および福祉事務所を設置する町村が実施主体となります。ただし、事業の事務の全部または一部を、社会福祉法人 p.390参照 やNPO法人 p.389参照 などに委託することができます。

（2）事業内容

事業内容には、**必須事業**と**任意事業**があります。なお、就労準備支援事業と家計改善支援事業の実施は努力義務とされ、**自立相談支援事業と一体的に行う**こととされています。

★事業内容

必須事業	自立相談支援事業	就労その他の自立に関する相談支援、自立に向けた計画の作成等を行う
	住居確保給付金	離職等により経済的に困窮し住居を失った生活困窮者に対し、就職を容易にするために必要な家賃相当の住居確保給付金（有期）を支給する
任意事業	努力義務 就労準備支援事業	雇用による就業が著しく困難な生活困窮者に対し、一定の期間、就労に必要な知識および能力の向上のために必要な訓練を行う
	努力義務 家計改善支援事業	生活困窮者の家計の状況を適切に把握すること、家計の改善の意欲を高めることを支援し、生活に必要な資金の貸付けの斡旋を行う
	一時生活支援事業	住居のない生活困窮者に対し、一定の期間、宿泊場所の供与、食事提供などを行う
	子どもの学習・生活支援事業	生活困窮世帯に対し、子どもへの学習支援、子どもおよびその保護者に対する生活習慣・育成環境の改善に関する助言などを行う

・・・ 理解度チェック ☑ ・・・

☐ 1	生活保護の申請は、民生委員が行う。㉞
☐ 2	生活困窮者自立支援法では、最低限度の生活が維持できなくなるおそれのある者が対象になる。㉟

解答　1.✕民生委員ではなく、要保護者、その扶養義務者、同居の親族が行う／2.○

社会の理解

Lesson
20
貧困と生活困窮に関する制度

こころとからだのしくみ

Contents

こころとからだの
しくみ

ここでは、介護技術の根拠となる人体の構造や機能、介護サービスの提供における安全への留意点や心理的側面への配慮について学習します。介護実践に必要な医学的知識について、「生活支援技術」に結び付けられるよう意識しながら学習することがポイントです。

Lesson 1

心の仕組みの理解

❶ 健康とは

WHO（世界保健機関）は、WHO憲章前文において、健康の定義を次のように示しています。

★ 健康とは

完全な肉体的、精神的及び社会的福祉の状態であり、単に疾病又は病弱の存在しないことではない

❷ 人間の欲求の基本的理解

（1）マズローの欲求の五段階説

人間の行動を引き起こし、一定の目標に方向づけ、持続・強化させる一連の心理的過程のことを動機づけといいます。アメリカの心理学者マズローは、動機づけが形成されるとき、そこには欲求による階層的な序列があると考え、欲求の五段階説を唱えました。

（2）基本的欲求と社会的欲求

動物に備わっている生存に不可欠な欲求を基本的欲求といいます。基本的欲求が満たされてから生じる「人間らしい欲求」を社会的欲求といいます。

（3）欠乏欲求と成長欲求

マズローの欲求の五段階説では、下位にある基本的な欲求が満たされると、より上位の欲求が出現するとされています。このうち、生理的欲求から自尊の欲求までは充足されると解消されるため、欠乏欲求（欠乏動機）とよばれます。欠乏欲求がかなりの程度満たされると、最も上層

に位置する自己実現の欲求が出現するとされています。この欲求は**成長欲求（成長動機）**ともよばれます。

★ マズローの欲求の五段階説

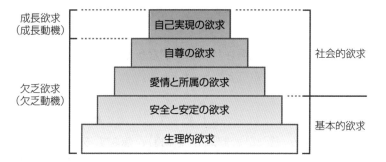

欠乏欲求	**生理的欲求**	最も基本となる食欲、性欲、睡眠欲など生命の維持にかかわり、他のどの欲求よりも優先される	基本的欲求
	安全と安定の欲求	生命の維持に必要な欲求で、危険のない平穏な暮らしを求める	
	愛情と所属の欲求	他者に受け入れられ、家族や地域、社会に帰属することを求める	社会的欲求
	自尊の欲求（自尊と承認の欲求）（承認の欲求）	帰属する集団の中で存在が認められ、尊敬されることを求める	
成長欲求	**自己実現の欲求**	自分の能力を最大限に発揮し、自分らしさを追求したいという欲求。1つの自己実現の欲求を達成すると、さらに新たな自己実現の欲求が生じる	

欲求の五段階説は、欲求階層説、自己実現理論ともいうよ。

❸ 心の仕組みの理解

　人間の行動は、一人ひとりの心のはたらきに基づいています。近年、心のはたらきの基礎となる脳の研究が進み、**高次機能（認知、記憶、学習、言語**など）についてさまざまなことがわかってきています。これらの脳の高次機能が、「人間らしい」精神活動の営みの基礎となっている

と考えられています。人間が無意識に行っている記憶や感情の動きには、脳の機能が大きくかかわっており、能の機能を知ることは、心の仕組みを知る事につながっているといえます。

（1）学習・記憶・思考の仕組み

❶学習

学習とは、経験によって獲得される永続的な行動の変容（経験に基づいてそれまでと行動を変えること）をいいます。

❷記憶

過去の経験を保存し、それを必要に応じて思い出す精神活動をいい、新しい情報を覚え込み（記銘）、貯蔵し（保持）、想起する（再生）というプロセスを経ます。また、記憶される時間の長さによって感覚記憶・短期記憶・長期記憶に分類され、さらに長期記憶は、記憶の内容を言葉で表現できる陳述的記憶と、表現できない非陳述的記憶に分けられます。

❸思考

思考とは、知覚や記憶を基にして何らかの目的に沿った考えを思い起こして概念化し、判断・推理する心のはたらきのことをいいます。思考を巡らす際には、多くの情報の中からある対象を選択し明瞭化させるために意識を集中する必要があり、これを注意といいます。

（2）感情の仕組み

人間は喜怒哀楽などの主観的な感情を抱きながら行動しています。一時的で激しく、生理的な変化が伴う感情を情動（**情緒**）、長時間持続する比較的弱い感情を気分とよび分けています。

（3）認知の仕組み

認知とは、目や耳などの感覚器を介して外部からの刺激を受け取り（感覚）、その情報の意味づけをする（知覚）という過程を経て、身のまわりで起きていることを理解する情報処理活動をいいます。

（4）意欲・動機づけの仕組み

意欲とは、欲動と意志を合わせたもので、人間を行動に駆り立てる力のうち低次のものから高次な統制力までを含めた概念です。人間の内にある行動を起こさせる要因（内部要因）には、欲求、要求、衝動、欲望などがあり、これらを動機といいます。また、人間の外にある行動を起

こす要因（外部要因）を**目標**といいます。**行動を推進するはたらきをもつのが動機づけ**であり、人間の行動を引き起こし、一定の目標に方向づけ、持続・強化させる一連の心理的過程をいいます。

（5）適応の仕組み

　人間は、環境にはたらきかけて自らの欲求を満たし、環境と調和のとれた関係を保っています。このような心のはたらきを適応といいますが、現実には困難や障害のために欲求や願望が阻止され、心身に問題が生じて適応の異常をきたすことがあります。

　一般に適応障害では、心理的に不安定な徴候を示すほか、身体症状を伴います。切迫した状況に置かれた場合は、**自己が傷ついたり崩壊するのを防ぎ、自己を守るためにさまざまな手段を用います**。これを適応機制（**防衛機制**）といいます。

★ 適応規制

逃避機制	逃避	不安や緊張、葛藤などを感じる場面から逃げだしてしまうこと。消極的に心の安定を図ろうとすること。白昼夢や疾病利得など
	抑圧	自分のもっている欲求を意識の表面に上らないよう無意識に抑えつけること
	退行	年齢よりも未熟な行動をとり、周囲の人の気を引くことで欲求の充足を図ろうとすること。「赤ちゃん返り」など
	拒否	欲求不満を感じるような状況を避けるために、現実や周囲からの指示・要求を拒絶すること
自我防衛規制	合理化（正当化）	欲求が満たせないときや失敗したとき、もっともらしい理由をつけて自分を正当化すること
	同一化（同一視）	自分の欲求を実現できそうな他者を自分と同じだと思い込むことで、現実の欲求不満を満足させること
	固着	明らかに不可能と思われる欲求に対し、実現に向かって繰り返し同じ行動をとり続けること
	注意獲得	自分の価値と存在を認めさせたいために、他者とは異なった行動をとること
	代償	欲求の対象をより簡単に満たすことのできる別のものに変更し、（代理のもので）満足しようとすること
	反動形成	欲求を満足させることが困難な場合、正反対の態度や行動をとること

自我防衛規制	投影 （投射）	自分の中の認めたくない欲求を、他者の中にあるようにみなすこと
	補償	身体的・精神的な劣等感を、他の方面で能力を伸ばして優越を勝ちとることにより解消しようとすること
	昇華	非社会的欲求を、芸術やスポーツなど社会的・文化的価値の高い行動に振り替えること
	隔離	不安やストレスなどを回避するために関連ある問題や感情を切り離し、自分とは関係ないものとして扱うこと
攻撃規制	攻撃	自分の欲求を満足させるためにじゃまだと思われる人や状況に対して攻撃や反抗をすること。やつあたりや弱い者いじめなど

+1 プラスワン

白昼夢

覚醒（かくせい）時に現れる夢に似た意識状態。現実性のある世界をつくりあげ、それに没頭する。白日夢ともいう。

疾病利得

病気や症状があることで、嫌なことや葛藤していることから逃げられると思い満足すること、また逃げたことにより利益を得ること。例えば、病気なのだから仕事を休める、家族に大切にしてもらえるなど。

・・・ 理解度チェック ☑ ・・・

☐ 1	WHO（世界保健機関）は、健康とは病気や障害がないことであると定義している。㉙
☐ 2	マズローの欲求階層説の成長欲求に該当するのは、自己実現欲求である。㊱
☐ 3	適応機制の1つである「退行」とは、発達の未熟な段階に後戻りして、自分を守ろうとするものである。㉚
☐ 4	適応機制の1つである「昇華」とは、自分に都合の良い理由をつけて、自分を正当化しようとするものである。㉗

解答 1.✕ 完全な肉体的、精神的および社会的福祉の状態であり、単に疾病または病弱の存在しないことではない／2.○／3.○／4.✕ 昇華とは、非社会的欲求を、社会的・文化的価値の高い行動に振り替えるもの

重要度
B

身体の仕組みの基礎的理解

☑ 環境の変化に左右されず身体機能が一定に保たれることをホメオスタシスという

☑ 自律神経には交感神経と副交感神経がある

❶ 生命の維持と恒常性

　体温や血圧、pH、血糖値などの身体機能は、身体の内や外の環境が変化しても一定の状態に保たれます。これを**ホメオスタシス（恒常性）**といいます。このホメオスタシスをつかさどるのは間脳にある視床下部で、自律神経やホルモンを介して調整が行われています。ホメオスタシスが維持できなくなると健康が損なわれ、生命の危険を伴うこともあります。

❷ 内分泌器

　ホルモンを産生し直接血液や体液に分泌する器官を**内分泌器（内分泌腺）**といい、脳下垂体、甲状腺、副甲状腺、副腎、精巣、卵巣、膵臓のランゲルハンス島などがあります。自律神経とともにホメオスタシスの維持にかかわっており、ホルモンを、必要なときに、必要な量を、必要な場所に送り届ける仕組みが備わっています。

　内分泌器から分泌される物質が体内に分泌されるのに対し、外分泌器から分泌される物質は導管とよばれる排泄管を介して一般に体外へ分泌されます。

外分泌器は組織や臓器に存在するもので、汗腺・唾液腺・胃・膵臓などから汗・唾液・消化液などが分泌されることを外分泌というよ。

❸ 自律神経

呼吸・脈拍・血圧・体温・発汗・消化・排尿・排便など、さまざまな臓器や器官のはたらきを調節しており、ホメオスタシスを維持する重要な役割を担っています。

自律神経には交感神経と副交感神経の2種類があり、自律神経の中枢は間脳の視床下部にあります。

★ 自律神経の主な機能

	交感神経がはたらくと	副交感神経がはたらくと
心臓	機能亢進（心拍数が増える）	機能抑制（心拍数が減る）
心筋の収縮	大きく収縮し血液を送る	弱い収縮となる
血管	収縮し、血圧が上がる	弛緩し、血圧が低下する
肺、気管支	拡張し、気管内径が広がる	収縮し、気管内径が狭くなる
瞳孔	散大し、光が多く入る	縮小する
唾液腺	唾液の分泌が減る	唾液の分泌が増える
胃腸の分泌腺	胃液などの分泌が減る	胃液などの分泌が増える
胃腸の消化運動	消化運動が抑制	消化運動が亢進
膀胱、肛門括約筋	壁が弛緩して尿・便を溜め、括約筋が収縮して尿・便を出させない	壁が緊張して尿・便を押し出し、括約筋が弛緩して尿・便を出す

☐ 1	生理的欲求は、ホメオスタシスの働きによって制御される。	26
☐ 2	副交感神経は唾液分泌を抑制する。	31

解答　1.○／2.✕ 副交感神経が刺激されると唾液の分泌量は増加する

神経、脳の仕組み

① 神経

　神経系は、脳と脊髄からなる**中枢神経**と、中枢神経と身体全体につながっている**末梢神経**に分けられます。末梢神経は脳から出ている脳神経と脊髄から出ている**脊髄神経**で構成されています。

★ 神経系の分類

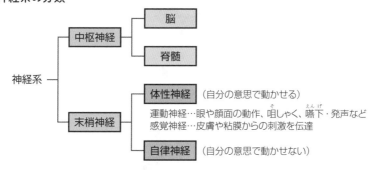

② 脳

　脳は、**大脳（大脳皮質・大脳辺縁系・大脳基底核）・間脳・小脳・脳幹（中脳・橋・延髄）**に分けることができます。

（1）大脳

　大脳の表層を覆う**大脳皮質**は灰白質という神経細胞の集まりでできており、深部の**大脳髄質**は白質という神経

★ 脳の構造（側面）

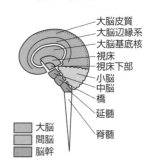

大脳皮質
大脳辺縁系
大脳基底核
視床
視床下部
小脳
中脳
橋
延髄
脊髄

大脳
間脳
脳幹

線維の集まりでできています。大脳皮質にはさまざまな領域があり、特定の領域が特定の機能を担当しています。

　前頭葉と頭頂葉の間には中心溝という境があり、中心溝より前方（中心前回）は運動をつかさどり（運動野）、後方（中心後回）は知覚をつかさどっています（体性感覚野）。

★ **大脳皮質の4つの部位（右大脳半球の側面図）**

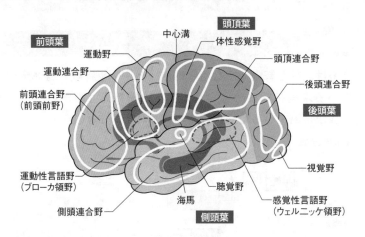

★ **大脳の機能**

前頭葉	精神活動・運動性言語中枢・運動中枢	頭頂葉	感覚認知中枢
側頭葉	聴覚中枢	後頭葉	視覚中枢・眼球運動

　その他、大脳辺縁系は大脳半球の内側底面にあり、食欲、性欲、本能行動、快・不快など情動に関する中枢です。大脳基底核は視床や視床下部、脳幹、小脳と関連しながら随意運動を調節し、姿勢を正しく保つ、筋肉の緊張を調節するなどのはたらきを行っています。

（2）間脳

　間脳は、視床と視床下部からなります。視床は、嗅覚を除く全感覚を伝える中継点で、視床下部は自律神経系や内分泌系、体液調節の中枢です。

（3）小脳

　手足の複雑で素早い運動がスムーズに行われるようにはたらいていま

す。小脳の中央部にある虫部で、**姿勢や身体のバランス**を保っています。

（4）脳幹

　中脳・橋・延髄からなります（広義には間脳も含む）。中脳には、筋肉の緊張の調節に関係する黒質や、眼球の動きや瞳孔の大きさを調節する部分があります。橋には顔や目を動かす部分が、延髄には言語の発音や嚥下、呼吸、発汗、排泄などを調節する自律神経があります。

（5）脊髄

　延髄に続いて下に向かって伸びる部分で、脊椎（背骨）に囲まれています。感覚・運動神経の伝達路で、ここから枝分かれした神経が身体の各部に伸びています。頸部・胸部・腰部・脊髄円錐の４つに分けられます。

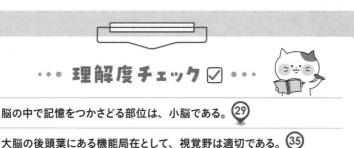

··· 理解度チェック ☑ ···

☐ 1　脳の中で記憶をつかさどる部位は、小脳である。㉙

☐ 2　大脳の後頭葉にある機能局在として、視覚野は適切である。㉟

解答　1. ✕ 海馬がつかさどるといわれている／2. ◯

重要度 B 骨・関節・筋肉、感覚器の仕組み

❶ 骨・関節

　骨は人体の基幹を形成するとともに臓器など重要な器官を保護しています。**骨の中心部には血球をつくる骨髄があります。**また、**カルシウム**の貯蔵庫としてのはたらきもあります。カルシウムは骨を形成するだけでなく、血液の凝固作用にも関係しています。

★骨の分類

長管骨 （ちょうかんこつ）	手足の骨のように長い骨。大腿骨や腓骨、上腕骨、尺骨など
短骨 （たんこつ）	指の骨のように短い骨。手根骨、足根骨など
方形骨 （ほうけいこつ）	背骨などのように四角い骨
扁平骨 （へんぺいこつ）	頭蓋骨や肩甲骨のように平たい骨

　隣接する骨が連結している部分を関節といいます。関節には、主に次のようなものがあります。

★主な関節の種類

球関節 （きゅう）	関節頭が半球、関節窩がくぼみになっていてさまざまな方向に動く。肩関節や股関節など
蝶番関節 （ちょうつがい）	関節頭と関節窩が蝶番のような動き方をする。肘関節や指の関節など
鞍関節 （くら）	2本の骨が互いに直角の方向に回転する。親指のつけ根の関節

★ 骨

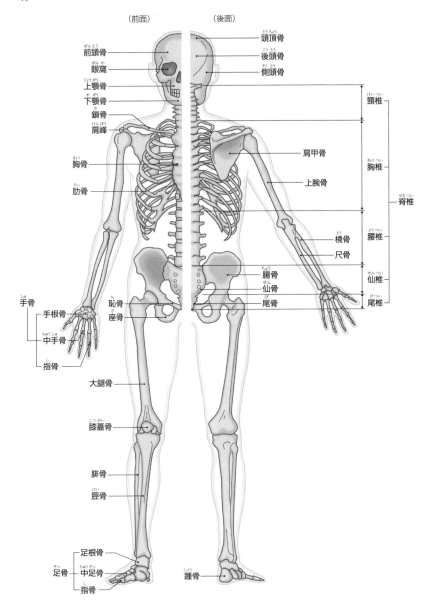

（前面）　　　　　（後面）

頭頂骨

前頭骨
後頭骨
眼窩
側頭骨
上顎骨
下顎骨
鎖骨
肩峰

肩甲骨

胸骨
上腕骨
肋骨

頸椎

胸椎

脊椎

橈骨
尺骨

腰椎

腸骨
仙骨
尾骨

仙椎
尾椎

手骨
手根骨

恥骨
座骨

中手骨

指骨

大腿骨

膝蓋骨

腓骨

脛骨

足根骨
足骨　中足骨

指骨

踵骨

筋肉は、肝臓とともにエネルギーの貯蔵庫です。体内に摂取・吸収されたブドウ糖のうちすぐに利用されないものは、肝臓や筋肉でグリコーゲンとして蓄えられます。

★ 筋肉の分類

骨格筋	横紋筋で構成。自分の意思で動かせる随意筋。身体を動かしたり姿勢を保持する。主動作筋ともよばれる
内臓筋	平滑筋で構成。自分の意思で動かせない不随意筋。消化器、呼吸器、泌尿器など。緊張の保持と収縮に関係する
心筋	横紋筋で構成された不随意筋。心臓の収縮と刺激伝導に関係する

★ 筋肉（前面）

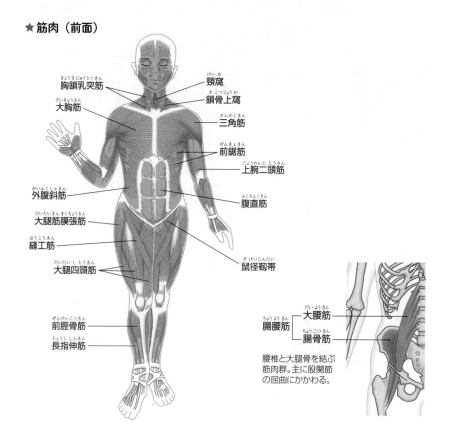

きょうさにゅうとつきん
胸鎖乳突筋

だいきょうきん
大胸筋

けいか
頚窩

さこつじょうか
鎖骨上窩

さんかくきん
三角筋

ぜんきょきん
前鋸筋

じょうわんにとうきん
上腕二頭筋

がいふくしゃきん
外腹斜筋

ふくちょくきん
腹直筋

だいたいきんまくちょうきん
大腿筋膜張筋

ほうこうきん
縫工筋

だいたいしとうきん
大腿四頭筋

そけいじんたい
鼠径靭帯

ぜんけいこつきん
前脛骨筋

ちょうししんきん
長指伸筋

だいようきん
大腰筋

腸腰筋

ちょうようきん

ちょうこつきん
腸骨筋

腰椎と大腿骨を結ぶ
筋肉群。主に股関節
の屈曲にかかわる。

★ 筋肉（後面）

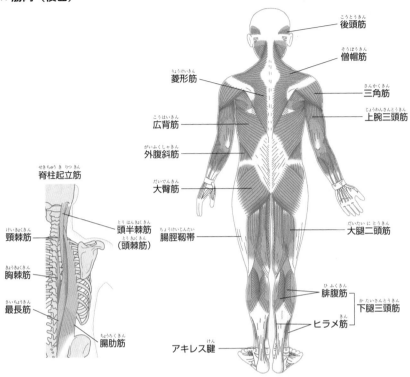

後頭筋（こうとうきん）
僧帽筋（そうぼうきん）
菱形筋（りょうけいきん）
三角筋（さんかくきん）
上腕三頭筋（じょうわんさんとうきん）
広背筋（こうはいきん）
外腹斜筋（がいふくしゃきん）
大臀筋（だいでんきん）
大腿二頭筋（だいたいにとうきん）
腸脛靱帯（ちょうけいじんたい）

脊柱起立筋（せきちゅう き りつ きん）
頭半棘筋（とうはんきょくきん）（頭棘筋）（とうきょくきん）
頸棘筋（けいきょくきん）
胸棘筋（きょうきょくきん）
最長筋（さいちょうきん）
腸肋筋（ちょうろくきん）

腓腹筋（ひふくきん）
下腿三頭筋（かたいさんとうきん）
ヒラメ筋（きん）
アキレス腱（けん）

+1 プラスワン

抗重力筋・主動作筋・拮抗筋

重力に対して姿勢（立位や座位など）を保持するためにはたらく抗重力筋には、脊柱起立筋、広背筋、腹直筋、腸腰筋、大臀筋、大腿四頭筋、下腿三頭筋などがある。これらの筋力が弱くなると、立ち上がり動作などが困難になる。

　身体を動かすときに主としてはたらく主動作筋には、相反する動き（拮抗作用）をしてバランスを保つ筋肉があり、拮抗筋という。例えば、広背筋の拮抗筋は大胸筋、大腿四頭筋の拮抗筋は大腿二頭筋である。

こころとからだのしくみ

Lesson 4

骨・関節・筋肉、感覚器の仕組み

167

　感覚器には、視覚器（眼）、平衡聴覚器（耳）、味覚器（舌）、嗅覚器（鼻）、皮膚があります。

（1）視覚器

　視覚器は、眼（眼球・視神経）と、眼の機能を助ける副眼器（眼筋・眼瞼・結膜・涙器）からなります。

　光は角膜で屈折して眼の中に入ります。このとき、虹彩は筋肉を動かして瞳孔の大きさを変化させ、眼に入る光の量を調整します。水晶体は瞳孔を通過してきた光を屈折させて焦点を合わせ、網膜上に物体の像が映し出されます。映し出された像は視神経を経由して脳に伝達されます。

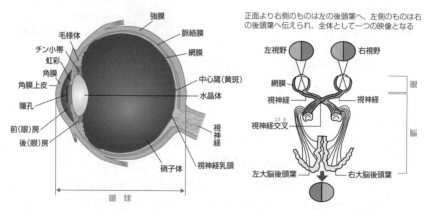

★ 上から見た眼の構造

★ 物が見える仕組み

正面より右側のものは左の後頭葉へ、左側のものは右の後頭葉へ伝えられ、全体として一つの映像となる

（2）平衡聴覚器（耳）

　平衡感覚や聴覚をつかさどる感覚器は耳で、外耳・中耳・内耳の3つに分けられます。

　外耳（耳介と外耳道）は、下界の音波を集める集音器のようなものです。中耳（鼓膜、鼓室、耳管）は、外耳で集められた音波を骨振動に変えて内耳に伝えます。耳の最も内側にある内耳では、聴覚と平衡感覚を感受します。

★ 耳の構造

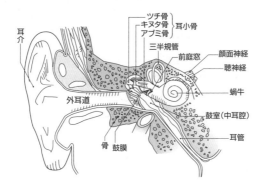

ツチ骨
キヌタ骨
アブミ骨
耳小骨
三半規管
前庭窓
顔面神経
聴神経
蝸牛
鼓室（中耳腔）
耳管
耳介
外耳道
骨
鼓膜

（3）嗅覚器（鼻）

　鼻は、空気の通り道、細菌や有毒物質の侵入の防止、発声の際の音響、においを感じる嗅覚器のはたらきをもっています。鼻腔の奥の鼻粘膜にある嗅細胞が刺激を受けると嗅神経を経て脳に伝達されます。

（4）味覚器（舌）・皮膚

　舌の主な機能は、①**味覚**、②**咀しゃく**、③**嚥下**、④**構音**です。

　舌は舌筋でできています。表面には無数の小突起（舌乳頭）があり、その中にある味蕾で食物の味を感知します。

　皮膚は、外側から順に表皮、真皮、皮下組織があり、身体を保護しています。また、皮膚付属器には、毛、爪、皮脂腺、汗腺などがあります。

味蕾で感知するのは、甘さ・塩辛さ・酸っぱさ・苦さ。辛さは味覚としてではなく、痛覚として感じるよ。

　　　　　　　　　　理解度チェック ☑

□ 1　大胸筋は立位姿勢を維持するための筋肉（抗重力筋）である。㉟

□ 2　ツチ骨は、中耳にある耳小骨のひとつである。㊱

解答　1.✗ 肩関節の内転にかかわる筋肉で、抗重力筋ではない／2.○

Lesson 5

循環器、呼吸器の仕組み

重要度 A

Point
- ☑ 静脈血は二酸化炭素、動脈血は酸素が多い
- ☑ 白血球には貪食作用がある
- ☑ 呼吸には外呼吸と内呼吸がある

① 循環器 ㉚ ㉗ ㉔

（1）心臓

心臓は収縮と拡張を繰り返すことで全身に血液を送り出すポンプのはたらきをしています。内部は4弁（三尖弁・僧帽弁・肺動脈弁・大動脈弁）4室（右心房・右心室・左心房・左心室）で成り立っています。

心臓全体は心筋（**不随意筋**）で構成され、心臓に酸素と栄養素を送り込むための冠状動脈が分布しています。

★ 心臓の構造（断面）

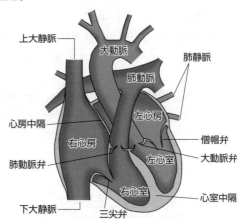

ポンプ機能は、全身の組織に血液を供給して栄養素や代謝産物の交換を行う**体循環**（**大循環**）と、血液を肺胞の間で酸素と二酸化炭素のガス交換を行う**肺循環**（**小循環**）に大別されます。

★ 体循環と肺循環

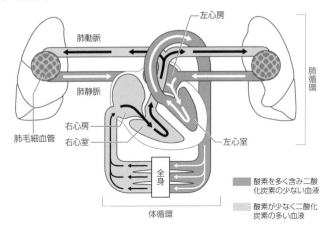

心臓では毎分約60〜80回の収縮と拡張が繰り返されており（拍出）、その1分間の収縮の回数を心拍数といいます。1分間に心臓から押し出される血液量は約5〜7Lで、これを心拍出量といいます。

（2）血管系

血管には、心臓から全身に血液を送り出すための**動脈**と、全身を巡った血液が心臓に戻るための**静脈**があります。また、血液は、**静脈血（二酸化炭素が多い）**と**動脈血（酸素が多い）**に分けられます。

心臓から血液が送り出されるときに動脈の血管壁にかかる圧力を血圧といいます。心臓が収縮したときの血圧を**収縮期血圧**（最高血圧）、心臓が拡張したときの血圧を**拡張期血圧**（最低血圧）といいます。

❶血液

血球は、骨の中心部である骨髄でつくられます。血液は、肺で取り入れられた**酸素**や肝臓で取り入れられた**栄養素**を全身の細胞に運び、また、全身の細胞から集めた**老廃物**を排泄するために肺や腎臓や肝臓へ運ぶという重要な役割を担っています。

血液の成分は**血球**と**血漿**に分けることができます。

★ 血液の成分と主なはたらき

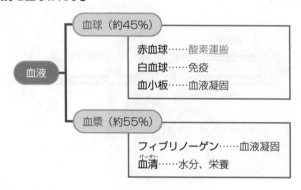

★ 血球・血漿の特徴

赤血球	血液中の酸素を各組織に供給し、排出する二酸化炭素を肺へ運搬する。たんぱく質と鉄が結合したヘモグロビン（血色素）が含まれ、赤血球数、ヘモグロビン（Hb）、ヘマトクリット（Ht）の値は貧血の指標になる
白血球	好中球と単球は、体内に侵入した細菌などの異物を食べて（貪食作用）処理する。白血球の値で体内の炎症の有無が判断できる
血小板	出血を止めるはたらきや血管を修復するはたらきがある
血漿	ほとんどが水分だが、さまざまな電解質や栄養素（たんぱく質、脂質、ビタミン、ブドウ糖など）、ホルモンを含んでいる。たんぱく質の約60％を占めるアルブミンは、血液の浸透圧を保ち、不溶性の物質を運搬するはたらきがある

❷リンパ系

　血管同様、リンパ管も全身に張り巡らされており、その中をリンパ液が流れています。リンパ液には、リンパ球や脂質、糖質が含まれています。リンパ管が合流する部分をリンパ節といい、細菌や有害物質を取り除く役割があります。その他、リンパ系には免疫作用や循環作用、栄養吸収作用などがあります。

❷ 呼吸器

　呼吸は、外界から酸素を取り入れて二酸化炭素を放出する**外呼吸**と、組織や細胞が酸素を取り入れて二酸化炭素を排出する**内呼吸**に分けられます。呼吸器は、一般に外呼吸に関与する臓器または器官のことを指し、気道（上気道・下気道）とガス交換の場である**肺胞**で構成されています。

★ **呼吸器の構造**

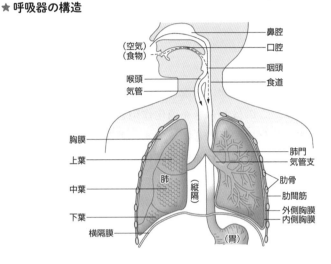

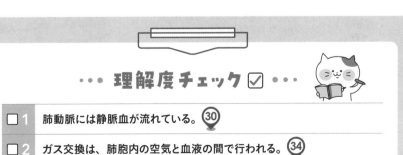

··· 理解度チェック ☑ ···

☐	1	肺動脈には静脈血が流れている。㉚
☐	2	ガス交換は、肺胞内の空気と血液の間で行われる。㉞

解答　1.○／2.○

消化器、泌尿器の仕組み

Point
☑ 唾液・胃液・膵液には消化酵素が含まれる
☑ 消化・吸収の大部分は小腸で行われる
☑ 膵臓にはランゲルハンス島がある

❶ 消化器とは

消化器系は、消化管と消化腺から成り立っています。

食物は消化管を通過していく間に分解・吸収され、必要な栄養素などが体内に摂取されます。このはたらきを消化作用といいます。

消化酵素は、食物の消化に関係する酵素です。**唾液、胃液、膵液などの消化液に含まれており、分解される栄養素によって役割が分かれています。**

消化された物質の大部分は小腸で吸収され、静脈系の血管である門脈を通して肝臓に送られます。肝臓に送られた栄養素は、人体が利用しすいかたちにさらに分解・合成され（代謝）、肝臓に蓄えられるほか、解毒されたり胆汁の生成に使われます。

★ 消化器系器官の構造

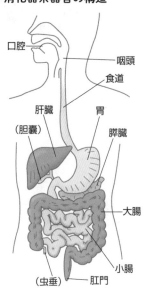

口腔
咽頭
食道
肝臓
胃
（胆囊）
膵臓
大腸
小腸
（虫垂）
肛門

胆囊で排出される胆汁には消化酵素は含まれていないよ。その代わり、脂質を乳化してリパーゼのはたらきを助けているんだ。

174

★ 消化酵素の種類と分泌部位

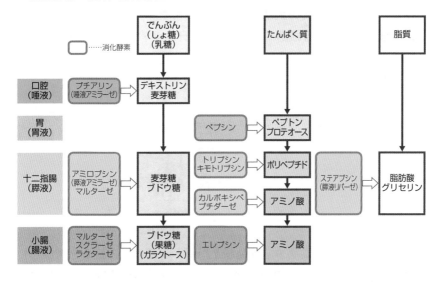

② 消化器の役割

(1) 口腔・咽頭・食道

　口腔は、上顎骨と下顎骨に囲まれた空間をいい、歯で食物をかみ砕き（咀しゃく）、舌で唾液と食物攪拌をし、飲み込みます（嚥下）。口腔から入った食物と吸い込んだ空気は、軟口蓋と喉頭の上端にある喉頭蓋の反射機能によってそれぞれ食道と気管に分かれて流れていきます。

(2) 胃

　食道と十二指腸の間にある袋状の器官です。唾液とともに送られてきた食物は、噴門（胃の入り口）に近い上半部に貯留され、**プチアリン**の作用を受けて消化が進みます。この後、ぜん動運動により幽門（胃の出口）側の下半部に送られ、**胃液**によってさらに消化が進み、十二指腸へと送られます。

(3) 小腸・大腸

　小腸は、十二指腸・空腸・回腸によって構成されています。消化・吸収の大部分は小腸で行われます。十二指腸では、胆汁と膵液が流れ込み、食物の分解が進みます。空腸では粘膜にある多くのひだから**腸液**が分泌

こころとからだのしくみ

Lesson 6 消化器、泌尿器の仕組み

され、胆汁・膵液と混合されて食物の分解がさらに進みます。回腸では、栄養素と水分、電解質の大部分が吸収されます。

　大腸は、盲腸・上行結腸・横行結腸・下行結腸・S状結腸・直腸によって構成されています。小腸で吸収されなかった水分や栄養素などは大腸で吸収されます。下行結腸からS状結腸を通り直腸に溜まり、便となって排泄されます。

★ **腸の構造**

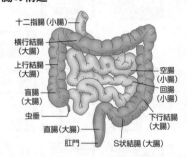

十二指腸（小腸）
横行結腸（大腸）
上行結腸（大腸）
盲腸（大腸）
虫垂
直腸（大腸）
肛門
空腸（小腸）
回腸（小腸）
下行結腸（大腸）
S状結腸（大腸）

（4）肝臓

　肝臓には、酸素を供給する肝動脈と門脈とよばれる栄養素を運び込む血管があります。これらの血管から供給される酸素や栄養素を用いて、薬剤やアルコールなど人体にとって異物となる物質や体内で産生された**老廃物の代謝・解毒・排泄などが行われています**。また、吸収された栄養素を別の成分に変えて蓄え、必要なときにこれを分解してエネルギーを産生したり、肝臓で生成した物質を血液を通して全身に供給する**代謝機能**というはたらきもあります。

（5）胆道

　胆道とは、肝臓から十二指腸までの**胆汁**が流れる経路の総称です。胆汁は肝細胞で合成され、十二指腸へ分泌されます。胆汁酸やコレステロールなどが含まれ、腸内の消化酵素のはたらきを増強したり脂溶性ビタミン（A・D・E・K）の吸収を助けたりします。

（6）膵臓

　膵臓には、消化にかかわる膵液を分泌する外分泌機能と、ホルモンを血液中に分泌する内分泌機能があります。内分泌にかかわる細胞が集まった**ランゲルハンス島**のうち、β細胞では**インスリン**が、α細胞ではグルカゴンが合成されて血液中に分泌され、血糖値に関係します。

❸ 泌尿器

老廃物を尿として体外へ排泄する器官で、腎臓（じんぞう）と尿路からなります。

(1) 腎臓

腎臓の主なはたらきは排泄処理機能のほか、体液バランスの維持機能、ホルモン産生機能です。腎臓は腰背部の脊柱（ようはいぶ せきちゅう）の両側に1対あり、大人の握りこぶし大のそら豆形をしています。

腎実質（じんじっしつ）にある**糸球体**（しきゅうたい）は、腎臓に入った腎動脈が毛細血管の塊となったもので、血液中のたんぱく質の老廃物や水分、ブドウ糖、アミノ酸、電解質（ナトリウム・カリウム・リン・カルシウムなど）をろ過します。

(2) 尿路

★ 腎臓の構造

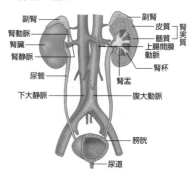

腎臓でつくられた尿は腎杯（じんぱい）に集められた後、腎盂（じんう）に運ばれ、尿管を通って膀胱（ぼうこう）に溜（た）められます。一定量（約100〜150mL）が溜まると尿意を感じ排泄されます。膀胱の出口には膀胱括約筋（かつやくきん）が、尿道の途中には尿道括約筋があり、尿が漏れないように尿道を閉めるはたらきをしています。

· · · 理解度チェック ☑ · · ·

☐ 1	唾液には、消化酵素が含まれる。㉖
☐ 2	空腸は、小腸の一部である。㉘
☐ 3	正常な尿中には、1日に約10gのブドウ糖が排出される。㉜

解答 1.〇／2.〇／3.✕ ブドウ糖は、ほとんどが糸球体や尿細管で再吸収される

こころとからだのしくみ

Lesson 6 — 消化器、泌尿器の仕組み

ボディメカニクスと関節可動域

Point
- ☑ ボディメカニクスの活用は利用者の負担が軽くなり、介護者の腰痛予防にもなる
- ☑ 関節可動域が狭いとADLが難しくなる

❶ ボディメカニクス

ボディメカニクス（生体力学）とは、人間の姿勢・動作時の身体の骨格・関節・筋肉・内臓などの各系統間の力学的相互関係のことです。効果的なボディメカニクスとは、身体的特性が十分に活かされ、身体にかかる負担が少なく、かつ、合理的に使える状態をいいます。

介護においてこれを活用すれば、**利用者への負担は軽くなり、介護者にとっては腰痛予防にもなります**。

❷ 関節可動域

関節には、可動関節と不動関節（頭蓋骨・背骨・骨盤など）があります。また、関節には動かす機能（可動性）と支える機能（支持性）があり、一般にいう関節は可動関節のことを指します。

関節運動の方向や範囲を関節の**可動域**といい、それを規制しているのが**靱帯**です。長期間、関節を動かさずにいると関節の軟部組織が変化して、関節可動域が狭くなり（**関節拘縮**）、ADLが難しくなります。

❸ 関節の運動

関節の動きは、外転と内転、回外と回内、屈曲と伸展、外旋と内旋の8つに分けられます。

また、関節の運動にかかわる筋肉を**主動作筋**（主としてはたらく筋肉）といいます p.167参照 。

★ 関節運動の例

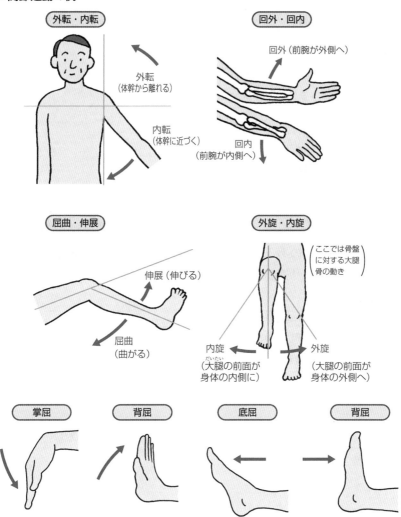

外転・内転

外転（体幹から離れる）

内転（体幹に近づく）

回外・回内

回外（前腕が外側へ）

回内（前腕が内側へ）

屈曲・伸展

伸展（伸びる）

屈曲（曲がる）

外旋・内旋

ここでは骨盤に対する大腿骨の動き

内旋（大腿の前面が身体の内側に）

外旋（大腿の前面が身体の外側へ）

掌屈　背屈　底屈　背屈

★ 代表的な関節運動と主動作筋

動かす関節	動き	主動作筋
肩関節	外転	三角筋
	内転	大胸筋・広背筋
肘関節	屈曲	上腕二頭筋
	伸展	上腕三頭筋

179

手関節	掌屈	橈側手根屈筋・尺側手根屈筋
	背屈	長橈側手根伸筋・短橈側手根伸筋・尺側手根伸筋
股関節	屈曲	腸腰筋
	伸展	大臀筋
膝関節	屈曲	大腿二頭筋
	伸展	大腿四頭筋
足関節	底屈	下腿三頭筋
	背屈	前脛骨筋

④ 筋肉のはたらき

筋肉は、伸縮性のある線維（筋線維）でできており、筋線維が収縮する速さの違いにより**速筋**と**遅筋**に分けられます。

★ 速筋と遅筋の機能

速筋	● 収縮速度が速く、瞬発力を要する運動で使われる ● 老化が速いため、加齢によって瞬発力は低下していく
遅筋	● 収縮速度が遅く、持久力を要する運動で使われる ● 老化が遅いため、加齢によっても持久力は比較的保たれる

・・・ 理解度チェック ☑ ・・・

☐ **1** 介護福祉職の腰痛予防に配慮し、移乗や移動の支援は、利用者を抱えて行う。㉙

☐ **2** 股関節屈曲を行う主動作筋（主として働く筋肉）は腸腰筋である。㉗

解答　1.✕ ボディメカニクスの十分な活用が不可欠／2.○

身支度に関連した心と身体の仕組み

Point

- ☑ 唾液の約99%は水分
- ☑ 歯周病は糖尿病と相関関係にある
- ☑ 加齢により爪は厚く、もろくなる

① 身支度に関連した口腔の仕組み ㉜ ㉘ ㉖ ㉔

(1) 口腔の構造と機能

　口腔は、単に食事や会話などをするための器官というだけでなく、筋力や免疫力の維持や人間関係の形成にも深くかかわっており、心身ともに健康的な生活を送るうえで大切な器官です。

❶歯

　歯肉から出ている部分を歯冠部、歯肉に埋まっている部分を歯根部、歯冠部と歯根部との境界を歯頸部といいます。歯冠部は人体組織の中で最も硬い**エナメル質**で覆われており、歯根部はセメント質で覆われています。

　歯には、切歯・犬歯・臼歯の３種類があります。切歯や犬歯は食物を食べやすい大きさにかみ切り、臼歯は食物をすり潰す役割があります。

❷舌

　舌の表面には無数の小突起（舌乳頭）があり、その中にある味蕾で食物の味を感知します。また、表面にみられる灰白色や褐色の苔状の付着物を舌苔といいます。健康な舌にもみられますが、口腔内の乾燥や不衛生などにより舌に厚く付着したままにしていると口臭の原因となることがあります。

★ 歯の構造

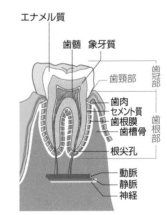

出典：小学館・ホームメディカ編集委員会『ホーム・メディカ新版家庭医学大辞典』小学館、2008年

❸唾液

唾液の**約99％は水分**です。個人差はありますが１日に１～1.5L分泌されるといわれています。唾液の分泌中枢は延髄にあります。唾液を分泌する唾液腺には大唾液腺（耳下腺、顎下腺、舌下腺）と小唾液腺とがあり、それぞれでつくられる唾液の性質は異なります。また、**交感神経が刺激されると唾液の粘りが強くなり、分泌量は少なく**なります。逆に、**副交感神経が刺激されると粘りが弱くサラサラとして分泌量も多く**なります。

唾液には、食物の咀しゃく・嚥下の補助や消化、口腔内の粘膜の保護、自浄、抗菌などのさまざまな役割があります。

（2）加齢に伴う口腔の変化

歯は、長年の咀しゃく運動によるエナメル質の摩耗やエナメル質の産生減少のため汚れが付着しやすくなり、黄ばんで見えるようになります。また、舌の動きの低下や、う蝕や歯周病などで歯が抜けて本数が減り、咀しゃく力が低下したり容貌が変わったりします。

その他、味蕾の数と唾液分泌量が減少することによる口腔内の乾燥、薬剤の副作用などから食べ物の味がわかりにくくなり、濃い味つけの料理を好むようになります。

口腔の変化は、咀しゃくや嚥下などの動作だけでなく、他者とのコミュニケーションにも影響を及ぼします。

（3）口腔の観察のポイント

★う蝕の進行

程度	症状
C 0	歯の表面に白色斑などの変化がみられる
C 1	**エナメル質にできた初期のう蝕。自覚症状はほとんどない**
C 2	象牙質まで進行したう蝕。冷たい水や甘いものが染みたり、食物がう蝕による欠損部に詰まったりする
C 3	歯髄まで進行したう蝕。ずきずきした耐えがたい痛みを伴うようになる
C 4	う蝕が進行して歯冠がなくなり、歯根だけが残っている状態。歯髄も死んで、痛みを感じなくなる。歯根の先端から顎の骨まで病変が及ぶこともある

う蝕や歯周病、歯のぐらつき、口内炎による口腔粘膜の炎症や痛み、出血の有無、口臭の有無などをよく確認します。義歯を使用している場合には、義歯にひび割れや欠けなどがないかを確認し、がたついたり外れやすくなったりなどの不具合があれば、すぐに歯科医師に相談します。

❶う蝕

歯垢（プラーク）中の細菌によってつくられる酸で歯が溶かされ、穴が開くことをいいます。う蝕発生には、①歯並びが悪いなどのう蝕ができやすい環境、②う蝕の原因となる菌、③糖質を多く摂取する食習慣、という３つの条件が揃うことで発生すると考えられており、これをカイスの３つの輪といいます。

❷歯周病

歯と歯肉との境界に歯垢が付着し、すきまに細菌が侵入すると、細菌がつくり出す毒素によって歯肉の腫れや出血などの炎症が生じ、より深いすきま（歯周ポケット）ができます。歯周ポケットの内部は細菌が繁殖しやすく、炎症はさらに進行して歯槽骨まで溶かしてしまい、歯がぐらついたり抜け落ちたりします。このように歯を支える歯肉や歯槽骨に炎症が起こることを歯周病といいます。

★ **歯周病の進行**

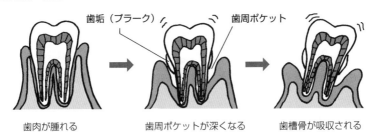

歯垢（プラーク）　歯周ポケット

歯肉が腫れる
出血しやすくなる

歯周ポケットが深くなる
歯がぐらぐらする

歯槽骨が吸収される
歯が抜ける

資料：こうの歯科医院HPを基に作成

歯だけでなく、歯と歯肉の境界も丁寧にブラッシングすることが大切だよ。

❸その他

う蝕や歯周病の進行をそのままにしていると歯を失うだけでなく、誤

<ruby>嚥性肺炎<rt>えんせいはいえん</rt></ruby>を引き起こしたり糖尿病を悪化させたりします。特に糖尿病と歯周病は相関関係にあり、**血糖コントロールが悪いと歯周病が悪化し、歯周病が進行するほど糖尿病の<ruby>羅患率<rt>りかんりつ</rt></ruby>が高く、また合併症も起こりやすい**とされています。歯周病は全身の健康に影響するため、早い段階で歯科を受診して治療を行い、口腔内の問題が全身にまで及ばないよう注意する必要があります。

❷ 身支度に関連した爪の仕組み

（1）爪の構造と機能

　爪は、ケラチンというたんぱく質からできており、1日に約0.1mm伸びるといわれています。爪には、外部の刺激から指先を保護し、指先にかかる力を支え、物をつかみやすくする役割があります。正常な爪は桃色で、爪の根元の爪半月は白っぽい色をしています。

（2）加齢に伴う爪の変化

　高齢になると爪が伸びる速さが遅くなり、厚くなったりもろくなったりします。色も灰色や黄色がかったりしてつやがなくなります。<ruby>陥入<rt>かんにゅう</rt></ruby><ruby>爪<rt>そう</rt></ruby>（巻き爪）や<ruby>爪白癬<rt>つめはくせん</rt></ruby>（爪水虫）、爪などの爪の疾患にもかかりやすいため注意が必要です。また、爪に縦筋が入ることがありますが、加齢による生理現象としてみられるもので病的なものではありません。

（3）爪の観察のポイント

　爪そのものの色やつや、硬さや厚さ、形などの変化はもちろん、爪周辺の皮膚の状態もよく観察します。

　糖尿病の場合、足（特に**足の指**）に傷があっても<ruby>末梢神経<rt>まっしょうしんけい</rt></ruby>障害のために気がつかないことが多く、細菌感染によって<ruby>壊疽<rt>えそ</rt></ruby>を生じる場合があるため、特に注意が必要です。

★爪の異常の例

爪白癬 （爪水虫）	白癬菌が爪に感染して起こる。爪の先端から根元にかけて進行していき、他の爪にも感染する。かゆみなどの症状はないが**爪が白濁して厚くなり**、ひどくなると爪周辺の皮膚に食い込むため痛みを感じるようになる

陥入爪 （巻き爪）	爪の先端の角が皮膚に食い込むように伸び、皮膚が腫れて痛みを伴うようになる。食い込んだ爪を切ると痛みは和らぐが深爪を繰り返すことになり、状態が悪化していく
爪甲剥離症 （そうこうはく り しょう）	いわゆる二枚爪のことで、爪の先端から剥離し、剥離した部分は白っぽくなる。爪への外力や洗剤などの化学物質の刺激といった外的要因のために起こることがあるが、薬物の服用や感染症などが原因となることもある
さじ状爪 （じょうそう）	爪の先端が反り返り、中央がくぼんでさじ状になるもので、手の爪に多くみられる。貧血がみられる人に起こりやすい
ばち状指 （じょうゆび）	指先が大きく丸くなって太鼓のばちのような形になることにより、爪も丸く盛り上がった形になる。肺疾患や心疾患が原因で起こる

爪の異常は、貧血や内臓疾患などのサインであることも少なくないよ。

❸ 身支度に関連した毛髪の仕組み

（1）毛髪の構造と機能

　毛髪も爪同様ケラチンでできており、汚れや暑さ・寒さなどの外的刺激から身体を保護する役割をもっています。

　毛髪は、1日に0.3〜0.45mm伸び、ある程度まで伸びると成長を止め、やがて抜け落ち、新たな毛へと生え替わります。このような毛髪の成長のサイクルを**毛周期**といいます。

（2）加齢に伴う毛髪の変化

　加齢に伴い**白髪**が増え、毛が細くなり、張りやつやがなくなります。本数も次第に減り、頭髪が薄くなることもあります。男性では眉毛や耳毛が長く伸びたり、女性では腋毛が薄くなります。毛髪の変化は、遺伝的要因や生活習慣なども関係しており、加齢だけが原因とはいえません。

1本1本の毛がそれぞれに異なる毛周期をもっているから、同時にすべての毛髪が抜けることはないよ。

（3）毛髪の観察のポイント

　毛髪は、色の変化（白髪の増加）や脱毛の有無、つやや太さの変化などに注意して観察し、頭皮は、ふけやかゆみ、赤み、痛み、出血などがないかを確認します。

★ 毛髪の異常の例

円形脱毛症	毛髪が部分的に円形に抜けるもので、主に頭髪に生じるが、眉毛や体毛にもみられる。免疫不全やストレスが原因とも考えられているが、解明されていない。たいていは数か月で**自然に治癒する**が、薬物による治療を行う場合もある
粃糠性脱毛症 （ひこうせいだつもうしょう）	皮脂の分泌の異常などにより頭皮にふけが増え、赤みやかゆみが起こって頭髪が抜けるもの。頭皮常在菌であるカビの一種がふけの増加に関係していると考えられている
多毛症 （たもうしょう）	**性ホルモン**の影響で、軟毛（産毛）が硬毛に変化するもので、毛の数が増えるわけではない
無毛症・乏毛症 （むもうしょう・ぼうもうしょう）	先天的な原因によって生えるべき部分の毛が生えないもの。まったく生えない**無毛症**と、わずかにしか生えない**乏毛症**とがある

・・・ 理解度チェック ☑ ・・・

☐ 1　唾液量が多くなると口臭が生じる。㉜

☐ 2　老化に伴う口腔・嚥下機能の変化として、味蕾の数は変わらない。㉔

☐ 3　爪の主成分はタンパク質である。㊱

☐ 4　糖尿病のある人の身支度の介護で、異変の有無について特に観察すべき部位は手指である。㉗

解答　1.✕ 唾液分泌量の減少による自浄作用の低下は口臭の原因に挙げられる／2.✕ 加齢に伴い、味蕾の数は減少する／3.○／4.✕ 足の指を観察する。糖尿病では末梢神経障害のために足に傷があっても気がつかないことが多く、細菌感染によって壊疽を生じる場合がある

Lesson 9

重要度 **A**

移動に関連した心と身体の仕組み

Point
- ☑ 感覚機能の低下は、転倒や事故につながる
- ☑ 高齢者の骨折は生活不活発病を招きやすい
- ☑ 脊髄小脳変性症では失調性歩行がみられる

❶ 心身の機能低下が移動に与える影響

　加齢による感覚機能や運動機能の低下は、転倒や衝突、交通事故につながります。また、高齢者の骨折は長期にわたる安静臥床を余儀なくされ、生活不活発病（廃用症候群）を招くことが多くあります。

　その他、脊髄（せきずい）損傷による麻痺（まひ）や、脳血管障害による記憶障害や半側空間無視（かんむし）、地誌的障害などでも安全な移動が難しくなります。

★ 高齢者に多い骨折部位

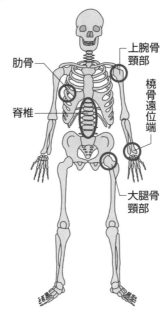

- 肋骨
- 脊椎
- 上腕骨頸部
- 橈骨遠位端
- 大腿骨頸部

❷ 歩行の異常

歩行の異常にはさまざまなものがあり、それぞれの症状と現れる疾患は次のとおりです。

★ 主な歩行の異常

種類	症状	現れる疾患の例
間欠（歇）性跛行	痛みが発生してもしばらく休むと症状が楽になり、再び歩けるようになる	脊柱管狭窄症
動揺性歩行	腹を前に突き出し腰を左右に振ってゆらゆら歩く	筋ジストロフィー
失調性歩行・酩酊歩行	歩くときふらつく、よろよろと歩く	脊髄小脳変性症（SCD）
小刻み歩行	ちょこちょこと小刻みに歩く	パーキンソン病
すくみ足	歩き出そうとしても足がすくんで踏み出すことができない	パーキンソン病
突進歩行	歩行中にだんだん速度が上がり、歩幅は小さく、小走りになる。自分では制御できず、前方に倒れこんだり、衝突や転倒することがある	パーキンソン病
鶏歩	膝を高く持ち上げ、足が垂れた状態（下垂足）でつま先から足をつけて歩く	腓骨神経麻痺

・・・ 理解度チェック ☑ ・・・

☐	1	服用する薬剤と転倒は、関連がある。㉝
☐	2	脊柱管狭窄症では、動揺性歩行がみられる。㉖
☐	3	脊髄小脳変性症の症状として、運動失調がみられる。㉟

解答 1.○／2.✕脊柱管狭窄症でみられるのは、間欠（歇）性跛行／3.○

食事に関連した心と身体の仕組み

❶ 身体をつくる栄養素

　食事は、生命を維持していくための大切な行為であり、生活の基本となる行為です。食物に含まれる成分のうち、炭水化物、脂質、たんぱく質の3つを**三大栄養素**といいます。これらは人間の身体をつくったり、活動のエネルギーを生み出す重要な栄養素です。さらに、この三大栄養素のはたらきを助けて身体の機能を整える**ビタミン**、無機質（**ミネラル**）を加えたものを**五大栄養素**といいます。その他にも食物に含まれる栄養素はたくさんあり、私たちの身体を維持するために重要なはたらきをしています。**水分**も身体を維持していくために欠かせません。成人の場合、食事で摂る水分を含めて1日に2,000～2,500mLの水分を摂取する必要があるとされています。

★ 栄養素のはたらき

			主なはたらき	副次的なはたらき
五大栄養素	三大栄養素	炭水化物	エネルギー源	身体の機能を調節する
		脂質	エネルギー源	身体の組織を構成する
		たんぱく質	身体の組織を構成する	エネルギー源
		ビタミン	身体の機能を調整する	―
		無機質	身体の組織を構成する	身体の機能を調整する
		水	身体の組織を構成する	―

脂質はホルモンの原料でもあるんだ。

(1) 空腹と満腹の仕組み

食後、一定の時間が経つと胃が飢餓収縮を起こします。胃の収縮運動、血糖値や体温の低下などが信号となり、間脳の視床下部にある摂食中枢が空腹感を意識させ、摂食行動を促します。

胃に食物が満たされ、血糖値や体温が上昇すると視床下部にある満腹中枢に信号が送られて摂食行動を抑制します。**脂肪やたんぱく質が豊富で消化液をたくさん必要とする食物（肉、卵、魚など）や、胃での滞留時間が長い食物のほうが満腹感を感じやすいとされています。**

精神的緊張が高まっているときや空腹時に水分を摂りすぎたとき、ビタミンB₁が欠乏したときなどは、正常な空腹感が起こらなくなるよ。

(2) 喉が渇く仕組み

発汗や呼吸などにより体内の水分が足りなくなると、水分と電解質のバランスを正常に保つため視床下部にある渇中枢が作用して口渇（喉の渇き）を感じます。口渇を感じたときは、すぐに水分を摂取することが重要です。

(3) 摂食・嚥下の仕組み

食事では、かみ砕き（咀しゃく）、飲み込んで胃に送り込む（嚥下）という行為が繰り返されています。視覚や嗅覚などで食物を認知し、口腔内に取り込み、咽頭から食道、そして胃に送るまでの過程を摂食・嚥下といいます。

嚥下のとき、口唇（くちびる）が閉じ、軟口蓋と喉頭蓋によって鼻と気管が塞がれて呼吸が停止し、食物は食道に流れていきます。この**喉頭蓋の反射機能により誤嚥を防止**していますが、乳幼児や高齢者では

★ 口腔・咽頭の構造

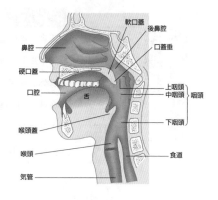

はたらきが不十分なため、誤嚥が起こりやすくなります。

摂食・嚥下は、先行期・準備期・口腔期・咽頭期・食道期の5段階に分けられます（**摂食・嚥下の5分類**）。

★ 摂食・嚥下の5分類

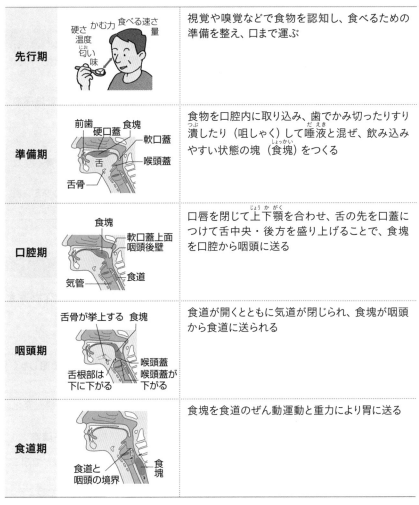

先行期		視覚や嗅覚などで食物を認知し、食べるための準備を整え、口まで運ぶ
準備期		食物を口腔内に取り込み、歯でかみ切ったりすり潰したり（咀しゃく）して唾液と混ぜ、飲み込みやすい状態の塊（食塊）をつくる
口腔期		口唇を閉じて上下顎を合わせ、舌の先を口蓋につけて舌中央・後方を盛り上げることで、食塊を口腔から咽頭に送る
咽頭期		食道が開くとともに気道が閉じられ、食塊が咽頭から食道に送られる
食道期		食塊を食道のぜん動運動と重力により胃に送る

口腔期・咽頭期・食道期の過程を「嚥下3期」というよ。

191

❸ 利用者の状態に合わせた食事

疾患などの治療のために利用者の状態に合わせて医師が指示したエネルギー量や栄養量などに基づいた食事を治療食といいます。

★ 治療食

治療食名	内容	適応疾患名
エネルギーコントロール食	エネルギー量を調整した食事	糖尿病、脂肪肝、脂質異常症、痛風など
塩分コントロール食	塩分量を調整した食事	高血圧、心臓病、腎臓病、妊娠高血圧症候群など
脂質コントロール食	脂質量を調整した食事	肝炎、膵炎、胆石症など
たんぱく質コントロール食	たんぱく質の量を調整した食事	● たんぱく食……尿毒症、腎不全など ● 高たんぱく食……低アルブミン血症、貧血など

❹ 心身の機能低下が食事に与える影響

加齢、疾患、障害による心身の機能低下は、食事にさまざまな影響を与えます。

★ 心身の機能低下が食事に与える影響

加齢	歯・歯肉、口腔粘膜、顎、舌、唾液腺の変化	● 歯数の減少や顎の筋力の低下による**咀しゃく力の低下**
疾患	器質的な障害	● がんの罹患・切除で舌や咽頭の形態が変化することによる**摂食・嚥下障害** ● 咽頭や食道の狭窄による**摂食・嚥下障害**
	機能的な障害	● 球麻痺……筋萎縮性側索硬化症などで起こる。嚥下障害・構音障害が生じる ● 仮性球麻痺……脳血管障害などで起こる。**嚥下障害・構音障害・摂食障害**が生じる
	心理的な障害	● 認知症、心身症、鬱病の精神機能低下による**嚥下障害**
障害	集中力・判断力の低下、覚醒レベルの低下	● 食物を食物として**認識できない** ● 安定した**姿勢の保持ができない**

❺ 高齢者に多くみられる身体的変化

（1）脱水

　脱水とは、身体の中で**水分が不足している状態**をいいます。**高齢者の場合、体内の水分量が少ないうえ、口渇を感じにくく、水分摂取量が減少しがち**などの理由により脱水になりやすく注意が必要です。脱水の原因は、摂食不良、**下痢**、発熱のほか、高血糖、利尿剤の服用、胸水、腹水、消化管出血、吸痰などによる場合や、**認知症**やADLの低下のために自分で水を飲むことが難しい場合などが考えられます。

　脱水になると、次の表で挙げている症状のほか、皮膚などの乾燥、**体温上昇、血圧の低下、頻脈、食欲不振、目のくぼみ、めまい、全身倦怠感**などが起こります。重度では、意識障害や痙攣などが現れる場合もあります。

★脱水の種類と主な症状

高張性脱水 （水欠乏性脱水）	水分摂取ができなかったり、多量の発汗などによって体内から水分が多く失われて起こる。口渇感がある、舌の乾燥、尿量減少、衰弱などの症状が出る
低張性脱水 （食塩欠乏性脱水）	嘔吐や下痢などでミネラル（特にナトリウム）が多く失われた後、水のみが補充されて起こる。口渇感はなく、倦怠感や立ちくらみ、頭痛などがあり、重症化すると嘔吐や痙攣などの症状が出る
等張性脱水	水分とミネラルが同じ割合で不足して起こる

（2）低栄養

　低栄養かどうかは、血液中の**アルブミン**の量（アルブミン値がおおむね3.5g/dL以下）で判断されます。低栄養になると食欲の低下や味覚の低下、嗜好の変化、活動量の減少、体重の減少、筋力の低下、**褥瘡になりやすい、感染症にかかりやすい**などの変化がみられます。

（3）食欲不振

　消化器系疾患やストレスや薬剤による副作用などで、食欲不振になることがあります。食べる速さや食べ残しの有無など利用者の食事中の様子に注意すると同時に、1日の水分摂取量、排尿・排便の回数や性状、

腹部の張り、げっぷやガスの有無なども観察します。

 胃液が食道へ逆流し、気道に入る場合もあるよ。強酸性の胃液が気道内に入ることは非常に危険だし、高齢者では胃酸分泌の低下で胃液に細菌が繁殖することもあるんだ。

（4）誤嚥

　誤嚥とは、食物や唾液などが気道に入ることをいいます。

　嚥下機能が低下している高齢者は咳嗽（がいそう）反射が弱いため誤嚥しやすく、それが疾患につながることもあります。また、抵抗力や免疫力が低下していることもあって症状が悪化しやすく、死に至る場合もあります。誤嚥により引き起こされる**誤嚥性肺炎**や、むせ込みなどがなくあまり変化が目立たない不顕性（ふけんせい）誤嚥（気づかないほどごく少量の口腔内分泌物や雑菌を気道内に誤嚥すること）も高齢者には多くみられます。

　誤嚥によって窒息が起こると声が出せなくなり、もがいたり**チョークサイン**や**チアノーゼ**などの症状がみられ、脈拍や血圧が上昇します。早急に対処しなければ死に至ります。

••• 理解度チェック ☑ •••

☐ **1** 炭水化物は、三大栄養素に該当する。㉞

☐ **2** 誤嚥を防止している部位は、喉頭蓋である。㉗

☐ **3** 尿毒症は、食事のたんぱく質制限が必要な疾患である。㉗

☐ **4** 脱水では、多尿が伴う。㉘

解答　1.○／2.○／3.○／4.✕ 脱水では、尿量減少がみられる

重要度
B

入浴・清潔保持に関連した心と身体の仕組み

Point
- ☑ 高温浴は交感神経を刺激する
- ☑ 皮膚の表面は弱酸性
- ☑ 汗は弱酸性で、成分の99%以上が水分

❶ 入浴・清潔保持の効果

身体を清潔にすることは、健康を維持するために欠かせない生活習慣のひとつです。入浴には、皮膚を清潔にすることで**細菌感染を防ぐこと**ができ、**心身がリラックスした状態**になり良質な睡眠につながるなど、さまざまな効果があります。また、体臭等を防ぎ**良好な対人関係の維持・形成**にもつながります。

中温の湯に浸かると**副交感神経**がはたらいて血管が拡張され、心拍数が減少し、血圧も低下してリラックスした状態になります。これに対して、高温の湯に浸かると**交感神経**がはたらいて心拍数が増加し、血圧も上昇して興奮した状態になります。

★ 湯の温度が身体に与える影響

器官＼湯温	中温浴（38 〜 41℃）	高温浴（42℃以上）
自律神経	副交感神経を刺激する	交感神経を刺激する
心臓	心拍が遅くなる	心拍が速くなる
血管	拡張・血圧が低下する	収縮・血圧が上昇する
筋肉	弛緩する	収縮する
腎臓（じんぞう）	はたらきを促進する	はたらきを抑制する
腸	はたらきが活性化する	はたらきが鈍る
膀胱（ぼうこう）	排尿を促進する	排尿を抑制する

(1) 皮膚の仕組み

　皮膚は、人間の身体を覆い、細菌や紫外線など外界の刺激から保護しています。皮膚の表面は弱酸性（pH4.5 ～ 6.5）に保たれているため、**皮膚の状態が正常であれば細菌などは増殖することができません。**皮膚の構造は、表皮・真皮・皮下組織の3層に大きく分けることができます。表皮の基底層では次々と新しい細胞がつくられ、角質層へと押し出されていき、垢となって皮膚から剝がれ落ちます。また、表皮には汗腺や皮脂腺の出口があり、汗や皮脂が分泌されます。

★ **皮膚の構造**

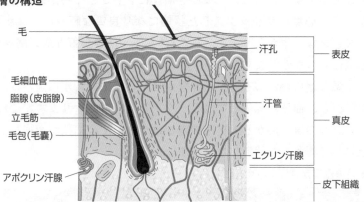

★ **表皮の構造**

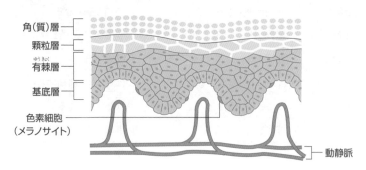

（2）汗と汗腺

　汗はpH 4〜6の**弱酸性**で、成分の99%以上が**水分**であり、残りは塩化ナトリウムや尿素、乳酸などが含まれています。

　皮膚にある汗腺には、全身に分布する**エクリン腺**と腋^{わき}の下や陰部などに分布する**アポクリン腺**とがあります。エクリン腺から分泌される汗は水と電解質からなるさらさらとした汗で、**体温調節**を行っています。アポクリン腺から分泌される汗はたんぱく質や脂質などを含んでおり、体臭の原因となります。

中高年ではノネナールという不飽和脂肪酸が原因で独特の体臭が強くなるよ。

❸ 心身の機能低下が入浴・清潔保持に与える影響

　加齢、疾患、障害による皮膚の変化、ADLの低下は、入浴・清潔保持にさまざまな影響を与えます。

★ 心身の機能低下が入浴・清潔保持に与える影響と留意点

	皮膚の変化	● 汗や皮脂の分泌量の減少による乾燥肌（**ドライスキン**） 【留意点】入浴の際には洗浄しすぎて必要な皮脂まで落とさないよう注意する
加齢　**ADLの低下**	**上下肢の筋力低下・可動域に制限**	● 濡^ぬれた床や段差^さなどで転倒する恐れがある ● 座位の保持が難しい場合がある 【留意点】移動の際には十分な見守りを行う。シャワーチェア、身体の状態に応じた自助具や福祉用具を活用する
	視覚機能の低下	● 浴室内などの様子が見えづらい ● 段差や用具につまづいて転倒する恐れがある ● 蛇口の湯と水の区別ができず、やけどを負う恐れがある 【留意点】言葉かけを行い、周囲の様子を伝え不安を取り除く。シャンプーやリンスの容器をわかりやすくするなど工夫する
疾患	**高血圧・動脈硬化**	● 血圧が急激に変動することで脳出血や脳梗塞^{のうこうそく}、心筋梗塞を引き起こす恐れがある ● 脱衣室や浴室の温度差によって**ヒートショック** p.439参照 を起こす恐れがある 【留意点】浴室暖房を設置する、一番風呂を避けるなどして**温度による身体への影響を小さく**する。湯船に浸かる時間を短くする

疾患	褥瘡 (床ずれ) (じょくそう)	● 洗う際に患部を強くこすったりすると傷つく ● 損傷がひどくなどが出ている場合には、感染の恐れがある 【留意点】**患部をこすったり傷つけたりしないよう十分に気を** **つける**。感染の恐れがある場合には、防水フィルムを貼る
	皮膚疾患	● **白癬菌**(はくせんきん)場合、患部を強くこすると悪化の原因となる。**疥癬**(かいせん) の場合、硫黄入りの入浴剤により皮膚を乾燥させてしまう ことがある。また、白癬菌、疥癬ともに他人に**感染**する恐 れがある ● 老人性皮膚瘙痒症(ろうじんせいひふそうようしょう)がある場合、入浴により皮膚の乾燥や **かゆみ**が起こる 【留意点】白癬菌がある場合、患部を強くこすらない、洗浄後 はよく乾燥させる、タオルなどは他の人と共用にしない。疥癬 がある場合、**毎日入浴**して全身を丁寧に洗浄する、入浴の順 番を最後にする、**脱いだ衣類は熱水で洗濯**する。老人性皮 膚瘙痒症がある場合、皮膚への摩擦に注意する、石鹸(せっけん)などを 使いすぎて**必要以上に皮脂を落とさない**ようにする
障害	胃瘻 (いろう)	【留意点】胃瘻を造設していても浴槽に入る際は特に**覆いを** **する必要**はない。石鹸はよく洗い流し、入浴後は水気を十分 に拭き取り乾燥させる
	壊疽 (えそ)	● 長く湯に浸けると皮膚がふやけて傷つきやすくなり、傷口か ら**感染**する恐れがある ● 足の感覚低下がみられる場合、湯温の高さに気づかず、**や** **けど**をする恐れがある 【留意点】足に壊疽が多くみられる場合は、毎日洗って清潔 を保つ。柔らかいタオルなどを使用し、**足を傷つけないよう** **に注意**する。湯の温度は必ず確認する。患部をぶつけて傷 をつくらないようにする

・・・ 理解度チェック ☑ ・・・

☐ 1	38～41℃の湯温での入浴が身体に与える影響として、血圧の上昇が ある。㉘
☐ 2	皮膚の表面は弱酸性である。㉖

解答 1.✕中温浴では、血圧が低下する／2.○

Lesson 12
排泄に関連した心と身体の仕組み

重要度 **A**

Point
- ☑ 排便の姿勢には座位が適している
- ☑ 認知症による尿失禁は機能性尿失禁
- ☑ 直腸性便秘は便意を感じないために起こる

❶ 排泄における身体の仕組み ㊱㉞㉜㉛

(1) 尿の基礎知識

　通常、尿は淡黄色から透明な液体で、空気に触れるとアンモニア臭がします。健康であっても水分の摂取量や発汗量、食べ物、薬などにより尿の色や臭いは変化します。

　尿は、1日に1,000〜2,000mL排出されます。通常、健康な人の1日の排尿回数は4〜6回ですが、疾患などにより尿量と回数に異常がみられる場合があります。

★尿量の異常

正常値	1,000〜2,000mL／日
無尿	50〜100mL以下／日
乏尿（ぼうにょう）	400mL以下／日
多尿	3,000mL以上／日

糖尿病では多尿がみられるよ。

(2) 排尿の仕組み

　体内を流れる血液は、腎臓（じんぞう）にある糸球体（しきゅうたい）で老廃物などがろ過されます。ろ過された老廃物は尿の基（原尿）となり、尿細管（にょうさいかん）へ運ばれます。原尿には身体に必要な栄養素がまだ残っているため、尿細管で再吸収されて血管へ戻り、残りが尿となって腎杯（じんぱい）、腎盂（じんう）から尿管へ流れて膀胱（ぼうこう）に溜（た）められます。

　膀胱は伸縮性のある筋肉でできています。その容量には個人差がありますが、600mLくらいまでは溜められるとされており、膀胱に尿が一定量（100〜150mL）溜まると尿意を感じ始めます。尿道括約筋（にょうどうかつやくきん）のは

たらきにより尿道は閉じられ、尿が漏れないようになっていますが、脳から排尿命令が膀胱や尿道に伝えられると、膀胱が収縮し、尿道括約筋が弛緩（しかん）して、尿が体外へ排出されます。

女性には、尿道が直線的で短いという特徴があります。そのため、細菌が侵入しやすく、尿路感染症に感染するリスクが高くなります。

 排尿の仕組みには、自律神経が重要なはたらきをしていて、この調和が崩れると排尿障害が起こるよ。

（3）便の基礎知識

便の性状や回数には、個人差があります。便の硬さを客観的に評価するための指標のひとつに、**ブリストル便性状スケール**があります。ブリストル便性状スケールでは、タイプ1（硬く排便困難な便）〜タイプ7（液状便）まで段階的に分類しています。

★ **ブリストル便性状スケール**

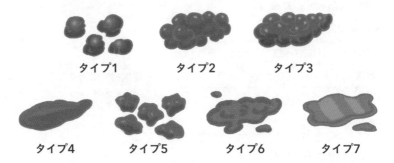

タイプ1　　　　タイプ2　　　　タイプ3

タイプ4　　　タイプ5　　　タイプ6　　　タイプ7

（4）排便の仕組み

食物は、口から入って咽頭（いんとう）を通り、ぜん動運動によって食道、胃、小腸（十二指腸（じゅうにしちょう）、空腸（くうちょう）、回腸（かいちょう））、大腸（上行結腸（じょうこうけっちょう）、横行結腸（おうこう）、下行結腸（かこう）、S状結腸、直腸）を経て肛門（こうもん）から排出されます。大腸では、上行結腸、横行結腸、下行結腸を通過する間に水分が吸収され、S状結腸、直腸へ至る頃には便は普通の硬さとなって溜められ、肛門から体外へ排出されます。食物が口に入ってから便として体外へ排出されるまで**通常24〜72時間かかる**とされています。

直腸に送られた便がある程度溜まって直腸の内圧が高まると、脳へ刺激が伝わり便意を催します。

肛門は、不随意筋である**内肛門括約筋**と随意筋である**外肛門括約筋**で取り囲まれています。内肛門括約筋は、通常、溜まった便やガスなどが漏れないように収縮しており、便意を感じても緩むことはありません。トイレで排便の準備が整っていきむと腹圧が上がり、まず内肛門括約筋が緩み、自分の意思で動かせる外肛門括約筋も緩んで便が体外へ排出されます。尿意がなくても尿を排出できる排尿に対し、**排便は便意がない状態ではどんなに強くいきんでも便を排出することができません。**

排便の姿勢には**座位**（ざい）が適しており、前傾姿勢をとることで直腸と肛門の角度が広がり、重力に逆らうことなく排出することができます。

★ 排便の姿勢

前傾姿勢

床に足が着く　　踵（かかと）を少し上げる

❷ 心身の機能低下が排泄に与える影響

心身機能の低下は、排泄（はいせつ）の一連の動作が困難になるだけでなく排泄そのものにも影響を及ぼします。ADLの低下によって排泄にかかわる種々の動作が思うようにできなくなったり、次のような排尿障害や排便障害が起きたりします。

★ 主な排尿障害

頻尿（ひんにょう）	1日の排尿回数が8〜10回以上（昼間8回〜、夜間2回〜）になる。**身体の機能は正常**であるにもかかわらず、**心理的な要因**によって頻尿がみられるものを**心因性頻尿**という

排尿困難			**尿が出にくい状態**。尿がすぐに出ない、出ても勢いが弱いなど
尿閉			膀胱に尿が溜まってはいるが、**排尿しようとしてもまったく出てこないもの**
尿失禁	機能性尿失禁		**膀胱や尿道に異常はないが**、運動機能や認知機能の低下により排泄に関連した動作や判断ができなくなることで起こる失禁
	腹圧性尿失禁		咳やくしゃみ、笑い、運動、重い物を持ち上げたときなど、**おなかに力が入ったときに尿が漏れる**。肥満や妊娠・出産、老化などにより骨盤底筋群が弱くなることが原因。尿道の短い女性、特に中年以降の**女性に多い**
	切迫性尿失禁		突然強い尿意を感じ、トイレまで我慢ができず漏らしてしまう。**高齢者に最も多い尿失禁**で、加齢による膀胱括約筋の弛緩や脳血管障害の後遺症、前立腺肥大症、膀胱炎などが原因
	溢流性（横溢性）尿失禁		神経を障害されるなどして**尿意を感じても排尿することができず**、膀胱がいっぱいになると少しずつ漏れてしまう。前立腺肥大症や尿道狭窄などによる尿道の通過障害や、神経因性膀胱などが原因
	反射性尿失禁		**尿意が感じられない**のに、膀胱にある程度尿が溜まると膀胱が反射的に収縮して尿が漏れる。脊髄損傷や脳障害などが原因

認知症による尿失禁は、機能性尿失禁。トイレの場所がわからないのは中核症状で、そのためトイレ以外の場所で排泄してしまうのはBPSD p.273参照 だよ。

★ 主な排便障害

便秘	器質性便秘		大腸がんなどの疾患が原因で起こる
	機能性便秘	直腸性（習慣性）便秘	排便反射が起こらず、便意を感じないために起こる。便意があるのに排便を我慢することの習慣化、下剤・浣腸の乱用などが原因
		結腸性（弛緩性）便秘	**大腸のぜん動運動が低下**して便を十分に押し出すことができずに起こる。加齢による腹筋の衰え、大腸の弛緩などが原因

		痙攣性 便秘	大腸が痙攣を起こして部分的に狭くなり、**便の通過が妨げられて起こる**。ストレス、鬱病などが原因
下痢		浸透圧性 下痢	吸収されにくい物質が腸管内に多く残ることで浸透圧が高まり、多くの**水分**が腸内に移行することで起こる
		分泌性下痢	細菌が出す毒素などが作用して、腸の細胞から水分や**塩分**が腸管内に分泌されることで起こる
		滲出性下痢	潰瘍性大腸炎などで腸の粘膜が炎症を起こし、血液などの**体液が滲出する**ことで起こる
		吸収不良性 下痢	**腸の粘膜が障害されて水分の吸収が十分に行われない**ために起こる
		運動亢進性 下痢	便が腸を通過する**速度**が速すぎて、水分の吸収が十分に行われないために起こる
便失禁		漏出性 便失禁	内肛門括約筋の機能低下や損傷などにより、**便意を感じないまま気づかないうちに便が漏れる**
		切迫性 便失禁	外肛門括約筋の機能低下や損傷などにより、便意は感じるが**トイレまで我慢することができず**に便を漏らしてしまう
		下痢による 便失禁	肛門括約筋の機能は保たれているが、下痢の症状がひどいために便が漏れてしまう
		便秘による 便失禁	直腸に便が溜まりすぎて嵌入便となった状態に下剤を大量に使用することで、硬い便のすきまをつたって液状の便が漏れてしまうことがある

・・・ 理解度チェック ☑ ・・・

☐ **1** やや軟らかい便は、ブリストル便性状スケールの普通便に該当する。③④

☐ **2** 尿意を感じて我慢できずに失禁してしまう排尿障害は、切迫性尿失禁である。㉘

☐ **3** 弛緩性便秘の原因は、大腸がんである。㉗

解答 1.〇／2.〇／3.✕ 加齢による腹筋の衰え、大腸の弛緩などが原因

睡眠に関連した心と身体の仕組み

Point
- ☑ レム睡眠とノンレム睡眠の周期は約90分
- ☑ 睡眠障害は高血圧や糖尿病のリスクが高まる
- ☑ 加齢に伴い睡眠時間は短くなる

❶ 睡眠の役割

睡眠は、1日のうちの約3分の1を占める基本的な行為です。

★ 睡眠の役割

脳の疲労回復	日中の活動によって疲れた脳を休め、脳の機能を回復させる
成長ホルモンの分泌	睡眠中に分泌される**成長ホルモン**により、日中の活動で消耗した細胞が修復される
免疫力の強化	副交感神経が優位となってリラックスした状態になると、免疫細胞のはたらきが活発化し**免疫力**が高まる
情報の整理・保存	日中の活動で得た情報を取捨選択し、不要な情報は忘れられ、必要な情報は保存される
血圧・血糖値などの調整	睡眠時間が短いとホルモンバランスが乱れ、**高血圧**や**糖尿病、肥満**につながる恐れがある

睡眠時間は長ければよいというものではないよ。自然に目が覚めるのは、疲労を回復させるのに十分な睡眠がとれたということだね。

❷ 睡眠の仕組み

(1) 2過程モデル

概日リズムと睡眠負債の2つの要素を組み合わせたものを2過程モデルといいます。睡眠の長さや深さは、日中の活動時間や疲労の状態などによって決められ、私たちはそれに合わせて睡眠をとっていると考えられています。

★2過程モデル

2過程モデル	概日リズム	人間の体内時計が、地球の自転と同調しながら約24時間の周期を示すことをいう。サーカディアンリズムともいう
	睡眠負債	睡眠不足を補うために必要な睡眠量のこと。どれくらい眠るかは、どれくらい睡眠負債があるかによって決まる

+1 プラスワン

体内時計

人間の体内時計は、視床下部の視交叉上核にある。朝、太陽の光を浴びることで、活動と休息のリズム調整を行っている。

(2) レム睡眠・ノンレム睡眠

人間の睡眠には、**レム睡眠とノンレム睡眠**の2種類があります。通常、健康な成人の睡眠はノンレム睡眠から始まり、**約90分周期**でレム睡眠とノンレム睡眠が**交互に出現**します。

レム睡眠の眠りは浅く、身体の力が抜けた状態でも大脳は活発に活動しています。ノンレム睡眠では、大脳の活動が低下して熟睡した状態になるため、刺激を与えてもなかなか目が覚めません。

夢をみるのは、レム睡眠中が多いよ。

❸ 睡眠障害が身体に及ぼす影響

睡眠障害が身体に及ぼす影響には次のようなものがあります。

● 交感神経が活発になり、血圧が上がり心拍数が増える。この状態が慢性化すると、高血圧になったり、高血圧の人は病状が悪化する

● インスリンのはたらきが弱くなり、血糖値が下がりにくくなる。不眠が続くと血糖値のコントロールができなくなり、糖尿病を発症する危険性が高くなる

● 食欲を抑制するホルモンの分泌が減り、逆に食欲を増進するホルモンの分泌が盛んになるため、肥満になりやすい

❹ 高齢者の睡眠の特徴

　一般的に、加齢に伴い**睡眠時間は短くなります**。健康な高齢者であっても**睡眠は浅く**、早寝早起きになる傾向があります。これは、若い頃に比べると日中の活動量が減り、必要となる睡眠の量も減るためだと考えられています。

❺ 高齢者がかかりやすい睡眠障害

★ 高齢者がかかりやすい睡眠障害

不眠症	入眠障害	床についてもなかなか眠ることができない
	中途覚醒	眠りが浅く、夜間に何度も目が覚めてしまう
	早朝覚醒	早朝に目が覚めてしまい、再び眠ることができない
	熟眠障害	臥床時間は十分だが、熟睡感が得られない
概日リズム睡眠障害		**睡眠覚醒リズム障害ともいう。概日リズム（サーカディアンリズム）**に乱れが生じて、睡眠と覚醒のリズムに障害がでる。高齢者では、強い眠気から夕方に就寝し、深夜に覚醒してしまうことが多い
睡眠時無呼吸症候群（SAS）		睡眠中、10秒以上呼吸が停止した状態が繰り返される。呼吸が停止するたびに目が覚めるためぐっすり眠れず、日中激しい眠気に襲われたり集中力が低下して生活にさまざまな支障が出る。呼吸中枢の障害や、肥満や下顎が小さいことなどによる**上気道の狭窄**が原因
周期性四肢運動障害		睡眠時ミオクローヌス症候群ともいう。睡眠中、上肢や下肢が周期的にピクピクと勝手に動くため眠りが浅くなり、日中に眠気が起こる。**本人は症状を自覚していないことも多い**
レストレスレッグス症候群		むずむず脚症候群ともいう。**夕方から深夜にかけて下肢にむずむず**ずと虫が這うような不快感が生じ、じっとしていることができなくなる。**足を動かすと不快感は消える**が、止めるとまた異常な感覚が起こるため、ぐっすり眠ることができない
レム睡眠行動障害		**夢の中での言動が異常行動として現れる**もの。睡眠中に大声で叫んだり手足を大きく動かしたり、立ち上がって走り出したりする。呼びかけたり刺激を与えると目が覚め、見ていた夢の内容も比較的はっきりと思い出すことができる

⑥ さまざまな睡眠障害の原因

　加齢に伴い心身機能が低下してくると、さまざまな不調が心身に現れて睡眠障害となることがあります。主な睡眠障害の原因は次のとおりです。

- 頻尿（ひんにょう）……腎臓（じんぞう）の機能低下によりつくられる尿量が増える、膀胱（ぼうこう）の容量が減るなどで、夜間も頻繁にトイレへ行かなければならなくなり、不眠になる場合がある
- 更年期障害……ホルモン分泌の低下によるさまざまな心身の不調から、睡眠も乱れがちになる
- 認知症……行動・心理症状（BPSD）として、不眠、昼夜逆転、**夜間せん妄**などがみられる
- 精神障害……統合失調症や気分障害などが睡眠障害を引き起こすことがある。また、鬱病（うつびょう）の典型的な症状である不眠や過眠は見逃されやすく、症状が重篤化することがある
- 薬の副作用……疾患や障害の治療のために服用している薬の副作用により眠れなくなったり、逆に強い眠気が起こったりする

･･･ 理解度チェック ☑ ･･･

- □ 1 ヒトは下垂体に体内時計がある。㉗
- □ 2 睡眠周期は、約 60 分である。㉛
- □ 3 高齢者の睡眠の特徴として、早朝覚醒が少なくなる。㉖
- □ 4 肥満は、睡眠時無呼吸症候群の原因となる。㉗

解答 1.✕ 体内時計は、視床下部の視交叉上核にある／2.✕ 健康な成人の睡眠は約90分周期／3.✕ 高齢者では、早朝覚醒が多くみられる／4.○

重要度 **A**

死にゆく人に関連した心と身体の仕組み

Point
- ☑ 心拍停止・呼吸停止・瞳孔散大を死の三徴候という
- ☑ 終末期・危篤時は排尿量が減少する

❶「死」のとらえ方

(1) 人間の「死」の定義

「死」のとらえ方には次のようなものがあります。

❶生物学的な死

生体のすべての生理機能が停止し、生命が不可逆的（元には戻らない性質をもつこと）に失われた状態です。

❷法律的な死

脳死ともいいます。**全脳の機能が不可逆的に停止**した状態です。人工呼吸器を装着することによりしばらく心臓は動き続けますが、長くこの状態を保つことはできず、やがて停止します。

> **+1プラスワン**
>
> **脳死**
>
> 1997（平成9）年に施行された「臓器の移植に関する法律」により、脳死は人の死とされ、条件を満たした場合に限り、脳死状態の人からの臓器提供による臓器移植が可能となった。

❸臨床的な死

心臓・肺・脳の**三臓器の機能が不可逆的に停止**した状態です。**死の三徴候**（心拍停止・呼吸停止・瞳孔散大）が医師により確認されると死亡と判断されてきましたが、近年では生命維持装置などの機器の進歩や臓器移植などにより、心臓や肺の機能が失われても死を免れることができるようになってきています。

（2）尊厳死

尊厳死とは、回復の見込みのない**終末期（ターミナル期）**にある人が延命のためだけの医療を拒み、人としての尊厳を保ちながら自然な死を迎えることです。生前の意思の表明である「**リビングウィル**」によって、どのような死を迎えたいかを明確に示すことが尊厳死のためには必要となります。

（3）終末期ケア

現代の医療技術をもってしても回復の見込みがなく、死期が近づいた状態（終末期）にある人に対して行われるケアを**終末期ケア**、または**ターミナルケア**（エンドオブライフケア）といいます。

② 終末期、危篤時の身体の理解　

終末期には、身体機能の低下が著しく進んで心身の状態が不安定になります。急変することもあり、介護職は他職種と連携を図りながら利用者や家族を支えていくことが必要となります。

★終末期の身体的変化

バイタルサイン	脈拍や呼吸の乱れ、血圧の下降、体温の低下、口唇のチアノーゼや四肢の冷感などがみられる。また、日中に傾眠がみられる、呼びかけに対してあまり反応を示さないなど、意識がはっきりしない状態になる
食事	食欲不振や咀しゃく力の低下、嚥下困難、嘔吐などにより食事や水分を満足に摂ることができなくなる。状態の悪化に伴い、空腹や**喉の渇きをあまり感じなくなる**
排泄	**排尿量は減少**する。栄養を十分に補給することができなくなることから便秘や下痢など排便の不調も現れる。痛みの軽減のためにモルヒネなどの麻薬性鎮痛剤を使用している場合、副作用で**便秘**がみられることも多い
睡眠	痛みや倦怠感や不安などのために、**不眠**の訴えが多くみられる
褥瘡（床ずれ）	思うように身体を動かすことができなくなると寝返りが打てず、長時間圧迫を受けた皮膚の血液循環が悪くなり褥瘡ができる。頻繁に入浴や清拭を行うことができず皮膚の清潔を保てない、栄養状態がよくないなどが重なり、褥瘡が発生する危険性が高くなる

★ 危篤時の身体的変化

意識	**徐々に意識レベルが低下**していくが、最後まで清明である人もいる ❶傾眠（けいみん）……意識が混濁し、刺激により目覚めるが、放っておくと眠ってしまう状態 ❷昏眠（こんみん）……強い刺激に反応は示すが、目覚めることなく眠っている状態 ❸昏睡（こんすい）……刺激に一切反応せず、精神的な活動が停止している状態
体温	徐々に低下していく
呼吸	リズムや深さが不規則になり、鼻翼（びよく）（小鼻）がピクピク動く**鼻翼呼吸**や下顎（あご）を下方に動かして口を開ける**下顎呼吸（かがく）**などがみられる。徐々に無呼吸になっていく
脈拍	**頻脈（ひんみゃく）**がみられ、徐々に微弱になり、リズムが**不規則になる** p.245参照〉
血圧	徐々に下降し、測定不能となる
その他	排尿量の減少、皮膚は次第に蒼白（そうはく）になり、口唇や爪の色も赤みが消えて**チアノーゼ**がみられる

❸ 死亡の確認

　死亡の確認は医師によって行われます。医師が死亡診断を行い、死亡を確認するまでは死亡しているとは認められず、たとえ家族であっても医師の死亡確認前に遺体をみだりに動かすことはできません。医師は、①心拍停止、②呼吸停止、③瞳孔散大の三徴候を基に死亡確認を行い、死亡診断書を交付します。

　死後の処置は、病院では看護師など医療職が、在宅の場合は訪問看護師または葬祭従事者が中心となって行います。**介護職が単独で行うことはできません。**

　死亡直後には、角膜の混濁、筋肉の弛緩、皮膚が白くなるなどの変化がみられ、時間の経過とともに次のような身体的変化がみられます。

★ 死後の身体的変化

❶**体温の低下**……死後急速に低下する
❷**死斑の発生**……死後血流が止まると、血液が重力に従って移動し、**身体の下側の皮膚に暗褐色斑が生じる**
❸**死後硬直**……死後2〜3時間すると筋肉が硬くなりはじめる。30時間くらい経つと弛緩する

死斑は、死後20〜30分で出現しはじめ、5時間くらいまでは体位を変えれば移動するけれど、8〜12時間でもっとも強くなるよ。

❹「死」に対する心の理解

(1) 死の受容過程

アメリカの精神科医**キューブラー・ロス**は、死にゆく人々がたどる心理過程を5段階に分けて説明し、この段階を行きつ戻りつしながら**段階的に死を受容していく**と述べています。

★ 死の受容過程

第1段階 「否認」	死という衝撃的な事実に対して、緩衝作用としてこれを**認めないという意識がはたらく**
第2段階 「怒り」	「どうして自分が?」という**怒りや恨みの感情**、健康な人への羨望・嫉妬の感情が起こる
第3段階 「取り引き」	よい行いをすることと引き換えに、「命さえ助かれば何でもします」と何かにすがるなど、どうしたら延命や苦痛の軽減を与えてもらえるか**取り引きをしようとする**
第4段階 「抑鬱」	これまでの段階が無駄であると知り、**抑鬱状態になる**。抑鬱の状態には、治療などによる身体的変化に対する反応抑鬱と死を迎える準備として現れる準備抑鬱がある
第5段階 「受容」	嘆き・悲しみ・怒りなどの過程を経て、近づきつつある死を見つめ、**受容するようになる**

(2) 死別した人の心理

身近な人との死別後にみられる心身の不調を**悲嘆反応**といいます。悲嘆反応には、睡眠障害や食欲減退などの身体的反応と、悲しみや怒り、抑鬱、孤独感などの**情緒的反応**のほか、混乱や動揺、探索行動などの**行動的反応**があります。

介護職は利用者が死亡した後も、遺族を支え、遺族が悲しみを乗り越えて新たな生活を送れるように支援すること（**グリーフケア**）が大切です p.514参照。

(1) 呼吸困難時

　終末期の利用者が呼吸困難に陥った場合は、迅速かつ的確な処置（医療的ケア）が必要となります p.349参照。

- **人工呼吸器**……呼吸不全の場合、気管内挿管や気管切開などにより気道を確保し、人工呼吸器を装着する
- **在宅酸素療法（HOT）**……慢性気管支炎や慢性閉塞性肺疾患（COPD）の利用者は、在宅において酸素療法を行っている場合がある
- **痰の吸引**……利用者が自力で痰を排出することができない場合は、吸引器で痰の吸引を行う必要がある

(2) 疼痛緩和

　終末期にはさまざまな身体的苦痛を取り除き、安楽に過ごせるようにしていくこと（**ターミナルケア**）が大切です。がんによる苦痛がある場合は放射線療法や化学療法などにより痛みの緩和を図ります。鎮痛剤としてよく用いられる**モルヒネ**は**麻薬**であり、医師の指示をよく守って使用すること、副作用が現れていないかなど利用者の状態をよく観察し、異常がみられたらすぐに医療職に報告することが大切です。

・・・ **理解度チェック** ☑ ・・・

□ 1	終末期において、死亡直前にみられる身体の変化として、尿量の減少がある。㉖
□ 2	キューブラー・ロスが提唱した死の受容過程において、自分が死ぬことはないと思うのは、「取り引き」の段階である。㉚

解答　1.○／2.✕ 自分が死ぬことはないと思うのは、「否認」の段階である

こころとからだのしくみ

Contents

発達と老化の理解

ここでは、発達の観点から老化をとらえ、老化に伴う心と身体の変化について学習します。適切な介護実践の根拠として必要な医学や心理学の基礎知識も押さえておきましょう。

Lesson 1

人間の成長と発達

Point
- ☑ 人間の発達段階における身体的・心理的発達の特徴を理解する
- ☑ ボウルビィは愛着（アタッチメント）理論を唱えた

❶ 発達の概要

人間の成長・発達は胎児期から始まっています。

★各段階の身体的発達と心理的発達

発達段階	身体的発達	心理的発達
胎児期	妊娠の持続期間は平均280日（40週）で、胎生5週目には骨格と神経系統が現れ始める	母体の心身状態の影響を受けやすい
乳児期	誕生から歩き始め（1歳前後）まで。運動の多くが反射運動（一定の刺激に対して起こる不随意的運動）である	**アタッチメント（愛着）** により親子の結びつきを強め、親子関係の基礎がつくられる p.218参照
幼児期	歩き始めから小学校就学直前（5〜6歳）まで。全身を使った運動がスムーズにできるようになる	知的な能力（記憶力や理解力、判断力など）が大きく発達。親から自立しようとする「反抗期」が現れる
児童期	6〜12歳まで（小学生）。9歳以後に大きな発達がみられ、細かい動作に著しい発達がみられる	教科学習などを通して知識が増大するとともに、思考能力なども年々発達する
青年期	中学校入学から20代後半まで。思春期には第二次性徴により身体的な面で男女の性差がはっきりしてくる	思春期には抽象的な思考能力が発達する。青年期には自意識を強くもつようになり、情緒面でも大きく揺れ動く
成人期	20代後半から65歳まで。体力や身体機能の衰えが始まる（個人差が大きくなる傾向がある）	精神的な成熟が進み、社会人として独立し個人の責任において行動するようになる
老年期	65歳以降。老化現象が顕著になる。加齢による身体機能の低下により疾患にかかりやすくなる	さまざまな喪失体験を経験する（社会的役割や影響力、経済力、心身機能の低下による健康など）

反射運動には、新生児が指先に吸いつこうとする吸啜反射や、足裏をこすると指が開くバビンスキー反射などがあるよ。

+1 プラスワン

スキャモンの発達曲線

生理的な成長や発達は、すべてが一定のペースで進むのではなく、著しく変化する急成長期と緩やかに変化する緩慢期がある。スキャモンは、器官や臓器の発達を4パターンに分け、成人するまでの成長具合を曲線グラフで示した。それぞれの特徴は次のとおり。

❶ リンパ系（胸腺、リンパ節）……12歳頃まで急速に発達し、その後下降する
❷ 神経系（脳髄や脊髄など）……4歳頃まで急速に発達し、その後の発達は緩やか
❸ 一般系（呼吸器、循環器、腎臓、全体の筋肉や骨など）……2歳頃まで急速に発達し、その後緩やかになり、12歳頃に再び急速に発達する
❹ 生殖器系（睾丸、前立腺、精嚢、卵巣、子宮）……12歳以降の思春期に急速に発達する

❷ 身体的機能の成長と発達

　出生時の身長は約50cm、体重は約3kgです。乳児期は急激に身長・体重が増加し、3か月後には身長が約60cm、体重が約6kg、1年後には身長が約75cm、体重が約9kgになります。身長・体重だけでなく、その増え方にも個人差があるので、平均との比較よりも、出生時からどれだけ成長したかに注目することが大切です。

　幼児期、学童期は、身長・体重ともに乳児期に比べると緩やかな成長をたどります。男女の差はそれほどありません。12歳頃になると、男子の身長・体重が急激に増加し、男女差が現れます。成人期になると、男女とも身長・体重の増加は止まり、成長が完了します。

❸ 運動機能に関する発達 ㉟

　運動機能は、大きな身体の動きである**粗大運動**と手指の細かな動きである**微細運動**に分けられ、発達は粗大運動から始まります。乳児では粗大運動のひとつであるジェネラルムーブメント（あおむけになると手足をバタバタと動かす全身運動。胎生期から生後２か月頃まで）がみられます。また、生命を維持したり、危険を回避したりするための**原始反射**がみられます。生後約６か月になると、原始反射は消失し、随意運動が生じてきます。

❹ 言語に関する発達

(1) 言語発達理論

　言語獲得とは人が言語を習得することを指しますが、狭義では乳幼児期に母国語を習得することを指します。乳幼児はどのような生育環境でも短期間に母国語を獲得することができ、人種や民族にかかわらず世界のどの言語でも習得できるといわれています。

+1プラスワン

言語の発達における遺伝的要因・経験的要因

チョムスキー（アメリカの言語学者）は、人間には生まれつき言語を獲得する機能が備わっていると提唱した。トマセロ（アメリカの発達心理学者）は、チョムスキーの理論を批判。人間には他者の行動の意図を推測する能力があることに注目し、言語は後天的に社会関係の中で獲得されるとした。

---

(2) 言語発達の過程
❶音声の発達

　乳児がまず発するのが泣き声（叫喚音）です。生後２か月頃になると、クーイング（「あー」「うー」といった泣き声以外の音を発する）がみられます。６か月頃になると、喃語（まだ言葉にならない段階の声）を発するようになります。

喃語には、「あうー」（母音＋母音）、「ばー」「だー」（子音）、「ばぶばぶ」（反復）などがあるよ。

❷語彙の発達

1歳前後に、最初に発する語を**初語**といいます。この時期にみられる1単語で意思を伝えようとするものを**一語文**といいます（「だっこしてほしい」ことを「だっこ」と言うなど）。

1歳半頃になると、発話できる単語が約50語に達し、ここから急激に単語数が増加します（**語彙爆発**）。

❸文法の発達

1歳半頃には、「わんわんきた」「まんまちょうだい」など、単語と単語をつなげた**二語文**を発話するようになります。2歳前後から、「が」「に」「を」といった助詞を使って話せるようになります。

❺ 社会性に関する発達

（1）社会性の発達過程

❶乳幼児期の社会性の発達過程

新生児は、**新生児微笑**とよばれる表情を見せることがありますが、これは生理的なものです。3か月頃には他者に向かってほほえむようになり（**社会的微笑**）、8か月頃になると**人見知り**の反応が現れます。

乳児に最初にみられる周囲へのかかわりは、自分と他者、あるいは自分と対象との間の**二項関係**です。自分と母親、自分とおもちゃなど、二項の間でしかコミュニケーションがとれません。9か月頃には**三項関係**が成立し、自分、他者、対象という三項でコミュニケーションがとれるようになります（物を指差して母親の反応を見る、など）。

1歳頃には、自分ではどうしてよいかわからない状況に陥った場合、まわりの信頼できる大人の表情や反応を見て、自分の行動を決める**社会的参照**がみられるようになります。

幼児期には、遊びを通じて社会性が発達します。最初は**一人遊び**や平

行遊びですが、３歳頃から他の子どもとかかわる**連合遊び**や**協同遊び**をするようになります。幼児期の認知的特徴は**自己中心性**であり、４〜６歳にかけて、**心の理論**（他者の考えを推測する能力）を獲得できるようになります。

❷学童期の社会性の発達過程

　小学校に入学すると、学校生活を通じて人間関係を形成するようになります。中高学年になると、同年齢で同性の仲間集団をつくり、同じ遊びをするようになります。この年代を**ギャング・エイジ**とよび、この集団を**ギャング・グループ**とよびます。ギャング・グループは、男子に多くみられ、閉鎖性、排他性があることが特徴です。

❸青年期の社会性の発達過程

　中学生になると、大人への依存は減り、特定の仲間集団との関係が深まります。女子では、**チャム・グループ**とよばれる集団がみられます。数名の同性の仲間からなり、興味や話題を共有し、排他的であることが特徴です。

　高校生になると、男女からなり、お互いの違いや価値観を認め合う**ピア・グループ**が形成されます。しかし、現在の若者の場合、親密になりたいが、近づきすぎると傷つくかもしれないという恐れから「近づきたいが、近づきたくない」と思うジレンマに陥りやすく、ピア・グループが形成されにくいことが指摘されています。

(2) 愛着の形成

　ボウルビィは、乳幼児が養育者に対して泣いたり、甘えたりして親密な絆を形成しようとする愛着行動に関する理論を提唱しました。これを**愛着（アタッチメント）理論**といいます。

　愛着は安定した対人関係をつくるとなります。乳幼児期に愛着を形成した大人がいると、そこを安全基地として、外界へ踏み出すことが可能となります。

　愛着の対象は、母親だけに限りません。乳児の発する声や視線の動きを受け止め、反応して情緒的な関係を形成してくれる人であれば、父親や祖父母、その他の養育者などと愛着が形成されることがあります。乳幼児期の愛着の形成は、社会性の形成に重要な役割を担いますが、その

後のすべての対人関係に影響を及ぼすとはいえません。

ボウルビィの理論に基づいて、エインズワースが考案した実験観察法に**ストレンジ・シチュエーション法**があります。養育者との分離の場面や再会の場面などにおける乳幼児の反応で、愛着行動のパターンを、①安定型、②葛藤型、③回避型、④無秩序型の４つに分類しています。

★愛着行動の4分類

❶安定型	養育者が一緒にいると安心して遊び、いなくなると泣いたり探したりする。養育者と再会すると接触し、再び遊びはじめる
❷葛藤型	養育者がいなくなると泣いたり不安を示したりする。養育者と再会しても機嫌が直らず、叩くなどの行為をみせることがある
❸回避型	養育者がいなくなっても関係なく遊んでいる。分離後に養育者が近づくと避けようとする
❹無秩序型	愛着行動に一貫性がなく、❶～❸に当てはまらない

··· 理解度チェック ☑ ···

☐ 1	1歳半ごろに語彙爆発が起きる。㉞
☐ 2	養育者がいなくても不安な様子にならず、再会すると喜んで遊び続けるのは、安定型の愛着行動である。㉞

解答 1.〇／2.✕ 無秩序型の愛着行動に分類される

Lesson 2

発達段階と発達課題

☑ フロイトはリビドーの発現過程を示した
☑ ワトソンは発達を学習や経験の結果としてとらえる学習優位説を唱えた
☑ ハヴィガーストはライフステージごとの発達課題を設定した

❶ 発達段階と発達課題

　発達の過程は、他の時期とは異なった特徴をもついくつかのまとまりに区分することができます。この区分を**発達段階**といい、それぞれの段階には達成すべき**発達課題**があります。

(1) ピアジェが唱えた発達段階説

　ピアジェは、子どもの思考（認知機能）は、環境との相互作用によって発達していくとして、4つの段階に分類しました。

発達課題を達成できないと、それ以降の発達にさまざまな問題が生じるから、各段階の課題達成に取り組むことが重要とされているよ。

★ピアジェの発達段階

発達段階	年齢	特徴
感覚運動期	0〜2歳	見たり聞いたりという感覚や、つかんだり噛んだりという運動によって外界を知る、感覚器や運動器が主体となる時期
前操作期	2〜6、7歳	言葉遊びやごっこ遊びをするなど、物を離れた思考ができる時期。直感的で自己中心性がある。物の見かけが変わると、その数や量も変わったと判断する
具体的操作期	6、7〜11、12歳	物の見かけが変わっても数や量、長さなどは同じであると理解する保存概念が確立する。推論はできない
形式的操作期	11、12歳〜	具体的な体験がなくても頭の中で仮説を立てたり抽象的な思考ができるようになる

（2）フロイトが唱えた発達段階説

フロイトは、**リビドー**（人間が生まれながらにもっている性的な欲動）の発現過程を示しました。そして、リビドーは成人に達する頃には親ではない異性に対する全人的な愛情へ統合されていくと考えました。

★フロイトの発達段階

発達段階	年齢	特徴
口愛期 （口唇期） こうしん き	出生〜1、2歳まで	授乳や摂食などの**口唇粘膜の刺激**により快感を得ている時期
肛門愛期 こうもんあい き	2〜4歳くらいまで	排泄などの肛門粘膜の刺激により快感を得る時期 はいせつ
エディプス期 （男根期）	4〜6歳くらいまで	異性への関心が芽生え、異性の親へ関心を、同性の親へ敵対心や憎しみを覚える時期。同性の親との**同一化**が図られ、**性役割を獲得**していく
潜伏期	6、7〜12、13歳まで	外界に関心が向き、学業や友人関係などにエネルギーが注がれる時期。リビドーは思春期以降に再び出現するまでの間、**潜伏している**
思春期 （性器期）	12、13〜20歳まで	身体の成熟により性器性欲が出現し、**異性への愛が完成される**時期

（3）エリクソンが唱えた発達段階説

エリクソンは、発達の概念を生涯にわたり継続するものととらえ、心理的・社会的側面を8つの発達段階にまとめました。そして、各段階における発達課題を達成できなかった場合の心理的・社会的危機を示しました。

★エリクソンの発達段階

発達段階		心理的・社会的発達課題	重要な対人関係の範囲
乳児期	0〜1歳	「信頼性」対「不信」	母親的人物
幼児前期	1〜3歳	「自律性」対「恥と疑惑」	親的人物
幼児後期	3〜6歳	「積極性（自発性）」対「罪悪感」	基本的家族
学童期	7〜11歳	「勤勉性」対「劣等感」	近隣・学校
青年期 （思春期）	12〜20歳	「（自我）同一性」対「（自我）同一性拡散」	仲間集団・外集団・リーダーシップのモデルになる人々

成年前期	20〜30歳	「親密性」対「孤独」	友愛・性愛・競争・協同などの相手
成年後期	30〜65歳	「生殖性」対「停滞」	労働と家族
老年期	65歳以上	「統合性」対「絶望」	人類全体・自分の種族

(4) ハヴィガーストが唱えた発達課題

ハヴィガーストは、人が健全な発達を遂げるためには、それぞれの時期で果たさなければならない課題があるとして、**ライフステージにおける発達課題**を設定しました。

★ ハヴィガーストの発達課題

乳幼児期	歩行の学習、話すことの学習、**排泄コントロールの学習**、良いことと悪いことの区別を学習し良心を発達させるなど
児童期	普通のゲームをするのに必要な身体的技能の学習、同年齢の仲間とうまくつきあうことの学習、**読み・書き・計算の基本的技能の学習**、男性（女性）としての適切な社会的役割の学習など
青年期	男性（女性）としての**社会的役割の獲得**、両親や他の大人からの情緒的独立の達成、結婚と家庭生活の準備、社会的責任を伴う行動を望んで成し遂げるなど
成人前期	配偶者の選択、結婚相手との生活の学習、家庭の管理、**就職**、気の合う社交のグループの発見など
中年期	成人としての社会的責任と市民としての責任を果たす、職業生活において満足できる業績を上げ維持していく、中年期に生じる生理的変化の理解と適応など
成熟期	**体力や健康の衰え**、退職と収入の減少、**配偶者の死に適応する**、物質的に満足できる生活環境をつくり上げるなど

❷ 発達理論

発達には個人差があり、遺伝（成熟）や環境（学習）が大きく影響します。

★ さまざまな発達理論

発達理論		概要
成熟優位説		ゲゼルが提唱。人間の発達過程は一定の順序で展開するものとし、物事を行うためのふさわしい成熟のときを必要とすると考える。訓練・学習に対する準備状態（**レディネス**）が重要であるとする考え
学習優位説		ワトソンが提唱。人間の発達的な行動は、外からの刺激や環境からのはたらきかけにより変化するとし、発達を学習や経験の結果としてとらえるという考え
相互作用説 （環境閾値説）		発達の過程では、遺伝と環境とが相互に関連、影響し合うことによって種々の変化が生じるとする考え。相互作用説を代表するものに、環境は閾値要因としてはたらくとするジェンセンの環境閾値説がある
輻輳説		シュテルンが提唱。遺伝要因と環境的要因が寄り集まり、発達として現れるという考え
初期経験	刷り込み （刻印づけ）	ローレンツが提唱。鳥などが孵化直後に目にした動くものを親だと思い込み、一生愛着を示す現象
	アタッチメント （愛着）	発達の初期における養育者の**アタッチメント**がその後の発達に大きな影響を与えるという考え

+1 プラスワン

レディネス

子ども自身の認識能力や理解力、学習能力、既知の知識など、訓練や学習に対しての準備性をいう。

環境閾値説

ジェンセンは、人間の遺伝的な素質や才能は、その能力が現れる水準（閾値）の環境が与えられるかどうかに左右され、その発達に影響すると考えた。

・・・ 理解度チェック ☑ ・・・

☐ 1　エリクソンの発達段階説において、3歳頃から6歳頃までは、自発的行動を通して主体性の感覚を学ぶ段階である。**㉘**

☐ 2　ハヴィガーストの示した児童期（中期児童期）の発達課題は、排泄のコントロールを習得することである。**㉕**

解答　1.○／2.✕ 読み・書き・計算の基本的技能の学習や、男性（女性）としての適切な社会的役割の学習など

老年期の基礎的理解

❶ 老化とは

老化とは、人間が成熟した後に、加齢の影響でその心身機能が変化していく過程（退行）を指します。このため高齢者に限らず、成人後の20〜30代以降の心身機能の変化も「老化」とよぶ場合があります。

老化は、**生理的老化**（一次老化）と**病的老化**（二次老化）とに分けることができます。

★生理的老化と病的老化

生理的老化	記憶力の低下、軽度の動脈硬化、生理機能の低下など、疾患の影響を受けず、加齢による影響のみで現れてくる心身機能の変化
病的老化	高血圧症、糖尿病、重度の動脈硬化などを原因とする脳血管障害や心疾患など、疾患が老化に影響を与えるもの

死の直前に起こる心身機能の急激な低下を三次老化とよぶこともあるよ。

❷ 高齢者の定義

WHO（世界保健機関）は、65歳以上を高齢者（老人）としています。わが国の行政上・統計上の年代区分でも、多くのものが**65歳以上**を高齢者としていますが、「高齢者の医療の確保に関する法律」のように、65〜74歳を**前期高齢者**、75歳以上を**後期高齢者**としてさらに区分しているものもあります。

★65歳以上を「高齢者（老人）」としている例

- 総務省統計局「国勢調査」
- 介護保険法
- 国民年金法（老齢基礎年金支給年齢として）　など
- 老人福祉法
- 高齢者虐待防止法

＋1 プラスワン

役割による分類での高齢者

老年期になると男性も女性も社会および家庭内での役割が大きく変化する。どの段階から「高齢者」なのか、客観的な線引きはないが、活動の場における中心的な役割からの解放や引退がひとつの区切りになると考えられる。

❸ 老年期の発達課題

（1）高齢者差別

エイジズムという概念は、広義では「年齢による差別」を意味し、すべての年齢層が対象となりますが、狭義では、「高齢者に対する差別偏見」を意味します。老年学者のパルモアは、加齢に対する知識の不足がエイジズムの原因であると述べています。

アメリカの老年学者バトラーが、セクシズム（性差別）、レイシズム（人種差別）と並ぶ「第3の差別」として提唱したのがエイジズムだね。

（2）喪失体験

人生の過程で大切な人物や事物を失うという**人生の危機となるような体験**を喪失体験といいます。

★老年期の喪失の種類

- 身体および精神の健康の喪失
- 家族や社会とのつながりの喪失
- 経済的自立 p.26参照 の喪失
- 生きる目的の喪失

喪失に適応できない場合、自発性や意欲が阻害されて、抑鬱状態に結びついていくこともあり、QOLの低下につながりがちです。また、老

化に伴う性格の変化に影響を与えることもあります。

(3) セクシュアリティ

性別や性的興味、性的特質を表す**セクシュアリティ**は、「性別」という意味に、文化的・歴史的背景の中で**性役割**などの価値観が加わり、人々の生き方に大きな影響を与えています。

また、尊厳の保持には、一人の人間として総合的にとらえるだけでなく、性別への配慮という側面も含まれます。

社会から望まれている女性らしさや男性らしさ、女性または男性としてすべきことを「性役割」というよ。

(4) 適応とパーソナリティ

老年期は喪失の時期であると同時に、自らの老いを自覚（**老性自覚**）しながら、新たな自分や環境に**適応**していけるかどうかという時期でもあります。

ライチャードとニューガーテンは、現役引退後の**高齢男性の性格類型**を**適応**という面から分類しています。

★**ライチャードによる現役引退後の高齢男性の5つの性格類型と適応パターン**

適応タイプ	円熟型	自分の過去を受容し、人生に建設的な態度をもつ。積極的な社会活動を維持し、そこに満足を見出す。高齢であっても、さらに未来に対する視野をもち、社会と一体になって生きていけるタイプ
	揺りいす（ロッキングチェアー）型（依存型・安楽いす型）	現実に満足し、不満を感じても自分を抑えて周囲に適応し、安楽を求める。万事に消極的で、高齢者としていたわられ、依存的欲求の充足に満足するタイプ
	鎧兜型（甲冑型・装甲型・防衛型）	老化への不安に対して強い防衛的態度で臨み、積極的な活動を維持し、若者と張り合おうとするタイプ
不適応タイプ	他罰憤慨型（外罰型）	自分の過去や老化の事実を受容できず、その態度は攻撃的で相手に敵意を向けるタイプ
	自己嫌悪型（自責型・内罰型）	自分の過去を悔やみ、自分を責めるタイプ

★ ニューガーテンによる高齢男性の性格類型と適応パターン

統合型	再統合型 （再組織型）	多くの役割をこなし、さまざまな活動を行うことによって老後の生活に満足を得ているタイプ
	集中型	1つか2つの活動領域にエネルギーを注ぎ、そこから主な満足を得るタイプ
	離脱型	老いるに従って役割から離れていくなど**活動性は低い**が、人生の満足感は高いタイプ
防衛型	固執型	できるだけ中年期の活動状態を維持しようとするタイプ
	緊縮型	高齢になるとともに自分の役割や活動範囲を減らし、対人関係も少なくしていくが満足感が高いタイプ
受身・ 依存型	依存型	周囲の援助を受けながらも中程度の活動や満足感を維持していくタイプ
	鈍麻型	生きることに積極的になれず、期待ももたないタイプ
不統合型		社会の中で辛うじて自分自身を維持しているタイプ

・・・ 理解度チェック ☑ ・・・

☐ **1** 「高齢者虐待防止法」では、60歳以上を高齢者としている。㉖

☐ **2** 高齢者が頑固な性格になるという見方は、エイジズム（ageism）に該当する。㉛

解答 1.✕ 65歳以上を高齢者としている／2.○

Lesson 4

老化に伴う心身の変化

Point
- ☑ 老化に伴う身体的変化には、個人差がある
- ☑ 記憶は記銘・保持・再生のプロセスをたどる
- ☑ 身体機能と心理状態は双方向に影響し合う

❶ 加齢による全体的な変化

（1）ホメオスタシスの維持

老化の過程で、生理的な機能が低下していく生理的老化は必然的なものですが、通常は少しずつ進行します。**ホメオスタシス**が維持され、一定の状態が保たれます p.159参照。

★ホメオスタシスの維持を支える4つの力

予備力	体力や生理機能の能力の限界と、通常使っている能力	加齢により低下
回復力	けがや病気の治癒、疲労の回復など、元に戻ろうとする力	
適応力	生活環境の変化や病気による体調の変化などに順応する力	
防衛力	微生物の侵入を防いだり、病原体に抵抗したりする力（抵抗力）	

（2）フレイル（虚弱）

高齢になって、筋力や活力が低下した状態を**フレイル**（Frailty）とよびます。健康な状態と要介護状態の中間で、適切な介入によって予備能力・残存機能を戻すことができる状態です。

★フレイルの基準（3項目に当てはまればフレイル、1ないし2項目に当てはまればプレフレイル（pre-Frailty））

項目	評価基準
❶**体重減少（低栄養）**	6か月で、2kg以上の（意図しない）体重減少
❷**筋力低下**	握力：男性28kg未満、女性18kg未満
❸**疲労感**	（ここ2週間）わけもなく疲れたような感じがする
❹**歩行速度**	通常歩行速度：1.0m／秒未満
❺**身体活動**	軽い運動・体操または定期的な運動・スポーツのいずれも週に1回も行っていない

+1 プラスワン

サルコペニア、ロコモティブシンドローム、PEM

サルコペニアは筋肉減弱症を指す造語である。加齢に伴う骨格筋（筋肉）の減少に加えて、筋力低下、歩行速度の低下のいずれかがみられた場合、サルコペニアと診断される。運動器の衰えにより移動能力が低下する、**ロコモティブシンドローム（運動器症候群）**を生じる危険性が高い状態といえる。
PEM（たんぱく質・エネルギー低栄養状態）は、エネルギーとたんぱく質が不足しているもので、高齢者に多くみられる。免疫力が低下し、フレイルやサルコペニアを招きやすく、消費エネルギーの低下、食欲低下、さらなる低栄養という悪循環（フレイルティサイクル）に陥る恐れもある。

❷ 老化に伴う身体機能の変化 ㉞ ㉚

身体機能の低下には、**個人差**があります。

★ 老化に伴う主な身体的変化

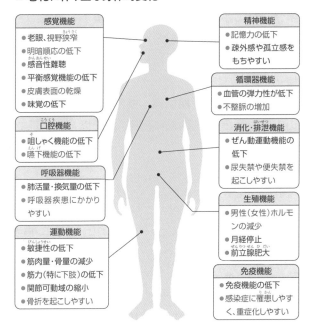

感覚機能
- 老眼、視野狭窄
- 明暗順応の低下
- 感音性難聴
- 平衡感覚機能の低下
- 皮膚表面の乾燥
- 味覚の低下

口腔機能
- 咀しゃく機能の低下
- 嚥下機能の低下

呼吸器機能
- 肺活量・換気量の低下
- 呼吸器疾患にかかりやすい

運動機能
- 敏捷性の低下
- 筋肉量・骨量の減少
- 筋力（特に下肢）の低下
- 関節可動域の縮小
- 骨折を起こしやすい

精神機能
- 記憶力の低下
- 疎外感や孤立感をもちやすい

循環器機能
- 血管の弾力性が低下
- 不整脈の増加

消化・排泄機能
- ぜん動運動機能の低下
- 尿失禁や便失禁を起こしやすい

生殖機能
- 男性（女性）ホルモンの減少
- 月経停止
- 前立腺肥大

免疫機能
- 免疫機能の低下
- 感染症に罹患しやすく、重症化しやすい

外見上の変化
- 姿勢…身長の短縮、円背
- 皮膚…しわ・たるみ
- 毛髪…白髪・抜け毛
- 口腔…歯の欠損　など

バイタル
- 基礎代謝や体温調節中枢の機能低下などが体温維持機能に影響
- 低体温（33～34℃）になる傾向

❸ 老化に伴う知的機能の変化

(1) 注意力の分類

★ 注意力の分類と変化

選択的注意	さまざまな刺激の中から、特定の刺激に注意を集中させること	
注意の分散	さまざまなことにバランスよく注意を分散させること。あちこちに気を配ること	加齢により低下
注意の持続力	ある一定の刺激にどれだけの時間、注意を向けていられるかということ	加齢により低下

注意力の低下は、危険回避能力の低下にもつながるよ。

(2) 記憶の分類

　記憶は、記銘、保持、再生のプロセスをたどります。

● **記銘（符号化）**……学習したことを覚えこむ・経験を蓄える過程
● **保持（貯蔵）**……記銘した内容や体験が持続される過程
● **再生（想起）**……保持している内容や体験を意識に上らせ、再現する過程

　また、時間幅によって、**感覚記憶**、**短期記憶**、**長期記憶**に分類され、さらに長期記憶は記憶の内容を言葉で表現できる**陳述的記憶**と、表現できない**非陳述的記憶**に分けられます。

★ 時間幅による記憶の分類

感覚記憶	● 感覚器を介した外部からの刺激情報であり、保持時間は最大1～2秒でごく短いが記憶容量が多い
短期記憶	● 一時的な記憶のことで、記銘処理により長期記憶に移行しない限り数十秒程度で消失する ● 記憶容量は小さい ● 保持するためには反復（リハーサル）が必要
長期記憶	● 短期記憶が記銘により保持された記憶 ● 再生が繰り返されることで永続的に保持される ● 記憶容量は無限大

★ 陳述的記憶と非陳述的記憶

記憶		記憶される内容	加齢による影響
陳述的記憶（海馬で記憶される）	意味記憶	言葉のもつ意味や概念を知識として記憶しておくもの	加齢により、正確さは保持されるが思い出すのに時間を要する
	エピソード記憶	個人的な出来事や経験を時間と結びつけて記憶しておくもの	日々変化する内容であることから、加齢による影響を受けやすい
	展望的記憶	将来の予定や約束について記憶しておくもの	日々変化する内容であり、加齢による影響を受けやすい
非陳述的記憶（大脳基底核 だいのうきていかく と小脳で記憶 しょうのう される）	手続き記憶	意識的に再生（想起）することのできない情報で、身体で覚えているよ情報・記憶のこと	経験の積み重ねにより蓄積された記憶のため、加齢による影響は受けにくい
	プライミング（呼び水効果）	先に受けた刺激が後に受ける刺激に影響を及ぼすこと	記憶障害がある場合でも保たれる

（3）知能の分類と変化

　キャッテルは、知能を結晶性知能と流動性知能に分けて説明しています。

★ 結晶性知能と流動性知能

結晶性知能（結晶性一般能力）	流動性知能（流動性一般能力）
学習や経験などにより獲得された能力に関連した知能。加齢の影響を受けにくい	新しい環境に適応するための能力であり、新しい情報を獲得し、適切に処理していく知能。加齢の影響を受けやすい

④ 高齢者の心理　

（1）身体機能と心理状態の関係

　身体機能と心理状態は双方向に影響し合っています。また、運動機能が低下すると**生活不活発病**（廃用症候群）を起こしやすくなります。心肺機能や排泄機能、精神機能など全般的に症状が現れるため、心理的荒廃や**閉じこもり**などを引き起こし、さらに生活の不活発が助長する悪循環を招きます。

(2) 高齢者に多い精神障害

★ 老年期の精神障害の分類

器質性精神障害（脳の器質的な問題が原因）	せん妄		意識障害の一種。軽い意識混濁とともに幻覚・妄想、興奮が伴う。急激に発症することが多く、夜間に強く現れるものを**夜間せん妄**とよぶ。認知症や脳血管障害など脳の器質的疾患のほか、栄養障害、脱水、肺炎、感染症、心臓・腎臓・肺の疾患、ビタミン欠乏、薬の副作用などが原因となる
	若年性認知症 p.281参照	アルツハイマー型認知症（早発性）	65歳未満に発病する。脳の萎縮とともに特有の精神症状を示す
		前頭側頭型認知症	原因不明の疾患。多くは40～50代で発病する
	アルツハイマー型認知症（晩発性） p.277参照		65歳以上に発病する。男性よりも**女性に多くみられる**
	血管性認知症 p.278参照		脳組織の壊死により、認知症を主症状とした精神障害が出現する。**男性に多くみられる**
機能性精神障害（脳に器質的な問題はない。精神障害の変化のみ）	老年期幻覚・妄想		**物盗られ妄想**や財産を狙われているといった妄想がよくみられる。**人格は保たれる**
	老年期の統合失調症 p.276参照		統合失調症患者が老年期に至ると、**無関心で自閉的**な態度となり、感情が鈍くなって穏和になり、対人関係の障害も目立たなくなる
	老年期神経症		神経症の発症には、身体的素因と心因とが関与していると考えられている。症状の大半は**心気症と抑鬱症状**である
	老年期の気分障害（老年期鬱病）		鬱病は初老期に頻繁に発症する。これを「初老期鬱病」あるいは「退行期鬱病」などとよぶ。
	老年期心身症		めまい、頭痛、耳鳴り、知覚異常、不眠、食欲不振、動悸、不整脈、難聴、視力障害、疼痛などがみられる

（3）老年期の自殺

厚生労働省の「人口動態調査」によると、2021（令和3）年の75歳以上の自殺死亡率（人口10万対）は、男性が28.7、女性が11.5といずれも高率です。また、男性は100歳以上、女性は75〜79歳で高率となっています。

初老期・老年期の自殺の増加については、**鬱病**との関連も疑われています。

（4）身近な人との死別

老年期の喪失体験の中でも、配偶者などの家族や親しい友人との死別は、高齢者の心理に大きな影響を及ぼします。一般に、身近な人の死に直面すると、**喪失・悲嘆・回復**の過程を経て適応するといわれています。

身近な人との死別が原因で、**過剰なストレス**から体調不良を引き起こしたり、**身体的愁訴**が増加したりする傾向もみられます。

身体的愁訴は身体の不調や違和感を覚えて訴えることだよ。

・・・ **理解度チェック** ☑ ・・・

☐ **1** 老化に伴う身体の変化として、貧血になりやすくなる。㉚

☐ **2** 加齢の影響を強く受けるのは、スポーツなど、自分の体で覚える記憶である。㉘

☐ **3** 高齢者の場合、薬剤によってせん妄が生じることがある。㉜

☐ **4** うつ病（depression）等で自殺を試みた高齢者が死に至る確率は、若年者の場合と比べて低い。㉗

解答 1.○／2.✕ 身体で覚えているような情報・記憶である手続き記憶は、加齢による影響を受けにくい／3.○／4.✕ 若年者と比べて致死率が高いといわれている

Lesson 5

高齢者と健康

❶ 高齢者の健康問題

　高齢者の健康問題を考えるうえで重要な因子となるのが生活習慣病です。高齢者の病気の多くは生活習慣による慢性疾患といわれており、それらに起因する疾患から認知症、寝たきりなどの要介護高齢者が増えています。

★ 生活習慣病の死因別死亡割合

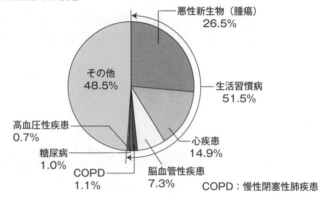

COPD：慢性閉塞性肺疾患

資料：厚生労働省「人口動態統計」（2021年）を基に作成

＋1 プラスワン

寿命とは

平均寿命	0歳児が平均して何年生きられるかを表した統計値。
健康寿命	2000年にWHO（世界保健機関）が提唱。健康上の問題で日常生活が制限されることなく生活できる期間。
限界寿命	最大寿命、生理的寿命を指し、疾病や環境などからの影響を受けず、最も長く生存できる期間。

❷ 高齢者に多い身体の不調

★ 高齢者に多い身体の不調

全身	発熱	高齢者ではリウマチや関節炎に関連する発熱がみられる。高熱を繰り返す場合、誤嚥性肺炎や尿路感染症、微熱が続く場合では、炎症性のもののほか、脱水やアレルギー、甲状腺の疾患が考えられる。
	食欲不振・体重減少	消化器系疾患、悪性腫瘍（がん）、心理的影響、薬の副作用などが要因となる。1か月で1〜2kg以上の体重減少がみられた場合は、何らかの疾患が疑われる
	浮腫（むくみ）	浮腫は、腎機能の低下、血流の障害、低栄養などが原因となる。腎機能低下では、たんぱく尿の排出により体内のナトリウムが増加して浮腫が現れる。低栄養では、たんぱく質を材料としてつくられる**アルブミン濃度が低下**し、血管中に水分を保持する力が弱って起こる
	瘙痒感	高齢者に最も多くみられるのは、**皮膚の乾燥によるかゆみ**である。皮膚の水分や皮脂が減少したことにより、少しの刺激にも皮膚が敏感に反応することで起こる
	不眠	加齢による**睡眠リズムの変化**によるものと、具体的な原因がある場合とに分かれる
頭頸部	めまい・失神	高齢者に多くみられるのは**良性発作性頭位めまい症**で、頭を特定の位置に動かすことで回転性のめまいやふわふわした感じの非回転性のめまいが起こる
	貧血	加齢に伴う**赤血球産生能の低下**や赤血球を刺激する**ホルモンに対する感受性低下**などが原因となって起こりやすい
	咳・痰	体力・免疫力が低下したことで静菌化していた菌が再燃して発症する肺結核やレジオネラ菌による肺炎などに注意が必要である。慢性的な咳の原因として最も多くみられるのが閉塞性換気障害である
体幹	呼吸困難	呼吸に関する障害の多くは**心肺機能**に関連したものである。原因が虚血性心疾患や慢性閉塞性肺疾患などの場合は症状が重篤化することが多い
	胸部の痛み	胸痛や胸部圧迫感が起こる代表的な疾患は、狭心症や心筋梗塞などの虚血性心疾患である。心筋につながる冠状動脈の狭窄や閉塞によって起こる

体幹	腹部の痛み	急性の腹痛の場合、腹部大動脈瘤（ふくぶだいどうみゃくりゅう）の破裂や胆石、腸閉塞など命にかかわるような緊急性の高い疾患の場合がある。**慢性的な腹痛**では潰瘍（かいよう）や腫瘍（しゅよう）などのこともある
	腰部・背部の痛み	**加齢による退行変性**などを原因とする腰や背中の痛みが多くみられる。頻度の高い疾病として、変形性脊椎症（へんけいせいせきついしょう）や骨粗鬆症（こつそしょうしょう）、脊柱管狭窄症（せきちゅうかんきょうさくしょう）、脊椎圧迫骨折などがある
	便秘・下痢（げり）	高齢者は**消化機能の低下、運動量の不足、薬の副作用**などから便秘が起こりやすく、その大半は機能性のものである。急性の下痢の多くは、感染症によるものである
	吐血・喀血（かっけつ）	吐血は、食道や胃、十二指腸（じゅうにしちょう）など**上部消化器の疾患**を原因として起こる。吐血による血液は多くの場合、胃酸によりコーヒー残渣（ざんさ）様の**暗赤色**であるが、**胃より上部の口腔（こうこう）・食道からの出血は鮮紅色**をしている。喀血は、咳とともに呼吸器から吐き出される出血であり、肺損傷や肺がんなどが原因として起こる
	下血（げけつ）・血便・血尿	消化管の出血や疾患により血液が肛門（こうもん）から排出されるものを**下血**、便中に血液が混ざっているものを**血便**という。血便は大腸ポリープや大腸がんの進行を示すことがある。**血尿は尿中に血液が混ざったもの**をいい、腎臓、膀胱（ぼうこう）、尿道などに出血がある場合に起こる
四肢	関節の痛み	高齢者に多い関節痛は、長年の生活・運動習慣などが骨・関節の変形・変質となって症状に現れたものである
	しびれ	しびれは**感覚神経の障害**で起こる知覚異常といわれている。疾患とは関係なく、身体の一部の圧迫などによって一時的にしびれが起こることがある。糖尿病や脂質異常症による神経障害などが原因でしびれが起こる場合もある

❸ 老年期のQOL

　アメリカの老年学者ロートンは、高齢者の QOL の枠組みについて次のような**4つの構成要素**で提示し、包括的に QOL をとらえる考え方を示しました。

★老年者の QOL

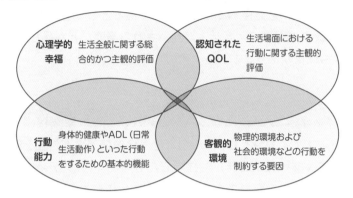

❶健康と直接関係のあるQOL

多くのQOL 指標の中には、健康に直接関連するQOLがあります。評価内容は身体的状態・心理的状態・社会的状態・経済的状態・霊的状態などであり、健康状態が影響を与える**日常活動状態**や**生活の満足度**などを定量的に評価するものです。

❷QOLの向上と個人の主観

QOL を向上するために必要なものとして「**生きがい**」や「**人生の満足度**」が挙げられます。

❹ サクセスフル・エイジング

サクセスフル・エイジングを日本語に訳すと、「幸福な老後」「健やかな加齢（老い）」となります。主観的幸福感ともいわれ「**老化の過程に上手く適応**することができ、**幸福な老後を迎える**ことができる状況」といえますが、誰もが満足のいく老後を迎えているとは限りません。老化の過程には、心身機能の低下や疾病をはじめ、社会的役割の変化、家族との別離など、さまざまな不安や苦悩が伴うと考えられます。

❺ プロダクティブエイジング

バトラーが提唱した**プロダクティブエイジング**は、「老い」を否定的に捉えない考え方です。バトラーは、有償労働だけでなく相互扶助やセ

ルフケアなどを全て**生産的な活動**「プロダクティビティ」だと考え、生涯にわたってそれを発揮することが大切であるとしています。若者と高齢者とでは、プロダクティビティが発揮される場面などが異なるだけで、どちらにも価値があります。

⑥ アクティブエイジング

アクティブエイジングは、WHO（世界保健機関）が「第2回高齢社会問題世界会議」（2002年）で提唱したもので、「アクティブエイジングとは、人々が歳を重ねても生活の質が向上するように、健康、参加、安全の機会を最適化するプロセスである」としています。ここでいう「アクティブ」は、身体的に活動的であることや労働に従事する能力があることだけではなく、高齢者や病気の人、障害がある人であっても、家族や仲間、地域社会、国に**積極的に貢献し続けることができる**ことを指しています。

・・・ 理解度チェック ☑ ・・・

☐ 1 　健康寿命は、平均寿命よりも長い。㉞

☐ 2 　サクセスフルエイジングは客観的な幸福感のことである。㉔

解答 1.✕ 平均寿命よりも短い／2.✕ 主観的な幸福感のことである

238

脳・神経系・骨格の疾患

❶ 脳血管障害（脳卒中）

脳血管障害は、高齢者の発症頻度が高い疾患です。脳血管障害は出血性脳血管障害（脳出血）と虚血性脳血管障害（脳梗塞）に大別されます。

★脳血管障害（脳卒中）

出血性脳血管障害（脳出血）	脳内出血	脳動脈の一部が切れて脳内に流れ出た血液が固まって血腫となり、脳を圧迫することで障害が起こる 【症状】吐き気・嘔吐・めまい・頭痛などの頭蓋内圧亢進症状のほか、片麻痺や言語障害など
	くも膜下出血	くも膜と軟膜の間にあるすき間（くも膜下腔）に出血したもの。活動時など血圧が上昇しているときに発症しやすい 【症状】突然の激しい頭痛、嘔吐、痙攣、一過性の意識障害など
虚血性脳血管障害	脳血栓	脳動脈の動脈硬化が進行すると内径が狭くなり、血液が順調に流れなくなる。そのため血液の固まり（血栓）ができて血管が詰まったものを脳血栓という。くも膜下出血とは逆に、血圧の低下する安静時などに発症しやすい 【症状】片麻痺や構音障害など
	脳塞栓	脳以外の場所にできた血栓などが血管内を流れて脳動脈に詰まる疾患。最も多いのが心臓で発生した血栓で、突然症状が現れる。危険因子には、不整脈、心臓弁膜症などの心疾患がある 【症状】損傷部位にかかわる機能障害と頭蓋内圧亢進症状
脳の損傷	硬膜下血腫	転倒による頭部外傷などが原因で硬膜の下に徐々に血腫ができ、脳が圧迫されて起こる。受傷後1か月ほど経ってから症状が現れる慢性硬膜下血腫には注意が必要である 【症状】頭痛や意識障害、運動機能障害、記憶や判断力の低下など
	高次脳機能障害	脳出血、脳梗塞、硬膜下血腫などによって起こる後遺症 【症状】失語、失行、失認、人格の変化など

❷ 神経系の疾患

★ 主な神経系の疾患

パーキンソン病	中脳黒質の神経細胞が産出するドーパミンの量が減少することにより、運動機能が全体的に低下していく疾患。50〜60代に多く発症する 【症状】①**安静時振戦**（手足が震える）、②**筋固縮**（身体の筋肉がこわばる）、③**無動・寡動**（ひとつの動作を行うのに時間がかかる）、④**姿勢反射障害**（姿勢保持障害：前傾姿勢で小刻みに歩く**小刻み歩行**、すくみ足、突進歩行など）→①〜④を**四大症状**という
筋萎縮性側索硬化症（ALS）	原因は不明だが、5〜10％の症例は家族性で遺伝子異常が明らかなものもある 【症状】**全身の筋肉が徐々に萎縮**する。筋力低下による生活機能低下、嚥下障害、言語障害など。進行性のため、数年で四肢麻痺、嚥下障害による食事摂取不良、呼吸筋麻痺による呼吸障害で自立困難となるが、眼球運動や肛門括約筋、感覚、**知能や意識は末期まで保たれる**
シャイ・ドレーガー症候群	原因は不明 【症状】初期から自律神経症状が起こり、起立性低血圧、排尿障害、発汗異常などがみられる。進行すると歩行のふらつき、言語障害などの小脳の運動失調症状や筋固縮、無動・寡動などのパーキンソニズムが現れる
クロイツフェルト・ヤコブ病	異常なプリオンたんぱくが脳に蓄積し神経細胞が変性して起こると考えられている、非常にまれな疾患 【症状】物忘れや異常行動、人格変化などの精神症状、歩行障害や手の震えなどの運動失調症状、**認知症**の進行など
多発性硬化症	神経細胞の神経線維（軸索）の周囲を取り囲んでいる髄鞘とよばれる部分が障害される疾患。原因は不明 【症状】視力の低下、眼球振盪（眼球が勝手に動く）、複視（物が二重に見える）、手足のしびれ、構音障害など
脊髄小脳変性症（SCD）	原因は不明。小脳の萎縮が認められる。小脳・脳幹・脊髄などが障害され運動失調症が現れる疾患 【症状】ろれつが回らない、動作時に上肢が震える、歩行がふらつく**失調性歩行**（小脳性体幹失調）など
ハンチントン病	遺伝性変性疾患で、常染色体との関係が指摘されている 【症状】手足や顔・首・肩などが不規則・不随意に動く舞踏運動がみられるほか、認知症の症状や幻覚、妄想、**パーソナリティ障害**などが現れる

重症筋無力症	神経筋伝達の障害で、骨格筋を繰り返し使うことで筋力が低下する疾患 【症状】膀胱（ぼうこう）や肛門の括約筋を除くすべての骨格筋が障害される。知能は影響を受けない
てんかん	中枢神経系慢性疾患の一種。大脳に異常な電気的興奮が生じ、身体が数十秒から1～2分痙攣するてんかん発作を起こす 【症状】痙攣には、身体の一部がピクピク動く部分発作（局所性てんかん）と、全身が硬く緊張しガクガク震える全般発作がある

❸ 骨格の疾患

★ 主な骨格の疾患

変形性関節症	代表的な関節の疾患。主な症状は、関節の痛み、腫れ、変形、関節が伸ばせなくなる、など ● **変形性膝関節症（へんけいせいしつかんせつしょう）**……膝関節の軟骨がすり減るために起こる。男性よりも**女性**に多くみられ、O脚（内反型変形）で膝の内側に体重がかかる人や肥満により負担が大きい人に多い傾向がある ● **変形性股関節症（こかんせつしょう）**……先天性要因（先天性股関節脱臼（だっきゅう）、臼蓋（きゅうがい）形成不全（けいせいふぜん）） または後天性要因（大腿骨骨折（だいたいこつ）、化膿性関節炎（かのうせい）、特発性大腿骨頭壊死（とくはつせいだいたいこっとうえし）など）により、股関節の構造が障害されることにより起こる ● **変形性肘関節症（ちゅうかんせつしょう）**……肘（ひじ）の関節にトゲのような突起ができるなどして変形し、肘の曲げ伸ばしが十分にできなくなるもの ● **変形性脊椎症（せきつい）**……背骨に変形が起こったもの
変形性脊椎症	変形性関節症の中で背骨に変形が起こったもの
後縦靱帯骨化症（こうじゅうじんたいこっかしょう）	脊椎の後面には靱帯が縦に走り、頸椎（けいつい）・胸椎・腰椎などすべての脊椎がつながっている（後縦靱帯）。この靱帯が骨に変化して厚みを増し、脊柱管（せきずい）が狭くなって脊髄を圧迫する。特に頸椎・胸椎に多く発症し、手指の運動障害や歩行障害、手足のしびれなどがみられる
脊柱管狭窄症（きょうさくしょう）	脊髄を保護する脊柱管が老化などにより狭くなり脊髄神経が圧迫され、腰痛、足の痛みやしびれ、歩行障害などが現れる。痛みが発生してもしばらく休むと症状が楽になり、再び歩けるようになる間欠（歇）性跛行（かんけつ（けつ）せいはこう）が特徴である。安静時は無症状であり、脊柱管が広くなる前屈み（まえかがみ）の姿勢になると痛みが軽くなる。60歳以上に多くみられる

関節炎	外傷のために細菌が関節に入り込んだり、他の感染源から血液を通して細菌が関節まで流れ込んだりすることで関節の中が化膿するもの
骨粗鬆症	遺伝、性ホルモンの低下、運動不足・カルシウム不足・日光不足、更年期などが原因で骨の形成が阻害され、骨密度が減少して骨がもろくなる疾患。高齢者や閉経後の女性に多い。高齢者では、脊椎に重力方向の力が加わることで脊椎圧迫骨折が起こる。また、着替えや体位変換など軽い動作でも骨折することがある
骨折	転倒によるものが非常に多い。脊椎・大腿骨頸部・橈骨遠位端・上腕骨頸部・肋骨などの骨折がよくみられる。骨折が原因で寝たきりになることも少なくない
関節リウマチ	膠原病のひとつ。女性に発症しやすく、若年層から高齢者まで幅広い層にみられるが、一般には40～50代に多くみられる進行性の多発性関節炎。起床時に関節がこわばって動かしにくく感じる（朝のこわばり）のが特徴。根本的な治療法はなく、薬物療法、リハビリテーション、手術療法などで日常生活の負担を軽減する。過剰な安静は生活不活発病を招くため、症状の日内変動をふまえ、関節を保温・保護しながら無理のない運動を行う

+1プラスワン

日内変動

症状が1日の中で時間とともに変化することをいう。関節リウマチでは、朝が最も悪く、夕方には軽快あるいは回復する。

··· 理解度チェック ☑ ···

☐ 1　パーキンソン病の症状として、後屈した姿勢がみられる。㉚

☐ 2　腰部脊柱管狭窄症では、下肢のしびれがみられる。㊱

解答　1.✕姿勢反射障害のため前傾姿勢がみられる／2.〇

重要度 **B**

Lesson **7**

感覚器の疾患

Point

- ☑ 緑内障は高血圧や糖尿病により悪化する
- ☑ 伝音性難聴は小さな音が聞き取りにくい
- ☑ ノルウェー疥癬は個室管理が必要

❶ 眼

★ 主な眼の疾患

白内障 （はくないしょう）	たんぱく質の変性などにより水晶体（すいしょうたい）が白濁して視力が低下する疾患。痛みや充血はなく、視界全体が白っぽく霧がかかったように見える
緑内障 （りょくないしょう）	眼圧（がんあつ）が上昇して視神経が障害を受け、視野が欠ける疾患。中年以降に発症率が高くなる。高血圧や糖尿病は、緑内障を悪化させる
網膜色素 変性症	夜盲（やもう）（暗い場所で物が見えにくくなる）や視野の変化が起こる遺伝性の疾患で、指定難病に該当する。光を感じる杆体細胞（かんたい）が分布している部分がまず見えなくなり、徐々に求心性視野狭窄（きゅうしんせいしやきょうさく）（周辺から中心に向かって視野が狭くなり、視野の中心部だけが見えている）を起こし、失明に至る
加齢黄斑 変性症 （かれいおうはんへんせいしょう）	網膜の中の黄斑部に萎縮（いしゅく）や変性が起こることで物が歪んで見えたり、中心暗点（ちゅうしんあんてん）（視野の中心部が見えない）や視力低下などの症状が起こる

❷ 耳

★ 主な耳の疾患

難聴 （なんちょう）	● 伝音性難聴（でんおんせい）……音が伝わっていく過程にある外耳（がいじ）や中耳（ちゅうじ）に障害が生じて起こる。小さな音が聞き取りにくくなる。手術や補聴器の使用で症状は改善される ● 感音性難聴（かんおんせい）……振動が内耳（ないじ）から聴神経を伝わり大脳に伝達されるまでの過程に障害が生じて起こる。高い周波数領域が障害されると母音は聞き取れても子音が聞き取りにくく、聞き間違いが多くなる。老人性難聴、突発性難聴、メニエール病などが原因疾患である ● 混合性難聴……伝音性難聴と感音性難聴が混在している難聴
メニエール 病	内耳を満たしているリンパ液が過剰になり、めまいが起こる疾患。反復する回転性（かいぎょう）のめまいに蝸牛症状（かぎゅう）（耳鳴り・難聴・耳閉塞感（じへいそくかん）など）が伴う。30代後半から50代前半に多くみられる

★ 主な皮膚の疾患

褥瘡（じょくそう） p.209参照	身体の一部が長時間にわたって圧迫を受け、血液の循環障害が起こった状態。仰臥位の場合、体重が一番かかる仙骨部に多く発症する
湿しん	加齢により皮膚の角質層の水分が減少して乾燥した状態を老人性乾皮症（かんぴしょう）といい、これにより通常では何とも感じない刺激に反応し、かゆくなるものを老人性皮膚瘙痒症（そうようしょう）という
疥癬（かいせん）	ヒゼンダニが皮膚の角層（垢の層）に寄生して起こる感染症。手や手首、陰嚢（いんのう）や指の間、腋（わき）の下など身体の柔らかいところや関節の内側など、広範囲に赤い発しんや小水疱（しょうすいほう）・膿疱（のうほう）がみられる。特に夜間に激しいかゆみを伴う ● ノルウェー疥癬（角化型疥癬）……ヒゼンダニの数が極めて多く強力な感染力をもつもの。普通の疥癬では個室管理は特に必要ないが、**ノルウェー疥癬は感染力が非常に強いため、一定期間の個室管理が必要**である
白癬（はくせん）・カンジダ症	● 白癬……カビの一種である白癬菌によって起こる疾患。水虫（足白癬）、たむし（体幹の白癬）、しらくも（頭皮の白癬）などがある。症状は、かゆみ、腫れ、痛みなどだが、爪の白癬である爪水虫ではかゆみはない。糖尿病などの基礎疾患があると重症化しやすい ● カンジダ症……カビの一種であるカンジダに感染して起こる。おむつの中、腋窩部（えきかぶ）など湿った環境を好み、口腔内（こうくうない）や口角にも発生する。発赤（せき）やただれなどの症状がみられる

••• 理解度チェック ☑ •••

☐ **1** 老人性難聴がある人には、高音域の声を使って話しかける。

☐ **2** 仙骨部は褥瘡の好発部位である。㉟

解答 1.✕ 高音域の音から聞こえにくくなるという特徴があるため、意識して低い声で話しかける／2.〇

重要度 **A**

Lesson **8**

循環器の疾患

Point
- ☑ 狭心症は胸の痛みが通常5分程度続き、心筋梗塞は前胸部の痛みが30分以上続く
- ☑ 狭心症の発作時はニトロ製剤が有効

❶ 不整脈

不整脈とは、脈拍が不規則になった状態をいいます。

心房細動・心室細動・洞不全症候群は、加齢とともに起こりやすくなる不整脈です。特に**心房細動**は**頻脈**になることが多く、心臓でできた血栓が剥がれて脳血管を塞ぐ**心原性脳塞栓**が起こりやすくなります。

★ 脈拍

正常値	成人……60 ～ 80回／分　　高齢者……60 ～ 70回／分
徐脈	50 ～ 60回以下／分
頻脈	100回以上／分

❷ 心不全

心不全とは、心臓の機能が低下して血液を全身に十分送り出せなくなった状態をいいます。原因疾患には、心筋梗塞、心臓弁膜症、不整脈、高血圧性の心肥大などがあります。

★ 心不全の分類と主な症状

左心不全	血液中の酸素濃度が低下し、皮膚や可視粘膜が著しく青紫色になるなどの現象（**チアノーゼ**）が現れたり、呼吸困難になる
右心不全	うっ血が起こり、体重増加や夕方に浮腫がみられ、進行すると腹水や全身に浮腫がみられる
左心不全・右心不全	心拍出量が毎分2.5 ～ 4L程度にまで低下し、倦怠感や脈拍の増加（毎分80 ～ 110回）が現れる。重症になるとショック状態（無尿、血圧低下、意識混濁など）に陥る

心拍出量

心臓が1分間に送り出す血液量。安静時には、約5〜7Lの血液が送り出される。

❸ 虚血性心疾患

　虚血性心疾患は、冠状動脈（かんじょうどうみゃく）などに障害があって新鮮な血液が心筋に不足して起こる疾患です。心筋に流れる血液量が必要量以下になるとさまざまな異常が起こり**心筋虚血**とよばれる状態になります。代表的なものに**狭心症**と**心筋梗塞**があります。

★狭心症と心筋梗塞の主な症状

狭心症		● 心筋虚血の初期段階で起こる ● ①寒い時期、②階段や上り坂を荷物を持って歩く、③胸の圧迫感や痛み、④立ち止まると数分間（通常5分程度、長くても15分以内）で胸の圧迫感や痛みが消失、という一連のパターンとなって症状が現れる ● 発作時にはニトロ製剤が有効
	労作性狭心症（ろうさせい）	運動の後などに心拍数が増加したり、**血圧が上昇したときに起こる**
	異型狭心症	労作の有無によらず、冠状動脈の強い痙攣（けいれん）によって血液の流れが悪くなり発症する。**早朝や安静時に現れやすい**
	安定狭心症	症状の起こるきっかけや頻度、持続時間などが一定しているもの
	不安定狭心症	心筋梗塞に移行する危険性が高く、速やかな治療が必要なもの ● 初発型……初めて起こったもの ● 増悪型（ぞうあくがた）……発作の頻度が増加してきたもの ● 安静型……労作時の発作だけでなく、軽労作時や安静時にも起こるようになったもの

心筋梗塞	● 心筋虚血の状態が長く続いて心筋の血行が完全に途絶え、心筋の細胞の一部が壊死した状態 ● 高齢者では**女性に多い** ● 主な症状は、①30分以上続く激しい**前胸部の痛み**と締めつけられるような感覚、②冷や汗、③吐き気・嘔吐、④呼吸困難、⑤左肩から頸部の鈍痛 ● 発症から3日以内のものは急性心筋梗塞と診断される ● 高齢者の場合、自覚症状がなかったり非特異的な場合があるため、発見や診断が遅れないよう注意が必要

❹ 血管にかかわる疾患

- **動脈硬化症**……動脈の内径が狭くなったり血管壁の弾力性が失われる（動脈硬化）ために起こり、心筋梗塞や脳梗塞などさまざまな疾患の原因となるが自覚症状はない。高血圧、脂質異常症、糖尿病、喫煙などが要因とされている
- **心臓弁膜症**……心臓内の弁膜に障害があり、血流を阻害している**狭窄症**と、弁が完全に閉じず血流の逆流が生じる**閉鎖不全症**がある。動脈硬化性による心臓弁膜症が増えており、主な症状は呼吸困難や動悸、足のむくみなどである

・・・ 理解度チェック ☑ ・・・

☐ 1	心房細動では、頻脈になることが多い。㉖
☐ 2	高齢者において心不全が進行したときには、チアノーゼが生じる。㉜
☐ 3	急性心筋梗塞の痛みは、数分以内に消失する。㉔

解答 1.○／2.○／3.✕ 急性心筋梗塞では、激しい前胸部の痛みが30分以上続く

重要度 **A**

Lesson **9**

呼吸器の疾患

Point
- ☑ 高齢者の肺炎は高熱が出ないことが多い
- ☑ 高齢者に多い肺炎は誤嚥性肺炎である
- ☑ 慢性閉塞性肺疾患の主な原因は喫煙である

❶ 肺炎

　さまざまな病原菌の感染によって肺に炎症が起きた状態を**肺炎**といいます。肺炎による死亡数は多く、2021（令和3）年では**死因の第5位**となっています。

　高齢者の肺炎には、次のような特徴があります。

- 典型的な肺炎の症状が出ないことがしばしばある。特に高熱が出ない（平熱である）ことも多い
- 食欲不振、全身の倦怠感など、非特異的な初発症状が多く、肺炎と気づきにくい
- 初期には呼吸数の増加、呼吸パターンの変化がみられる
- せん妄、傾眠傾向など、精神・神経症状が目立つことがある
- 意識障害やショックなど、症状の急変がみられる
- 基礎疾患の増悪や肺炎以外の症状が主となる場合もある

❷ 誤嚥性肺炎

　誤嚥性肺炎とは、高齢者に多い誤嚥（飲食物の一部が気道に入る）によって肺炎を起こすものです。飲食物以外にも嘔吐物や口腔内あるいは咽頭の病原菌を含む分泌物（痰や唾液）を少しずつ繰り返し誤嚥し続けることが原因になることもあります。そのため、口腔ケアにより口腔内を清潔に保つことが重要となります。

誤嚥は、意識障害のある場合や寝たきりの場合や睡眠中に起こりやすいよ。

❸ 慢性閉塞性肺疾患（COPD）

　肺の換気機能が低下する疾患のうち、**慢性気管支炎**、**肺気腫**（急性・可逆性の気道閉塞を主な症状とする気管支喘息を除く）を総称して**慢性閉塞性肺疾患**といい、高齢者に多い疾患です。いずれも大量の痰、呼吸困難（特に**身体を動かしているとき**）という症状が共通しており、重複して起こることもあります。気道感染、肺炎、心不全などをきっかけに急激に呼吸不全を起こすので、これらの疾患をもっている場合は注意が必要です。

- 慢性気管支炎……原因不明の咳と痰が**長期間続く**もの。ほとんどの場合は肺気腫を伴っている。発症には**喫煙**が大きく関係している
- 肺気腫……肺胞の壁が長い年月をかけて壊れていく疾患。主な原因は**喫煙**で、高齢者で長く喫煙をしてきた人にみられる。十分な呼吸が行えず、身体を動かしたときに息切れが生じる

❹ 肺がん

　発生場所が肺の場合は原発性肺がん、他臓器から肺に転移したものを転移性肺がんとよびます。主な原因は**喫煙**などです。肺がん特有の症状はなく、咳、喘鳴、血痰、胸痛など、呼吸器疾患の一般的な症状がみられます。

　肺がんによる死亡数は多く、2021年では**部位別にみた悪性新生物死亡数**において**男性**の第1位となっています。

・・・ 理解度チェック ☑ ・・・

| ☐ 1 | **体温が 37.5℃未満であれば肺炎ではない。** ㉞ |
| ☐ 2 | **誤嚥性肺炎の予防には口腔ケアが有効である。** ㉗ |

解答　1.✕ 高齢者の肺炎では典型的な症状が出ないことがしばしばあり、特に高熱が出ないことが多い／2.◯

重要度
A

Lesson 10

消化器の疾患

- Point
  - ☑ 胃潰瘍は男性の罹患が女性の約2倍
  - ☑ A型肝炎は慢性化しない
  - ☑ 肝硬変の原因はC型肝炎が最も多い

❶ 胃潰瘍・十二指腸潰瘍

　消化性潰瘍ともいわれ、胃液中の胃酸や消化酵素のペプシンなどが、胃や十二指腸の内側の粘膜を侵食してしまい、傷つけることで生じる疾患です。

＋1 プラスワン

> ### 胃潰瘍の特徴
>
> 上腹部の痛みが代表的な症状であり、空腹時・夜間の痛み、悪心、嘔吐、食欲不振、背部痛などがみられる。原因はストレスや薬剤の使用、刺激のある飲食物や熱いものの摂取、胃液の分泌過剰、ピロリ菌（ヘリコバクター・ピロリ）によるものなどがある。中高年以降に多くみられ、男性の罹患が女性の約2倍となっている。胃の内容物が食道に逆流して、食道が炎症を起こし、さまざまな症状が生じるものを逆流性食道炎といい、主な症状はのどの違和感や胸やけ、胸部痛などである。

❷ 胃がん

　胃にできる悪性腫瘍で、女性よりも男性に多く、2021（令和3）年の**部位別にみた悪性新生物死亡数**では男性の**第3位**となっています。

　初期に自覚症状はなく、あっても胃がん特有のものではなく胃炎や胃潰瘍に伴う症状と同じです。進行すると胃重圧感、胃痛、体重減少、貧血などが現れます。原因は塩分の過剰摂取や偏った食事、喫煙、飲酒などの**生活習慣が関連**しているといわれています。また、**ピロリ菌**（ヘリコバクター・ピロリ）の感染が危険要因であるとされています。

❸ 大腸がん

大腸にできる悪性腫瘍で、日本では、肺がんや胃がんとともに死亡率の高いがんのひとつです。2021年では**部位別にみた悪性新生物死亡数**において**女性の第1位**となっています。

初期には目立った症状はみられません。進行すると血便、便が細くなる、貧血、体重減少、腸閉塞（イレウス）などを起こすこともあります。

❹ 膵炎・膵がん

アルコールの多飲や胆石などが原因となって起こる**急性膵炎**と、膵臓で炎症が繰り返し起こり膵臓機能が低下する**慢性膵炎**があります。急性膵炎は、上腹部の痛みが特徴です。また、慢性膵炎は、繰り返し起こる腹痛や背部痛のほか、消化酵素の分泌低下からくる消化不良によって脂肪便がみられるようになります。

膵がんは、膵臓にできる悪性腫瘍です。症状が現れにくく、早期発見が難しいがんです。進行すると、腹痛、黄疸、食欲不振、腰背部の痛み、倦怠感、体重減少がみられます。

❺ 胆石症・胆嚢炎

胆石症は胆汁の通り道（胆道）を結石が塞ぐ疾患で、加齢とともに増加します。高齢者では胆嚢結石でみられる激しい腹痛や黄疸などの典型的な症状がみられず、食欲低下など漠然とした症状で発症することがありますが、重症化しやすいため注意が必要です。

胆嚢炎の原因はほとんどが**胆石**です。胆嚢結石が胆嚢管にはまり込み、胆管を経由して胆嚢に達した腸内細菌に感染して起こります。

❻ 肝炎

肝炎の主な原因である**肝炎ウイルス**には、A・B・C・D・E型などが

あります。（D・E型肝炎ウイルスは、日本ではほとんどみられない）

★ 各型の肝炎（ウイルス）の比較

原因ウイルス＼特徴	A型	B型	C型
感染経路	経口	血液	血液
潜伏期	2〜6週	4〜24週	2〜16週
好発年齢	20〜30歳 （次第に高齢化）	20〜30歳が 多い	すべての年齢
母子感染	ない	多い	10%弱
慢性化	ない	ある	ある

（1）急性肝炎

　急性肝炎ではA型肝炎が最も多くを占めます。原因となる肝炎ウイルスに感染すると、潜伏期を経て食欲不振や全身の倦怠感など風邪に似た症状を示しますが、黄疸が現れてから肝炎に気づくこともあります。急性肝炎はほとんどの場合短期間で治癒し、一般に予後は良好です。

（2）慢性肝炎

　6か月以上、肝細胞の破壊が継続する疾患で、ほとんどの場合、**肝炎ウイルス**が原因です。B型とC型が多く、急性肝炎から移行したものを除いてはほとんど無症状です。進行して肝硬変になったり、肝がんを発症する場合もあります。**高齢者にはC型慢性肝炎が多い**といわれています。

❼ 肝硬変

　肝臓の細胞が長期にわたり破壊と再生を繰り返した結果、肝臓全体が硬くなったものを**肝硬変**といいます。原因は**C型肝炎**によるものが最も多く、ほかにB型肝炎やアルコール性肝障害などがあります。

　無症状の時期が長期間続き、さらに進行すると黄疸・皮膚のかゆみ・**腹水**（腹部に水分が溜まる）・肝性脳症（うわごと、興奮、錯乱、異常行動、傾眠、羽ばたき振戦〔鳥が羽ばたくように手が震える〕など）・

出血傾向（皮下出血、鼻血、歯肉出血）などが現れます。また、クモ状血管腫（クモが足を広げたような赤斑）や**手掌紅斑**（手のひらが赤くなる）、食道静脈瘤なども現れます。

高齢者では進行が遅く、症状が強く現れない場合が多いとされます。肝不全の予防、肝がんの合併に注意が必要です。

❽ 肝がん

原発性肝がん（肝細胞がん、胆管細胞がん）と転移性肝がんに分けられ、一般に肝がんといえば原発性肝細胞がんを指します。男性に多く発症します。慢性肝炎や肝硬変から進行することが多くあります。

特有の症状は現れにくく、進行すると腹部の圧迫感や膨満感、倦怠感、黄疸などが現れます。

☐ 1	通常、胆道疾患ではかゆみを伴うことはない。	**㉔**
☐ 2	B型肝炎は、慢性肝炎になることはない。	**㉖**

解答 1.✕ 胆石症や胆嚢炎などの胆道疾患では、黄疸により皮膚のかゆみがみられる／2.✕ 慢性肝炎は肝炎ウイルスが原因であり、B型とC型が多い

Lesson **11**

腎・泌尿器の疾患

Point

☑ 慢性腎不全の原因で最も多いのは糖尿病
☑ 慢性腎不全では皮膚のかゆみが現れる
☑ 前立腺がんは高齢者に多くみられる

❶ 腎不全　

(1) 急性腎不全（じんふぜん）

　急激に腎臓のはたらきが低下した状態を**急性腎不全**といいます。原因は脱水や心不全、急性腎炎、尿の通り道の閉塞などがあります。血中の老廃物が急に増え、**乏尿**（ぼうにょう）や**無尿**（むにょう）を伴います。治療は、原因となった疾患の治療が基本です。一般に、水と塩分の摂取は制限されます。

(2) 慢性腎不全

　腎機能が通常の２分の１以下に低下した状態を**慢性腎不全**といいます。原因は糖尿病からくる**糖尿病性腎症**が最も多く、ほかに慢性腎炎などがあります。倦怠感（けんたいかん）・浮腫（ふしゅ）・睡眠障害・しびれ感・動悸（どうき）・息切れ・食欲減退・嘔吐（おうと）・貧血・血圧の上昇・皮膚のかゆみ・夜間の尿量増加・乏尿・口からのアンモニア臭など、さまざまな症状が現れます。

　治療は食事療法と薬物療法を中心に行い、できるだけ人工透析の開始を遅らせます。

● 食事療法……**高カロリー食**で適正なエネルギーを摂取する。たんぱく質・水分・塩分・カリウムを制限する

● 血圧管理……**塩分制限**および**降圧薬**の投与

● 高リン血症・低カルシウム血症の治療……炭酸カルシウム、活性型ビタミンＤなどの投与

+1 プラスワン

高齢者の腎不全の特徴

高齢者は熱中症や下痢などにより脱水症状を起こしやすく、急性腎不全を発症する場合がある。慢性腎不全の末期や急性腎不全で、腎機能が通常の10%以下に低下した状態を尿毒症といい、全身に症状が現れて放置すると生命にかかわるため、継続して血液透析が行われる。

❷ 膀胱炎

膀胱の粘膜が細菌に感染して発症することが多い疾患です。細菌が尿道を遡って膀胱まで達します。男性に比べて尿道が短い女性に多いのが特徴です。**排尿痛**や**残尿感**、**頻尿**が症状として現れます。また尿が濁り、血尿が出る場合もあります。

❸ 前立腺肥大症・前立腺がん

前立腺肥大症は、前立腺の尿道近接部に発生する良性腫瘍が尿道を圧迫し、尿の通過障害が起こります。50歳頃からみられるようになります。症状は、**尿の出方が悪い**、**夜間頻尿**、トイレまで間に合わない、などが挙げられます。

前立腺がんは年齢が進むにつれて発生頻度が高くなり、**高齢者に多くみられます**。近年、増加傾向にあり、原因は不明です。初期には無症状ですが、がんが大きくなると**排尿困難・頻尿・血尿**などが現れます。

··· 理解度チェック ☑ ···

- ☐ 1 慢性腎不全の利用者の食事では、肉や魚を多めにする。㉞
- ☐ 2 慢性腎不全では、栄養管理が必須である。㉕

解答 1.✕たんぱく質は摂取制限がある／2.〇

Lesson 12

内分泌器の疾患

☑ 更年期障害ではのぼせやほてりが現れる
☑ バセドウ病は20〜30代の女性に多い
☑ 橋本病では倦怠感や冷えなどが現れる

❶ 更年期障害

　更年期における心身の乱れや不調の訴えなどを総称して更年期障害といいます。**エストロゲン（女性ホルモン）**の減少により、自律神経が失調することから起こると考えられています。主な症状は月経不順、のぼせや顔のほてり、冷え、動悸（どうき）などがあり、不眠や憂鬱感（ゆううつかん）、イライラ感など精神的な症状が日常生活に支障をきたす人もいます。

❷ 甲状腺機能亢進症

　甲状腺（こうじょうせん）のはたらきが活発になりすぎて、甲状腺からの**ホルモンの分泌が過剰になる**疾患をいいます。代表的な疾患に**バセドウ病**があります。

★バセドウ病

- 免疫異常により血液中に甲状腺を刺激する物質（抗体）が多量にできてしまうことが原因
- 20〜30代の女性に多い
- 代表的な症状は、①甲状腺腫（こうじょうせんしゅ）（甲状腺が腫（は）れて首が太くなったようにみえる）、②頻脈（ひんみゃく）（安静時にも動悸を感じる）、③眼球突出（眼球が前方に突き出るもので、約半数に現れる）、の3つである
- 汗をかきやすい、食欲があって食べるのに痩（や）せる、微熱、高血圧などの症状も現れる

❸ 甲状腺機能低下症

　甲状腺のはたらきが低下するため、**血液中の甲状腺ホルモンが減少した状態**をいいます。体内の物質代謝が上手く行われなくなるため、倦怠（けんたい）

感や無気力、動作緩慢などの症状が現れます。**橋本病**（慢性甲状腺炎）がよく知られています。

★ 橋本病

- 自己免疫異常が原因とされ、甲状腺の炎症が慢性的に続く
- 若年〜中年の**女性**に多い
- **倦怠感**、**気力の低下**、浮腫、**冷え**、便秘、皮膚の乾燥など、さまざまな症状が出る
- 甲状腺ホルモンがさらに低下すると、息切れや呼吸困難など心不全の症状が出ることもある

❹ その他のホルモンにかかわる疾患

- **下垂体機能低下症**（**尿崩症**など）
  下垂体から分泌されているホルモンが減少して起こる
- 副腎皮質機能低下症（**アジソン病**など）
  腎臓の上にある副腎から分泌されている副腎皮質ホルモンが減少して起こる
- 副腎皮質機能亢進症（**クッシング病**など）
  副腎皮質ホルモンが過剰に分泌されることで起こる

□ 1	甲状腺機能低下症は、血管性認知症の直接的な危険因子とはいえない。
□ 2	甲状腺機能低下症の症状として、手の震えがみられる。

解答 1.○／2.✕ 倦怠感、動作緩慢、浮腫などがみられる

Lesson 13

生活習慣病

重要度 **A**

- Point
  - ☑ 2型糖尿病には生活習慣がかかわっている
  - ☑ 糖尿病性網膜症、糖尿病性腎症、糖尿病性神経障害を糖尿病の三大合併症という

❶ 生活習慣病の理解

　生活習慣病とは、「食習慣、運動習慣、休養、喫煙、飲酒等の生活習慣が、その発症・進行に大きく関与する疾患群」とされています。

★主な生活習慣病（家族性のもの、先天性のものを除く）

食習慣	2型糖尿病・肥満・脂質異常症、高尿酸血症、循環器病、大腸がん、歯周病など
運動習慣	2型糖尿病・肥満・脂質異常症、高血圧など
喫煙	肺扁平上皮がん・循環器病・慢性気管支炎・肺気腫・歯周病など
飲酒	アルコール性肝疾患など

❷ 高血圧

　心臓が収縮したときの血圧を**収縮期血圧（最高血圧）**、心臓が拡張したときの血圧を**拡張期血圧（最低血圧）**といいます。WHO（世界保健機関）や日本高血圧学会のガイドラインでは、血圧測定値が収縮期血圧（最高血圧）**140**mmHg以上、拡張期血圧（最低血圧）**90**mmHg以上の場合を高血圧と定義しています（いずれも診察室血圧の場合）。

★日本高血圧学会による血圧の分類（診療室血圧の場合）

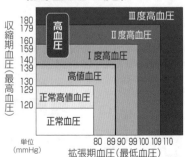

資料：日本高血圧学会高血圧ガイドライン作成委員会編「高血圧治療ガイドライン2019」（2019年）ライフサイエンス出版、p.18 表5を改変

❸ 糖尿病

(1) 糖尿病の概要

　糖尿病には、1型糖尿病（インスリン依存型糖尿病）と、2型糖尿病（インスリン非依存型糖尿病）があります。

★ 糖尿病の分類

1型糖尿病	● 若年者に発症することが多い ● 疾患の進行が速く、体内のインスリンの量が絶対的に不足しているため**インスリン注射**が必要
2型糖尿病	● 中年以降に発症することが多い ● 疾患の進行は遅く、体内のインスリンをつくる能力は保たれているため、生活習慣を改善することで予防できる場合が多い

日本の糖尿病患者の多くは、生活習慣病とされる2型。治療の原則は食事療法・運動療法・薬物療法だよ。

★ 糖尿病の主な症状

● 初期はほとんど自覚症状がない
● 典型的症状……多尿、口渇（喉が乾く）、多飲、体重減少
● 倦怠感が現れる
【高齢者の場合】
● 自覚症状があまりなく、非典型的な症状を訴えることがある

(2) 糖尿病の主な合併症

　高血糖が長期間続くと毛細血管や末梢神経が変化して、次のような三大合併症が現れるようになります。

★ 糖尿病の三大合併症

糖尿病性網膜症	飛蚊症（目の前に蚊のようなものが飛んでいるように見える）や視力低下が起こり、中途失明の危険性も高くなる
糖尿病性腎症	高血糖によって糸球体が過剰に糖をろ過するため、糸球体が硬くなって腎臓の機能が低下する
糖尿病性神経障害	しびれや痛み、感覚の低下が足先から始まる。足のけがに気づきにくく、そこから細菌感染して壊疽が生じることがある

❹ 脂質異常症 27

血液中のLDLコレステロール値が140mg/dL以上、中性脂肪（トリグリセライド）の値が150mg/dL以上、HDLコレステロール値が40mg/dL未満のいずれかの状態を**脂質異常症**といいます。自覚症状はなく、気づかないうちに**動脈硬化が進行する原因**になります。

❺ 高尿酸血症

尿酸が過剰に産生されたり、腎臓での排泄（はいせつ）が不良になることで、血液中に含まれている尿酸が7.0mg/dLを超えたものを**高尿酸血症**といいます。

尿酸が関節に結晶として沈着し、痛覚神経を刺激するようになった状態を痛風（つうふう）というよ。

❻ 肥満

肥満はさまざまな生活習慣病に関係する重要な危険因子です。内臓脂肪型肥満に加えて、高血糖、高血圧、脂質異常のうちいずれか２つ以上を併せもった状態を**メタボリックシンドローム**（内臓脂肪症候群）といい、多くの生活習慣病の発症と関連があるとされています。

••• 理解度チェック ☑ •••

□ 1	日本高血圧学会のガイドラインで、高血圧（I度）とされるのは、収縮期血圧値／拡張期血圧値（mmHg）が、140／90以上の場合である。 25
□ 2	コントロール不良の糖尿病の高血糖時では、口渇の症状がみられる。 34

解答 1.○／2.○

感染症

- - Point
  - ☑ 結核は日和見感染する
  - ☑ MRSAは院内感染の原因になる
  - ☑ ノロウイルスのほとんどが経口感染である

❶ 高齢者の感染症の特徴

　高齢者は免疫機能が低下しているためさまざまな病原体に感染しやすく、感染すると抵抗力の弱い臓器から発症していきます。高齢者にとって感染症は、生命にもかかわる重大な疾患となるため、注意が必要です。

　高齢者の場合、咳や発熱、腹痛などの**症状が明確に現れない**という特徴があります。その代わり、食欲不振や活動性の低下、失禁、脱水、意識障害といった症状がしばしばみられます。

❷ 高齢者に多い感染症　

★ 高齢者に多い感染症とその対策

腸管出血性大腸菌感染症	食中毒のひとつで、O157によるものは症状が重く現れる。ベロ毒素が赤血球を破壊し、急性腎不全を起こす場合がある 【対策】手洗いを徹底する。トイレの便座やドアノブはアルコールで拭き、食器は食器洗浄機で洗う
結核	結核菌に空気感染して起きる疾患。感染してもすぐには発症せず、多くの場合、体力が落ちたときなどに発症する（日和見感染）。主症状は倦怠感や午後の微熱、寝汗、体重の減少、咳、痰など 【対策】年に一度の定期健診時に、胸部のレントゲン撮影を受ける。また、寝汗、微熱、咳が2週間以上続くときは医療機関を受診する

日和見感染には、結核のほかMRSA感染症やHIV、ヘルペスなどがあるよ。

MRSA感染症／緑膿菌感染症	MRSA（**メチシリン耐性黄色ブドウ球菌**）、緑膿菌ともに、多剤投与により菌が抗生物質に耐性を示すため、治療が難しく、**院内感染**の原因となる。高齢者や手術後の体力が低下している人などに感染すると発症する 【対策】手洗いを徹底する
ノロウイルス（感染性胃腸炎）	秋から冬にかけて発生することが多い感染症。ほとんどが**経口感染**だが、接触感染・飛沫感染など通常の感染症としての側面ももつ 【対策】手洗いを徹底する。排泄物・嘔吐物の処理時には、使い捨てのマスク・手袋・予防衣（ビニールエプロン）を着用。**消毒液は次亜塩素酸ナトリウムを使用**
レジオネラ症	**レジオネラ**属の細菌による感染症。**入浴設備**からの感染が多く、重症化すると死亡する場合がある。高齢者や免疫力の低下している人に感染しやすく、人から人には感染しない 【対策】施設・設備を徹底的に点検、消毒する。浴槽は毎日洗浄し、月に一度は塩素系消毒液で消毒する
インフルエンザ	鼻水や咳など呼吸器の症状より先に、38℃以上の高熱、頭痛、筋肉や関節の痛みなどが起こる。高齢や免疫力が低下している場合、**肺炎を合併し重症化する**ことがある 【対策】マスク、手洗いの励行。感染者は外出禁止とし、面会も制限する。室温約22℃、湿度50 ～ 70%に保ち、栄養や水分管理をしっかり行う

・・・理解度チェック☑・・・

□1	**肺結核は、主に経皮感染する。** 25
□2	**介護福祉職がマスクと手袋を着用して嘔吐物を処理するのは、ノロウイルスの感染予防として適切である。** 35

解答　1.✕肺結核の感染経路は空気感染／2.○

Contents

認知症の理解

ここでは、認知症介護を適切に行うための基礎知識や具体的な援助方法について学習します。認知症のある人の特性を理解し、本人のみならず家族を含めた周囲の環境にも配慮した介護の視点を押さえましょう。

重要度 **B**

Lesson 1

認知症ケアの変遷

ーⱷー **Point**

☑ 認知症ケアの変遷、制度のポイントについて理解する
☑ 「認知症基本法」の概要をおさえておく

---

❶ 認知症のある高齢者数の推移と有病率

厚生労働省が2012（平成24）年に公表した「認知症高齢者数について」は、おおむね次のような内容でした。

- 2010（平成22）年時点で介護保険の要介護認定を行っている「認知症高齢者の日常生活自立度」ランクⅡ以上の高齢者数は**約280万人**

- 「**団塊の世代**」が75歳以上の後期高齢者になる2025（令和7）年の認知症高齢者数の推計は、**約470万人**（65歳以上人口の12.8%）で、2003（平成15）年時の**推計（約323万人）を上回る**ペースで増加。

その後も、認知症の有病率を加味した研究や調査などが行われ、内閣府「平成29年版高齢社会白書」で示された内容は次のとおりです。

- 2012年の認知症患者数は**約462万人**。有病率は約15%で、65歳以上の高齢者のおよそ**7人に1人**

- 2025年の認知症患者数推計は**約700万人**。有病率は約20%で、65歳以上の高齢者のおよそ**5人に1人**

┼1 プラスワン

有病率とは

一時点における、患者数の単位人口に対する割合。疾病の頻度を表す指標の1つで、「人口10万人当たり○人」と表現することが多い。

❷ 認知症に関する行政の方針と施策

★ 認知症患者・高齢者をめぐる主な施策

1963 （昭和38）年	「老人福祉法」制定。老人福祉施設（養護老人ホーム・特別養護老人ホーム・軽費老人ホームなど）が体系化された
1973 （昭和48）年	老人医療費支給制度実施。高齢者の医療費の自己負担無料化に伴い、**社会的入院**が増加し、社会問題となった ※社会的入院…医学的には入院治療の必要がないにもかかわらず、社会的事情（家族の介護機能の低下、経済的負担の増加など）により長期入院を続ける状態
1982 （昭和57）年	公衆衛生審議会から老人精神保健対策の進め方について答申が出された。都道府県や市町村を中心に認知症の予防および啓発活動の推進や家庭訪問サービス事業等在宅**老人精神保健対策**の充実、老人精神病棟への入院対象者の明確化などが盛り込まれた
1984 （昭和59）年	痴呆性老人処遇技術研修事業の開始。**集団管理的なケア**が行われた
1986 （昭和61）年	厚生省（現：厚生労働省）に**痴呆性老人対策推進本部**設置。翌1987（昭和62）年に提出された報告書を基に、認知症介護に関するデイサービスの介護報酬上の評価の創設や痴呆性老人専門治療病棟などの整備が行われた
1987 （昭和62）年	日本初の認知症グループホーム「ことぶき園（島根県出雲市）」が誕生。個別的集中ケアが行われた 大型施設や病院での集団管理的介護のあり方を見直す動き ● 1991（平成3）年、地域の住民が住宅や賃貸物件を借り受けて高齢者や障害者に福祉サービスを提供する、民間独自の施設である**宅老所**「宅老所よりあい（福岡県福岡市）」が誕生 ● 1997（平成9）年、国庫補助事業として痴呆対応型老人共同生活援助事業が開始されたことにより、痴呆対応型共同生活介護の提供体制整備が活発化
2000 （平成12）年	「**介護保険法**」の施行。高齢者の**尊厳の保持、自己決定の尊重、措置から契約への転換** p.74参照〉
2002 （平成14）年	全室個室・ユニットケアの整備が行われた。よりくつろげる空間で一人ひとりに密着した介護が可能となった p.443参照〉
2003 （平成15）年	高齢者介護研究会が、団塊の世代が65歳を迎える2015年に向けた報告書「**2015年の高齢者介護〜高齢者の尊厳を支えるケアの確立に向けて〜**」を公表。介護保険制度の課題や高齢者介護の今後の方向性が示された

2004 （平成16）年	「痴呆」の名称が「認知症」に変更された 多くの人々に認知症の理解を広め、認知症高齢者が安心して暮らせる町づくりを目指して、厚生労働省が「認知症を知り地域をつくる10ヵ年」の構想を打ち出し、「認知症になっても安心して暮らせる町づくり100人会議」が「『認知症を知り地域をつくる』キャンペーン」の推進母体となった

★ **「『認知症を知り地域をつくる』キャンペーン」の主な取り組み**

認知症サポーター 100万人キャラバン	認知症について正しい理解をもち、地域や職場などで認知症のある人や家族を応援する認知症サポーター（「認知症サポーター養成講座」を受講した人）を全国で100万人養成する
「認知症でもだいじょうぶ町づくり」キャンペーン	認知症のある人の本来の力を活かし、ともに暮らす町づくりの活動を全国で育むことを目的として、地域での活動を広く募集し、紹介する
認知症の人「本人ネットワーク」支援	認知症高齢者同士が知り合い、自由に話し合ったり、経験を共有することができる場をつくるとともに、支援者の育成を図る
認知症の人や家族の力を活かしたケアマネジメントの推進	「認知症の人のためのケアマネジメントセンター方式」を活用し、地域での自分らしい生活の実現を目指す

2006 （平成18）年	介護保険制度に地域密着型サービス（**認知症対応型共同生活介護**など）が創設された p.101参照
2012 （平成24）年	認知症のある人が、「認知症になっても本人の意思が尊重され、できる限り住み慣れた地域のよい環境で暮らし続けることができる社会」の実現を目指し、厚生労働省が「**認知症施策推進5か年計画（オレンジプラン）**」を策定。認知症ケアパスの作成・普及、認知症の早期診断・早期対応など目標が掲げられた ● 認知症の早期診断・早期対応の施策として、**認知症初期集中支援チーム** p.295参照 のモデル事業が開始
2014 （平成26）年	地域支援事業の包括的支援事業に、保健医療・福祉の専門家による認知症の早期対応のための支援や、認知症や認知症が疑われる被保険者に対する総合的な支援を行う「**認知症総合支援事業**」が加わった p.76参照 ● **認知症初期集中支援チーム**の関与による認知症の早期診断、早期対応 ● **認知症地域支援推進員**による相談対応 ● 認知症ケアの向上・推進など

2015 （平成27）年	厚生労働省が「認知症施策推進総合戦略～認知症高齢者等にやさしい地域づくりに向けて～（新オレンジプラン）」を策定 ★ **新オレンジプランの7つの柱と主な施策** ①認知症への理解を深めるための普及・啓発の推進 　⇒**認知症サポーター**の養成など ②認知症の容態に応じた適時・適切な医療・介護等の提供 　⇒かかりつけ医の研修や認知症サポート医の養成推進、認知症疾患医療センターの整備、**認知症初期集中支援チーム** p.295参照 の設置、認知症地域支援推進員の配置など ③若年性認知症施策の強化 　⇒若年性認知症支援コーディネーターの配置など ④認知症の人の介護者への支援 ⑤認知症の人を含む高齢者にやさしい地域づくりの推進 ⑥認知症の予防法、診断法、治療法、リハビリテーションモデル、介護モデル等の研究開発およびその成果の普及の推進 ⑦認知症の人やその家族の視点の重視
2019 （令和元）年	関係閣僚会議において「**認知症施策推進大綱**」がとりまとめられた。認知症の発症を遅らせ、発症後も希望をもって日常生活を過ごせる社会を目指す。認知症の人や家族の視点を重視しながら、「**共生**」と「**予防**」を車の両輪とし、5つの柱に沿った取り組みを実施していく。対象期間は、団塊の世代が75歳以上となる2025（令和7）年まで ★ 「**認知症施策推進大綱**」の5つの柱 ①普及啓発・本人発信支援 ②予防 ③医療・ケア・介護サービス・介護者への支援 ④認知症バリアフリーの推進・若年性認知症の人への支援・社会参加支援 ⑤研究開発・産業促進・国際展開
2023 （令和5）年	「共生社会の実現を推進するための**認知症基本法**（認知症基本法）」制定。内閣に設置された**認知症施策推進本部**が認知症施策推進基本計画案の作成・実施の推進等をつかさどる

2023年6月14日に成立した「**認知症基本法**」（施行は2024年1月1日）では、目的（第1条）、基本理念（第3条）が次のように定められています。

第一条　この法律は、我が国における急速な高齢化の進展に伴い認知症である者（以下「認知症の人」という。）が増加している現状等に鑑み、認知症の人が**尊厳を保持しつつ希望を持って暮らす**ことができるよう、認知症に関する施策（以下「認知症施策」という。）に関し、基本理念を定め、国、地方公共団体等の責務を明らかにし、及び認知症施策の推進に関する計画の策定について定めるとともに、認知症施策の基本となる事項を定めること等により、認知症施策を総合的かつ計画的に推進し、もって認知症の人を含めた国民一人一人がその個性と能力を十分に発揮し、相互に**人格と個性を尊重**しつつ支え合いながら**共生する活力ある社会**（以下「共生社会」という。）の実現を推進することを目的とする。

第三条（前略）
一　全ての認知症の人が、**基本的人権**を享有する個人として、**自らの意思**によって日常生活及び社会生活を営むことができるようにすること。
二　国民が、**共生社会の実現を推進**するために必要な**認知症に関する正しい知識**及び**認知症の人に関する**正しい理解を深めることができるようにすること。
三　認知症の人にとって日常生活又は社会生活を営む上で**障壁**となるものを除去することにより、全ての認知症の人が、社会の対等な構成員として、**地域において安全にかつ安心して自立した日常生活**を営むことができるようにするとともに、自己に直接関係する事項に関して**意見を表明する機会**及び社会のあらゆる分野における**活動に参画する機会の確保**を通じてその**個性と能力を十分に発揮**することができるようにすること。
四　認知症の人の意向を十分に尊重しつつ、**良質かつ適切な保健医療サービス及び福祉サービスが切れ目なく提供**されること。

五　**認知症の人**に対する支援のみならず、その**家族**その他認知症の人と**日常生活において密接な関係を有する者**（以下「家族等」という。）**に対する支援**が適切に行われることにより、認知症の人及び家族等が地域において安心して日常生活を営むことができるようにすること。

六　認知症に関する専門的、学際的又は総合的な研究その他の**共生社会の実現**に資する研究等を推進するとともに、認知症及び軽度の認知機能の障害に係る予防、診断及び治療並びにリハビリテーション及び介護方法、認知症の人が尊厳を保持しつつ希望を持って暮らすための社会参加の在り方及び認知症の人が他の人々と支え合いながら共生することができる社会環境の整備その他の事項に関する科学的知見に基づく**研究等の成果を広く国民が享受できる**環境を整備すること。

七　教育、地域づくり、雇用、保健、医療、福祉その他の各関連分野における**総合的な取組**として行われること。

★「認知症基本法」の基本的施策（主な項目）

- 認知症の人に関する国民の理解の増進など
- 認知症の人の生活における**バリアフリー化の推進**
- 認知症の人の社会参加の機会の確保など
- 認知症の人の意思決定の支援および権利利益の保護
- 保健医療サービスおよび福祉サービスの**提供体制の整備**など
- **相談体制の整備**など
- 研究等の推進など
- 認知症の**予防**など

・・・ **理解度チェック** ☑ ・・・

□ 1　2025年（平成37年）の認知症高齢者数に関する推計値（「平成29年版高齢社会白書」（内閣府））は約700万人である。㉜

□ 2　認知症初期集中支援チームの設置は、認知症施策推進大綱の5つの柱に示されている。㉟

解答　1.○／2.✕ オレンジプランの「早期診断・早期対応」の施策のひとつ

Lesson 2

認知症ケアの考え方

- Point
  - ☑ パーソン・センタード・ケアは、その人らしさを尊重しながら人間らしい生き方を支援していく考え方
  - ☑ ユマニチュード、センター方式の考え方について理解する

❶ 認知症ケアの理念

(1) パーソン・センタード・ケア

認知症高齢者への援助の基本は、認知症は病気であるという理解です。そして認知症の理解に加え、高齢者本人を理解することも必要になります。高齢者本人を理解するためには、その人を理解する手だてとなる情報を収集することが求められます。これは高齢者自身を中心に据えた対応であり、**パーソン・センタード・ケア**とよばれます。

パーソン・センタード・ケアはイギリスの臨床心理学者**キットウッド**が提唱したものです。それまでの医学モデルに基づいた認知症の見方を再検討し、認知症の症状からその人をみるのではなく、今の状態がベストであるとし、**その人らしさを尊重しながら、人間らしい生き方を支援していく考え方**です。

+1 プラスワン

> ### 認知症ケア・マッピング（DCM）
>
> キットウッドが開発した評価ツールで、パーソン・センタード・ケアの考え方に基づき、認知症のある人に対してどのような介護が提供されているのかを測定する。認知症のある人の生活の様子を観察することで認知症のある人と周囲とのかかわりを把握し、介護のあり方を探るものである。

(2) ユマニチュード

ユマニチュード（Humanitude）は造語で、「人間らしくある」という意味をもっています。さまざまな機能が低下して、他者に依存しなけ

ればならない状況になっても、最期まで尊厳をもって暮らし、生涯を通じて人間らしく存在し続けることを尊重するという考え方に基づいたケア技法です。知覚、感情、言語による包括的コミュニケーションに基づいたケアを行います。

★ユマニチュードの4つの柱

見る	アイコンタクトをとる（しっかりと見つめ合う）。正面から徐々に近づき、視線が合ったら、笑顔で2秒以内に話しかける
話す	会話が成り立つかどうかにかかわらず、優しい声で、これから行うことや、何のために行うかなどを、話しかけながらケアを行い、安心感を与える
触れる	肩などに優しく触れる。力を入れすぎたり、つかんだりしてはいけない
立つ	立たせるときは身体を前傾させて、本人の立つ力を引き出すようにする。20分くらい立っていられるようであれば、立位での清拭やシャワーを勧める

（3）認知症の人のためのケアマネジメントセンター方式

「認知症の人のためのケアマネジメントセンター方式（以下、**センター方式**）」は、認知症介護研究・研修センターが中心となって開発されました。センター方式は、認知症高齢者本人や家族、また、介護に携わる専門職などが共通シートを使って情報の交換や共有を行いながら、よりよい暮らしを目指していくために活用されるものです。認知症の初期からターミナル期までどの段階でも使えるような工夫があり、チームで活用するとより効果的な支援が行えることが確認されています。

★**センター方式による「共通の5つの視点」**

❶その人らしいあり方
❷その人にとっての安心・快
❸暮らしの中での自分の力の発揮
❹その人にとっての安全・健やかさ
❺なじみの暮らしの継続（環境・関係・生活）

+1プラスワン

認知症介護研究・研修センター

厚生労働省が利用者本位の認知症ケアを全国に普及・推進するため、国の補助事業として2000（平成12）年に東京都杉並区・愛知県大府市・宮城県仙台市の3か所に設置。

（4）ひもときシート

ひもときシートは、アセスメントの前段階に使用するツールで、事実と根拠に基づいた適切なケアを実現するための「思考の整理」の役割を果たします。

❶ステップ1：評価的理解

援助者が自身の気持ちに向き合い、感じている課題や考える対応法を書く

❷ステップ2：分析的理解

利用者の立場に立ち、具体的な言動の背景要因を分析する

❸ステップ3：共感的理解

ステップ2を基に利用者の気持ちに共感して、利用者の視点に立った課題解決の糸口を見つけ、アセスメントにつなげる

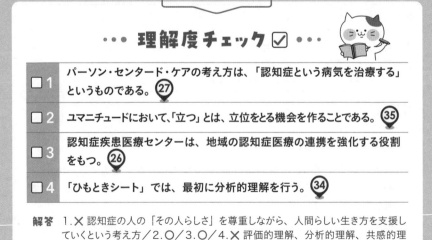

・・・ 理解度チェック ☑ ・・・

□ 1	パーソン・センタード・ケアの考え方は、「認知症という病気を治療する」というものである。㉗
□ 2	ユマニチュードにおいて、「立つ」とは、立位をとる機会を作ることである。㉟
□ 3	認知症疾患医療センターは、地域の認知症医療の連携を強化する役割をもつ。㉖
□ 4	「ひもときシート」では、最初に分析的理解を行う。㉞

解答 1.✗ 認知症の人の「その人らしさ」を尊重しながら、人間らしい生き方を支援していくという考え方／2.〇／3.〇／4.✗ 評価的理解、分析的理解、共感的理解の順に行うよう構成されている

認知症の理解

❶ 認知症とは

(1) 認知症の定義

認知症とは、脳の後天的な障害により慢性的かつ不可逆的に脳の認知機能が低下し、日常生活に支障をきたす状態をいいます。認知機能とは、記憶、思考、理解、計算、学習、言語、判断などの知的機能のことです。

「介護保険法」では、「アルツハイマー病その他の神経変性疾患、脳血管疾患その他の疾患により日常生活に支障が生じる程度にまで認知機能が低下した状態として政令で定める状態」と定義しています。

(2) 脳の機能低下

心身のほかの部位と同様、脳の機能・構造についても老化現象がみられるようになります。血管や神経細胞の加齢変性が認知症の発症原因と考えられています。

脳の機能低下には、**神経細胞の減少**のほか、一般に**樹状突起の減少**も関与しているとされています。

❷ 認知症の症状

認知症の症状には、**中核症状**と**行動・心理症状（BPSD）**があります。

中核症状は、認知機能の低下による**認知機能障害**で、必ず起こるものです。BPSDは**すべての場合に必ず起こるとは限らず**、周囲のかかわりや介護環境に大きく影響を受けるものです。

★ 認知症の中核症状

記憶障害	最近の出来事に関する記憶ほど不鮮明になる。ただし過去のことは比較的よく保持されている
見当識障害	時間・場所・人物に対する認識（見当識）の障害。認知症の進行に伴い、時間、場所、人物へと障害が進む。失見当ともいわれる
遂行機能障害	物事を総合的に考え、計画し、筋道を立てて行うことが困難になる
社会脳の障害	前頭前野の障害によって起こる。**脱抑制**、**常同行動**、社会的に不適切な言動（人を罵倒するなど）などが現れる。また、**共感脳**が障害されると、他者の気持ちや痛みが理解できず、人を思いやることができなくなる ※共感脳…前頭葉の内側面を指す。他者に対する共感や同情などの認知機能と深くかかわっている
空間認知障害	頭頂連合野の機能低下によって起こる。三次元空間の中で、自分の身体や周囲の物の位置を正確にとらえることができなくなる。車が上手く操作できない、衣服の着脱が上手くできない（**着衣失行**）など
視覚認知障害	後頭葉の機能低下によって起こる。視覚にかかわる症状が現れる。実際に存在するものを別のものに見間違える（**錯視**）、実際には存在しないものが見える（**幻視**）
失語・失行・失認のような症状	高次脳機能障害で現れる失語・失行・失認は、本来は病巣症状（局所症状）である。一方、認知症の病変は脳全体に広がり、損傷は広範囲にわたるため、失語・失行・失認のような症状が現れる
病識低下	病識（自分の障害を自覚し、その程度を把握すること）の低下に伴い、BPSDの増加や服薬管理困難、介護の拒否などがみられる
性格の変化	怒りっぽい人がさらに怒りっぽくなるなど、病気が生じる前の性格が認知症になってさらに強調される先鋭化、病前にはなかった性格が出現してくる性格変化などが認められる

★ 認知症の BPSD

心理症状	不安・焦燥	漠然とした**不安**や焦燥感をもちやすくなる
	自発性の低下（アパシー）	自分からは何もしなくなり、生気がみられない状態をいう。認知症が重度化すると発話がなくなり運動の活発さがみられなくなる
	抑鬱状態	「死にたい」などと訴えることがある。鬱状態ともいう。憂鬱感や不快感によって、判断力や決断力が低下したり、生きているのが面倒になったりする
	心気症状	物忘れの訴えや、「眠れない」「尿が出ない」などと身体の不調を訴える**身体的愁訴**がみられる

心理症状	幻覚・妄想	配偶者や恋人が浮気をしているなどと訴える**嫉妬妄想**、自分が大事にしているものを誰かに盗られてしまったと訴える**物盗られ妄想**がよくみられる
	睡眠障害	夜間眠れない**不眠**、寝すぎてしまう**過眠**、睡眠が昼夜逆転する睡眠覚醒リズムの障害などがみられる
行動症状	作話 （さくわ）	**記憶障害**のために相手の質問に答えられず、その場限りの取り繕（つくろ）った内容を話す
	徘徊（無断外出） （はいかい）	家の中や屋外を歩き回る。**本人なりの目的や意味があるが**、見当識の障害などから居場所がわからなくなることに起因していると考えられている。夕方になると帰宅行動をとることを**夕暮れ症候群**という
	異食	**理解力**の低下により、食べ物でない物を口に入れ、食べようとする
	弄便 （ろうべん）	**不潔行為**のひとつで、便を粘土のように手で弄（もてあそ）んだり、壁に塗りつけたりする
	失禁	尿意が感じられない、排泄動作ができない、排泄をコントロールできない、などが原因で起こる。汚れた下着を隠そうとする**不潔行為**もみられる
	異所排尿	廊下の隅など、通常は排泄しない場所に排尿すること
	興奮	人間関係や介護環境の変化などによる不安から生じる
	暴言・暴力・易怒性 （いどせい）	不安や恐怖、混乱から自分の身を守るため、介護者などに暴力を振るったり、暴言を吐いたりする。中核症状が中等度以上になると頻繁に現れる ※易怒性…ささいなことで、すぐに怒りをあらわす性質
	性的逸脱行為	自制心や判断力の低下から衣服を脱いでしまったり、自分の性器をいじったり、介護者に抱きついたりする
	収集癖	周囲からみると不必要なものなどを集める行為。自分のものと他人のものの区別がつかず、目についたものを手当たり次第に集めているようにみえるが、本人にとっては意味がある場合もある

❸ 認知症に間違えられやすい症状

（1）単純な物忘れ

単純な物忘れの場合は、何かを忘れていることや思い出せないことを

275

自覚できていて、時間をかければ思い出せることもあります。一方、認知症による記憶障害の場合は、**経験自体が忘れ去られてしまいます。**

● **軽度認知障害**（MCI）……「物忘れ」はみられるが、日常生活への影響はほとんどなく、正常な加齢と認知症との境界領域にあるもの

（2）認知症と混同されやすい疾患と障害

★認知症と混同されやすい疾患と障害

統合失調症 p.321参照	生活リズムが崩れる、身だしなみに構わなくなる、自閉的になる、衝動的な行動を頻発する、徘徊がみられるなどの症状が認知症との混同を招く一因と考えられている
鬱病 p.322参照	気分の落ち込みや意欲の低下などの症状が認知症の症状と類似していることから、しばしばその鑑別が困難なことがある。鬱病が、状態が改善されると症状は快復する。認知症と区別するために仮性認知症とよばれている。**鬱病では認知症の診断に用いられる長谷川式認知症スケールの得点も低下する**
せん妄	疾患などを原因とする**意識障害**の一種で、意識混濁や興奮、幻覚・妄想などの症状を示す。夜間に強く現れるものを**夜間せん妄**とよぶ。認知症との違いとしては、**急速に症状が発現する**ことが挙げられる
慢性硬膜下血腫（まんせいこうまくかけっしゅ）	転倒による頭部外傷などが原因で硬膜の下にできた血腫が徐々に増大し、脳が圧迫されて起こる疾患。頭痛や意識障害、運動機能障害、記憶・判断力の低下などが現れ、認知症と誤診されることがある。適切な治療を行えば、症状は改善する

・・・ **理解度チェック** ☑ ・・・

☐	1	徘徊は、認知症であれば誰にでも起こる。㉘
☐	2	軽度認知障害では、本人や家族から記憶低下の訴えがあることが多い。㉞

解答 1.✕ BPSDであり、誰にでも起こるものではない／2.○

原因疾患の特徴と治療

❶ 認知症の原因疾患

認知症の原因疾患はさまざまですが、中でも代表的なものが、**アルツハイマー型認知症**と**血管性認知症**です。認知症の原因の約９割を、この２つの疾患が占めています。

★ 認知症の主な原因疾患

脳血管障害	血管性認知症（脳出血、脳梗塞）など
脳変性疾患	アルツハイマー型認知症、前頭側頭型認知症、レビー小体型認知症、クロイツフェルト・ヤコブ病など
外傷性疾患	頭部外傷など
感染症疾患	進行麻痺、各種髄膜炎および脳炎など
内分泌代謝性疾患	甲状腺機能低下、副甲状腺機能異常、ビタミンB_{12}欠乏症、ウィルソン病など
中毒性疾患	アルコール、鉛、水銀、マンガンなどの中毒、CO（一酸化炭素）中毒など
腫瘍性疾患	脳腫瘍など
その他	正常圧水頭症、てんかん、多発性硬化症など

（1）アルツハイマー型認知症

原因はアミロイドβたんぱくの沈着だと考えられています。老人斑（茶色い染みのような脳組織の変化）や神経原線維変化のほか、脳全体の萎縮、脳室の拡大がみられ、神経細胞が減少していくために認知症症状が現れます。大きな変化は側頭葉から頭頂葉にかけて起こり、進行すると前頭葉に及びます。男性よりも**女性に多い**という特徴があります。

❶症状

　知能全般に障害が現れますが、初期の段階から徐々に人格が変化する（発病前の性格の特徴がみられなくなる）という特徴があります。進行は**慢性的**で緩慢ですが、末期には重度の認知症となります。

　また、一般に血管性認知症よりも見当識などの能力が低いにもかかわらず行動範囲が広く、行動症状を伴いやすい傾向があります。

★ アルツハイマー型認知症の主な症状

記憶障害	物盗られ妄想・不安・鬱状態など
思考・判断力の障害	遂行機能（実行機能）の障害
見当識障害	時間→場所（空間・地理）→人物の順に見当識が障害
空間認知障害	車が上手く操作できない、衣服の着脱が上手くできないなど
病巣症状（局所症状）	失語、失行、失認など
神経症状	運動麻痺、パーキンソニズム、てんかん、発語不能、嚥下困難、尿失禁、嗅覚低下、寝たきりなど

❷治療法

　薬物治療により進行を遅らせる効果は認められているものの、現在、根治的治療は困難です。代表的な治療薬は塩酸ドネペジルで、神経伝達物質であるアセチルコリンを間接的に増やす作用をもつ薬剤です。

　抑鬱状態には抗鬱薬、せん妄や興奮状態には向精神薬や鎮静薬など、症状に合わせて薬物投与を行います。

（2）血管性認知症

　脳梗塞、脳出血などが原因で、脳の神経細胞や組織が障害されたり、血液の循環が阻害されて起こります。発病は60歳前後に多く、加齢とともに増加します。また、女性よりも**男性**に多くみられます。

❶症状

● **高次脳機能障害**（脳動脈などの太い血管が閉塞して広範囲に梗塞が生じることにより起こる）

　　主に**認知機能の障害**で、脳のどの部位に損傷を受けたかによって症状の現れ方が異なる。壊死が生じた部分の脳がつかさどる精神機能のみが障害されるため、**まだら認知症**ともよばれる。再発を繰り

返すことにより、症状は**階段状に進行**していく

● **多発性脳梗塞**（大脳深部の小さな血管が詰まることにより起こる）・**ビンスワンガー型**（大脳白質の病変により起こる）

　記憶障害などの中核症状のほか、**抑鬱やアパシー**（自発性の低下）、**情動失禁**（感情失禁）、**思考の鈍麻**（考える速度が遅くなる）、**仮性球麻痺**（嚥下障害、構音障害）、**パーキンソニズム**（手足の筋固縮や姿勢反射障害など）などの特徴的な症状が現れる。症状は**緩慢**に進行

❷**治療法**

　脳血管障害を治療するための抗動脈硬化薬や脳代謝賦活薬などが一般的に用いられます。これらは、認知症に伴う自発性の低下、意欲や関心の低下、鬱状態の改善に対して有効です。

　また、心疾患や高血圧などの**リスク管理**をすることによって原因となる脳梗塞や脳出血を予防し、発症を未然に防ぐことができます。

（3）レビー小体型認知症

　初老期における認知症のひとつです。脳内の神経細胞にレビー小体ができて起こるものですが、病態の原因は不明です。

❶**症状**

　初期は記憶障害が目立たないことが多いですが、**パーキンソニズム**や**幻視**のほか、自律神経症状がみられます。パーキンソニズムが目立たない場合、アルツハイマー型認知症との区別が難しくなります。

★ レビー小体型認知症の主な症状

パーキンソニズム	安静時振戦、筋固縮、無動・寡動、姿勢反射障害
幻覚	強迫的で複雑かつ現実的な幻視
自律神経症状	起立性低血圧、失神、嗅覚低下、便秘など
記憶障害	記憶獲得障害により覚醒レベルや注意レベルが損なわれる
レム睡眠行動障害	夢の中での言動が異常行動として現れるもの。睡眠中に大声で叫んだり手足を大きく動かしたり、立ち上がって走りだしたりする。呼びかけたり刺激を与えたりすると目が覚め、見ていた夢の内容も比較的はっきりと思い出すことができる

❷治療法

アルツハイマー型認知症と同様、塩酸ドネペジルなどで改善がみられることが多いといわれます。初期には**レボドパ**（L－ドパ）や脳循環改善薬も併用されます。

運動機能の保持・改善にはパーキンソン病に準じたリハビリテーションが行われます。

（4）前頭側頭型認知症（ピック病）

初老期に発症する認知症のひとつです。病名のとおり、大脳の前頭葉と側頭葉に限定して萎縮する疾患です。原因は不明です。

❶症状

病状は進行性で、**人格の変化**が目立ち、**脱抑制**や**常同行動**などがみられます。無頓着、無関心、自発性欠如、失語といった前頭葉、側頭葉の障害症状もありますが、記憶や計算能力は部分的に保たれています。また、次第に生活態度が単調になり、**滞続言語**という独特の症状が現れるようになります。

★ 前頭側頭型認知症の主な症状

行動障害型前頭側頭型認知症	前頭葉の萎縮が主体。**脱抑制、常同行動**が特徴的な症状。その他、アパシーや過活動も生じやすい
意味性認知症	側頭葉の萎縮が主体。語義失語（言葉の意味がわからない）が特徴的な症状。その他、相貌失認（顔を見ても誰だかわからない）、前頭葉症状（脱抑制や常同行動など）なども伴う

❷治療法

現在のところ有効な治療法は確立されていません。

脱抑制・滞続言語

脱抑制とは自分の欲望を抑えられず、反社会的な行動、なげやりな態度、人をばかにした態度などをとること。このため、暴言・暴力などを伴いやすい。滞続言語とは、会話の中にそのときの話題と無関係な文節あるいは文章を繰り返しさし挟むもので、例えば、食事の話題なのに「東京駅で降りました」と何度も繰り返すような状態のこと。

(5) クロイツフェルト・ヤコブ病

プリオン病（伝達性海綿状脳症）のひとつです。家族性のもの、発症原因が不明なものもありますが、プリオンたんぱくが脳内に侵入することで発症すると考えられています。

❶症状

脳がスポンジ様になり、**急速に進行する**認知症の症状がみられます。初発症状から短期間の間に寝たきりとなり、1～2年で死亡します。

★クロイツフェルト・ヤコブ病の主な症状

精神症状	認知障害・意識障害・幻覚、妄想など
運動失調	筋固縮・運動麻痺・**ミオクローヌス**（不随意運動）など

❷治療法

現在のところ有効な治療法は確立されていません。

> **+1 プラスワン**
>
> **ミオクローヌス**
>
> 素早い筋（きん）の収縮による不随意運動のひとつ。自分の意思とは無関係に起こる顔面や四肢の素早い動きで、手先が不規則に勝手に動く、首を動かす、顔をしかめるなどがみられる。

(6) 若年性認知症

一般に65歳未満で発病したものを**若年性認知症**といいます。高齢の発症と比べて進行が比較的速く、前頭側頭型認知症の割合も高いです。初期には、記憶障害よりも作業効率の低下など、遂行機能（すいこうきのう）（実行機能）障害が引き起こす諸症状や、抑鬱（よくうつ）、意欲低下などが目立つことが少なくありません。

> 若年性認知症では、就労を続けるのが困難になって、本人やその家族にとって経済的な問題が生じやすいね。

(7) その他

- **慢性硬膜下血腫**……転倒による**頭部外傷**などが原因で硬膜の下にできた血腫が徐々に増大し、脳が圧迫されて起こる疾患 p.276参照
- **正常圧水頭症**……頭蓋内に脳脊髄液が異常に溜まり、脳室は拡大するが頭蓋内圧は正常範囲にあるもの。記憶障害、歩行障害、失禁が三大症状である。**早期発見、手術により症状が改善する**

② 認知症の予防

　認知症の予防には、①一次予防（発症を遅らせる）、②二次予防（早期発見・早期対応）、③三次予防（認知症の進行を遅らせ、BPSDの発症を防ぐ）があります。

　一部の認知症疾患を除いて、発症には、年齢（寿命）や生活習慣が密接に関係しています。生活習慣を改善して寿命を延ばすことが、認知症予防につながります。

- 認知症の危険因子……喫煙や肥満、運動不足、加齢など
- 認知症のリスクを下げる要因……エクササイズや良質な睡眠など

･･･ 理解度チェック ☑ ･･･

- ☐ **1** 抑うつは、血管性認知症の特徴的な BPSD である。㉛
- ☐ **2** 幻視は、前頭側頭型認知症の特徴的な症状である。㉚
- ☐ **3** 正常圧水頭症による認知症は、早期発見により改善が可能である。㉗

解答 1.○／2.✕ レビー小体型認知症の特徴的な症状／3.○

認知症の検査と診断

❶ 認知症の検査　

（1）認知症の検査・診断方法

❶知能検査

- **長谷川式認知症スケール**（HDS-R）……主に認知症のスクリーニングテスト（選別・識別のための検査）として用いられる。記憶や見当識、計算などに関する**9つの質問**で構成され、所要時間10分程度で行える簡易な検査方法。検査結果が30点満点のうち20点以下の場合、認知症が疑われる

- **ミニメンタルステート検査**（MMSE）……口頭で答える簡単な質問と**図形の模写**などで構成され、10分程度で行える比較的簡単な内容。30点満点のうち23点以下の場合、認知症が疑われる

- **ビネー式知能検査**……わが国では田中ビネー知能検査、鈴木ビネー知能検査が用いられる。田中ビネー知能検査では、被検査者が14歳以上の場合は精神年齢を算出せず、結晶性・流動性・記憶・論理推理の4領域に分類された問題の回答を分析的に測定する

❷脳内の変化を把握するための器質的検査

- **MRI**（核磁気共鳴画像法）……磁気と電磁波を用いて臓器や血管の断面を撮影する画像診断方法。脳の萎縮、腫瘍、出血などの有無や程度を確認できる

- **CT**（コンピュータ断層撮影法）……Ｘ線を用いて身体の断面を撮影する画像診断方法。脳内の梗塞や腫瘍、血腫の有無などを確認できる。慢性硬膜下血腫の鑑別に有効とされている

- **SPECT**（脳血流シンチ）……脳などの血流状態をみる画像診断方法。脳機能が衰えて血流が低下している部分（虚血領域）を画像で確認できる。認知症のほか、脳血管障害、心疾患、がんなどの早期発見に有効とされている

❸重症度を行動観察から評価する基準

- **CDR**……認知症の有無に関する評価基準の中で、代表的なものとして世界で広く用いられている。認知機能をはじめ社会活動や家庭生活、身のまわりのことなど6項目の内容について、5段階（なし・疑わしい・軽度・中等度・重度）で状態を評価する

- **FAST**……**アルツハイマー型認知症**の重症度を判定する評価尺度。アルツハイマー型認知症の進行を7つに区分し、その臨床的特徴が示されている

❹重症度をADL、IADLから評価する基準

- **「認知症高齢者の日常生活自立度」**判定基準……厚生労働省が提案し、要介護認定の判定資料として利用されている。日常生活上の具体的動作の状況を評価の目安として示している

- **「障害高齢者の日常生活自立度」**判定基準……1991（平成3）年に厚生省（現：厚生労働省）が公表した判定基準。「寝たきり度判定基準」ともいわれる。障害のある高齢者の日常生活自立度を4ランクに分類して判定する

★ **「認知症高齢者の日常生活自立度」判定基準**

ランク	判断基準	見られる症状・行動の例
Ⅰ	何らかの認知症を有するが、日常生活は家庭内及び社会的にほぼ自立している	
Ⅱ	日常生活に支障を来たすような症状・行動や意思疎通の困難さが多少見られても、誰かが注意していれば自立できる	
Ⅱa	家庭外で上記Ⅱの状態が見られる	たびたび道に迷うとか、買物や事務、金銭管理などそれまでできたことにミスが目立つ等

II b	家庭内でも上記 II の状態が見られる	服薬管理ができない、電話の応対や訪問者との対応など一人で留守番ができない等
III	日常生活に支障を来たすような症状・行動や意思疎通の困難さが見られ、介護を必要とする	
III a	日中を中心として上記 III の状態が見られる	着替え、食事、排便、排尿が上手にできない、時間がかかる。 やたらに物を口に入れる、物を拾い集める、徘徊（はいかい）、失禁、大声・奇声をあげる、火の不始末、不潔行為、性的異常行為等
III b	夜間を中心として上記 III の状態が見られる	ランク III a に同じ
IV	日常生活に支障を来たすような症状・行動や意思疎通の困難さが頻繁に見られ、常に介護を必要とする	ランク III に同じ
M	著しい精神症状や問題行動あるいは重篤な身体疾患が見られ、専門医療を必要とする	せん妄、妄想、興奮、自傷・他害等の精神症状や精神症状に起因する問題行動が継続する状態等

資料：厚生労働省「要介護認定　認定調査員テキスト 2009 改訂版」令和 6 年 4 月

★「障害高齢者の日常生活自立度（寝たきり度）」判定基準

生活自立	ランクJ	何らかの障害等を有するが、日常生活はほぼ自立しており独力で外出する 1. 交通機関等を利用して外出する 2. 隣近所へなら外出する
準寝たきり	ランクA	屋内での生活はおおむね自立しているが、介助なしには外出しない 1. 介助により外出し、日中はほとんどベッドから離れて生活する 2. 外出の頻度が少なく、日中も寝たり起きたりの生活をしている

寝たきり	ランクB	屋内での生活は何らかの介助を要し、日中もベッド上での生活が主体であるが、座位を保つ
		1. 車いすに移乗し、食事、排泄はベッドから離れて行う 2. 介助により車いすに移乗する
	ランクC	1日中ベッド上で過ごし、排泄、食事、着替えにおいて介助を要する
		1. 自力で寝返りをうつ 2. 自力では寝返りもうてない

資料：厚生労働省「要介護認定　認定調査員テキスト 2009 改訂版」令和6年4月

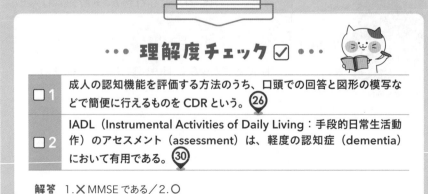

••• 理解度チェック ☑ •••

☐ 1　成人の認知機能を評価する方法のうち、口頭での回答と図形の模写などで簡便に行えるものを CDR という。㉖

☐ 2　IADL（Instrumental Activities of Daily Living：手段的日常生活動作）のアセスメント（assessment）は、軽度の認知症（dementia）において有用である。㉚

解答　1.✕ MMSE である／2.◯

認知症のある人の心理

❶ 心理的理解に必要な材料

認知症のある高齢者の心理を理解するには、間接的な知識や情報の理解が必要となります。

● 個人の理解……性格・価値観・生活歴・出身・家族など
● 高齢者の理解……加齢に伴う心身の変化
● 疾病・障害の理解……身体機能・認知症の理解

★ **認知症高齢者の特徴的心理的特性**

慢性的な不快感	記憶障害によって短い時間の区切りで生活をしているため、もどかしい気持ちや落ち着かない嫌な気分を絶えず経験している
混乱と不安	最近の記憶が障害されやすいため、過去の記憶と現在が混同して周囲からみてちぐはぐな対応を示すことが多くなり、周囲から訂正が入ったり自分の知らない記憶を提示されると混乱や不安を生じやすくなる
自分らしさの喪失	混乱や不安が絶えず続くため、次第に自分に自信がなくなり、自分らしさをなくしてしまう
被害感・迫害感	物忘れや自分ができないことをまわりから指摘されると「責められている」などと被害感や迫害感をもち、これが高じると被害妄想や作話につながる
感情の変化	注意力・集中力が低下して、環境の変化に気分が左右されやすくなる。すぐに泣いたり笑ったり、ちょっとしたことで怒鳴ったりする情動失禁（感情失禁）がみられる場合がある

❷ 認知症の進行時期と心理的変化

認知症の進行時期は、症状の現れ方によって、次のⅠ〜Ⅲ期の３段階

に区分する考え方があります。

★ 認知症の進行時期

Ⅰ期	前期から初期：1〜3年程度【健忘期】
	自分が自分でなくなってしまうような慢性的な不快感と恐怖を体験する時期
Ⅱ期	中期：3〜7年程度【混乱期】
	今までできたことができなくなったり、記憶にない時間が増えていくことで焦りや混乱が生じる時期
Ⅲ期	後期：8〜14年程度【末期またはターミナル期】
	判断力やコミュニケーション能力、運動機能が低下する。周囲への関心が薄れたようにみえるが、実際は快・不快への感受性が鋭敏になっている時期

　認知症高齢者は、認知機能が低下したことなどによって、町の騒音や人の話し声が怖い、道に迷う、身の置きどころがない、周囲と時間の感じ方が違うなど、環境との不調和から不安や恐怖を体験します。これがなじみのない場所・物にかかわる場合などは、一層その感情を増幅させることがあります。

❸ 認知症高齢者への精神的ケアの原則

　精神科医の室伏君子はケアの個別性を配慮したうえで共通する原則を示しました。

★ 認知症高齢者への精神的ケアの原則

- 既知（すでに知っている、知られていること）化によるなじみの人間関係をつくること
- 老人の生き方（態度や言動）を受容し、理解すること
- 老人の生き方のペースに合わせ、自分のペースで生きられるようにすること
- 理屈による説得よりも、感性的な納得を図ること
- 老人にふさわしい状況を与えること
- 老人と行動をともにすること
- 老人のよい点を認め、好いつきあいをすること
- 孤独に放置しないこと、寝込ませないこと
- 少しずつでも、絶えずよい刺激を与えること
- 老人を生活的に扱い、安心・安定・安住を図ること（「今」を大切にすること）

❹ 認知症のある人へのはたらきかけ

　認知症高齢者へのかかわり方で大切なことは、相手の人格を尊重し、相手のペースに合わせ、利用者自身のもてる能力を重要視した援助を心がけることです。

(1) 現実見当識訓練（RO：Reality Orientation）

　記憶や思考に混乱をきたしている認知症高齢者に対して、曜日・時間・場所・氏名などを繰り返し説明して案内・指導する方法です。正しい情報を繰り返し示すことで現実感覚を導き、失われた見当識を改善します。実際には、「"トイレ"と書いてありますからここはトイレですね」「昨日は金曜日でしたから今日は土曜日ですね」など、語りかけます。グループに対して行うものと、介護者と利用者との日常生活におけるコミュニケーションの中で行うもの（24時間リアリティ・オリエンテーション）があります。

(2) 回想法

　認知症高齢者がその人らしく生活していた頃の思い出を取り上げて会話をします。記憶を呼び起こす語りかけを行うことで、高齢者本人が積極的に話をできる場をつくる方法です。過去の未解決の課題を再度とらえ直すことで、アイデンティティの確立や社会性を獲得するという役割ももちます。

(3) 聞き書き

　介護者が問いかけをし、認知症のある人にこれまでの人生や経験を語ってもらい、それを書き留めて、冊子などにまとめる方法です。利用者の人生が立体的に浮かび上がり、利用者への理解が深まります。認知症のある人に対しては、言葉を発することができる段階で聞き書きをしておくことで、言葉を発せなくなっても大切な人として向き合えます。また、既に言葉があまり出てこなくなっている場合でも、その人を理解する手だてとすることができます。

(4) バリデーション

　支離滅裂に思えるような利用者の言葉や行動について、**意味あるものとして受け止める**ことにより、利用者の**感情表出**を促して、**問題解決に**

つなげていこうとする方法です。

(5) 音楽療法

音楽のもつ力を治療に用いる方法です。一般社団法人日本音楽療法学会のホームページによると、音楽には「人の生理的、心理的、社会的、認知的な状態に作用する力」があり、意図的・計画的に活用することで**興奮や不安に有効**であるとしています。

❺ 心理的理解を深める方法

(1) 精神分析による理解

人間は外界の刺激に適応し、円滑な生活が送れるように**自我機能**をはたらかせています。自我機能とは、外界からの刺激に対して起こる内的な反応・変化を調整する機能のことで、すべての人に備わっています。外界からの刺激が受け入れがたいものであるときや自分が適切に反応できない場合などに起こる、不快や困難を避け、自分や生活を守ろうというはたらきを**防衛機制** p.157参照 といいます。

防衛機制は、記憶や見当識に障害がある認知症高齢者の場合、最大限に発揮されていることも多いと考えられます。そうした観点をもつことで、BPSDなどの違った側面がみえてきます。

+1 プラスワン

自我機能

スウェーデンの老年臨床心理学者であるキャッシュとサンデーは、精神分析における自我心理学の立場から認知症のある人の12の自我機能を述べた。

(2) 行動分析学による理解

認知症によりコミュニケーション機能が障害されることもあるため、その人の行動から気持ちや生活を理解していくという視点も必要です。

❶行動随伴性

人間の行動は、ある反応（行動）につながりうる環境からの刺激（先行条件〔弁別刺激〕）、その刺激によって起こる行動（反応）、その行動

によって生じた結果（反応結果）で構成されています。3項随伴性とも
よばれます。

❷ABC分析

　行動随伴性に基づく分析を、それぞれの英単語の頭文字をとって
ABC分析といいます。

A：Antecedent events（先行条件）
B：Behavior（行動）
C：Consequences（結果）

---

❸ロールプレイング

　ロールプレイングとは**役割演技**ともいわれます。複数の人間が決めら
れた役割を演じ、擬似的に現実の場面を創出・体験することで実際の事
象に対処できるようにする学習法です。演じる対象の**気持ちを推察**し、
その**感情を体験**することが目的です。

　これに対し、一定の答えに向かって役割演技を行い、その結果を習得
していくことを**ロールテイキング**（**役割取得**）といいます。

・・・ 理解度チェック ☑ ・・・

☐ 1　回想法で、認知症（dementia）の人に豊かな情動をもたらすことが期
待できる。㉘

☐ 2　日付、季節、天気、場所などの情報をふだんの会話の中で伝えて認識
してもらう認知症ケアをバリデーションという。㉞

解答　1.○／2.✕ バリデーションは、言葉や行動を意味あるものとして受け止めること
　　　で利用者の感情表出を促し、問題解決につなげていこうとする手法。設問はRO
　　　の説明

Lesson **7**

重要度 **C**

認知症のある人の生活環境

〜 Point
- ☑ 認知症のケアを行うには、人間と生活に対する理解が必要
- ☑ 認知症のある人に環境が与える影響を理解する

❶ 人間と生活を理解する

(1) 人間を理解する

★ 人間を理解するための 4 つの視点

生物学的視点	人間の生物学的な特徴を基本に、心身機能や老化・疾病^{しっぺい}とのかかわりをみる
心理学的視点	人間は生物の中でも高度な知的活動が行え、認知・感情といった精神活動も活発であり、個体差がある
社会学的視点	人間は家庭や社会など、多様な関係性の中で生きており、そこにおけるコミュニケーション手段として文字や言葉などをもつ
哲学的視点	人間は自己の存在を意識し、自身の内外に対する多様な価値観を形成している

(2) 生活を理解する

　高齢者の場合、「これから」より「これまで」の時間が長く、さらに残された時間も短いため、老年期をいかに過ごすかが重要な意味をもちます。介護者は、利用者の「これまで」の人生がどのようなものであっても、それが固有のものとして本人が肯定的に受け止められるよう、個人の歴史を尊重し、共感的対応を心がけるようにします。

❷ 認知症のある人の生活

　認知症は、これまでできていたことが徐々に減っていく経過をたどりますが、病状の進行と生活障害の大きさは必ずしも比例するものではありません。しかし、「何もわからなくなる」「何もできなくなる」といっ

た認知症へのまちがった先入観によって、認知症のある人が生きる場や選択の機会が過剰に狭（せば）められ、介護者側の諦（あきら）めが本人の残された機能までも奪ってしまうことがあります。

　介護者は、その人らしい生活をどのように実現するかという、人間と生活に焦点を当てた支援を目指すことが大切です。

❸ 認知症のある人に環境が与える影響

（1）環境の変化

　記憶や見当識（けんとうしき）、理解力などに低下がみられる認知症では、環境の変化は大きな混乱の要素となります。ストレスを軽減し、心身ともに安定した生活を送るためには、できる限りなじみの環境を整える配慮が大切です。環境には、地域、居室空間、人間関係など、個人の生活を取り巻くさまざまな要素が含まれ、介護者とのかかわりも重要な要素のひとつになります。複数の介護者がかかわる場合、援助手順や声かけの内容などに一貫性を欠いてしまうと、新たな症状を生み出す要因にもなりかねません。関係者で情報の共有化に努め、利用者の状況について同じ認識をもてる環境づくりの工夫が必要です。

+1 プラスワン

生活環境の保持

施設入所や入院などで自宅から離れる場合は、使い慣れた持ち物や思い出の品などを持っていくと、リロケーションダメージ（生活環境の変化による状態の悪化）の軽減につながる。

（2）環境の3要素

　認知症ケア環境の研究者であるワイズマンは、認知症のある人の介護環境は、次の３つで構成されているとしています。

❶物理的環境

　住居（在宅か施設か）など。

❷社会的環境

認知症のある人を取り巻く人間関係。

❸運営的環境

施設やサービス提供者などのかかわり。

> 安定した運営的かかわりがあれば、認知症のある人の混乱や不安を軽減できるよ。

❹ 環境づくりの工夫

認知症のある人が安心して暮らせる環境づくりには、症状や危険に即した工夫が必要です。

環境づくりの工夫	具体例
記憶・見当識障害に対応	見やすい場所にわかりやすい目印をつける 思い出せる手がかりを表示する
残存機能を活用する	動きやすく安全な居室環境にする 収納は見やすく扱いやすい配置にする
安全・安楽・安心への配慮	手すりや滑り止めをつける 段差をなくす
自己決定を促す	多くの選択肢を示し、意思を確認する 不適切な選択も否定せず代替案を示す
コミュニケーションを促す	少人数で安心して集える場をつくる 季節感や時代を反映するような話題を提供する

・・・ 理解度チェック ☑ ・・・

☐ 1 　高齢の認知症（dementia）の人への対応として、部屋の家具の配置を、飽きないように毎月変える。㉕

☐ 2 　認知症（dementia）の人に配慮した施設の生活環境として、いつも安心感をもってもらえるように接する。㉞

解答 1.✕ 環境の変化は大きな混乱の要素となるため、できるだけなじみの環境の維持に努める／2.○

Lesson 8

認知症ケアにおける連携と協働

Point
- ☑ 認知症初期集中支援チームは、地域包括支援センター等に配置される
- ☑ 多職種連携と協働について理解する

❶ 地域におけるサポート体制

認知症のある人の日常生活全般を支援するためには、**①早期診断・早期治療、②見守り、③相談、④介護サービス、の4つの専門的アプローチが必要**です。これらが一体的に運用されることで認知症のある人の生活がより安全かつ快適になるといえます。

(1) 認知症疾患医療センター

認知症の**速やかな鑑別診断**、BPSD（認知症の行動・心理症状）と身体合併症の**急性期医療**、**専門医療相談**、関係機関との連携や研修会の開催などを行います。都道府県・指定都市に設置されます。

(2) 認知症初期集中支援チーム

地域包括支援センター等に配置され、**認知症が疑われる人や認知症のある人を訪問**し、初期の支援を包括的・集中的に実施します。チームは、認知症初期集中支援チーム員研修を受講し、必要な知識・技術を修得した専門職2名以上と、認知症サポート医である医師1名で構成されます。

(3) 認知症地域支援推進員

地域包括支援センターなどに配置され、医療機関や介護サービス事業所、地域の支援機関をつなぐコーディネーターなどの役割を担っています。

(4) 地域包括支援センター

包括的支援事業における**総合相談支援業務**として介護に関する事案以外にも、健康や福祉・医療、生活に関するさまざまな相談に応じます p.113参照。

(5) 認知症サポーター

認知症に関する正しい知識と理解をもち、地域や職域などで**認知症の**

ある人やその家族を温かく見守り支援します。「認知症サポーター養成講座」を受けた人が、認知症サポーターとなります。

（6）認知症カフェ

認知症のある人と家族、地域住民、専門職等の誰もが自由に参加でき、集う場です。認知症カフェで実施される内容は多岐にわたり、茶菓や食事の提供のほか、介護相談や交流を目的としたイベントなどがあります。

> 認知症カフェとデイサービスなどとの違いは、家族も一緒に参加できるところだよ。

+1 プラスワン

認知症ケアパス

2012（平成24）年に策定された「認知症施策推進5か年計画（オレンジプラン）」で認知症のある人の「状態に応じた適切なサービス提供の流れ」と説明され、その作成・普及が掲げられた。市町村が作成する。

❷ 多職種協働の必要性 ㉟

（1）多職種協働でのニーズ対応

医療・保健・福祉といった分野に限らない、**多職種**での**協働**により利用者のニーズに即したサービスを提供するという考え方は、利用者のQOL向上に不可欠な要素といえます。

介護者には、生活習慣・嗜好・人間関係・健康管理・財産管理などのあらゆる場面において**利用者のこれまでの暮らしや本人の意思**を理解し、ケアを行うことが求められます。

（2）チーム内での情報提供

介護サービスの実施にあたって発生する混乱の多くは、関係者間の**情報の共有**が十分にできていないことが原因となっています。小さな変化に関する情報でもを共有するように心がけ、皆が同じ情報・状態像をもって援助に携わることが大切です。

また、認知症のある人が在宅で生活を続ける場合には、地域で接点のある近隣住民や商店主などとも情報共有を図ることが、利用者が安心して暮らせる環境づくりにつながります。

＋1プラスワン

認知症ライフサポートモデル

認知症のある人に対する医療・介護を含む統合的な生活支援のことを指す。認知症のある人にかかわるさまざまな専門職が、ケアを提供するうえでの目的・目標を共有し、認知症ケアの多職種協働や専門領域ごとの機能発揮を求めるものとして策定される。

★ 認知症ライフサポートモデルが大切にする6つの考え方

①本人主体のケアを原則とすること
②住み慣れた地域で、継続性のある暮らしを支える
③自らの力を最大限に使って暮らすことを支える
④早期から終末期までの継続的な関わりと支援に取り組むこと
⑤家族支援に取り組むこと
⑥介護・医療・地域社会の連携による総合的な支援体制を目指すこと

出典：厚生労働省「認知症ライフサポート研修テキスト（第2版）」

・・・ 理解度チェック ☑ ・・・

□	1	認知症初期集中支援チームのチーム員には、医師が含まれる。㉞
□	2	認知症ライフサポートモデルでは、各職種がそれぞれで目標を設定する。㉟

解答 1.〇／2.✕さまざまな専門職が、ケアを提供するうえでの目的・目標を共有する

家族への支援

❶ 家族の認知症の受容過程と援助

家族が認知症のある人の状態や現状を受容するようになるまでには、次のような過程があります。介護者は受容過程に沿った適切な相談・助言などの援助をすることが大切です。

★ 家族の受容過程

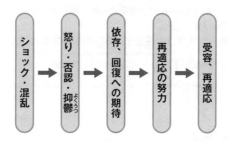

ショック・混乱 → 怒り・否認・抑鬱（よくうつ） → 依存、回復への期待 → 再適応の努力 → 受容、再適応

❷ 社会資源としての家族

（1）協働者としての家族

認知症のある人の生活を支えるには、身近な人々の協力、特に家族による支援は大きな力となります。介護職は**家族のもつ能力を最大限に活かす**ことができるよう支援していかなくてはなりません。家族とのかかわり方を考えるうえでは、**エンパワメント**の視点が重要です。

（2）家族の能力を見極める

家族の**介護力・対応能力**を見極めるには、①知的（問題解決）能力・自立能力、②介護をする時間的余裕、③年齢・健康状態、④人間関係の対応能力、⑤経済力・家政（家庭生活を処理していく手段や方法）力、

⑥介護環境・条件の改善能力、といった点から検討し、さらに、身体的・精神的・社会的側面を加えて、総合的に判断します。

（3）家族会・介護教室

　家族会は、**同じような介護経験をもつ家族がお互いの介護の苦労や悩みなどを話し合う場**です。話し合うことによって自分を客観的に見つめ直したりしながら、お互いに成長していくことを目的としています。交流会のほか、電話相談なども行っており、介護で困ったときの相談場所として重要な役割を担っています。さらに、他の家族の話を聞くことで、認知症を発症した家族の変化に気づく機会にもなっています。

　介護教室 p.112参照 は、**認知症の正しい理解や適切な介護方法を学ぶ場**として市町村や地域包括支援センター、民間事業者などが開催しています。家族が介護負担を軽減する技術を身につけることで、在宅で生活できる利用者が増えることにつながるとともに、家族会と同様に参加家族の交流の場となることも期待できます。

+1 プラスワン

介護教室

介護保険制度の中の地域支援事業における家族介護支援事業として実施されている。

③ レスパイトケア

　レスパイト（respite）とは、本来「**休息**」を意味する言葉です。障害者、高齢者の介護を担っている家族に負担軽減・休息の機会を提供することをレスパイトケアといい、介護からの一時的解放を目的とするサービスをレスパイトサービスとよびます。認知症のある人を介護する家族のための主なレスパイトサービスには、次のようなものがあります。

★ 主なレスパイトサービスの種類

イン・ホーム・サービス

訪問介護
認知症対応型通所介護（デイサービス）
家事代行サービス
家族会
認知症カフェ

アウト・オブ・ホーム・サービス

短期入所生活介護・短期入所療養介護（ショートステイ）
認知症対応型共同生活介護（グループホーム）
施設への入所
入院（認知症以外の疾病や障害から介護負担の原因となる症状が起こっている場合
　　　は、治療によりその後の生活の安定につながる）

家族が少しでも精神的なゆとりをもてるよう
になったら、本人の症状が改善したというこ
ともよくあるんだ！

・・・ 理解度チェック ☑ ・・・

□1	認知症のある夫を在宅で介護している妻が、数日間入院する場合の提案として、短期入所生活介護の利用は適切である。㊱

解答　1.○

こころとからだのしくみ

Contents

障害の理解

ここでは、障害者の心理や身体機能に関する基礎知識を身につけ、障害者の支援について学習します。それぞれの障害の特性を理解し、本人のみならず家族を含めた周囲の環境にも配慮した介護の視点を押さえましょう。

重要度 **A**

Lesson 1

障害の基礎的理解

‑‑‑
Point
- ☑ 「障害者基本法」は、日本の障害者施策の基本を定めた法律
- ☑ ノーマライゼーションの考え方を理解する

❶ 障害の概念

(1) 障害者の定義

「障害者基本法」は、日本の障害者施策の基本を定めた法律です。

★「障害者基本法」による「障害者」の定義

> 身体障害、知的障害、精神障害（発達障害を含む。）その他の心身の機能の障害（以下「障害」と総称する。）がある者であつて、障害及び社会的障壁により継続的に日常生活又は社会生活に相当な制限を受ける状態にあるものをいう。

「障害者の日常生活及び社会生活を総合的に支援するための法律（障害者総合支援法)」では、制度の谷間のない支援を提供する観点から、障害者の定義に難病等が追加されています。

★「障害者総合支援法」による「障害者」の定義

> 身体障害者福祉法第4条に規定する身体障害者、知的障害者福祉法にいう知的障害者のうち18歳以上である者及び精神保健及び精神障害者福祉に関する法律第5条第1項に規定する精神障害者（発達障害者支援法第2条第2項に規定する発達障害者を含み、知的障害者福祉法にいう知的障害者を除く。以下「精神障害者」という。）のうち18歳以上である者並びに治療方法が確立していない疾病その他の特殊の疾病であって政令で定めるものによる障害の程度が主務大臣が定める程度である者であって18歳以上であるものをいう。

(2) それぞれの障害などの定義

それぞれの障害の具体的な範囲や定義については、関係する法律などによって定められています。

★「身体障害者福祉法」第4条による「身体障害者」の定義

> 別表に掲げる身体上の障害がある18歳以上の者であつて、都道府県知事から身体障害者手帳の交付を受けたものをいう。

★「知的障害児（者）基礎調査」（厚生労働省）による「知的障害」の定義

知的機能の障害が発達期（おおむね18歳まで）にあらわれ、日常生活に支障が生じているため、何らかの特別の援助を必要とする状態にあるもの。

「知的障害者福祉法」に、知的障害および知的障害者についての具体的な定義はないんだね。

★「精神保健福祉法」第5条による「精神障害者」の定義

「精神障害者」とは、統合失調症、精神作用物質による急性中毒又はその依存症、知的障害その他の精神疾患を有する者をいう。

★「発達障害者支援法」第2条による「発達障害」と「発達障害者」の定義

「発達障害」とは、自閉症、アスペルガー症候群その他の広汎性発達障害、学習障害、注意欠陥多動性障害その他これに類する脳機能の障害であってその症状が通常低年齢において発現するものとして政令で定めるものをいう。

「発達障害者」とは、発達障害がある者であって発達障害及び社会的障壁により日常生活又は社会生活に制限を受けるものをいい、「発達障害児」とは、発達障害者のうち18歳未満のものをいう。

（3）手帳制度

　該当の障害に対する福祉の充実を図るため、手帳を交付する制度があります。

★各障害手帳制度の概要

身体障害者手帳	● 「身体障害者福祉法」に基づき、身体障害者障害程度等級表に示す障害程度（1級から7級まで）のうち、1級から6級までに該当すると認定された場合に、都道府県知事、指定都市市長、中核市市長から交付される ● 7級の障害は単独では交付対象とならないが、7級の障害が2つ以上重複する場合または7級の障害が6級以上の障害と重複する場合は、対象となる

療育手帳	<ul><li>児童相談所または知的障害者更生相談所において知的障害と判定された人に対し、都道府県知事、指定都市市長から交付される</li><li>判定結果に基づき、重度の場合は「A」、その他の場合は「B」に区分される。都道府県（指定都市）において中度などの他の区分を定めることもできる</li><li>手帳の名称も、都道府県（指定都市）において別名を併記することができる</li></ul>
精神障害者保健福祉手帳	<ul><li>「精神保健福祉法」に定める精神障害の状態にあると認められた精神障害者（知的障害者を除く）に対し、都道府県知事、指定都市市長から交付される</li><li>手帳の障害等級は1級から3級までに区分されている</li><li>2年ごとに精神障害の状態にあることについて認定を受けなければならない</li></ul>

＋1 プラスワン

認知症と障害者手帳

若年性認知症と診断された場合、一定の状態であると認められれば、精神障害者保健福祉手帳を取得できる。また、血管性認知症やレビー小体型認知症などで身体症状がある人は、身体障害者手帳を取得できる場合がある。

（4）ICIDHからICFへ

ICF（国際生活機能分類）は、ICIDH（国際障害分類）が改訂され、2001年にWHO（世界保健機関）から発表されたものです p.370参照。

それまでのICIDHは障害というマイナス面に着目した分類でした。ICFは、生活機能というプラス面に着目し、ICIDHよりも環境および環境と個人の相互作用を重視した分類である点が特徴です。

❷ 障害者福祉の基本理念

（1）ノーマライゼーション

「障害がある人もない人も、住み慣れた地域で同じようにともに生き、普通に生活をする」という考え方を**ノーマライゼーション**といいます。

❶1950年代、デンマークの**バンク＝ミケルセン**が提唱
❷スウェーデンの**ニィリエ**が、バンク＝ミケルセンの考えをさらに深め、ノーマライゼーションを「知的障害者の日常生活の様式や条件を社会の主流にある人々の標準や様式に可能な限り近づけること」と定義
❸**ヴォルフェンスベルガー**が、アメリカにノーマライゼーションの理念を導入し、世界的に広める。知的障害者など社会から低く評価されがちな人々に対する新しい価値尺度を確立し、ノーマライゼーションに代わる「**価値のある社会的役割の獲得（ソーシャル・ロール・バロリゼーション）**」とよばれる考え方を提唱

+1 プラスワン

障害者の社会的イメージ・評価・価値

ヴォルフェンスベルガーはノーマライゼーションの社会的役割に達成水準を設け、それを評価する項目を**PASS**（パス）という名称で表した。1980年には障害者の社会的イメージを高める項目と障害者自身の力を高める項目の2方向からの評価を試みる**PASSING**（パッシング）を発表。さらに、「どれだけ優れた教育や指導が行われても、それが隔離された場所で行われたのでは知的障害児（者）の社会的役割を引き下げてしまう」として、1983年に**ソーシャル・ロール・バロリゼーション**を提唱した。

（2）国際障害者年とノーマライゼーション

　1975（昭和50）年「**障害者の権利宣言**」が国際連合で採択されましたが、国際理解や環境改善は必ずしも進んだとはいえませんでした。そこで国連は1981（昭和56）年を「**国際障害者年**」と定め、「**完全参加と平等**」というテーマの下に世界的な規模で啓発活動を行いました。このことがきっかけとなり、日本においてもノーマライゼーションの理念が徐々に広まっていきました。

　さらに国連は、1982（昭和57）年に「障害者に関する世界行動計画」を採択し、1983（昭和58）年から1992（平成4）年までの10年を「**国連・障害者の十年**」と定め、障害者問題に積極的に取り組むことを加盟国に要請しました。日本では、「障害者基本法」を具現化するための推進体制として、障害者保健福祉推進本部を厚生省（現：厚生労働省）に設置し、「障害者対策に関する長期計画」を策定しました。これがその後の障害者施策の継続な推進につながっていきました。

2006（平成18）年に施行された「高齢者、障害者等の移動等の円滑化の促進に関する法律（バリアフリー法）」は、こうしたノーマライゼーションの理念を受けているんだね。

（3）インテグレーション

　インテグレーションとは、福祉サービスの利用者が差別なく、地域社会と密着した中で生活できるよう、地域住民や関連機関などが援助などを行うことをいいます。

（4）インクルージョン

　インクルージョン（包括教育）は、教育におけるノーマライゼーションの実現に向けて、障害があってもなくても、すべての子どもを包み込み、それぞれに**必要な援助**を行いながらともに学んでいくことを目指した考え方です。

（5）ソーシャル・インクルージョン

　2000（平成12）年、厚生省（現：厚生労働省）は、「全ての人々を孤独や孤立、排除や摩擦から援護し、健康で文化的な生活の実現につなげるよう、社会の構成員として包み支え合う（**ソーシャル・インクルージョン**）ための社会福祉を模索する必要がある」という理念を示しました。これは、社会連帯、つまり、人々の「つながり」による**共生社会の実現**を意図した理念であるといえます。対象を障害者に限定せず、高齢者や貧困者、外国人など「全ての人々」が社会福祉の対象となっていくという社会の状況を反映しています。

❸ 障害者の権利を守る制度　　

（1）「障害者虐待防止法」

　2011（平成23）年に「障害者虐待の防止、障害者の養護者に対する支援等に関する法律（**障害者虐待防止法**）」が制定され、2012（平成24）年10月から施行されました。障害者の**尊厳の保持**や自立、社会参加にとって、障害者に対する虐待を防止することが極めて重要であると

していますp.140参照。

(2)「障害者差別解消法」

障害を理由とする**差別**の解消、**社会的障壁**の除去等を目的とする「障害を理由とする差別の解消の推進に関する法律（**障害者差別解消法**）」が2013（平成25）年6月に成立し、2016（平成28）年4月から施行されました。政府には、障害を理由とする差別の解消を推進するための基本方針の決定を義務づけ、行政機関等や民間事業者には、必要な施策の策定義務を課していますp.22参照。

④ 障害者の権利に関する条約

国連は2006（平成18）年に「障害者の権利に関する条約（**障害者権利条約**）」を採択し、日本は2007（平成19）年にこの条約に署名しました（条約の批准は2014〔平成26〕年1月）。条約を締結した国では、障害に基づく**あらゆる差別の禁止**や、障害者の**社会参加の促進**に向けての取り組みを進める義務が生じます。

「私たち抜きに私たちのことを決めるな（Nothing about us without us）」が障害者権利条約のスローガンだよ。

理解度チェック ☑

□ 1	身体障害者福祉法における身体障害者は、身体障害者手帳の交付を受けた18歳以上のものをいう。 34
□ 2	ICFでは、社会モデルに基づく障害を、病気・外傷から直接的に生じるものととらえている。 33
□ 3	ソーシャルインクルージョンの理念とは、すべての人を社会の一員として包み込み、共に支え合うことである。 26

解答 1.○／2.×ICIDHのとらえ方である／3.○

視覚、聴覚、言語障害者の生活

重要度 A

❶ 視覚障害の医学的・心理的理解

視覚障害は、網膜から視覚中枢までの伝達路のどこかに病変がある場合や損傷を受けた場合に起こります。

★視覚障害の原因となる主な疾患

糖尿病性網膜症	白内障 (はくないしょう)	緑内障 (りょくないしょう)
網膜色素変性症	加齢黄斑変性症 (かれいおうはんへんせいしょう)	ベーチェット病

★視覚障害者の心理的特性

先天性視覚障害者	**視覚的情報の欠如**……物を見た経験がないため、言葉を習得してもそれが実際にはどのようなものなのかがわからない状態(バーバリズム)になる **模倣の欠如**……身振りや手振り、しぐさ、表情などによる表現を模倣によって獲得することが難しい **経験機会の制限**……社会の態度(特に親の子どもに対する要求水準の低さ)が、さまざまな経験の機会を取り上げてしまう **ブラインディズム**……自己を刺激するような習慣的行動を繰り返すことがある 成長に伴い視覚がないことに気づき、周囲に反抗する場合などがある
中途視覚障害者	それまで見えていた世界が突然あるいは徐々に見えなくなるという恐怖感、これまでできていたことができなくなるという喪失感がある
弱視者	細かい部分がよくわからない、境界がはっきりしない 全体と部分を同時に把握するのが難しい 知覚の速度が遅い 少しは見えているのに、「視覚障害者」として、全盲の人と同じ扱いを受けることがある

脳の高次中枢の情報処理に問題がある場合を認知障害(失認)といって、視覚障害とは区別しているよ。

❷ 視覚障害者への支援 ㉙

　介護職は、全面介助ではなく、何が必要か本人に尋ねてから援助します。できない部分だけ援助し、弱視者に対しては本人がもつ視覚情報のうち不足している部分を補うように情報を提供します。

　外出の際には、安全のためにも白杖（はくじょう）を使用する必要があります。白杖は、段差などの危険回避のほか、周囲に視覚障害であることを知らせる役目も果たします。

　近視や遠視などの屈折異常では、眼鏡やコンタクトレンズを用いて屈折矯正を適切に行う必要があります。新聞などを読む場合には、**弱視眼鏡**や**視覚障害者用拡大読書器**の利用で補います。また、まぶしさを訴える場合には、サングラスや遮光レンズなどを用います。

❸ 聴覚障害の医学的・心理的理解 ㉟ ㉙ ㉔

　聴覚障害は、外耳から入った音を大脳で音として感じるまでの聴覚経路に何らかの障害があり、聞こえ方に異常をきたしている状態です。一般に、ある程度の音声の識別ができる状態を難聴、ほとんど聴力のない状態を聾（ろう）といいます。

　外耳から中耳まで（伝音器）の障害によって起こる聴覚障害を**伝音性難聴**といいます。また、内耳以降（感音器）の障害によって起こる聴覚障害を**感音性難聴**といいます。さらに、伝音器と感音器両方の障害によって起こる聴覚障害は、**混合性難聴**といいます p.243参照。

★聴覚障害者の特性

先天性聴覚障害者	● 自発的な言語発達に遅れが生じる ● 音を聞く経験がないため、言葉という音で相手に何かを伝えるという行為を理解するのが困難 ● **抽象的思考（具体的に物事を考えること）が十分に発達しない恐れがある**
中途失聴者	● 聴覚障害による価値体系の崩れ、絶望感、疎外感や孤独感から聴覚の障害が**自己全体の価値の下落と感じてしまう** ● 聴覚障害を周囲に知られることに抵抗を感じる ● なかなか意思が伝わらないことに対してイライラしたり、逆に相手に対して申し訳ない気持ちになる ● 高齢者の場合、本人も周囲も加齢によるものと諦める傾向がある
難聴者	● **合図や警報が聞こえにくいため、危険な目に遭いやすい** ● 相手の話すことが聞こえない場合や聞こえても言葉として理解できないような場合には、コミュニケーションがとりにくい ● 生まれつき重度の難聴がある場合、話し言葉の習得が遅れがちになる ● 発語の歪みや特定音の省略、他の音との置き換えなどが起きやすい

❹ 聴覚障害者への支援

　コミュニケーション方法には、**手話**、**指文字**、**筆談**、**読話**（話す人の口の動きや表情を手がかりに内容を読み取る方法）などがあります。補聴器等の機器を勧める場合は、使い方の説明や練習に時間をかけ、一人でも使用可能かどうか確認します。

❺ 言語障害の医学的・心理的理解

　言語障害は、音声器官が十分に機能しなかったり、大脳の言語中枢が損傷を受けたりすることにより、言語を書く、伝える、受け取る、解読する、のいずれかの機能に不具合が生じている状態です。代表的なものに、**構音障害**や**失語症**があります。

　言語障害者は、自分の考えや感情を相手に伝えることが困難になり、欲求不満になりがちです。また、どうしても失敗や困難を予期して、これを回避したり防衛したりする行動をとりがちです。

★ 言語障害の特徴や病因などによる分類

聞こえ方の特徴による分類

- 構音障害……構音（調音）の異常や語音の発音の異常などにより、一定の語音を正しく発せられないこと。具体的には次のような言葉の障害がみられる
  - 省略……例：「ヒコーキ」→「コーキ」
  - 置換……例：「サカナ」→「タカナ」、「カサ」→「カタ」
- 話し声の異常・音声障害……声の高さや強さ、音質・持続性に異常が起こった状態
- 話し言葉のリズムの障害……吃音、早口症など

言葉の発達の観点による分類

言語発達遅滞……言葉の発達に著しい遅れがある状態

病因による分類

- 口蓋裂によるもの
- 脳の言語中枢障害によるもの……失語症など
- 情緒的要因によるもの……緘黙症、吃音など
- 聴覚障害を伴うもの……聾唖、先天性難聴など
- 脳性麻痺によるもの

資料：文部省『言語障害教育の手びき』東山書房（1975年）を基に作成

 プラスワン

緘黙症

言語を習得しているのに、心理的な原因で何もしゃべれなくなる病気。幼児期・学童期に多くみられる。

★ 失語症の種類

ウェルニッケ失語 （感覚性失語）	自発的で流暢に話すものの、意味のわからない言葉（錯語）で**まとまりを欠いている**。また、聞いて理解することが困難となる
ブローカ失語 （運動性失語）	簡単な言葉を除き、通常の**言語表出が困難**となる。言語理解は比較的よい

失語症の原因には、脳血管障害、脳腫瘍、外傷性脳損傷、感染症などがあるよ。

★ 言語障害者の特性

吃音 (きつおん)	● 対人関係意識が過敏で、自己抑制力が強すぎるタイプの人に多い ● 言葉の流暢性の障害で、言葉の難発や音などの連発、引きのばしなど ● 聞き手の反応に過敏になり、否定的な反応があると、さらに吃音が進展しやすくなる
脳性麻痺の 言語障害	● 理解は正常にできていても、表現することが困難であるため、発語することへの欲求不満が大きくなる ● 身体機能障害という重複したハンディキャップを抱えている
失語症	● 言語障害の受容が困難となる場合、対人的適応力を弱体化させる結果になりやすい

⑥ 言語障害者への支援

　言語障害は重度であっても、表情や身振り、声の調子などでコミュニケーションをとれることが少なくありません。その人に合ったコミュニケーション手段を見つけることが大切です。**筆談**のほか、**パソコン**や携帯電話、**コミュニケーションエイド**（意思伝達装置）などの機器を活用します。

+1 プラスワン

コミュニケーションエイド

キーボードやタッチパネルで入力すると文字を表示したり、音声で読み上げてくれる機器。

・・・ **理解度チェック** ☑ ・・・

☐ 1	網膜色素変性症の初期の症状として夜盲があげられる。 ㉛
☐ 2	失語症では、文や文章よりも単語の理解が困難になる。 ㉔

解答 1. ○／2. ✕ 単語よりも文や文章の理解が困難になる

重要度 **A**

Lesson **3**

肢体不自由者の生活

- Point
  - ☑ 脳損傷に起因する場合、随伴障害を起こすことが多い
  - ☑ 外見上の障害が強調された身体像を抱きがち

❶ 肢体不自由の医学的・心理的理解 ㉗

　先天的または後天的要因により、四肢および体幹に何らかの障害があり、その状態が相当期間または永続的に続く状態を肢体不自由（したい）といいます。主に運動機能に障害を受けることから、運動機能障害とよばれることもあります。

　肢体不自由は、脳損傷に起因するかどうかなどの要素によって分類されます。

★ 肢体不自由の分類

分類	原因となる疾患	特徴
脳損傷に起因する	脳性麻痺（まひ）、脳炎後遺症、脳血管障害、頭部外傷など	知的障害、言語障害、てんかん発作などの随伴障害※を起こすことが多い ※原因となる疾患や主となる障害に伴って起こる障害のこと。
脳損傷に起因しない	関節リウマチ、脊髄損傷（せきずい）、急性灰白髄炎（かいはくずいえん）（ポリオ）、進行性筋ジストロフィー、重症筋無力症、後天性切断など	随伴障害を起こす例はまれ
その他の分類	● 障害発生時期による分類……先天性か中途障害かなど ● 障害部位による分類……上・下肢障害など ● 身体障害認定基準に基づく分類……身体障害者手帳の交付にあたっての分類。体幹機能障害、運動機能障害など ● WHO（世界保健機関）の障害概念による分類……機能障害、活動制限、参加制約など	

　肢体不自由者は、外見から障害を判断されやすく他人の注意を引くことから、外見上の障害が強調された身体像（自分の容姿や能力について

のイメージ）を抱きがちになります。ときには実際とはかけ離れた、より劣った身体像を抱くこともあり、外見上の問題が**強い劣等感につながる**ことも多くなります。

　中途障害者の場合、障害の発生により身体像の修正を迫られるため、心理的に混乱することが少なくありません。障害が生じる前の身体像を維持しようとして服装や行動に過剰に気を遣ったり、**新たな身体像を受け入れられずに対人不安に陥る**などといった問題が生じることがあります。

❷ 肢体不自由者への支援

「障害者総合支援法」に基づく支援には、重度訪問介護 p.125参照 や補装具費 p.127参照 などがあります。

- 重度訪問介護…重度の障害によって常に介護を必要とする人に、居宅等で、入浴・排泄（はいせつ）・食事の介護、外出時における移動中の介護支援などを総合的に行う
- 補装具費…身体障害者（児）の身体機能を補完・代替する補装具の購入（一部貸与）および修理について市町村から費用の給付される

　介護職は、こうした利用可能なサービスについて情報を提供し、それらを上手く活用することで、利用者が自分らしい生活の実現を図っていけるよう援助していくことが重要です。

重度訪問介護は、重度の肢体不自由のほか、重度の知的障害と精神障害も対象だよ。

・・・ 理解度チェック ☑ ・・・

| ☐ 1 | 肢体不自由では、構音障害が起こる。㉗ |
| ☐ 2 | 筋萎縮性側索硬化症の症状が進行し、障害支援区分6になった人は、障害福祉サービスの重度訪問介護を受けることができる。㉞ |

解答　1.✕ 肢体不自由とは、四肢および体幹の障害。構音障害は音声器官の機能不全や大脳の言語中枢の損傷による障害／2.○

内部障害者の生活

① 心臓機能障害

（1）医学的・心理的理解

　虚血性心疾患（狭心症、**心筋梗塞**など）や心臓・血管系の変化（高血圧、動脈硬化、不整脈など）などにより心臓の機能が低下し、日常生活に支障をきたすものを心臓機能障害といいます。

　心臓機能障害者は心臓に疾患などがあることによる不安やストレスを抱えながら生活しており、鬱病を発症している場合も少なくありません。

（2）心臓機能障害者への支援

　心臓機能障害がある場合には、症状の悪化につながる恐れがあるため、風邪などの**呼吸器感染**に十分な注意が必要です。日頃から医療職と介護職が連携し、感染予防や服薬管理などに配慮することが大切です。

　また、食事などを含めた生活全体を見直し、不要な刺激や**ストレス**を避けるようにします。

② 腎臓機能障害

（1）医学的・心理的理解

　腎機能の低下によって、老廃物や水分を排出することができなくなり、有害な物質が身体に蓄積してしまった状態を腎機能障害といいます。腎機能が通常の50％以下の状態を**慢性腎不全**、10％以下では**尿毒症**と判断され、**人工透析**や腎移植の対象とされます。慢性腎不全で軽症の場合には、自覚症状はほとんどありませんが、腎機能が通常の20％程度に低下すると、浮腫や食欲不振、皮膚のかゆみ、血圧の上昇などの症状が

現れます。

　慢性腎不全の治療においては、食事の内容や水分摂取量の制限、感染予防、血圧のコントロールなど、生活の中でさまざまなことに気を遣わなければならないため、精神的な**ストレス**が大きくなります。また自己管理ができないと症状が進行してしまい、心身ともに不安定な状態になります。

（2）腎臓機能障害者への支援

　慢性腎不全で保存療法の場合、医師と相談したうえであれば、軽く身体を動かすことは問題ないとされていますが、疲労を残さないことが大切です。症状の進行に個人差があるため、長く保存療法によってコントロールできる人もいれば、直ちに**透析療法**を受けなければならない人もいます。

保存療法の場合には、毎日、血圧や体重、尿量を測定する習慣をつけて、異常があればすぐに医師などに報告しよう！

★ 透析療法の種類

血液透析	● 週に2〜3回、血液を体外に導き出すためのシャントに針を刺し、体内の血液を透析膜（ダイアライザー）に通して老廃物などを除去し、きれいになった血液を体内に戻す ● 透析後は、頭痛、嘔吐などの**不均衡症候群の症状がみられる**ことがあるため、介護職は利用者の状態をよく観察する
腹膜透析 （CAPD）	● 腹膜を透析膜にして透析を行う方法。腹腔内にカテーテルを留置して透析液を注入し、一定時間後、腹膜の血管から透析液ににじみ出てきた老廃物などを体外に排出する ● 1日4回程度繰り返さなければならないが、**在宅で行う**ことができ、血液透析の場合ほど頻繁に通院しなくてもよいというメリットがある ● 感染症や腹膜炎の恐れがあるため、カテーテル挿入部の周囲を清潔に保つように心がけ、腹部を強く圧迫しないよう気をつける

❸ 呼吸器機能障害

（1）医学的・心理的理解

　気管支喘息、**慢性閉塞性肺疾患**（COPD）、肺結核などにより呼吸器

の機能が低下し、酸素と二酸化炭素の交換が妨げられ、酸素が不足する状態を呼吸器機能障害といいます。

　呼吸器機能障害があると、しばしば**息苦しさ**を感じることがあり、毎日の活動が制限されるほか、いつ苦しくなるかわからないといった不安に襲われるなどし、ストレスを抱えていることも少なくありません。

（2）呼吸器機能障害者への支援

　呼吸器機能障害がある場合には、息苦しさが起こらないように、ゆっくりとしたペースで活動を行うように心がけていることも多いため、介護職は利用者のペースを理解したうえで援助を行うことが大切です。

★ 呼吸器機能障害者への援助例

- 前かがみや息を止めて行う動作、腕を上げて行う動作は、息切れが生じやすいため避けるようにする
- 脱衣室や浴室、玄関などにいすや手すりを設置する、よく使う道具は高い所に置かないようにする
- 食事は、一度に食べすぎると胃が横隔膜（おうかくまく）を圧迫するため、少量を数回に分ける
- 浴槽内の水位を心臓より下にして行う、半身浴を勧める
- 和式便器は屈んだり立ち上がる動作が息切れの原因となるため、洋式便器を使用する
- かぶりの服や胸部を圧迫する服は避け、靴は脱ぎ履きしやすいものにする
- 体温調節がしやすい衣服を勧め、屋外との気温差に配慮する
- 外出後は手洗いとうがいを行い、感染予防に努めるよう援助する
- 外出時は荷物はできるだけ軽くする
- 必要以上に安静に過ごして筋力や持久力が弱まり、軽い動作でも息切れが生じる悪循環に陥ることがあるため、医師と相談しながら適度に身体を動かすよう援助する

④ 膀胱・直腸機能障害

（1）医学的・心理的理解

　膀胱（ぼうこう）や直腸の機能が低下し、正常な排泄（はいせつ）ができなくなっている状態を膀胱・直腸機能障害といいます。具体的には、頻尿、尿失禁、排尿困難など排尿に関するもの、便秘、下痢（げり）、便失禁など排便に関するものがあります。原因となる疾患は膀胱がん、**直腸がん**、**大腸がん**、潰瘍性大腸炎（かいよう）（主に大腸の粘膜にただれや潰瘍が生じる腸炎原因不明の）などです。

通常機能での排泄ができなくなり、**ストーマ**（人工的に設けた排泄口）を造設した場合は、大きな精神的ショックを受けることになります。また、悪性腫瘍（がん）を原因疾患とするオストメイト（ストーマを造設した人）は、その再発などの恐怖とも闘っています。

（2）膀胱・直腸機能障害者への支援

　ストーマとは、通常の排泄経路以外に人工的に設けた排泄口のことをいい、尿を排泄するための**尿路ストーマ**と便を排泄するための**消化管（器）ストーマ**に大別されます。

　皮膚炎や合併症などに注意が必要なことから、介護者は、**ストーマ周辺の皮膚の状態や排泄物の性状**などを日頃から観察し、**清潔保持**に努めます。異常がみられた場合には、速やかに医療職へ報告します。

★ストーマの種類

尿路ストーマ（ウロストミー）	尿の排泄のために人工的に尿路系に造設した排泄口
消化管（器）ストーマ	便の排泄のために人工的に造設した排泄口 回腸ストーマ（イレオストミー）……回腸を体外に誘導して造設する。水分や栄養分が消化・吸収される前のため、**水様便**になる⇒栄養障害に注意 結腸ストーマ（コロストミー）……結腸を体外に誘導して造設する。消化・吸収が進んだ状態のため、**固形状の便**になる

　尿を体外へ排出する方法としては、**膀胱留置カテーテル**（カテーテル（管）を尿道から膀胱内に挿入し留置する）や**自己導尿**（医師の指導に基づき自分で尿道から膀胱内にカテーテルを挿入する）があります。

　基本的には食事の制限はなく p.479参照、いくつかの注意事項を守れば入浴することもできます p.490参照。外出や社会復帰に向けては、オストメイト対応の多機能トイレの利用なども必要となります。

ストーマ装具の交換や膀胱留置カテーテルの取り扱いには医行為となる部分があるよ。医療職との連携が必要だね。

❺ HIVによる免疫機能障害

(1) 医学的・心理的理解

　HIV（ヒト免疫不全ウイルス）に感染して免疫機能が低下すると、健康であれば通常は感染することのないような弱い病原菌にも感染（日和見感染）して、さまざまな病気を発症します。このような状態になるとAIDS（後天性免疫不全症候群）と診断されます。

　「HIVに感染した」だけでは「AIDSを発症した」ことにはなりません。HIVに感染していることがわかった場合、大きなショックを受ける人は少なくありません。感染を周囲に知られてしまうことを不安に感じ、家族にも伝えられず、適切なサポートを受けられない人もいます。

厚生労働省は、AIDS発症の指標と
なる23の疾患を指定しているよ。

(2) HIVによる免疫機能障害者への支援

　介護職は、まず、HIV感染について本人がどのように考えているのかを的確にとらえ、誰に打ち明けているのか、今後はどのような生活を送りたいのかを確認し、必要な援助を考えていきます。

　実際に援助を行うにあたっては、介護職は正しい認識の下に感染を予防することが大切です。ただし、必要以上に感染を警戒するのではなく、**標準予防策（スタンダード・プリコーション）** に基づいて、感染を防ぎます。

••• 理解度チェック ☑ •••

☐ 1	心臓機能障害のある人には、呼吸困難や息切れなどの症状がみられることが多い。㉝
☐ 2	大腸がんでは、消化管ストーマが必要となる場合がある。㉔

解答 1.〇／2.〇

Lesson 5
精神障害者、高次脳機能障害者の生活

❶ 外因性精神障害

（1）器質性精神障害

頭部外傷、脳血管障害、ウイルスによる脳炎などを原因とする精神障害です。

（2）症状性精神障害

感染症や内臓疾患、血液疾患など、**脳以外の身体疾患の際に現れる**精神障害です。身体疾患に伴って起こるため、脳自体の障害は少ないとされています。

（3）中毒性精神障害

化学物質の摂取により起こる精神障害です。一酸化炭素・有機水銀などの産業化合物、アルコール・ニコチンなどの嗜好品、麻薬・覚せい剤・睡眠薬などの医薬品などが原因となります。代表的なものに**アルコール精神障害**があります。

★アルコール精神障害の主な症状

振戦せん妄	アルコール精神障害の代表的な症状のひとつで、意識混濁、幻覚などが出現する。アルコール血中濃度下降時の離脱症状として、断酒後1〜3日目に出現することが多い
コルサコフ症候群	慢性アルコール中毒による健忘症状で、健忘、記銘力障害、見当識障害、作話などがみられる。さらに進行すると、長期間にわたる大量飲酒の結果、脳に障害が起こり、現実検討力の低下や著しい人格変化を伴ったアルコール性の認知症が出現する
アルコール幻覚症	幻視が主であり、小動物幻視、小人幻視などが多く、虫が皮膚の上を這うといったような幻触もある
アルコール妄想症	嫉妬妄想が起こる

② 心因性精神障害

(1) 神経症

性格や心理的要因によって起こる不適応状態のことをいいます。パニック障害、全般性不安障害、心気症、抑鬱気分、**PTSD（心的外傷後ストレス障害）** などがあります。

+1 プラスワン

> ### PTSD（心的外傷後ストレス障害）
>
> 災害や事故、虐待など、生命や身体に脅威を及ぼす経験をし、精神的外傷を負ったことによるストレス症候群。ある種の無感覚や感情鈍麻により原因となった出来事を連想させるものの回避、フラッシュバック、動悸などの症状が現れる。

(2) 心身症

身体症状を主とする病気でありながら、その原因が心理的要因に基づくものをいいます。ストレスが原因で突然呼吸が激しくなる過呼吸症候群（過換気症候群）や、人前で字を書くときだけ手の震えがみられる書痙、心理的要因によって首が曲がり、頭が傾いて固定してしまう心因性斜頸などが含まれます。

心因性精神障害の原因は、心理的・社会的なものだよ。

③ 内因性精神障害

(1) 統合失調症

統合失調症 の基本症状は、幻覚・妄想などの異常体験を訴えるものです。慢性に経過し、放置しておくとやがて**荒廃状態**（あらゆることに無関心で、何の意欲も示さない状態）に至るとされています。

内因性精神障害の原因は、「個人の素質」だよ。

★統合失調症の主な症状

陽性症状	● 実際にはあり得ない声や音が聞こえたりする幻聴、存在しないものが見えたりする幻視など。特に人の声の幻聴が多いとされる ● 被害妄想のほか、まわりで起こったことを自分と関連づけてしまう関係妄想が多く、迫害妄想、被毒妄想もみられる ● 支離滅裂な言動、興奮、自分の思考や行為などが他人の力によって行われ干渉されていると感じるさせられ体験など
陰性症状	無関心、喜怒哀楽など感情の表現が乏しくなる、意欲欠如、会話が少なくなるなど
その他	抑鬱、不安など。自殺しようと考える自殺念慮を抱く場合もある

　治療は、主に**抗精神病薬**による薬物療法を行い、症状の軽減を図ります。抗精神病薬の中断・変更は再発を誘発するため、医師の管理下で継続的に投薬を行うことが必要です。

　また、対人関係や日常生活能力の向上を図るために作業療法、デイケア、**社会生活技能訓練**（精神障害者の自立を促すことを目的とする認知行動療法に基づいた治療方法）など、回復へ向けてのリハビリテーションが行われます。

（2）気分障害

　抑鬱あるいは爽快といった感情の障害を主症状とし、**鬱病**や**躁病**などが含まれます。

★鬱病の特徴と主な症状

【特徴】不安焦燥感を訴えることが症状の中心。憂鬱となり、悲哀感に満ち、気分が滅入って寂しさを訴え、**日内変動**がある。身体症状としては食欲不振、便秘、体重減少、不眠など	
思考制止	思考が途絶え、口数が減り、簡単な仕事もできなくなる
微小妄想	誇大妄想の反対。自分の能力や健康、経済力などを過小評価し、自分は価値のない人間であると考えてしまう妄想
罪業妄想	自分は大変な過ちを犯した、皆に迷惑をかけて取り返しがつかないと確信してしまう妄想
心気妄想	重い病気や不治の病にかかったと確信してしまう妄想

★ 躁病の特徴と主な症状

【特徴】	気分は爽快で気力が充実し、自信と希望に溢れ、健康感に満ちており、傲慢で尊大となる。周囲から遮られると興奮する場合がある。身体症状としては不眠、食欲や性欲の亢進など
誇大妄想	願望や空想がそのまま妄想的に確信されてしまう。「魔法が使える」「億万長者である」と信じて疑わないなど
観念奔逸	話の筋や注意の集中が次々に移り、ときにはめちゃくちゃになる傾向を示す。この傾向は、誇大妄想と結びつき、空想的となり、自分は何でもできるという万能感をもちやすいとされる
行為心拍	絶えず何かを企画し、不眠不休で次々と行動に移すものの、いずれも未完に終わる

❹ 精神障害者の心理的理解と支援

精神障害者への支援では、利用者の不安な気持ちを受け止め、時間をかけて信頼関係を築いていく必要があります。

(1) 精神科病院への入院と入院後の支援

精神障害者は、精神科病院への入退院を繰り返すことがあります。入院形態については、「**精神保健及び精神障害者福祉に関する法律**（精神保健福祉法）」で規定されています。

また、入院後には、本人の希望により、体験や気持ちを聴いたり必要な情報提供を行う**入院者訪問支援事業**（都道府県等事業）が行われます。

★ 「精神保健福祉法」に規定される入院形態

任意入院	精神障害者本人の同意に基づく入院。退院は本人の意思によるが、精神科病院の管理者は指定医の診察の結果により、72時間を限度に退院制限を行うことができる（緊急その他やむを得ない理由があるときは、指定医以外の一定の要件を満たす医師の診察の結果により、12時間までの退院制限が可能）
措置入院	都道府県知事または指定都市の市長は、2人以上の指定医の診察を経て、自傷他害行為の恐れがあると認められた精神障害者を入院させることができる
緊急措置入院	都道府県知事または指定都市の市長は、措置入院の要件に該当するが急速を要するため必要な診察手続きがとれない場合に、1人の指定医の診察結果を下に72時間を限度に入院させることができる

障害の理解

Lesson 5

精神障害者、高次脳機能障害者の生活

医療保護入院	精神科病院の管理者は、入院が必要な精神障害者であるが任意入院が行われる状態にない場合で家族等の同意があるときは、指定医の診察の結果により、本人の同意がなくても入院させることができる。家族等が意思表示を行わない場合は、市町村長の同意でも可能。厚生労働省令により入院期間を定め、期間ごとに入院の要件（病状など）の確認を行う
応急入院	精神科病院の管理者は、急速に入院が必要な精神障害者であるが任意入院が行われる状態でなく、かつ家族等の同意を得ることができない場合は、指定医の診察の結果により、本人の同意がなくても72時間を限度に入院させることができる

【例外規定】 医療保護入院および応急入院において精神科病院の管理者は、緊急その他やむを得ない理由があるときは、指定医以外の一定の要件を満たす医師に診察を行わせることができる。診察の結果により任意入院が行われる状態でないと判定された場合、本人の同意がなくても12時間を限度に入院させることができる

（2）退院支援と退院後の支援

　精神科病院の管理者は、医療保護入院および措置入院した精神障害者（医療保護入院者）に対し、退院支援を行う相談員を選任すること、退院後に障害福祉サービスや介護サービスを利用して円滑に地域生活に移行することができるよう、地域援助事業者を紹介することが「精神保健福祉法」で義務づけられています。

+1 プラスワン

地域援助事業者

「障害者総合支援法」に規定する一般相談支援事業または特定相談支援事業を行う者や「介護保険法」に規定する特定施設入居者生活介護を行う者等のことをいう。

（3）ACT（包括型地域生活支援プログラム）

　重度の精神障害者が地域で安心して生活できるよう、医療・保健・福祉の専門職から構成されるチームが24時間365日体制で包括的な支援を提供するプログラムです。援助者が利用者の生活の場に出向いて、生活支援や就労支援など幅広い援助を行います。

❺ 高次脳機能障害の医学的理解

　けがや疾患によって脳に損傷を受けて、記憶・注意・思考・学習・行為・言語などの知的な機能に障害が起こり、日常生活に支障をきたす状態を高次脳機能障害といいます。

★ 高次脳機能障害の原因の例

頭部外傷	硬膜外血腫、硬膜下血腫、脳内出血、脳挫傷
脳血管障害	脳梗塞、脳内出血、くも膜下出血
自己免疫疾患	全身性エリテマトーデス、神経ベーチェット病
中毒疾患	一酸化炭素中毒、アルコール中毒、薬物中毒
感染症	脳炎、エイズ脳症
その他	多発性硬化症、脳腫瘍、ビタミン欠乏症、低酸素脳症

★ 高次脳機能障害にみられる主な症状

注意障害	対象への注意を持続させたり、多数の中から必要な対象を選択することなどが難しくなる
記憶障害	比較的古い記憶は保たれているのに、新しいことを覚えるのが難しくなる。物の置き場所を忘れる、日時を間違えるなど
遂行機能障害	生活するうえで物事を段取りよく進めるための一連の作業（目標の設定→計画→実行→結果の確認）が難しくなる
地誌的障害	地理や場所についての障害。熟知しているはずの土地や建物の中で迷う、近所の地図が描けないなどの状態がみられる
社会的行動障害	感情を適切にコントロールすることができなくなり、不適切な行動をとってしまう状態。ちょっとした困難でも著しい不安を示したり、逆に興奮して衝動的になったり、一種のパニックのような状態に陥ってしまうことがある。反対に、自発性が低下して自分からは動こうとしない状態を示すこともある
半側空間無視	自分が意識して見ている空間の片側を見落とす障害。左側を見落とす場合が多い
失語	話す・聞く・読む・書くなどの障害
失認	感覚機能は損なわれていないのに、視覚や聴覚などから得られる情報を正しく認識できない状態
失行	手足の運動機能は損なわれていないのに、意図した動作や指示された動作ができない状態

⑥ 高次脳機能障害者の心理的理解と支援

　高次脳機能障害の場合、本人が障害を受け入れるまでにさまざまな心理的葛藤があります。リハビリテーションにおいては障害をどの程度受け入れているかが重要になるため、介護職は、利用者が障害を受け入れられるよう、利用者の不安な気持ちに寄り添いながら援助を行います。

★高次脳機能障害者への支援

- 精神障害者保健福祉手帳の交付……高次脳機能障害と診断されれば、精神障害者保健福祉手帳の申請対象となり、手帳に基づく福祉サービスを受けられる
- 職場適応援助者（ジョブコーチ）による就労支援……障害者が職場に適応するための援助や指導を行う。利用者本人への援助だけでなく雇用主に対しても助言を行い、利用者が働きやすい職場環境を整えるよう提案する

「障害者総合支援法」に基づく障害福祉サービス p.124参照 も行われているよ。

・・・ 理解度チェック ☑ ・・・

□	1	統合失調症は内因性精神障害に分類される。㉜
□	2	統合失調症の人が本人の同意により入院する場合は、医療保護入院にあたる。㉞
□	3	高次脳機能障害の注意障害では、突然興奮したり、怒りだしたりする。㉘

解答　1.○／2.✕ 任意入院である／3.✕ 注意障害では、対象への注意を持続させたり、多数の中から必要な対象を選択することなどが難しくなる

知的障害者、発達障害者の生活

重要度 **B**

```
      ☑ 知的障害は原因不明のものが少なくない
Point ☑ ダウン症候群は染色体異常の代表的な病気
      ☑ ADHDの特徴は不注意・多動性・衝動性
```

❶ 知的障害

(1) 医学的理解

　さまざまな原因によって脳に障害を受け、知能の発達が持続的に遅滞した状態を**知的障害**といいます。主に知能の発達障害ですが、社会生活や性格面にも障害が及ぶ多様な症候群といえます。

　知的障害の基準は、WHO（世界保健機関）の定める**ICD-10**（疾病および関連保健問題の国際統計分類）に準じています。

★ **ICD-10 における知的障害の基準**

IQ	程度	身辺自立の状態（参考）
69 ～ 50	軽度	自立可能
49 ～ 35	中等度	おおむね自立可能
34 ～ 20	重度	部分的に自立可能
19以下	最重度	自立不可能

　知的障害は、原因がわからない場合も少なくありません。病理作用により脳の発達に支障が生じたものは**病理型**といわれ知的障害者全体の約4分の1を占め、原因がわからないものは**生理型**といわれ知的障害者全体の約4分の3を占めるとされています。

　知的障害の発生原因として現在わかっているものには、次のようなものがあります。

★ 知的障害の発生原因の例

先天的	遺伝的原因	先天性代謝異常（フェニルケトン尿症など）、遺伝性新生物質（結節性硬化症_{けっせつせいこうかしょう}など）
	染色体異常	**ダウン症候群**
	胎生期障害	風しんや先天梅毒などによる感染、薬物などの中毒、放射線、母体の一酸化炭素中毒による酸素欠乏
	出産時障害	出産時の鉗子_{かんし}などによる脳損傷、仮死出産による脳の酸欠、未熟児（呼吸・循環障害による酸欠）
後天的		出生後、乳幼児期に脳の障害が起こったもの。脳への感染、外傷、中毒、脳の成長ホルモン欠乏などが原因。日本脳炎、髄膜炎、頭部外傷などもこれに含まれる

+1 プラスワン

結節性硬化症

幼年期から思春期にかけて痙攣（けいれん）発作・知的障害・血管線維腫（赤みを帯びた数ミリのにきびのようなもの）がみられたり、脳内の結節、腎臓（じんぞう）に嚢腫（のうしゅ）ができたりする疾患。

　ダウン症候群では、心室中隔欠損症（しんしつちゅうかくけっそんしょう）などの先天的心疾患、十二指腸（じゅうにしちょう）狭窄（きょうさく）などの消化管奇形、**難聴**などの合併症が多くみられます。

+1 プラスワン

染色体異常

ダウン症のほとんどが21番目の染色体の数が1本多いために起こることから、「21トリソミー」ともよばれる。ダウン症候群の症状で、最も頻度が高いものは難聴である。

（2）心理的理解

　知的機能の障害が重度の場合では感情を表現することが難しく、思考能力をつかさどる大脳に障害がある場合では言語面やコミュニケーション面で困難が現れます。また、刺激に興奮しやすい人の場合は、適応が十分にできないと暴力を振るったり物を壊すといった粗暴行為につなが

ることもあります。

★ 知的障害者にみられる行動障害（例）

多動	無目的に動き回ったり手を動かしたりする行動
寡動	筋力の低下などがないにもかかわらず、自発的な運動が極度に減少した状態
強度行動障害	直接的な他害（噛み付き、頭突きなど）や間接的な他害（不規則な睡眠、同一性の保持など）、自傷行為などが「通常考えられない頻度と形式で出現している状態」をいい、重度・最重度の知的障害や自閉症スペクトラム障害のある人にみられやすいとされている

強度行動障害は、医学的な診断名ではなくて、手厚い支援が必要な状態を示す行政的な用語だよ。

（3）知的障害者への支援

「障害者総合支援法」に規定されている障害福祉サービスに、**行動援護**があります。これは、知的障害または精神障害により行動上著しい困難があり、常時介護を必要とする者に対して、行動する際に生じる危険を回避するために必要な援護や、外出時の移動中の介護などを提供するものです。

知的障害者にも個人差や個性があります。介護職には、**一人ひとりの個性や人格を最大限に尊重する**姿勢が求められます。

- 子ども扱いせず、**年齢相応**の対応を心がける
- 自分で行うという経験を積む機会をできるだけもてるよう配慮し、自信につなげる
- 社会的マナーに違反したときはその場で適切な声かけを行う
- 意思伝達では言語のみにこだわらず、本人が理解できるものを選択する。身振りや絵などを使う方法も有効

② 発達障害

(1) 医学的理解

「発達障害者支援法」で定義されている障害は、それぞれ少しずつ特徴が重なり合っていて、明確な診断を下すのは大変難しいとされています。

★ 発達障害の分類と主な特徴

自閉症スペクトラム障害(ASD)	自閉症	● おおむね3歳未満に現れる ● 視線を合わさないなど対人関係の障害 ● オウム返しなど言語発達の障害 ● 意味のない動作をいつまでも繰り返すなど反復的・常同的な行動 ● 特定の動作や習慣にかたくなにこだわるなど変化に対する抵抗
	アスペルガー症候群	● 言語と認知の発達に遅れはないが、社会性の障害を表す ● 言葉は話すが使い方が奇妙であったり、マイペースで一方的な対人行動などがみられる
学習障害（LD）		● 全般的な知的発達に遅れはないが、聞く、話す、読む、書く、計算するなどの能力に著しい遅れがあるもの ● 他に、社会性、運動、情緒などの面での困難さがみられる
注意欠陥多動性障害（ADHD）		● 通常、12歳以前に症状が現れ、その状態が継続する ● 年齢あるいは発達に不釣り合いな不注意（集中できない、よく物をなくす）・多動性（歩き回る）・衝動性（授業中に突然教室を飛び出す）を示す

試験では、自閉症、アスペルガー症候群は、「自閉症スペクトラム障害」という名称で出題されることが多いよ。DSM-5で統合された名称だね。

(2) 心理的理解

発達障害は、身体や知能に関しては障害がないことも多いために、「わがまま」「自分勝手」と判断されてしまうことがあります。親のしつけが悪いから、本人の努力が足りないから、などと誤解されることもあります。

また、周囲にわかってもらえないのは本人にとって、とても苦しいことです。障害そのもの（一次的障害）よりも、障害に起因するさまざまな言動をたびたび注意されたり叱責されたりすることで自信を失い、気力が低下したり、不満が募って暴力を振るったりといった二次的障害を引き起こしてしまうことがあります。

（3）発達障害者への支援

援助においては、本人の行動を否定的にとらえないことが大切です。言葉から意味をくみ取ることが困難なことから、コミュニケーションを行う際には次のような配慮をします。

- 「もっと」や「たくさん」など抽象的な表現でなく具体的に伝える
- 複数の指示を一度にしない
- 1つの指示を出したら本人が把握するまで待つ
- これからする行動を前もって具体的かつ簡潔に知らせる
- 予定の変更があるときは、メモや絵を使って予告する

変化に対して強い不安や抵抗を示すため、事前に丁寧な説明をすることが大切だよ。

··· 理解度チェック ☑ ···

☐ **1** ダウン症候群の症状として頻度の高いものに、難聴がある。㉘

☐ **2** 自閉症スペクトラム障害のある人が、感情の起伏が激しく、パニックになると止めても壁に頭を打つけ、気持ちが高ぶると騒ぎ出す症状は気分障害にあたる。㉝

解答 1. ○ ／ 2. × 強度行動障害にあたる

難病のある人の生活

❶ 難病の医学的理解

　難病とは、1972（昭和47）年に定められた「難病対策要綱」によって①原因不明、治療方法未確立であり、かつ、後遺症を残す恐れが少なくない疾病、②経過が慢性にわたり、単に経済的な問題のみならず介護等に著しく人手を要するために家庭の負担が重く、また、精神的にも負担が大きい疾病、と規定されています。

★ 難病の種類と特徴

運動神経系	呼吸筋の障害による呼吸困難や、嚥下筋の障害による嚥下障害や言語機能障害などが生じる 言語を介したコミュニケーションが困難になる 四肢や体幹の動きや移動などに不自由が生じる
内臓・皮膚・血液系	内臓・皮膚・体液・免疫系の系統的な障害が起こる 外見からは症状がわかりにくく、周囲に理解してもらえないなどの問題が生じる場合がある 主な症状は内臓の炎症による痛みや機能障害だが、運動障害、しびれ、麻痺などの知覚障害も起こる

免疫系の難病は自己免疫疾患ともよばれるよ。思春期や閉経期の女性に多いんだ。

❷ 難病のある人の心理的理解と支援

　難病のある人は、病気が進行していくにつれ、抑鬱状態になることもあります。少しずつ現実を受け止め、前向きに生活していくことを考えるようになりますが、終末期を迎えると死を目の前にして動揺し、死へ

の不安を抱くようになります。症状が悪化し、寝たきりの状態となってしまうことも多いため、介護職は医師や看護師などの医療職や家族と協力しながら、残された時間をその人らしく過ごすことができるよう援助していきます。

援助は**利用者の年齢を考慮しながら、それぞれのライフステージに応じた方法**で行います。そのためには介護職だけでなく、医療や保健、福祉、学校や職場、地域の援助者とも連携しながらチームによる総合的な支援を行うことが大切です。

難病のある人が経済的な問題を抱えている場合には、障害年金や生活保護などの受給申請が可能であることを説明します。また、さまざまな生活障害が現れるため、**難病相談・支援センター**の利用や、同じ病気を抱える人たちの団体などへの参加について情報提供を行い、悩みの軽減を図ります。さらに、「難病法」や「障害者総合支援法」において国の難病対策が進められています p.147参照。

＋1 プラスワン

難病相談・支援センター

難病のある人が治療を続けながら地域の中で安心して生活できるよう、難病に関する総合的な相談支援を行う窓口。各都道府県にある。

・・・ 理解度チェック ☑ ・・・

□ 1 　脊髄小脳変性症は、言語機能障害を来す難病である。 ㉚

解答 　1.○

Lesson 8
障害のある人の心理

❶ 障害受容

　障害の受容について、医学者である上田敏（さとし）は、「あきらめでも居直りでもなく、障害に対する価値観（感）の転換であり、障害をもつことが自己の全体としての人間的価値を低下させるものではないことの認識と体得を通じて、恥の意識や劣等感を克服し、積極的な生活態度に転ずること」と定義しています。

　肢体不自由の中途障害において、障害者本人が受容するまで、5つの段階をたどるとしていますが、**障害の受容過程**には個人差があり、すべての中途障害者にみられるものではありません。下表の①～⑤の各段階を順序どおりに進むのではなく、行きつ戻りつする場合もあります。

★中途障害の受容過程

①ショック期	受傷直後の時期で、身体的な苦痛がある。しかし、障害が残るということがまだわからない段階であり、心理的には比較的落ち着いている
②否認期	治療などが一段落して自身の身体の状態がわかり始める時期。障害が残るということに気がつき始めるが、その事実を認めたくないという気持ちが強い
③混乱期	障害が残るということが決定的になり、その現実に直面し、心理的に混乱する時期。抑鬱（よくうつ）状態になったり、ひどい場合には自殺を図ることもある
④努力期	障害が残るという混乱から立ち直るためには自らの努力が必要であると気づく時期。本人がもつ力や可能性に目を向け、現実的展望をもてるような支援が重要となる
⑤受容期	少しずつ現実を受け止め、障害を受容していく時期。リハビリテーションなどを通じて、自身の残された可能性に目が向けられ（価値観の転換）、積極的な生活態度になる

❷ 適応機制（防衛機制）

　人間は、環境の変化に合わせながら行動する一方で、環境にはたらきかけて自らの欲求を満たし、**環境と調和のとれた関係を保つ**ようにしています。このような心のはたらきを**適応**といいます。

　さまざまな制限により自分の欲求が満たされない場合、人は**欲求不満**（フラストレーション）を感じ、本来の欲求とは別のことで満足を得ようとしたり、また逆に、無理にでも欲求を通そうとしたりしてその欲求不満を解消しようとします。このような欲求への対処方法を**適応機制**（防衛機制）といい、自分の欲求を満足させるための無意識的な行動・態度であるとされています p.157参照 。

••• 理解度チェック ☑ •••

☐ **1**　上田敏の障害受容のモデルにおいて、「リハビリテーションによって機能回復に取り組む」のは、受容期の説明である。㉟

☐ **2**　障害受容の過程にみられる「抑圧」とは、認めたくない欲求、不安や苦痛を意識下にとどめることである。㉕

解答　1. ✕努力期である／2. ◯

Lesson 9
連携と協働

Point

☑ 協議会は地方公共団体が努力義務で設置する
☑ 個別支援会議は個別の課題を確認する
☑ 相談支援専門員は障害分野の相談支援事業者

① 地域におけるサポート体制

(1) 行政・関係機関との連携

　障害者の生活を支援するには、公的サービスと制度以外の部分の支援を総合的に行うための包括的ケアプランを作成し、関係諸機関が役割分担をしながら協力して支援を進めていくことが大切です。

　近年では、行政のみによる対応には限界があることから、行政と民間の特徴を活かした支援が行われています。例えば、障害分野の相談支援事業者である**相談支援専門員** p.386参照 は、行政から委託を受けて生活実態の把握や出向型の相談を行います。敷居の高さなどの行政相談の弱点を補いながら、行政や地域の関係者とともに情報を共有し、業務を行います。

(2) 協議会との連携

　協議会は、「障害者総合支援法」において、**相談支援事業** p.128参照 をはじめとする障害者等への支援体制の整備を図るため、**地方公共団体が努力義務で設置する機関**です。

★ 協議会のシステム

①**個別支援会議**	個別支援を行う際の課題を確認する
②**運営会議**	解決が困難な個別ニーズを把握し、地域ニーズの課題として取り上げるなど、個別支援会議での課題を協議・調整する
③**定例会**	運営会議で整理された課題を関係者で共有し、今後の施策やサービスに反映させる
④**専門部会・検討会**	課題ごとに地域において必要な施策やサービスを議論・検討する
⑤**全体会**	これまで積み上げられた議論の結果を地域全体で確認し、施策の提言を行う

❷ チームアプローチ

(1) 連携する福祉職

　相談支援専門員 ⟨p.386参照⟩は都道府県知事や市町村長の指定を受けた相談支援事業所などに配置され、障害者等の相談に応じて助言や連絡調整等の必要な支援を行うほか、**サービス等利用計画**の作成を行います。

　サービス管理責任者 ⟨p.386参照⟩は、障害福祉サービス事業所に配置され、**個別支援計画**の作成および変更、サービス提供内容およびプロセスの管理、支援内容に関連する関係機関との連絡調整などを行います。

(2) 連携する保健医療職

　医師、看護師 ⟨p.387参照⟩などのほか、理学療法士（PT）・作業療法士（OT）・言語聴覚士（ST）・義肢装具士・視能訓練士などのリハビリテーション専門職 ⟨p.376参照⟩、臨床心理士（CP）⟨p.388参照⟩などがあります。

••• 理解度チェック ☑ •••

☐ **1** 「障害者総合支援法」で定める協議会では、地域の実情に応じた支援体制の整備について協議を行う。㉞

☐ **2** 相談支援専門員は、サービス等利用計画を作成する。㉕

☐ **3** 相談支援専門員は、個別支援計画を作成する。㉕

解答 1.○／2.○／3.✕ 個別支援計画を作成するのは、サービス管理責任者

Lesson 10

家族への支援

Point
- ☑ 本人だけでなく、障害者の家族も障害を受容することが重要
- ☑ 自助グループは障害等を克服していく協力組織

❶ 家族の障害の受容とその援助

(1) 家族の障害の受容

　これまで、障害者が「障害の受容」を行うことが重視され、家族や社会などは障害の受容を行う主体ではなく、それを促す環境要因として考えられてきました。

　しかし、**障害者だけでなくその家族もまた障害を受容する必要があり**、家族に障害の受容を促すことは、介護職の行う家族支援として重要であるといえます。家族が障害を受容するための支援として、家族心理教育プログラムなどがあります。

+1 プラスワン

> **家族心理教育プログラム**
>
> 精神障害などのある人の家族が病気や治療への理解を深め、問題への対処方法や利用できる支援制度などについて学ぶもので、家族同士が問題を共有し、情報交換を行う場としても利用される。

(2) 家族支援

　介護職は、障害者の家族の思いや考え、介護負担、経済的負担を的確に把握し、そうした負担が軽減するように支援していくことが重要になります。必要とされる家族支援は次のとおりです。
- 物理的（肉体的・時間的）支援
- 心理的支援
- 経済的支援（車いすの製作代、タクシー代など）

　家族（親、子ども、きょうだいなど）の介護力をふまえた支援を行うには、適切なアセスメントが欠かせません。障害者本人だけではなく、**家族全体の生活**をみて、**総合的にとらえること**が大切です。

（3）自助グループ（セルフヘルプグループ）

　同じ障害や疾患、依存等を抱える人や家族が援助し合い、情報交換をしながら、障害などをさまざまなかたちで克服していくための協力組織を自助グループ（**セルフヘルプグループ**）といいます。**断酒会や家族会** p.299参照など、さまざまな団体があります。介護職は、本人およびその家族の障害の受容を支援する際、セルフヘルプグループの形成、活動の推進を考慮する必要があります。

❷ 家族のレスパイト

　障害者などの介護を担っている家族の介護からの一時的解放を目的とするサービスをレスパイトサービスとよびます p.299参照。

★ 主なレスパイトサービスの種類

障害福祉サービス
居宅介護（ホームヘルプ） 短期入所支援（ショートステイ）

地域生活支援事業
ピアサポート活動支援（自発的活動支援事業） 移動支援事業 日中一時支援（日常生活支援）

… 理解度チェック ☑ …

☐ **1** 介護福祉職は家族支援として、障害がある人の家族の不安な気持ちに寄り添い、今の課題を一緒に整理し考えていく。㉞

☐ **2** レスパイトケアの目的は、介護職に休息を提供することである。㉖

解答 1.○／2.× 介護を担う家族に一時的な負担軽減・休息の機会を提供すること

医療的ケア

医療的ケア

ここでは、介護福祉士の行う業務として位置づけられた医療
的ケア（喀痰吸引と経管栄養）について、ケアを行うために
必要な医療的基礎知識を学習します。実施の際の留意点、利
用者の心理的理解、医療職との連携など、正しく安全にケア
を実施するための方法を身につけましょう。

Lesson 1
医療的ケア実施の基礎

Point
- ☑ 介護福祉士等が行う喀痰吸引等は医行為である
- ☑ 介護福祉士もチーム医療の一員となる
- ☑ 血圧、脈拍、呼吸、体温は、バイタルサイン

① 医療的ケアとは

2011（平成23）年の「**社会福祉士及び介護福祉士法**」 p.367参照 の改正により、介護福祉士の定義において喀痰吸引等が介護福祉士の行う業務として位置づけられました。

実地研修を修了した介護福祉士等（以下、介護職）が医師の指示の下に行う喀痰吸引等とは、次のとおりです。

★喀痰吸引等の範囲

❶口腔内の喀痰吸引（咽頭の手前までを限度とする）
❷鼻腔内の喀痰吸引（咽頭の手前までを限度とする）
❸気管カニューレ内部の喀痰吸引
❹胃瘻または腸瘻による経管栄養（胃瘻・腸瘻の状態に問題がないことの確認は、医師または看護職員が行う）
❺経鼻経管栄養（栄養チューブが正確に胃の中に挿入されていることの確認は、医師または看護職員が行う）

② 医行為

（1）医行為の解釈

医療的ケアとされている喀痰吸引と経管栄養は、医行為に当たります。医行為とは、「医師の医学的判断および技術をもってするのでなければ人体に危害を及ぼし、または危害を及ぼすおそれのある行為」や「医師が行うのでなければ保健衛生上危害を生ずるおそれのある行為」と解釈されています。

（2）医行為に含まれないもの

　厚生労働省が通知で例示した「**医行為に含まれないもの**」には次のものがあり、これらは介護職も実施することができます。

★ 医行為に含まれないもの（一部抜粋）

- 水銀体温計・電子体温計による腋窩（えきか）での体温計測、および耳式電子体温計による外耳道（がいじどう）での体温測定※
- 自動血圧測定器または半自動血圧測定器（ポンプ式を含む）を用いた血圧測定※
- 血糖値の確認（血糖値や食事摂取量等が不安定でない利用者への持続血糖測定器のセンサーの貼付や測定器の測定値の読み取り等）※
- 入院治療の不要な者（新生児を除く）に対してパルスオキシメーターを装着し、動脈血酸素飽和度を確認※
- 軽微な切り傷、擦り傷、やけど等で、専門的な判断や技術を必要としない処置（汚れたガーゼの交換を含む）
- 爪切り、爪ヤスリ（爪に異常や爪周辺の皮膚に化膿や炎症がなく、糖尿病等の疾患に伴う専門的な管理が必要でない場合）
- 水虫や爪白癬（はくせん）に罹患した爪への軟膏（なんこう）または外用液の塗布（褥瘡（じょくそう）の処置を除く）※
- 皮膚への軟膏の塗布（褥瘡の処置を除く）、湿布の貼付※
- 点眼薬の点眼、鼻腔粘膜への薬剤噴霧※
- 一包化された内用薬の内服（舌下錠の使用も含む）、吸入薬の吸入、分包された液剤の内服の介助※
- 肛門からの坐薬挿入※
- 口腔内の刷掃、歯ブラシや綿棒または巻き綿子などによる、歯、口腔粘膜、舌の汚れの除去（重度の歯周病等がない場合）
- 耳垢（じこう）の除去（耳垢塞栓（そくせん）を除く）
- ストーマ装具の交換（ストーマやその周辺の状態が安定している場合等）
- 自己導尿カテーテルの準備、体位の保持など
- 市販のディスポーザブルグリセリン浣腸器を用いた浣腸（かんちょう）
- とろみ食を含む食事の介助
- 義歯の着脱および洗浄

※測定された数値を基に投薬の要否など医学的な判断を行うことは医行為
※①利用者の容態が安定していること、②副作用や投薬量の調整等のための経過観察が不要なこと、③当該医薬品の使用方法そのものに専門的な配慮が必要でないことを医療職が確認し、医師等でなくてもできる行為であることを本人または家族等に伝え、事前に本人または家族から依頼があった場合に行える
資料：厚生労働省「医師法第17条、歯科医師法第17条及び保健師助産師看護師法第31条の解釈について」「医師法第17条、歯科医師法第17条及び保健師助産師看護師法第31条の解釈について（その2）」などを基に作成

（3）チーム医療

　一人の患者に対して複数の医療関係職がチームとなり、それぞれの職

種が専門性を発揮し、連携して治療やケアを行うことにより、患者を中心にした医療を提供する体制のことを**チーム医療**といいます。介護職も喀痰吸引と経管栄養を担う一員として、チーム医療に加わります。

医療関係職には、医師、看護師等、薬剤師、言語聴覚士、作業療法士、理学療法士、管理栄養士、臨床工学技士、診療放射線技師、介護福祉士、医療ソーシャルワーカー（MSW）などが含まれるよ。

（4）医療の倫理

　医療関係職が心がけるべき誠実さや謙虚さを**医療の倫理**といいます。医行為を行う介護職も、この倫理を身につけなければなりません。倫理上の原則は、「医療法」においても規定されています。また、医療の倫理に関連する重要な原則として、**自己決定の尊重**、**インフォームド・コンセント**（**説明と同意**）、**個人情報の保護**などが挙げられます。

＋1 プラスワン

医療倫理の4原則

　ビーチャムとチルドレスが『生命医学倫理の諸原則』で提唱した4原則が代表的。医療における倫理的な問題に直面した際に、医療職がどのように解決すべきかを判断する指針となるものである。
❶自律尊重の原則
❷無危害の原則
❸善行の原則
❹公正の原則

❸ 医療的ケアの安全な実施

（1）リスクマネジメント

　医療的ケアを安全に行うためには、ミスは誰でも起こし得ることと考え、リスクを管理していく**リスクマネジメント** p.396参照 が大切です。

　リスクマネジメントに重要となるものに、ヒヤリハット報告・事故報告があります。他の人が同じ過ちをしないためにも積極的に報告し、**ヒ**

ヤリハット報告書・事故報告書を書いて情報共有することが大切です。

+1 プラスワン

ヒヤリハット

事故（アクシデント）には至らないものの、その寸前でヒヤリとしたこと、ハッとしたことなどを指す。

事故 （アクシデント）

実際に事故が起こった場合を指す。利用者への影響はヒヤリハットよりも大きいものになる。

（2）事業所の登録と医療職との連携

喀痰吸引等の業務を行う事業者は、事業所ごとに、**登録喀痰吸引等事業者**として都道府県知事の**登録**を受けなければなりません。登録基準の主な内容は次のとおりです。

★ 喀痰吸引等の業務を行う事業者の主な登録基準

医療関係者との連携に関する基準	● 医師の文書による指示や医療関係者との**連携確保**と役割分担 ● 喀痰吸引等計画書・喀痰吸引等実施状況報告書の作成 ● 緊急時の連絡方法の取り決め
喀痰吸引等を安全・適正に実施するための基準	● 安全確保のための体制の確保（安全委員会の設置、研修体制の整備等）、感染症**予防措置**、秘密**の保持** ● 必要な備品の準備、備品の衛生的な管理 ● 計画書の内容を利用者やその家族に説明し、同意を得る

❹ バイタルサイン

血圧、脈拍、呼吸、体温など健康状態を把握するための基本的な情報を、バイタルサインとよびます。

★ バイタルサイン

血圧	● 正常な血圧は、収縮期血圧（最高血圧）120mmHg未満、拡張期血圧（最低血圧）80mmHg未満 ● 血圧には日内変動があり、環境によっても変動するため、環境を整え、毎日同じ時間に定期的に行う
脈拍	● 安静時の正常な脈拍は、成人は毎分60〜80回程度、高齢者は60〜70回程度 ● 脈拍が1分間に50〜60回以下を徐脈、100回以上を頻脈、不規則なリズムを不整脈といい、いずれも異常な徴候と判断する

呼吸	● 安静時の正常な呼吸は、成人は1分間に**12〜18回**程度 ● 呼吸の測定時は安静を保つ。主な観察ポイントは、数、深さ、型、リズム、音の大きさなど
体温	● 正常な体温は、成人の平均で**36.0〜37.0℃** ● 外気温の影響（早朝は低く、午後は高め）や基礎代謝の影響（高齢者は低く、乳幼児は高め）を受けるほか、食事や精神的興奮で上昇する傾向がある

❺ 急変時の対応

　日常生活で起こりやすい急変時の対応として、食べ物などが誤って気管に入り、呼吸ができなくなる誤嚥があります。誤嚥は窒息や誤嚥性肺炎 p.248参照 の原因ともなるため、利用者の食事中の誤嚥や窒息事故を事前に防止するとともに、万が一の場合には慌てず、かつ的確に対応することが必要です。

（1）誤嚥時の症状

　誤嚥時には、次のような症状が現れます。

★ 誤嚥時に現れる症状

● 喘鳴や咳込み、吐き気、チアノーゼ（血液中の酸素濃度が低下し、皮膚や粘膜〔特に爪や口唇〕が青紫色になる状態）など
● 手で喉をギューッとつかむ（チョークサイン）、胸を叩く

（2）意識がある場合の応急手当

　利用者に強く咳をさせます。意識があっても咳ができない場合は、背部叩打法や腹部突き上げ法（ハイムリック法）を行います。

★ 誤嚥時の応急手当（意識があっても咳ができない場合）

背部叩打法	立位	利用者の胸を一方の手で支えて頭部を胸より低くし、他方の手で肩甲骨の間を強く、素早く叩く（図①）
	臥位	側臥位にした利用者の肩を一方の手で支え、他方の手で肩甲骨の間を強く、素早く叩く
腹部突き上げ法 （ハイムリック法）		利用者を立位または座位にし、後ろから抱くようなかたちで上腹部の前で腕を組み合わせ、内上方に向かって圧迫するように押し上げる（図②）。仰臥位にして行う場合もある（図③）

346

★背部叩打法・腹部突き上げ法

図①背部叩打法

図②腹部突き上げ法（座位）

図③腹部突き上げ法（仰臥位）

··· 理解度チェック ☑ ···

☐ 1　介護福祉士の業であって、医師の指示の下に行われる喀痰吸引等を規定した法律は、社会福祉士及び介護福祉士法である。㉙

☐ 2　喀痰吸引等を行うためには、実地研修を修了する必要がある。㉜

☐ 3　2011年の社会福祉士及び介護福祉士法の改正により、喀痰吸引や経管栄養は、医行為から除外された。㉜

☐ 4　介護福祉士が医師の指示の下で行う喀痰吸引の範囲は、喉頭までである。㉜

☐ 5　成人の正常な呼吸状態は、呼吸数が1分間に40回である。㉟

解答　1.〇／2.〇／3.✕ 医行為から除外されていない／4.✕ 喉頭までではなく、咽頭の手前まで／5.✕ 12～18回程度

347

重要度 **A**

喀痰吸引の基礎的知識・実施手順

Point

☑ 吸引は医師の指示書の内容に従って行う
☑ 吸引の実施前には利用者に説明を行い、同意を得る
☑ 吸引カテーテルは浸漬法または乾燥法で保管する

❶ 喀痰吸引についての理解

(1) 痰の貯留がもたらす影響

気管の表面で異物をとらえた分泌物を痰といいます。嚥下障害などで痰が貯留して気道が狭まると、窒息や呼吸困難が生じます。痰を出しやすくするためのケア（**体位ドレナージ**など）を行っても呼吸が楽にならない場合は、喀痰吸引を実施します。

★ **喀痰吸引が必要な状態**

- 感染症や誤嚥性肺炎などが原因で、痰が増加している
- 咳反射や咳の力が弱まり、痰が排出しにくい
- 痰の粘り気が強く、排出しにくい

> 体位ドレナージとは、肺の痰が溜まっているほうを上にし、重力を利用して痰を排出しやすくさせるケアのことだよ。

(2) 喀痰吸引の種類

喀痰吸引では、吸引器につないだ管（**吸引カテーテル**）を口や鼻などから挿入して、痰を吸い出します。

★ **喀痰吸引の種類**

口腔内吸引	吸引カテーテルを口から挿入する
鼻腔内吸引	吸引カテーテルを鼻から挿入する
気管カニューレ内部の吸引	気管切開をした人の気管カニューレに吸引カテーテルを挿入する

(3) 人工呼吸器と吸引

　さまざまな換気障害や肺自体の病変などにより、自発呼吸だけでは酸素量が不十分な状態となってしまった場合には、人工的に換気を補助するために人工呼吸器を使用します。この機器を装着して呼吸の維持・改善をする治療を人工呼吸療法といいます。人工呼吸療法には、**侵襲的人工呼吸療法**（TPPV）と**非侵襲的人工呼吸療法**（NPPV）があります。

★ 侵襲的人工呼吸療法（TPPV）の特徴と吸引時の留意点

特徴	● 気管切開を行って気管カニューレを挿入し、そこから酸素を送り込む ⇨気管カニューレ内部の吸引の対象 ● 筋萎縮性側索硬化症などの神経疾患、自発呼吸が障害されている者に適応
留意点	● 気管カニューレの周囲の皮膚は、常に清潔に保つ。異常がみられたときは、医療職に連絡する ● 気管カニューレ内部の吸引には、滅菌手袋またはセッシ（ピンセット）を使用し、洗浄水には滅菌精製水を使用する ● 吸引カテーテルを気管カニューレの先端を超えて挿入すると、気管の部分にある迷走神経を刺激し、突然の心停止や血圧低下などを起こす危険性がある

★ 非侵襲的人工呼吸療法（NPPV）の特徴と吸引時の留意点

特徴		● 口鼻マスクや鼻マスクなどを装着し、酸素を取り込む ⇨口腔内・鼻腔内吸引の対象 ● 重度の慢性閉塞性肺疾患（COPD）p.249参照などに適応
留意点	吸引前	口腔内・鼻腔内の状況、人工呼吸器の作動状況、呼吸の状態などを観察する。異常がみられたときは、医療職に連絡する
	吸引時	マスクを取り外している間、必要な酸素が十分送り込まれない状態になるため、確実で速やかな操作が必要
	吸引後	マスクが適切に固定されているか、人工呼吸器が正常に作動しているか、吸引の実施前との変化がないかを観察する

　通常、自宅で人工呼吸器を使用する場合は家庭用電源を用いますが、停電時に備えて予備のバッテリーなども準備します。

❷ 喀痰吸引の実施　

　吸引は、決められた時間に行うのではなく、**必要に応じて実施**します

（入浴時は痰が増加するので、入浴の前後に実施）。介護職は、痰の貯留状況を観察し、速やかに吸引が実施できるように必要物品を準備しておきます。喀痰吸引は医行為に当たるため、事前に利用者の自己決定に必要な情報をわかりやすく提供し、同意を得ます。

（1）必要物品

喀痰吸引に必要な物品は、常に清潔を保持します。また、感染予防のためには、物品を準備する事前の手洗いも重要です。正しい手技で吸引を実施しても、物品が不潔であると感染を引き起こす原因となります。

●吸引カテーテルの清潔保持方法

吸引カテーテルは原則として単回使用（ディスポーザブル）です。やむを得ず複数回使用する場合には、浸漬法と乾燥法があります。

★ 吸引カテーテルの清潔保持方法

	浸漬法	乾燥法
概要	● 消毒液に漬けて保管 ● 細菌を死滅または減少させる効果がある	● 乾燥させ、蓋付きの容器に保管 ● 簡便な方法だが、吸引の頻度によっては乾燥の保持は困難
洗浄	● 吸引後に、吸引カテーテルの内部を洗浄水（滅菌精製水または水道水）で洗う。アルコール消毒液は使わない	
交換頻度	● 吸引カテーテル、消毒液は少なくとも24時間ごと ● 洗浄水は少なくとも8時間ごと	● 吸引カテーテル、保管容器の消毒は少なくとも24時間ごと ● 洗浄水は少なくとも8時間ごと

★ 消毒液の種類

種類	使用濃度	消毒対象	留意点
次亜塩素酸ナトリウム	0.0125～0.02％	● 経管栄養セット ● 器具・器材	● 金属の腐食 ● 酸性タイプと混ぜると塩素ガスが発生
消毒用エタノール	原液	● 手指・皮膚の消毒 ● 医療器具、器材・ドアなどの消毒	● 引火性に注意 ● 粘膜や傷口には禁忌
塩化ベンザルコニウム、塩化ベンゼトニウム	0.1～0.5％	● 器材等の消毒 ● 手指消毒（0.1％）	● 誤飲に注意 ● 適正な濃度で使用

+1プラスワン

消毒と滅菌の違い

　消毒、滅菌は、病原体を除去する目的で行われる。

　消毒とは、加熱、日光、消毒液などにより、病原体**を害のない程度まで死滅**させる方法で、家庭でも手軽に行える。なお、複数の消毒液を混ぜるのは危険を伴う恐れがあるので避ける。

　滅菌とは、酸化エチレンガスや放射線などを用いて、すべての微生物**を死滅**させる方法で、専用の施設や設備が必要となる。滅菌済みの物を使用する前には、①滅菌済みの表示、②有効期限、③未開封を必ず確認する。

（2）実施の準備

❶指示等の確認

　医師が作成した**介護職員等喀痰吸引等指示書**（以下、**指示書**）、看護職からの引き継ぎ事項や実施の留意点（吸引圧〔陰圧〕・吸引時間・吸引の留意点・気管カニューレの留意点等）を毎回必ず確認します。

❷手洗い、必要物品の準備

　石鹸（せっけん）と流水による手洗いまたは擦り込み式のアルコール消毒剤による手指消毒を行います。その後、指示書に沿って必要物品と器材が揃っているかを確認し、使用しやすい位置に置きます。

❸実施前の説明と同意

　何の説明もなくいきなり吸引を開始すると利用者が緊張し、吸引がスムーズに行えず、苦痛を与えかねません。そのため、利用者に本人確認を行った後は、吸引の必要性や方法などを説明し、同意を得ます。

❹環境整備

　吸引を受けやすいようにベッドの高さ、枕の位置などを調整して利用者の姿勢のケアをします。また、プライバシーの保護のため、必要に応じてカーテンやスクリーンを使用します。

★姿勢のケア

口腔内吸引	● 枕の位置を工夫し、口を開けやすい安楽な姿勢（上半身を10〜30°挙上した姿勢）になってもらう ● 咽頭（いんとう）反射が強く、嘔吐（おうと）が誘発されやすい場合は、利用者の顔を横向きにするか、半座位にする

鼻腔内吸引	● ベッドを水平から約 **10 ～ 15°** の角度にする ● 利用者に顎_{あご}を上げてもらう（吸引カテーテルをスムーズに挿入するため）
気管カニューレ内部の吸引	● 吸引カテーテルが挿入しやすく、利用者の安楽が保てる角度にベッドの角度を調節する ● 利用者に顎を上げてもらう

★ 半座位の姿勢

ファーラー位

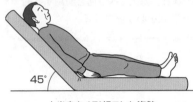

45°

上半身を45°起こした姿勢

セミファーラー位

30°以下

上半身を15～30°起こした姿勢

❺観察

　吸引の実施前には、口腔内（義歯など）と鼻腔内の状態を確認します。異常を発見したら、速やかに医師・看護職に連絡・報告します。

（3）喀痰吸引の実施

❶吸引カテーテルの準備

　吸引カテーテルのサイズは、指示書に従い、利用者の**体格**や**吸引**部位に合ったものを選びます。清潔な手袋をつけるかセッシを使い、吸引カテーテルの先端が周囲に触れないように清潔に取り出し、連結管と接続します。吸引器の電源を入れ、吸引圧が指示どおりか確認します。吸引カテーテルの先端の水をよく切ります。

❷吸引カテーテルの挿入

　利用者に声かけをし、吸引を実施します。

　口腔内・鼻腔内の吸引では、吸引カテーテルの先端から約10cmのところを親指、人差し指、中指でペンを持つように持つかセッシで持ち、吸引カテーテルの根元を折って吸引圧がかからないようにして、静かに挿入します。気管カニューレ内部の吸引では、吸引カテーテルの根元を完全に折らず、少し圧をかけた状態で挿入します。

★ 吸引カテーテルの挿入

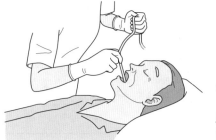 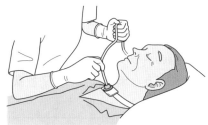

口腔内吸引　　　　　　　　　　気管カニューレ内部の吸引

❸ 吸引実施

　喀痰吸引は清潔保持を心がけ、決められた手順に沿って行います。安全に吸引を行うためには、指示書に記載されているサイズの吸引カテーテルを使用し、指示された時間で、決められた挿入位置を守ります。

　吸引を実施する際のポイントは以下のとおりです。

★ 吸引実施のポイント

- 1回の吸引時間、吸引圧は指示書に従う
- 吸引カテーテルを挿入する深さは、口腔内は咽頭の手前まで（肉眼で見える範囲）、鼻腔内は咽頭の手前まで、気管カニューレでは気管カニューレの内部までとする
- 粘膜を傷つけないよう、吸引カテーテルを静かに回しながら吸引する
- 1回の吸引で痰を十分取りきれない場合は、いったん休み、利用者の呼吸を整えてから再度行うようにする
- ケアの実施後は、吸引カテーテルを静かに抜き取る

吸引圧は、介護職が勝手に調整することは認められていないよ。指示書どおりの吸引圧でない場合は、すぐに医療職に連絡してね。

★ 吸引の範囲

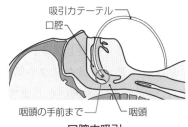

吸引カテーテル
口腔
咽頭の手前まで　　　咽頭

口腔内吸引

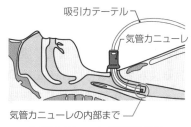

吸引カテーテル
気管カニューレ
気管カニューレの内部まで

気管カニューレ内部の吸引

353

（4）吸引実施中から直後にかけての留意点

　吸引実施中から直後にかけては、常に利用者の状態を観察します。喀痰吸引で起こり得る緊急を要する状態とは、**呼吸の停止**、**呼吸状態の悪化**、**多量の出血**、**嘔吐による気道の閉塞**などです。さらに、人工呼吸器の作動のトラブルが起こる場合もあります。

　次のような場合は直ちに医療職に報告・連絡します。

★ 吸引実施中のトラブル

- パルスオキシメーターで酸素飽和度が90%以上にならない
- 吸引後に人工呼吸器回路をつけたとき、普段より気道内圧が高い状態が続く
- 吸引を続けても唾液や痰が取り切れず、利用者が苦しそうな様子である
- 意識障害がある
- チアノーゼ p.346参照 がみられる

　パルスオキシメーターは、血液中の酸素の量（動脈血酸素飽和度）を測定する機器である。健康な人の基準値は、95〜100%だよ。

　急変・事故発生時には、「いつ・どこで・誰がまたは何が・どのように・どうしたか・どうなったか」ということを明確に医療職に伝えるとともに、内容や時間などを正確に記録します。この記録はその後の治療や対処を決めるための重要な情報となります。

（5）実施後

❶実施後の処理

　吸引カテーテルを保管する場合は、外側を清浄綿（脱脂綿に殺菌消毒剤をしみ込ませたもの）で拭き、洗浄水（滅菌精製水または水道水）を吸引します。吸引器の電源を切り、吸引カテーテルを連結管から外し、保管容器に入れます。手袋を外して破棄またはセッシを戻します。

❷声かけ・観察等

　吸引が終了したことを利用者に伝え、痰が取り切れたかを確認します。利用者を安楽な姿勢に整え、吸引物と利用者の状態を観察します。人工呼吸器装着者の場合は、人工呼吸器の作動状況、鼻・口鼻マスクや気管カニューレの接続状況などを確認します。石鹸と流水で手洗いをします。

❸報告

吸引中・吸引後の利用者の状態や吸引物の量、性状等を、異常の有無にかかわらず看護職等に報告します。

❹片付け

吸引瓶の排液量が70 ～ 80％になる前に排液を捨てます。使用物品を速やかに片付けまたは交換します。

❺記録

決まった様式の書類に記録し、ヒヤリハットがあればその内容を記録します。

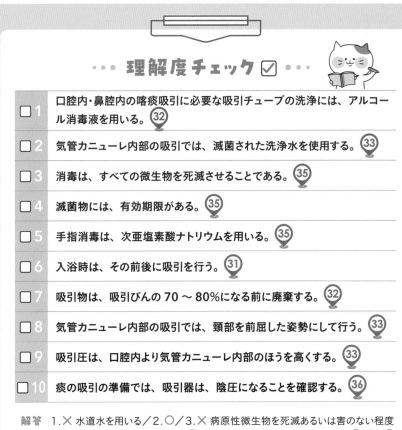

・・・ 理解度チェック ☑ ・・・

☐ 1 口腔内・鼻腔内の喀痰吸引に必要な吸引チューブの洗浄には、アルコール消毒液を用いる。㉜

☐ 2 気管カニューレ内部の吸引では、滅菌された洗浄水を使用する。㉝

☐ 3 消毒は、すべての微生物を死滅させることである。㉟

☐ 4 滅菌物には、有効期限がある。㉟

☐ 5 手指消毒は、次亜塩素酸ナトリウムを用いる。㉟

☐ 6 入浴時は、その前後に吸引を行う。㉛

☐ 7 吸引物は、吸引びんの 70 ～ 80％になる前に廃棄する。㉜

☐ 8 気管カニューレ内部の吸引では、頸部を前屈した姿勢にして行う。㉝

☐ 9 吸引圧は、口腔内より気管カニューレ内部のほうを高くする。㉝

☐ 10 痰の吸引の準備では、吸引器は、陰圧になることを確認する。㊱

解答　1.✕ 水道水を用いる／2.○／3.✕ 病原性微生物を死滅あるいは害のない程度まで弱くする。設問は滅菌／4.○／5.✕ 消毒用エタノールなど／6.○／7.○／8.✕ 利用者に顎を上げてもらい、吸引カテーテルを挿入しやすい姿勢にする／9.✕ 医師の指示書のとおりに実施する／ 10.○

重要度
A

経管栄養の基礎的知識・実施手順

Point
- ☑ 栄養剤には液体栄養剤と半固形栄養剤がある
- ☑ 栄養剤の種類や量は、医師の指示書に従う
- ☑ 経管栄養実施の際の体位は、半座位にする

① 経管栄養についての理解

（1）経管栄養が必要となる場合

　経管栄養とは、チューブを直接消化管（胃、小腸）まで挿入して栄養剤を注入し、**栄養状態の**維持・改善を行う方法をいいます。

　経管栄養が必要になる病態としては、嚥下障害や摂食障害が挙げられます。認知症等で自発的に嚥下ができない、頭部や顔面の外傷が原因で嚥下・摂食が困難な場合などです。

（2）経管栄養の種類と特徴

　経管栄養には、主に胃瘻経管栄養、腸瘻経管栄養、経鼻経管栄養の3つの種類があります。

★経管栄養の種類と胃瘻の仕組み

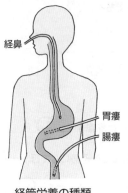

経管栄養の種類

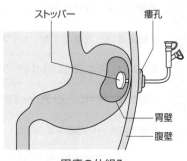

胃瘻の仕組み

❶胃瘻経管栄養

　胃瘻経管栄養は、腹部から胃に瘻孔をつくり、チューブを留置して栄

養剤を注入する方法です。食道にチューブを通すことができない場合や、経管栄養が長期化した場合に多用されます。

★ 胃瘻経管栄養の特徴

長所	● チューブが抜けにくい ● 誤嚥（ごえん）のリスクが減る
短所	● 注入時の体位や注入方法によっては、胃から食道に逆流（胃食道逆流）する恐れがある ● スキントラブルや腹膜炎等の合併症が起こりやすい

胃瘻のチューブには、胃内と腹壁の固定版の組み合わせによって4つのタイプがあります。

★ 胃瘻のチューブの主な形状

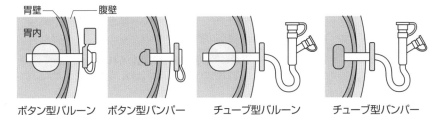

胃壁　　腹壁　胃内

ボタン型バルーン　　ボタン型バンパー　　チューブ型バルーン　　チューブ型バンパー

❷ 腸瘻経管栄養

腸瘻経管栄養は、腹部から空腸に瘻孔をつくり、チューブを留置して栄養剤を注入する方法です。がんや胃の変形などで胃内への栄養補給ができない場合に多用されます。

★ 腸瘻経管栄養の特徴

長所	● チューブが抜けにくい ● 胃食道逆流が起こりにくい
短所	● 胃瘻より細いチューブを使用するため、栄養剤が詰まりやすい ● 注入速度が速いと、下痢（げり）や腹痛を起こしやすい ● スキントラブルや腹膜炎等の合併症が起こりやすい

❸ 経鼻経管栄養

経鼻経管栄養は、鼻腔（びくう）から胃までチューブを挿入して栄養剤や水分を注入する方法です。短期間の場合や子どもの場合に多用されます。

★経鼻経管栄養の特徴

長所	● 手術を行わずに経管栄養を開始できる
短所	● 鼻腔からチューブを挿入するので、不快感が生じる ● 胃瘻や腸瘻よりも細いチューブを使用するため、栄養剤が詰まりやすい ● チューブを伝って胃食道逆流が起こりやすい ● チューブが抜けやすく、抜けた場合は誤嚥が起こりやすい

(3)栄養剤の種類

　経管栄養に用いられる栄養剤は、液状の液体栄養剤とゼリー状の半固形栄養剤に大別できます。

★栄養剤の種類と特徴

液体栄養剤	● 基本的に**経鼻経管栄養**に用いられる ● 流動性が高いため、胃食道逆流が起こりやすい ● 注入に時間がかかるため、消化腺の分泌や腸のぜん動運動の反応が弱くなり、下痢を起こしやすい
半固形栄養剤	● 基本的に胃瘻・腸瘻による**経管栄養**に用いられる ● 注入時間が短く、内容物の粘度が高いため、胃食道逆流が起こりにくい ● 正常な消化管運動が起こり、有形便が形成される

(4)栄養剤使用時の留意点

　栄養剤の種類や量、注入方法は医師が決定します。介護職は、指示書に従って、栄養剤を使用します。

(5)経管栄養実施時の留意点

　経管栄養を実施する際に起こり得る症状には、次のようなものがあります。

★経管栄養実施時の留意点

咳き込み、誤嚥	原因	速すぎる注入速度や嘔吐、圧迫により栄養剤（特に液体栄養剤）が食道を逆流して気管に入り込む。誤嚥性肺炎を引き起こす要因となる
	予防策	● 指示書に記載された注入速度を守る ● 注入後、30分〜1時間は利用者の姿勢を座位または半座位に保つ ● 口腔ケア p.448参照 をしっかり行う（1日3〜4回程度）

下痢	原因	● 栄養剤の濃度が適切でない ● 栄養剤の**注入速度が速すぎる** ● 栄養剤の**温度が低すぎる** ● 栄養剤や使用する器具が細菌に汚染されている　など
	予防策	● 指示書に記載された希釈濃度や注入速度を守る ● 栄養剤を常温に温める（寒い時期は人肌程度に温める） ● 栄養剤の保存期間を守る ● 器具や環境、手指などの衛生状態を保つ　など
嘔吐	原因	● 注入速度が速すぎる ● 注入量が多すぎる ● 利用者の姿勢が不良である
	予防策	● 指示書に記載された注入速度や注入量を守る ● 利用者の姿勢を半座位（ファーラー位） p.352参照 にする

❷ ケアの実施

経管栄養を実施する前に、利用者の呼吸状態や腹部の状態などを観察し、異常があれば看護職に伝えます。利用者に食事の時間であることを伝え、経管栄養を開始することを説明し、同意を得ます。意識がない利用者や認知機能が低下している利用者の場合は家族から同意を得ます。

（1）衛生管理

❶実施者自身の準備

利用者に経管栄養のケアを行うときは使い捨てのマスク・エプロン・手袋を使用し、これらはケア後に廃棄します。

❷必要物品の管理

必要物品は整理整頓をしておき、風通しのよい場所に保管します。また物品は、古いものから使えるように**新しいものは奥のほうに収納**します。栄養剤も賞味期限の古いものから**手前に並べ**、期限内の古いものから使います。

（2）実施の準備

❶指示等の確認

医師が作成した指示書、看護職からの引き継ぎ事項や実施の留意点（栄養剤の内容と量、有効期限、開始時間、注入時間など）を毎回必ず確認します。

❷手洗い、必要物品の準備

石鹸と流水による手洗いまたは擦り込み式のアルコール消毒剤による
手指消毒を行います。必要物品を準備し、チューブなどに汚れや劣化な
どがないか確認します。栄養剤は常温で保管しますが、冬季など栄養剤
の温度が低い場合は、人肌程度に温めて使用します。イルリガートル、
栄養点滴チューブ、カテーテルチップシリンジなどは、利用者専用のも
のを使います。

❸実施前の説明と同意

経管栄養を実施する前には、必ず利用者に**本人確認**を行い、同意を得
ます。

❹環境整備

栄養剤が逆流することを防ぐため、利用者の体位を半座位にします。
イルリガートルは、栄養剤の液面が利用者の胃部から50cm程度上にな
るように吊るします。また、プライバシーの保護のため、必要に応じて
カーテンやスクリーンを使用します。

（3）経管栄養の実施

栄養点滴チューブの先端と
胃瘻（腸瘻）栄養チューブま
たは経鼻経管栄養チューブの
接続が外れないようつなぎ、
クレンメをゆっくりと開き、
滴下を開始します。点滴筒の
滴下と時計を見ながら指示書
の滴下数を合わせます。

★滴下の調整

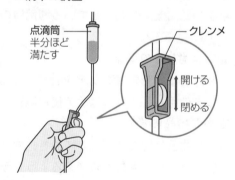

点滴筒
半分ほど
満たす

クレンメ

開ける

閉める

（4）経管栄養により起こりやすいトラブル

経管栄養実施の際は、十分注意をしていても予期せぬトラブルが生じ
る場合があります。実施中に起こりやすいトラブルには、次のようなも
のがあります。

★経管栄養により起こりやすい主なトラブルと対応例

しゃっくり	直ちに注入を中止し、口腔内を観察した後、看護職に連絡
顔色が悪い、息苦しそう	直ちに注入を中止し、看護職に連絡
嘔気、痰の絡みが強い	注入を一時中止し、様子をみる。症状が継続する場合は看護職に連絡
嘔吐	直ちに注入を中止し、顔を横に向け（誤嚥予防）、看護職に連絡
腹部膨満	注入速度を確認し、看護職に連絡
チューブ等の脱落・抜去など	注入せずに看護職に連絡

経管栄養に伴う危険は、実施する人の手技・手順の誤りだけではなく、さまざまな原因で発生するよ。危険を未然に防ぐために、医療職との連携体制を整えておく必要があるね。

（5）実施後

❶注入終了の説明

栄養剤の注入が終わったことを利用者や家族に伝えます。

❷チューブの接続解除と白湯の注入

クレンメを閉め、栄養点滴チューブの先端と栄養チューブの接続を外します。その後、カテーテルチップシリンジで20〜30mLの白湯を栄養チューブ内にゆっくり注入します。栄養チューブの注入口のストッパーと蓋を閉めます。

❸体位の保持と口腔ケア

嘔吐や食道への逆流を防ぐため、注入終了後も**30分〜1時間**は利用者を半座位の状態に保ちます。その後、口腔環境の維持と上気道感染症の予防のため、口腔ケアを行います。

❹身体状態の観察

呼吸・体温などの変化を観察します。また、意識状態や腹部膨満感あるいは腹鳴（お腹が鳴ること）の有無、腹部に違和感がないかなどについて、利用者と会話しながら、いつもと違っていないか確認します。異常がみられれば、医療職に連絡します。

❺片付け

使用物品を洗浄し、**次亜塩素酸ナトリウムに1時間以上浸して消毒し**ます。消毒が終わったら、流水でよく洗い流し、風通しのよい場所で乾燥させます。また、次回使用する物品が揃っているか確認します。

❻報告

経管栄養の行為がすべて終了したら、利用者の状況とともに、物品の補充などの連絡事項も看護職に報告します。

❼記録

経管栄養の実施の状況などについて記録します。

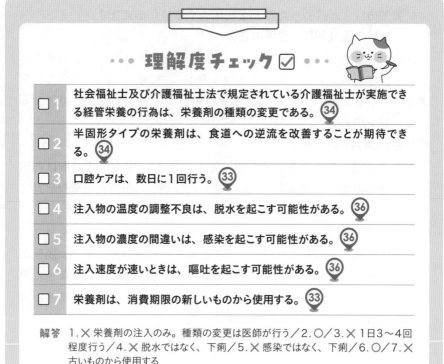

・・・ 理解度チェック ☑ ・・・

☐	1	社会福祉士及び介護福祉士法で規定されている介護福祉士が実施できる経管栄養の行為は、栄養剤の種類の変更である。㉞
☐	2	半固形タイプの栄養剤は、食道への逆流を改善することが期待できる。㉞
☐	3	口腔ケアは、数日に1回行う。㉝
☐	4	注入物の温度の調整不良は、脱水を起こす可能性がある。㊱
☐	5	注入物の濃度の間違いは、感染を起こす可能性がある。㊱
☐	6	注入速度が速いときは、嘔吐を起こす可能性がある。㊱
☐	7	栄養剤は、消費期限の新しいものから使用する。㉝

解答　1.✕ 栄養剤の注入のみ。種類の変更は医師が行う／2.○／3.✕ 1日3～4回程度行う／4.✕ 脱水ではなく、下痢／5.✕ 感染ではなく、下痢／6.○／7.✕古いものから使用する

Contents

介護の基本

ここでは、「尊厳の保持」と「自立支援」について理解を深めるとともに、介護の基本について学習します。
「社会福祉士及び介護福祉士法」や介護職の倫理規定などについて理解しながら、「介護を必要とする人」を生活の観点からとらえることがポイントです。

重要度 **B**

介護福祉士を取り巻く状況

Point
- ☑ 老人家庭奉仕員の派遣対象は低所得者が優先
- ☑ 1987年に国家資格である介護福祉士が誕生
- ☑ 「求められる介護福祉士像」が示される

❶ 介護福祉士制度の制定

（1）家族などが担っていた介護

　1963（昭和38）年に成立した「老人福祉法」により、常時介護を要する高齢者の収容施設として特別養護老人ホームが創設されました。当初は救貧施策としての色彩が強い選別的な制度でした。在宅介護への援助としては老人家庭奉仕員の派遣がありましたが、対象者は低所得者が優先であったため、介護は家族などが担うことが一般的でした。

　特別養護老人ホームでは寮母（現：介護職員）が、在宅介護では老人家庭奉仕員が介護を担うようになりましたが、いずれも特別な資格は必要とされなかったため、介護は誰でも行える仕事として扱われました。

> **＋1 プラスワン**
>
> **特別養護老人ホームの入所要件**
>
> 65歳以上の者であって、身体上または精神上著しい障害があるために常時の介護を必要とし、かつ、居宅においてこれを受けることが困難な者とされている。

（2）専門職「介護福祉士」の誕生

　1970年代に入って高齢化が急速に進む中で、女性の社会進出や核家族化などに伴い、家族による介護機能は縮小していき ました。

　また、高度医療の発展などによって死亡率は低下しましたが、その分、要介護状態の重度化・長期化という傾向も目立つようになってきました。こうした社会変化の中で、高齢者の介護は国の重要な課題となり、介護

福祉分野での専門的な人材が求められるようになってきました。その結果、1987（昭和62）年に「社会福祉士及び介護福祉士法」が制定され、福祉の世界に新しく国家資格をもった専門職となる介護福祉士が誕生しました。

❷ 求められる介護福祉士の姿

（1）介護福祉士に求められる役割

　介護予防への支援、認知症高齢者への対応など、介護福祉士に求められる役割は変化してきています。

　2003（平成15）年の厚生労働省高齢者介護研究会「2015年の高齢者介護〜高齢者の尊厳を支えるケアの確立に向けて〜」という報告書では、高齢者の尊厳を支えるケアの確立に向けて、**介護予防・リハビリテーションの充実、生活の継続性を維持するための新しい介護サービス体系**（小規模・多機能サービス拠点やユニットケア）、**認知症高齢者ケア、サービスの質の確保と向上**などの課題があげられました。

（2）求められる介護福祉士像

　2006（平成18）年には、厚生労働省社会・援護局「介護福祉士のあり方及びその養成プロセスの見直し等に関する検討会」の報告書において、「求められる介護福祉士像」が提示されました。そして、2017（平成29）年10月にとりまとめられた、厚生労働省社会保障審議会福祉部会福祉人材確保専門委員会の報告書「介護人材に求められる機能の明確化とキャリアパスの実現に向けて」において、「介護福祉の専門職として、介護職のグループの中で中核的な役割を果たし、認知症高齢者や高齢単身世帯等の増加等に伴う介護ニーズの複雑化・多様化・高度化に対応できる介護福祉士を養成する必要がある」ことから、介護福祉士養成課程におけるカリキュラムの見直しが行われました。2017年の報告書では、次のような新たな「求められる介護福祉士像」が示されました。

★ 「求められる介護福祉士像」

● 尊厳と自立を支えるケアを実践する
● 専門職として自律的に介護過程の展開ができる
● 身体的な支援だけでなく、心理的・社会的支援も展開できる
● 介護ニーズの複雑化・多様化・高度化に対応し、本人や家族等のエンパワメントを重視した支援ができる
● QOL（生活の質）の維持・向上の視点を持って、介護予防からリハビリテーション、看取りまで、対象者の状態の変化に対応できる
● 地域の中で、施設・在宅にかかわらず、本人が望む生活を支えることができる
● 関連領域の基本的なことを理解し、多職種協働によるチームケアを実践する
● 本人や家族、チームに対するコミュニケーションや、的確な記録・記述ができる
● 制度を理解しつつ、地域や社会のニーズに対応できる
● 介護職の中で中核的な役割を担う

の10項目に加え、さらに高い倫理性の保持が挙げられています。

+1 プラスワン

介護福祉士の動向

2008（平成20）年からEPA（Economic Partnership Agreement：経済連携協定）に基づく外国人介護福祉士候補者の受け入れが始まった。2011（平成23）年の「今後の介護人材養成の在り方について（報告書）」などにより、介護福祉士資格取得後のキャリアパス整備に向けた認定介護福祉士制度が2015（平成27）年12月から創設された。

 理解度チェック ☑

☐ 1　家族が担っていた介護の役割は、家族機能の低下によって社会で代替する必要が生じた。㊱

☐ 2　「求められる介護福祉士像」には、「施設か在宅かに関係なく、家族が望む生活を支える」と示されている。㉟

解答　1.〇／2.✕「地域の中で、施設・在宅にかかわらず、本人が望む生活を支えることができる」とされている

Lesson 2
社会福祉士及び
介護福祉士法

Point
- ☑ 介護福祉士の定義と義務規定は覚える
- ☑ 介護福祉士は名称独占資格
- ☑ 厚生労働大臣による命令と罰則規定がある

❶「社会福祉士及び介護福祉士法」

(1) 介護福祉士の定義

介護福祉士の定義は、「社会福祉士及び介護福祉士法」第2条第2項(定義) に規定されています。

2　この法律において「介護福祉士」とは、第42条第1項の登録を受け、介護福祉士の名称を用いて、専門的知識及び技術をもつて、身体上又は精神上の障害があることにより日常生活を営むのに支障がある者につき心身の状況に応じた介護 (喀痰吸引 p.348参照) その他のその者が日常生活を営むのに必要な行為であつて、医師の指示の下に行われるもの (厚生労働省令で定めるものに限る。以下「喀痰吸引等」という。) を含む。) を行い、並びにその者及びその介護者に対して介護に関する指導を行うこと (以下「介護等」という。) を業とする者をいう。

従来、介護福祉士の業務は「入浴、排せつ、食事その他の介護」と規定されていましたが、2007 (平成19) 年の改正で、「心身の状況に応じた介護」と改められました。

(2) 介護福祉士の義務

介護福祉士の義務については、「社会福祉士及び介護福祉士法」において、次のように規定されています。2007年の改正では、「誠実義務」「資質向上の責務」の規定の追加、「連携」の範囲の拡大などが行われました。

★介護福祉士の義務

誠実義務 （第44条の2）	社会福祉士及び介護福祉士は、その担当する者が個人の尊厳を保持し、自立した日常生活を営むことができるよう、常にその者の立場に立つて、誠実にその業務を行わなければならない
信用失墜行為の禁止（第45条）	社会福祉士又は介護福祉士は、社会福祉士又は介護福祉士の信用を傷つけるような行為をしてはならない
秘密保持義務 （第46条）	社会福祉士又は介護福祉士は、正当な理由がなく、その業務に関して知り得た人の秘密を漏らしてはならない。社会福祉士又は介護福祉士でなくなつた後においても、同様とする
連携（第47条 第2項）	介護福祉士は、その業務を行うに当たつては、その担当する者に、認知症であること等の心身の状況その他の状況に応じて、福祉サービス等が総合的かつ適切に提供されるよう、福祉サービス関係者等との連携を保たなければならない
資質向上の責務 （第47条の2）	社会福祉士又は介護福祉士は、社会福祉及び介護を取り巻く環境の変化による業務の内容の変化に適応するため、相談援助又は介護等に関する知識及び技能の向上に努めなければならない

（3）名称独占資格

第48条第2項（名称の使用制限）

介護福祉士でない者は、介護福祉士という名称を使用してはならない。

「介護福祉士」という名称は国家資格を有する者だけが名乗れるものであり、何らかの介護を行っていても資格のない者はその名称を使用することが法令で禁止されています。このような資格を名称独占資格といいます。

一方、医師や看護師など法で定められた業務を独占して行う国家資格のことを業務独占資格といい、無資格者がその名称を使用したり、業務を行ったりすることはできません。

+1 プラスワン

名称独占資格と業務独占資格の例

名称独占資格の例…介護福祉士、社会福祉士、精神保健福祉士、理学療法士、作業療法士、言語聴覚士、義肢装具士、保健師など。
業務独占資格の例…医師、歯科医師、看護師、准看護師、薬剤師、助産師など。

（4）厚生労働大臣による命令と罰則規定

厚生労働大臣は、介護福祉士が秘密保持義務の規定に違反したり、信用失墜行為を行ったりした場合は、登録の取り消し、または一定期間名称の使用停止を命ずることができます。また、次のような罰則規定も設けられています。

★ 罰則規定

- 秘密保持義務の規定に違反した場合……1年以下の懲役または30万円以下の罰金
- 名称の使用制限、喀痰吸引等業務などの規定に違反した場合……30万円以下の罰金

（5）申請と登録

介護福祉士国家試験に合格した者は、厚生労働大臣の定めた指定登録機関に申請し、登録を受けます。登録が完了し、厚生労働大臣から「介護福祉士登録証」を交付されて初めて「介護福祉士」と名乗ることができます。

･･･ 理解度チェック ☑ ･･･

- [ ] 1 「社会福祉士及び介護福祉士法」における介護福祉士の義務として、福祉サービス関係者等との連携が定められている。㉛
- [ ] 2 介護福祉士は、その業を辞した後は秘密保持義務が解除される。㉖
- [ ] 3 介護福祉士は、介護等に関する知識及び技能の向上に努める。㉟
- [ ] 4 介護福祉士の資格は、業務独占の資格である。㊱
- [ ] 5 介護福祉士は、信用失墜行為をした場合、罰則により1年以下の懲役または30万円以下の罰金に処せられる。㉖

解答　1.○／2.✕ 業を辞した後も守秘義務がある／3.○／4.✕ 業務独占ではなく名称独占の資格／5.✕ 懲役または罰金刑ではなく、登録の取り消しまたは一定期間名称の使用停止となる

Lesson 3
ICF（国際生活機能分類）

重要度 A

Point
- ☑ ICFは生活機能に着目した分類
- ☑ 背景因子の重要性が示されている
- ☑ ストレングスを活用できるように支援

① ICFとは

　障害と環境との関係をより明らかにするため、1980年に制定された**ICIDH**（国際障害分類）の改訂作業が進められ、**ICF**（国際生活機能分類）が2001年に**WHO**（世界保健機関）から発表されました。

（1）ICFの特徴

　障害の捉え方を機能障害、能力障害（能力低下）、社会的不利の3つの階層（レベル）に分類していたICIDHがマイナス面（障害）に着目した分類だとすると、ICFはプラス面（**生活機能**）に着目した分類といえます。ICFの考え方を表すものを**ICFモデル**といい、介護、保健、医療、福祉などの専門家と当事者などとの間の共通言語（相互理解のツール）となるものです。

　またICFは、各構成要素の相互関係を重要視し、人間として生きるということを総合的にとらえる**統合モデル**であるという点も大きな特徴です。

　統合モデルとは、医学モデル（心身機能の低下を重視し、心身機能の改善を目指す）と社会モデル（参加に対する環境因子の影響を特に重視し、その改善に主眼をおく）を統合したものをいいます。

★ ICFの特徴
- 障害の原因を疾病（しっぺい）だけに限定しない
- ICIDH 1980年版のそれぞれの階層（レベル）の名称が、中立的・肯定的な表現に置き換えられている
- 各要素の関係性を示す矢印が双方向（相互関係）になっている
- 背景因子（環境因子、個人因子）の重要性が示されている

（2）ICFの構造

　生活機能は、心身機能・身体構造、活動、参加の３つの階層（レベル）に分類されます。それらに対応する障害として、「心身機能・身体構造」に問題が生じた状態を機能障害（構造障害を含む）、「活動」に問題が生じた状態を活動制限、「参加」に問題が生じた状態を参加制約とよびます。また、生活機能の低下に影響を及ぼす環境因子、個人因子の２つの背景因子を加えた構造になっています。

★ ICF モデル

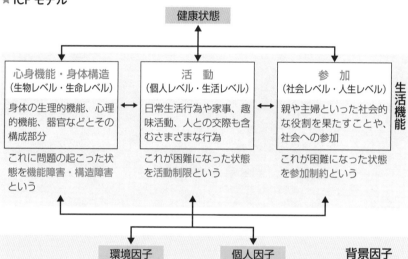

★ ICF モデルの構成要素の定義

心身機能・身体構造	身体の生理的機能、心理的機能、器官・肢体とその構成部分などの、身体の解剖学的部分
活動	課題や行為の個人による遂行（日常生活や家事、趣味活動、人との交際も含むさまざまな行為）
参加	生活場面・人生場面へのかかわり（親、主婦といった社会的な役割を果たすことや、社会への参加）
環境因子	人々が生活し、人生を送っている環境を構成する因子。物的環境（福祉用具や住宅など）、人的環境（家族や介護職など）、制度的環境（法制度や医療・福祉サービスなど）といった幅広いもの
個人因子	性別、年齢、ライフスタイル、習慣、生育歴、職業など

❷ ストレングスという視点

　ICFの考え方では、利用者の潜在的能力を引き出して活用していきます。利用者一人ひとりがもつ意欲、積極性、治癒力、回復力、嗜好（しこう）、願望などを**ストレングス**（強さ）、あるいは内的資源といいます。利用者が独自にもつ**社会資源**も、ストレングスに含まれます。ストレングスや社会資源を活用できるよう支援することも、利用者の身体的・心理的・社会的な力を引き出すためには欠かせません。介護職は、利用者がもっているさまざまなストレングスを介護サービスに活かしていけるよう努める必要があります。

☐ 1	不安定な歩行は、ICF の参加制約の原因になっている環境因子である。 ㉞	
☐ 2	車いすを使用して、美術館に行くのは、ICF の「環境因子」に当たる。 ㉜	
☐ 3	ICF における活動とは、生活・人生場面へのかかわりのことである。 ㉔	
☐ 4	ICF の背景因子を構成するものとして、環境因子がある。 ㉕	

解答 1.✕不安定な歩行は、ICF の「心身機能」に問題が生じた状態で、「機能障害」に該当する／2.✕ICF の「活動」に当たる／3.✕活動とは、課題や行為の個人による遂行のこと／4.○

リハビリテーション

Point
- ☑ 人間らしく生きる権利の回復を図る
- ☑ 時間を限定したプロセスである
- ☑ リハビリテーションには4つの領域がある

❶ リハビリテーションの考え方

(1) リハビリテーションの語源

　リハビリテーションという言葉は、「re＝再び」と「habilitate＝社会に適応できるようにする」から構成されており、「社会に再び適応する」ことを意味しています。そして現在では、心身の機能回復や社会復帰を通して、障害者や高齢者の「人間らしく生きる権利の回復を図ること」を目指した援助の過程を示すようになっています。

(2) リハビリテーションの目的

　リハビリテーションの目的は、従来は「機能回復訓練」という障害の軽減を図ることに限定されていました。しかし今日では、残存能力を最大限に活かして、QOLの向上を目指していくことであると考えられています。また、QOLの向上には、ADLをどの程度行えるかによって援助方法を決めるのではなく、障害者等の主体性を尊重するという観点から、社会生活力（SFA）の獲得に重点を置いた援助が必要であるという考えが広まっています。

+1 プラスワン

> **社会生活力（SFA）**
>
> 国際リハビリテーション協会により「さまざまな社会的な状況の中で、自分のニーズを満たし、一人ひとりにとって可能な最も豊かな社会参加を実現する権利を行使する力」と定義されている。

（3）リハビリテーションの基本理念

❶全人間的復権を目指す

　リハビリテーションは、身体機能の回復訓練（医学的側面）だけではなく、身体的、精神的、社会的なあらゆる側面から総合的に行い、全人間的な権利の回復を目指すものです（全人間的復権）。そのために、あらゆる分野の専門職が集まり、知識や経験を結集させてリハビリテーションを行っていきます。

❷リハビリテーションを受ける人が主体

　リハビリテーションは、障害者等が各専門職の指示に従うというかたちではなく、障害者等の要求に対して専門職がその要求の実現のために必要な援助を行うというかたちが基本となります。

❸時間を限定したプロセス（過程）

　リハビリテーションは永遠に続くものではなく、目標を立て、それを実現するための計画に従って実行するという、時間を限定したプロセスとなります。立てた目標を期間内に一つひとつ実現していくことが重要です。

❷ リハビリテーションの4領域

　リハビリテーションには次の４つの領域があり、各領域の援助が、個別にではなく総合的に行われなければなりません。

★リハビリテーションの4領域

医学的リハビリテーション	医学的方法によって障害の除去・軽減を図るために、障害の原因である疾病の治療と管理を行うこと。またこの中で、二次的障害の発生予防や機能維持、健康管理も行われる
教育的リハビリテーション	障害児に対して、医学的リハビリテーションと並行して行われる教育的支援をいう。特別支援学校や特別支援学級、統合教育などで実施されている
職業的リハビリテーション	就職を希望する障害者が、障害者職業能力開発校、障害者支援施設などで職業訓練を受け、職業相談など就労やそれに向けた取り組みを行うこと。職業的リハビリテーションを行う際は、各自の職業的能力を正確に把握する（職業評価）ことが必要

社会的リハビリテーション	訓練プログラムとして展開されるものではなく、障害者等の生活が円滑に営まれるようにするための援助体系をいう。社会的リハビリテーションを効果的に行うには、地域が提供するリハビリテーションサービスを連携させ、有効に活用していくことが重要

+1プラスワン

二次的障害

脳血管障害で寝たきりになったため生活不活発病（廃用症候群）になるなど、最初に起こった障害が元になって起きる派生的な障害をいう。

職業評価

障害者の職業的能力、適性等を評価し、必要なリハビリテーションの措置を判定することをいう。

③ リハビリテーションと介護

（1）リハビリテーションと介護の関係

　リハビリテーションも介護も、障害者等の自立生活を目標としています。障害者等が自らの力だけでは自立生活が送れない場合、どのような介助が必要かを明確にし、障害者等にその介助を実際に行いながら動作訓練を実施するところまでがリハビリテーションの役割です。リハビリテーションが終了した後、介護がこの介助サービスを引き継いで行っていきます。介護は、期間に限定されることなく続けられ、リハビリテーション後の障害者等を支えるという大きな役割を担っています。

> リハビリテーションでは、レクリエーション的要素を組み合わせることもあるよ。

（2）介護予防とリハビリテーション

　介護保険制度は、2006（平成18）年度から予防重視型システムへと転換しています。その中でも特に重視されているのが、生活不活発病（廃用症候群）p.455参照への対策です。生活不活発病は寝たきりや認知症

の原因となることが多いため、これを予防し、生活機能を向上させることが目的です。

なお、生活不活発病は、身体の一部だけでなく全身にまで影響し、精神や神経のはたらきにも症状が現れることが特徴です。

★生活不活発病の主な症状

身体の一部に起こるもの	● 関節拘縮 ● 廃用性筋、筋力低下、筋持久性低下 ● 骨萎縮、皮膚萎縮、褥瘡 ● 静脈血栓症
全身に影響するもの	● 心肺機能低下（肺炎など） ● 起立性低血圧 ● 消化器機能低下（食欲不振、便秘） ● 尿量の増加→血液量の減少など
精神や神経のはたらきに現れるもの	● 鬱状態 ● 知的活動低下 ● 周囲への無関心 ● 自律神経不安定 ● 姿勢、運動調節機能低下など

④ リハビリテーションの専門職

リハビリテーションにかかわる専門職には、主に次のようなものがあります。

★主なリハビリテーション専門職とその業務

理学療法士（PT）	身体に障害のある者に対し、主として基本的動作能力の回復を図るため、医師の指示の下に、治療、体操、その他の運動を行わせるとともに、電気刺激、マッサージ、温熱その他の物理的手段を加える
作業療法士（OT）	身体または精神に障害のある者に対し、主として応用的動作能力または社会的適応能力の回復を図るため、医師の指示の下に、手芸、工作その他の作業を行わせる
言語聴覚士（ST）	音声機能、言語機能または聴覚に障害のある者に対してその機能の維持向上を図るため、医師または歯科医師の指示の下に嚥下訓練、言語訓練その他の訓練、これに必要な検査および助言、指導その他の援助を行う

義肢装具士	医師の指示の下に、義肢・装具の装着部位の採寸採型および製作、身体への適合を行う
視能訓練士	医師の指示の下に、両眼視機能に障害のある者に対してその機能回復のための矯正訓練と、これに必要な検査を行う

理解度チェック ☑

□ 1	**リハビリテーションの語源は、「再び適したものにすること」である。** 33
□ 2	**全人間的復権はリハビリテーションの理念を表す用語である。** 28
□ 3	**機能回復訓練は社会的リハビリテーションである。** 33
□ 4	**運動機能の維持・改善を図るために、理学療法士と連携する。** 33
□ 5	**活用できる地域のインフォーマルサービスを検討するために、義肢装具士と連携する。** 33

解答 1.○／2.○／3.✕ 機能回復訓練は、医学的リハビリテーションである／4.○／5.✕ 義肢装具士は、医師の指示の下、義肢や装具の採寸、採型、製作、身体への適合などを行う

介護を必要とする人の理解

重要度 **B**

Point
- ☑ 個別性を深く理解する姿勢をもつことが大切
- ☑ 利用者のありのままの姿を受け止める
- ☑ エコマップを活用し、全体の関係性を把握

❶ 人間の多様性・複雑性の理解

（1）個別性の理解

　介護職が理解すべき個別性の3つの視点は次のとおりです。

★ 個別性を理解するための3つの視点

主体性	他と同化しえない人間としての存在。自覚や意志をもち、その人の動作や作用が他者に影響を及ぼす存在であること
独自性	他者の介入を許さない、個人特有のものをいう。他者と異なり、その人だけにみられる特徴のこと
創造性	それまでにないものをつくり出すこと。主体である「私」を「私らしく」活かしていく原動力

（2）個別性を理解する姿勢

　人は、重度の認知症高齢者であっても、生きている限り主体性、独自性、創造性を必ずもち続けています。つまり、人間はどのような状況の下でも「自分」をもって生きているのです。介護職は、そうした視点から利用者をとらえ、援助の基礎に「**個別性を深く理解する**」という姿勢をもつことが大切です。

（3）ありのままの姿を受け止める

　利用者を知るには、生活歴や職業歴を知ることも大切ですが、その人の生きてきた時代背景や社会について知ることも、価値観や習慣を理解するうえで不可欠な要素です。その人の生きてきた歴史や、その時代の社会の常識や生活様式などを知らないまま接すると、介護職の尺度で利用者を見てしまい、偏った印象を抱いてしまう可能性があります。

　しかし、そうした知識だけで、その人のすべてが理解できたと考えて

はいけません。なぜなら、個別性は不変のものとして存在するのではなく、人と人との関係性や環境によって大きく変化することがあるからです。生活歴やその時代の価値観だけを根拠に利用者のことを安易に決めつけてしまうと、現在のその人の姿を見誤ることにつながります。介護職は、利用者の**ありのままの姿**を受け止めるよう心がけましょう。

（4）エコマップの活用

エコマップとは、アメリカのハートマンが考案したもので、生態地図、家族関係地図と訳されます。利用者とその家族を中心に置き、利用者や家族を取り巻く関係者、機関を含むさまざまな社会資源とのつながり、相関関係などを図式化したものです。エコマップを活用することにより、全体の関係性を簡潔に把握することができ、各機関の役割を検討するうえでも有効です。

★ **エコマップのイメージ**

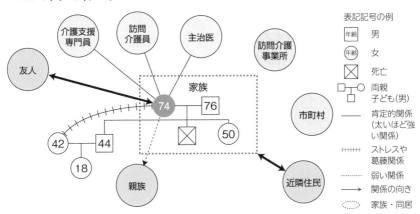

② 生活障害と生活ニーズ

（1）生活障害

病気や障害、加齢によって、ADLに困難が伴うようになってくると、さまざまな生活障害が引き起こされます。生活障害を大きく分けると、次のようになります。

★ 生活障害の分類

起居の障害	● 寝たきりの恐れ ● 入浴・排泄困難
歩行の障害	● 家屋内での移動が困難
手・腕の機能障害	● 着替え、食事などが困難
視力・聴力の障害	● 食事、移動などが困難 ● コミュニケーション障害
精神・神経の障害	● 記憶障害、行動症状

(2) 生活ニーズ

　介護職が利用者にとって意味のある介護を行うためには、まず利用者の生活ニーズ（食事や洗濯などの家事、住環境、就業、社会参加など、利用者の生活上の多様なニーズを総称したもの）をよく把握し、利用者の自立を目指すという視点に立ったうえで生活上の問題の軽減を図っていきます。そして、必要に応じてその人を取り巻く環境へはたらきかけたり、社会資源を活用するなどして利用者が自らの力を発揮しながら安心して生活できるように支援していきます。

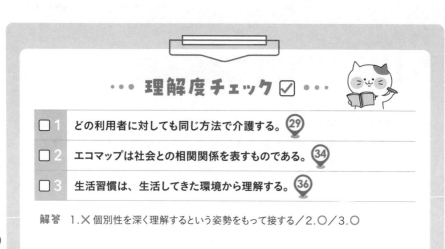

・・・ 理解度チェック ☑ ・・・

☐ 1　どの利用者に対しても同じ方法で介護する。㉙

☐ 2　エコマップは社会との相関関係を表すものである。㉞

☐ 3　生活習慣は、生活してきた環境から理解する。㊱

解答　1.✕ 個別性を深く理解するという姿勢をもって接する／2.○／3.○

Lesson 6
ケアマネジメント

Point
☑ 要援護者のニーズと社会資源を結びつける
☑ ケアマネジメントの過程を理解する

❶ ケアマネジメントとは

　ケアマネジメントとは「要援護者（高齢者、障害者など何らかの社会的サービスを必要としている人）やその家族がもつ複数のニーズと社会資源を結びつけること」です。

　社会資源は、フォーマルサービスとインフォーマルサービスに分けることができ、これらのサービスを組み合わせることにより、利用者の多様なニーズに対応することができます。

　介護保険制度にはこのケアマネジメントが導入され、利用者は、基本的にケアマネジメントに基づきサービスを利用しています。そして、このケアマネジメントを担う専門職として、介護支援専門員が位置づけられています。

　フォーマルサービスとは、「介護保険法」「老人福祉法」など法律や公的な制度に基づいたサービスのことで、インフォーマルサービスとは、家族、友人、近隣住民、ボランティアなどによる支援や活動のことだよ。

❷ ケアマネジメントの過程

　介護保険制度におけるケアマネジメントの過程は、①インテーク、②アセスメント、③ケアプラン原案の作成、④サービス担当者会議、⑤ケアプランの確定、⑥支援の実施、⑦モニタリング、⑧評価、⑨終結の順に進みます。実際には①～⑧まで行われた後、②～⑧が繰り返されます。

★ ケアマネジメントの過程

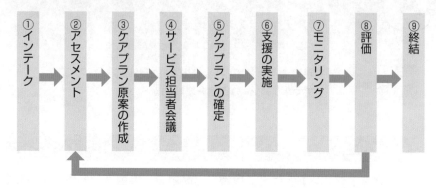

① インテーク → ② アセスメント → ③ ケアプラン原案の作成 → ④ サービス担当者会議 → ⑤ ケアプランの確定 → ⑥ 支援の実施 → ⑦ モニタリング → ⑧ 評価 → ⑨ 終結

(1) インテーク

インテークとは、利用者や家族等が問題を解決しようと初めて援助機関などを訪れたときに、介護支援専門員によって行われる1回もしくは複数回の面接のことです。利用者や家族等に重要事項説明書を渡して、提供するサービス内容について説明し、同意を得たうえで利用契約を結びます。

(2) アセスメント

アセスメントとは、援助の初期段階で行われる評価（事前評価）のことです。利用者を社会生活から見た全体的な観点でとらえ、利用者の生活課題（ニーズ）を把握・評価します。

アセスメントは、利用者が入院中であることなど物理的な理由がある場合を除き、利用者の居宅を訪問し、利用者および家族への面接により行わなければなりません。

(3) ケアプラン原案の作成

介護支援専門員は、利用者の希望とアセスメントの結果に基づき、利用者の家族の希望や地域におけるサービス提供体制（フォーマルサービスおよびインフォーマルサービス）を勘案したうえで、ケアプランの原案を作成します。原案の作成過程には、利用者やその家族も参加します。

(4) サービス担当者会議

介護支援専門員は、利用者やその家族、サービス担当者や主治医などから構成されるサービス担当者会議を開催します。利用者の状況などに

関する情報を共有し、ケアプラン原案の内容について、専門的見地からの意見を求めます。

　サービス担当者会議は、利用者の自宅や主治医の診療所、地域包括支援センターなど、利用者や参加者が集まりやすい場所で開催されます。また、開催頻度に決まりはありませんが、ケアプランの新規作成時や変更時、更新認定時、区分変更認定時には、原則として開催する必要があります。

（5）ケアプランの確定

　サービス担当者会議を経て修正したケアプランについて、利用者やその家族に説明し、文書による同意を得ます。このようにして初めてケアプランが確定します。

> ケアプランの作成過程に要介護者が参加するために、作成前にサービスの内容を説明して要介護者に選択してもらうインフォームド・チョイス、作成後にも説明して要介護者の承諾を得るインフォームド・コンセント p.532参照 が必要とされているよ。

（6）支援の実施

　ケアプランの内容に沿ってサービス提供事業者が個別援助計画（訪問介護計画、通所介護計画など）を立案し、支援を開始します。

　支援の実施にあたっては、利用者に適切かつ円滑に介護サービスが提供されるよう配慮します。介護支援専門員は、サービス提供事業者・機関などとの連絡調整を行いつつ、利用者に対しても介護サービスを利用するようはたらきかける必要があります。

（7）モニタリング

　モニタリングとは、利用者に提供された介護サービスが利用者のニーズと合致しているかどうか、各種介護サービスの点検・確認を行うことをいいます。

　介護保険制度では、少なくとも1か月に1回は利用者の居宅を訪問して面接し、モニタリングの結果を記録することとされています。

(8) 評価

モニタリングを通して、ケアマネジメントが適切に実施されているかの評価を行います。利用者の生活ニーズに変化がみられたり、新たな生活課題が見つかったりするなどケアプランの修正が必要な場合には、再アセスメントを実施します。

(9) 終結

介護保険制度の居宅介護支援サービスは、利用者が在宅から施設に入所した段階や、在宅で死を迎えた段階で終結します。したがって、ケアマネジメントもその時点で終結します。

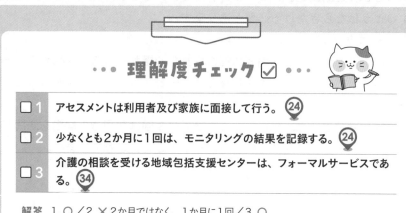

・・・ 理解度チェック ☑ ・・・

☐ 1	アセスメントは利用者及び家族に面接して行う。㉔
☐ 2	少なくとも2か月に1回は、モニタリングの結果を記録する。㉔
☐ 3	介護の相談を受ける地域包括支援センターは、フォーマルサービスである。㉞

解答 1.○／2.× 2か月ではなく、1か月に1回／3.○

Lesson 7

多職種連携

Point
- ☑ 介護サービス提供に多職種連携は不可欠
- ☑ 関連職種の専門性や立場を尊重する

❶ 多職種連携の意義

　質の高い介護サービスを提供するためには、**多職種連携（チームアプローチ）**が不可欠です。チームアプローチとは、利用者を中心とし、多職種がそれぞれの専門性を発揮して情報収集やアセスメントを基に、援助していくことを指します。

　利用者に対して各関連職種や機関が自由にかかわると、独善的な援助になったり、サービスの重複や必要なサービスの欠如を招いたりする恐れがあります。

　そこで、利用者のニーズの充足という共通の目標に向かって、さまざまな専門職がそれぞれの立場から専門的知識と技術をもってはたらきかけながら、連携の下に互いの不足を補い合い、効率的な介護を提供する**チームワーク**が必要となるわけです。また、多職種連携にあたっては、お互いの専門性や立場を尊重し、それぞれの能力と限界を認め合う姿勢が大切です。

❷ 社会福祉のマンパワー

（1）相談・援助の専門職

　個別の相談に応じ、専門的な知識と技術をもって助言や指導などの援助を行う社会福祉の専門職を**ソーシャルワーカー**といいます。

★ 主なソーシャルワーカー

社会福祉士	福祉事務所、障害者厚生研究所、児童相談所などで高齢者や障害者等の福祉に関する相談に応じ、助言・指導、福祉サービス関係者等との連絡調整その他の援助を行う
精神保健福祉士	精神科病院その他の医療施設などにおいて、精神科医や臨床心理士などと連携を保ち、医師の指導の下に精神障害者の相談に応じ、助言・指導などの援助を行う
社会福祉主事	「社会福祉法」に規定されている任用資格。福祉事務所で来所者の面接や家庭訪問を行い、必要な措置や援助を行う
老人福祉指導主事	老人の福祉に関して、福祉事務所の所員への技術的指導、専門的な相談・調査等を行う。「老人福祉法」に規定され、社会福祉主事の任用資格が必要
福祉用具専門相談員	福祉用具の利用を希望している要介護者等の選定相談、福祉用具サービス計画の作成、適合・取扱説明、モニタリング、その他必要な情報の提供を行う
身体障害者福祉司	「身体障害者福祉法」に規定されている任用資格。身体障害者更生相談所などで身体障害者に関する専門的な相談に応じたり、福祉事務所の所員に技術的指導を行ったりする
知的障害者福祉司	「知的障害者福祉法」に規定されている任用資格。知的障害者更生相談所などで知的障害者に関する専門的な相談に応じたり、福祉事務所の所員に技術的指導を行ったりする
児童福祉司	「児童福祉法」に規定される任用資格。児童相談所において、児童に関する相談に応じ、専門的技術に基づき必要な指導などを行う
児童指導員	「児童福祉施設の設備及び運営に関する基準」に規定される任用資格。児童養護施設などにおいて、児童に対する援助、育成、指導などを行う
相談支援専門員	都道府県知事や市町村長の指定を受けた相談支援事業所などに配置され、障害者等の相談に応じて助言や連絡調整等の必要な支援を行うほか、サービス等利用計画の作成を行う。また、サービス担当者会議を開催し、サービス等利用計画の原案について専門的な意見を求める
サービス管理責任者	障害福祉サービス事業所に配置され、個別支援計画の作成および変更、サービス提供内容およびプロセスの管理、支援内容に関連する関係機関との連絡調整などを行う
医療ソーシャルワーカー	医療機関などで保健や医療に関する相談に応じる。資格は特に必要ない
精神科ソーシャルワーカー	精神科病院や精神保健福祉センターなどで精神障害者の相談に応じる。資格は特に必要ない

> **ソーシャルワーカー**
>
> 主な仕事は、各種の相談所、医療機関、保健所等でカウンセリングやケースワークを行い、社会資源の活用を促す。

（2）介護・保育の専門職

　障害者や高齢者などの要援護者を対象として、日常生活動作上の援助を行う専門職を**ケアワーカー**といいます。

★ 主なケアワーカー

サービス提供責任者	訪問介護計画の作成や指定居宅介護支援事業者との連携、利用申込みの調整、訪問介護員等に対する指示、業務管理、技術指導などを行う
訪問介護員	各社会福祉関連制度により規定されている訪問介護サービスを行う。高齢者や障害者の自宅を訪問し、身体介護や家事を援助するほか、生活上の相談に応じる
保育士	保育所、児童養護施設、障害児施設などの児童福祉施設において、児童指導員らとともに児童の生活上のケアや障害児の療育などにあたる

❸ 保健・医療その他のマンパワー

（1）保健・医療の専門職

　介護福祉士が連携を図る保健・医療の専門職には次のようなものがあります。

★ 主な保健・医療職

医師	診察や処置、薬の投与、手術、指導などを行う
歯科医師	歯の治療、保健指導、健康管理などを行う
保健師	保健所などに勤務し、地域住民の健康管理や保健指導を行う
助産師	病院、診療所、保健所などにおいて、助産および妊婦や新生児の保健指導を行う
看護師	病院、診療所において患者に対する療養上の世話または診療の補助や、保健所等において地域の人の健康保持増進、企業で働く人の健康管理などを行う

介護の基本

Lesson 7 ｜ 多職種連携

薬剤師	「薬剤師法」に規定される国家資格。医療機関、薬局において医師の処方せんに基づいた調剤業務・服薬指導等を行う

（2）その他の専門職

　介護において協働するその他の専門職として、次のものも挙げられます。

★その他の専門職

管理栄養士	高度な専門知識を要する栄養指導や、特定多数人に食事を供給する施設で特別の配慮を要する給食管理、栄養改善指導などを行う
栄養士	病院、保健所、学校などで栄養指導、メニュー作成などを行う
臨床心理士（CP）	日本臨床心理士資格認定協会による資格試験に合格すると認定される。医療機関（精神科）、学校、児童相談所などで心理療法を用いて心の健康を保つための援助を行う
公認心理師	「公認心理師法」に規定される国家資格。心理に関する支援を要する者の心理状態の観察と結果の分析、心理に関する相談および助言、指導その他の援助、心の健康に関する知識の普及を図るための教育および情報の提供を行う
福祉住環境コーディネーター	医療、福祉、建築などに関する知識を用いて、高齢者や障害者の住宅・福祉用具に関する問題点の改善について、他の専門職と連携しながら相談に応じる

 **理解度チェック** ☑

☐ **1**　チームメンバーが得た情報は、メンバー間であっても秘密にする。㉟

☐ **2**　利用者の療養上の世話又は診療の補助は、社会福祉士が行う。㉟

☐ **3**　相談支援専門員は、サービス等利用計画を作成する。㉕

☐ **4**　サービス提供責任者は、居宅サービス計画に基づいて、訪問介護計画を作成する。㉗

解答　1.✕ 必要な情報は共有し、連携・協働していく／2.✕ 療養上の世話または診療の補助は、看護師が行う／3.○／4.○

地域連携

❶ 地域連携にかかわる職種・機関

(1) 民生委員・児童委員

民生委員は、「民生委員法」に基づく民間ボランティアであり、都道府県知事の推薦によって厚生労働大臣が委嘱します（任期は３年で児童委員も兼任）。職務の内容は、住民の生活状態を必要に応じて適切に把握すること、援助を必要とする者に情報を提供し、生活に関する相談・援助を行うことなどです。

+1プラスワン

児童委員

児童委員は、児童および妊産婦の生活や取り巻く環境を適切に把握するとともに、その保護、保健などに関して援助・指導を行う。

(2) NPO（民間非営利団体）

NPOとは、非営利で活動する民間団体をいいます。「特定非営利活動促進法（NPO法）」に基づいて法人格を取得し、**特定非営利活動**を目的とするNPO法人は、介護保険制度の居宅サービスや地域密着型サービスなどの事業者としての指定を受けられます。

(3) 社会福祉協議会（社協）

社会福祉協議会は、「**社会福祉法**」に基づいて地域福祉の推進を図ることを目的とした団体をいいます。全国社会福祉協議会、都道府県社会福祉協議会、市町村社会福祉協議会などがあり、各種の福祉サービスや相談活動、ボランティアや市民活動の支援、共同募金運動への協力など

を行っています。

（4）福祉事務所

　福祉事務所とは、「**社会福祉法**」に規定されている福祉に関する事務所のことをいい、福祉六法に定める援護・育成・更生の措置に関する事務を行う第一線の社会福祉行政機関です。都道府県と市（特別区を含む）に設置が義務づけられています（町村は任意設置）。

（5）社会福祉法人

　社会福祉法人は、**社会福祉事業**を行うことを目的として設立された法人です。設立にあたっては、**所轄庁**（原則として都道府県知事または指定都市・中核市の市長）の設立認可を得る必要があります。

　また、社会福祉法人は「社会福祉法」において、「社会福祉事業を行うために必要な資産を備えなければならない」と規定されています。そこで、その経営する社会福祉事業に支障がない限り、公益を目的とする事業（**公益事業**）と収益を社会福祉事業または公益事業の経営に充てることを目的とする事業（**収益事業**）を行うことができます。

（6）保健所

　保健所は、地域保健活動の第一線機関です。医療をはじめとして多岐にわたる専門職が配置され、栄養改善や食品衛生、下水道・廃棄物処理などの環境の衛生、母性・乳幼児および高齢者の保健に関する事項など、さまざまな事業を行っています。「地域保健法」に基づき、都道府県、指定都市、中核市などに設置されています。

（7）市町村保健センター

　市町村保健センターは、市町村における保健活動の拠点となる施設です。地域住民に対して、健康相談や保健指導、健康診査、その他地域保健に関する必要な事業を行っています。

（8）精神保健福祉センター

　精神保健福祉センターは、市町村、保健所を中心とする地域における**精神保健福祉活動**を技術面から指導・援助する機関です。精神科医をはじめとする、精神保健福祉士、臨床心理技術者、保健師などの専門職員が配置されています。都道府県および指定都市に設置義務があります。

（9）発達障害者支援センター

「発達障害者支援法」に基づき、発達障害のある人への支援を総合的に行うことを目的とした専門的機関です。発達障害者およびその家族への相談支援、発達支援、就労支援のほか、発達障害をより多くの人に理解してもらうための普及啓発・研修を行っています。**都道府県**および**指定都市**に設置されています。

（10）在宅療養支援診療所

在宅療養をしている患者やその家族に対し、**24時間365日体制で**訪問看護や往診を行います。

（11）病院・診療所・助産所

病院、診療所、助産所は、「**医療法**」に規定されている医療提供施設です。

★「医療法」に規定される医療提供施設

病院	20人以上の患者を入院させるための施設を有する施設
診療所	19人以下の患者を入院させるための施設を有するか、入院施設をまったく有しない施設
助産所	9人以下の妊婦や産婦、褥婦（産後の女性）が入所し、助産師が業務を行う施設

··· 理解度チェック ☑ ···

☐	1	民生委員は、社会奉仕の精神をもって、住民の立場に立って相談に応じ、必要な援助を行う。**㊱**
☐	2	社会福祉協議会は、社会福祉法に基づく、都道府県や市町村において地域福祉の推進を図ることを目的とする団体である。**㉟**
☐	3	診療所は、29人以下の入院施設がなくてはならない。**㉘**

解答 1.○／2.○／3.✕ 診療所は19人以下の入院施設があるか、またはまったくない施設をいう

A

Lesson **9**

介護職の倫理

Point
- ☑ 介護職には高い倫理性が求められる
- ☑ 身体拘束等は原則禁止とされている
- ☑ 身体拘束等を行った際は理由等を記録する

❶ 職業倫理

（1）介護職の倫理

　利用者には、それぞれの人生と、家族・地域とのかかわりによる独自の社会関係があり、対人援助の専門職である介護職は、これらに直接的・間接的に深く関与することになります。介護職は利用者の人生や生活の情報を知ってしまう職業であり、排泄の介助など、利用者の無防備な姿を目の当たりにする機会もあります。こうした立場にあるからこそ、介護職には高い**倫理性**が求められるのです。

（2）介護実践の場で求められる倫理

　介護職も生身の人間であり、体調が悪かったり個人的な悩みがあったり、さまざまな事情を抱えているのは当然ですが、利用者への不適切な対応によってお互いの関係を悪化させるようなことは絶対にしてはなりません。まして、介護職による利用者への虐待など、**職業倫理**に照らせば許されることではありません。

　介護福祉士は、**国家資格**として社会に期待される存在となりました。専門職として活躍していくためには、行動の指標として自身の**価値観**や**倫理観**が問われます。専門的な知識や技術はもとより、その前提として**高い倫理性**が求められていることを認識しなくてはなりません。

❷ 日本介護福祉士会倫理綱領

　日本介護福祉士会は、介護福祉士に専門職としての倫理観の確立を促すものとして「**日本介護福祉士会倫理綱領**」（1995年11月17日宣言）

を示しています。

前文

私たち介護福祉士は、介護福祉ニーズを有するすべての人々が、住み慣れた地域において安心して老いることができ、そして暮らし続けていくことのできる社会の実現を願っています。

そのため、私たち日本介護福祉士会は、一人ひとりの心豊かな暮らしを支える介護福祉の専門職として、ここに倫理綱領を定め、自らの専門的知識・技術及び倫理的自覚をもって最善の介護福祉サービスの提供に努めます。

（利用者本位、自立支援）

1.介護福祉士はすべての人々の基本的人権を擁護し、一人ひとりの住民が心豊かな暮らしと老後が送れるよう利用者本位の立場から自己決定を最大限尊重し、自立に向けた介護福祉サービスを提供していきます。

（専門的サービスの提供）

2.介護福祉士は、常に専門的知識・技術の研鑽に励むとともに、豊かな感性と的確な判断力を培い、深い洞察力をもって専門的サービスの提供に努めます。

また、介護福祉士は、介護福祉サービスの質的向上に努め、自己の実施した介護福祉サービスについては、常に専門職としての責任を負います。

（プライバシーの保護）

3.介護福祉士は、プライバシーを保護するため、職務上知り得た個人の情報を守ります。

（総合的サービスの提供と積極的な連携、協力）

4.介護福祉士は、利用者に最適なサービスを総合的に提供していくため、福祉、医療、保健その他関連する業務に従事する者と積極的な連携を図り、協力して行動します。

（利用者ニーズの代弁）

5.介護福祉士は、暮らしを支える視点から利用者の真のニーズを受けとめ、それを代弁していくことも重要な役割であると確認したうえで、考え、行動します。

（地域福祉の推進）

6.介護福祉士は、地域において生じる介護問題を解決していくために、専門職として常に積極的な態度で住民と接し、介護問題に対する深い理解が得られるよう努めるとともに、その介護力の強化に協力していきます。

（後継者の育成）

7.介護福祉士は、すべての人々が将来にわたり安心して質の高い介護を受ける権利を享受できるよう、介護福祉士に関する教育水準の向上と後継者の育成に力を注ぎます。

❸ 身体拘束の禁止

　かつては、利用者の安全確保を理由として、利用者の**身体拘束**や行動制限が行われることがありました。しかし、2000（平成12）年に介護保険制度が開始された際は、利用者等の生命または身体を保護するために緊急やむを得ない場合を除き、身体拘束等を行ってはならないことが「介護保険指定基準」で規定されました。

　緊急やむを得ない場合とは、**切迫性**、**非代替性**、**一時性**の３つの要件をすべて満たし、かつ、以下のような条件を満たしている場合です。

★緊急やむを得ない場合の条件

- 施設内に身体拘束等についての組織をつくり、身体拘束等をすべきか判断する
- 利用者本人や家族に対して説明する
- 常に観察、再検討する

　なお、緊急やむを得ず身体拘束等を行う場合には、その態様および時間、利用者の心身の状況、緊急やむを得なかった理由を記録しなければなりません。

★ 「介護保険指定基準」で禁止されている身体拘束等に該当する具体的な行為

- 徘徊しないように、車いすいす、ベッドに体幹や四肢をひも等で縛る
- 転落しないように、ベッドに体幹や四肢をひも等で縛る
- 自分で降りられないように、ベッドを柵（サイドレール）で囲む
- 点滴・経管栄養等のチューブを抜かないように、四肢をひも等で縛る・点滴・経管栄養等のチューブを抜かないように、又は皮膚をかきむしらないように、手指の機能を制限するミトン型の手袋等をつける
- 車いすいすからずり落ちたり、立ち上がったりしないように、Y字型抑制帯や腰ベルト、車いすテーブルをつける
- 立ち上がる能力のある人の立ち上がりを妨げるようないすを使用する
- 脱衣やおむつはずしを制限するために、介護衣（つなぎ服）を着せる・他人への迷惑行為を防ぐために、ベッドなどに体幹や四肢をひも等で縛る
- 行動を落ち着かせるために、向精神薬を過剰に服用させる
- 自分の意思で開けることのできない居室等に隔離する

身体拘束等は、利用者に身体的弊害や精神的弊害、社会的弊害をもたらすよ。人間としての尊厳を侵してはならないね。

　厚生労働省では2001（平成13）年に「身体拘束ゼロへの手引き」を作成し、身体拘束等がなぜ問題なのか、身体拘束等の廃止のためになすべき方針、身体拘束等をしないための原則、緊急時の対応等について示しています。

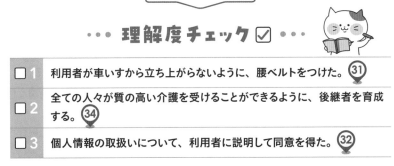

・・・ 理解度チェック ☑ ・・・

☐ 1	利用者が車いすから立ち上がらないように、腰ベルトをつけた。㉛	
☐ 2	全ての人々が質の高い介護を受けることができるように、後継者を育成する。㉞	
☐ 3	個人情報の取扱いについて、利用者に説明して同意を得た。㉜	

解答　1.✕身体拘束にあたり、介護保険法で原則として禁止されている／2.○／3.○

介護における安全の確保

- Point
  - ☑ 介護現場ではリスクマネジメントが必要
  - ☑ 介護ストレスへの適切な対処が必要
  - ☑ 服薬に関する業務は医師や看護師が行う

❶ リスクマネジメント

（1）介護におけるリスクマネジメント

　介護は、利用者の身体に直接触れる仕事であり、生活と密接に結びついているため、さまざまな**介護事故**が起こる可能性があります。そのため、介護職には事故を未然に防ぐ技術や、事故発生時に被害を最小限に留める技術などが求められます。

　介護保険制度においても、「介護保険指定基準」の事故発生に関する規定に、事故防止のための指針の整備や、従業員の研修を定期的に行うことなどが定められています。こうした仕組みや流れを**リスクマネジメント**といいます。

（2）リスクマネジメントに必要な要素

　リスクマネジメントは、個人的な技術の向上、多職種連携、組織的な体制整備などによって行うことが欠かせません。

★**リスクマネジメントに必要な要素**

リスクに強い環境	● 記録類の整備……リスクマネジメントのためには情報共有が大切。介護記録、事故報告書、ヒヤリハット報告書 p.344参照 などの書式を整備し、適切な介護サービスに役立てる ● 多職種によるチーム……多職種のさまざまな視点から利用者を観察することで、リスクマネジメントにつながる ● 事故発生時・発生後の検討……事故発生時は、多職種連携による適切な対応をとり、被害を最小限に食い止める。事故発生後は、事故原因を分析し、組織全体で検討する
個々の正確な技術	● リスクを回避するには、まずは介護職一人ひとりが適切な技術を身につけていることが必須条件となる
利用者への共感	● 利用者の思いに共感することは、リスクの予測、安全確保につながる

介護ストレスへの 対処法	● 介護ストレスは介護職の判断力を鈍らせ、ミスを犯す原因と もなる。介護ストレスへの適切な対処が必要 ● 介護職は、自らの健康管理を怠らないように注意する
医療的なリスクを 回避する方法	● 健康状態などの観察ポイントを医療職から情報収集し、毎日 利用者をよく観察する ● 利用者の様子に変化がみられたときは、速やかに医療職に状 況を報告する ● 家族などとの連絡網等を用意しておく
利用者・家族との 信頼関係	● 日頃から利用者や家族と情報を共有し、信頼関係を築いてお く

（3）組織としての事故予防、安全対策

　介護保険施設や事業所には、事故予防や安全対策について検討する場として、**事故対策委員会**や**リスクマネジメント委員会**が設置されています。介護場面におけるリスク軽減や安全対策については、**ケアカンファレンス** p.427参照 や**サービス担当者会議** p.427参照 において検討されます。

❷ 安全対策

　施設では、「**非常災害に関する具体的計画**」（消防計画、風水害・地震の災害に対応する計画）の作成が義務づけられています。また、非常災害時の関係機関への通報および連携体制を整備し、それらを定期的に従業者に周知するとともに、**避難訓練を定期的に行うこと**とされています。

❸ 服薬管理

　服薬に関する業務は、法的には**医師**や**看護師**が行うこととされています。介護職は、利用者の服用している薬の種類、目的、服薬方法、量、副作用などを事前に把握しておくことが必要です。医師に指示された服薬時間、回数、量を厳守しているか、利用者に確認します。

（1）内服時

　薬剤は、コップ一杯のぬるま湯または水で服用します（舌下錠の場合、水分は不要）。服用後は、服用の状況、副作用の有無について確認します。

薬剤が飲みにくいなどの理由で薬の形状を安易に変えることは、薬効が変化したり副作用の危険性が高くなったりします。このような場合には医師や薬剤師に相談し、指示を仰ぎましょう。

介護職が利用者に服薬介助を行う際、薬を間違えるリスクを回避する工夫を「フェールセーフ」というよ。

（2）皮膚への塗布・湿布時

薬剤によると思われる発赤・発しん（ほっせき　ほっ）などがないか、十分に観察します。皮膚に異常がみられる場合には、医療職に報告します。

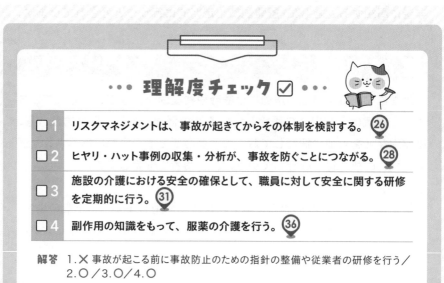

・・・ 理解度チェック ☑ ・・・

☐ 1	リスクマネジメントは、事故が起きてからその体制を検討する。	26
☐ 2	ヒヤリ・ハット事例の収集・分析が、事故を防ぐことにつながる。	28
☐ 3	施設の介護における安全の確保として、職員に対して安全に関する研修を定期的に行う。	31
☐ 4	副作用の知識をもって、服薬の介護を行う。	36

解答　1. ✕ 事故が起こる前に事故防止のための指針の整備や従業者の研修を行う／2. ○／3. ○／4. ○

感染対策

☑ 感染予防の基本は標準予防策
☑ 施設や病院では集団感染に留意する

❶ 感染予防の基礎知識

(1) 感染症とは

　感染症とは、病原微生物が人の体内に侵入することにより発症する疾患をいいます。感染症を引き起こす微生物（細菌、ウイルスなど）を病原体といい、侵入した**病原体**が、体内で定着し増殖することによって感染が成立します。

(2) 感染症対策の原則

　介護の専門職として、感染についての正しい知識を身につけておくことが必要です。感染予防の基本として、**標準予防策（スタンダード・プリコーション）** があります。また、感染症対策の原則として、①感染源の排除、②感染経路の遮断、③利用者の感染に対する抵抗力の向上、の3点が重要です。

★**感染症対策の3原則**

感染源の排除	● 手洗いやうがい、衣服の洗浄、機器の消毒などの徹底
感染経路の遮断	● 使い捨てのマスク・手袋・予防衣（ビニールエプロン）を必ず着用。手袋を取った後は必ず手を洗う ● 感染源の早期発見と早期対応（感染者の隔離など）
利用者の感染に対する抵抗力の向上	● 栄養バランスのとれた食事 ● 適度な運動と睡眠 ● 高齢者の食事や栄養状態、持病や内服薬などの把握

標準予防策（スタンダード・プリコーション）

感染しているかどうかにかかわらず、すべての利用者の血液や体液、汗を除く分泌液(痰、唾液など)、排泄物(尿、便、吐物など)、傷などがある皮膚、粘膜などは、感染の恐れがあるものとして接触を最小限に留め、感染を予防する方法のこと。

★ **主な感染症の感染経路**

感染経路	主な感染症	感染原因
経口感染	赤痢、ノロウイルス p.262参照 細菌性食中毒など	病原体に汚染された食品（水も含む）を飲食する
飛沫感染	インフルエンザ p.262参照 など	病原体保有者の咳、くしゃみなどの飛沫粒子
空気感染	水痘、麻しん、結核など	空中に飛散した病原体を吸い込む
接触感染	疥癬、MRSA（メチシリン耐性黄色ブドウ球菌）p.262参照 感染症など	皮膚や粘膜などの接触
血液感染	HIV、B型肝炎など	傷口から直接血中に入る

ノロウイルスはほとんどが二枚貝（カキなど）を摂取することによる経口感染だけど、接触感染・飛沫感染など通常の感染症としての側面ももつよ。

② 感染管理

　一般に、高齢者は若い人よりも免疫力や抵抗力が低下しており、ちょっとしたきっかけで感染しやすい状態にあります。このような高齢者が集団で生活している施設や病院で感染症が発生すると、あっという間に拡がってしまう危険性があります。感染予防の原則は在宅でも施設等でも同じですが、施設等の場合には**集団感染**にも留意する必要があります。

　また、施設では感染対策委員会を設置しなければなりません。委員会は、施設長、事務長、医師、看護師、介護支援専門員、栄養士、介護職などで構成されます。

★ 高齢者介護施設における感染対策

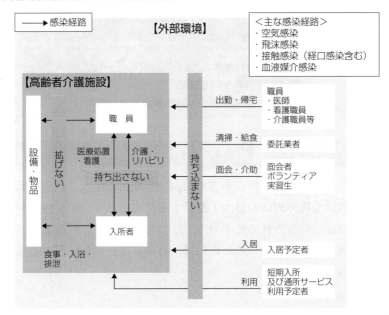

出典：厚生労働省「高齢者介護施設における感染対策マニュアル（改訂版）」(2019 年 3 月)

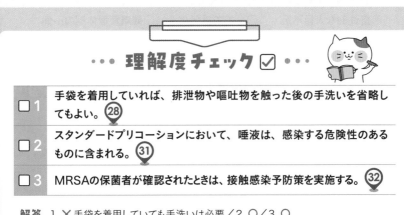

・・・ 理解度チェック ☑ ・・・

☐	**1**	手袋を着用していれば、排泄物や嘔吐物を触った後の手洗いを省略してもよい。㉘
☐	**2**	スタンダードプリコーションにおいて、唾液は、感染する危険性のあるものに含まれる。㉛
☐	**3**	MRSAの保菌者が確認されたときは、接触感染予防策を実施する。㉜

解答 1.✕ 手袋を着用していても手洗いは必要／2.○／3.○

重要度 A

Lesson 12

介護職の安全

Point
- ☑ 施設等は職員に対するストレス対策を行う
- ☑ 介護職は腰痛の予防が重要
- ☑ 「育児・介護休業法」の対象者は男女労働者

① 介護職の健康管理の意義 33

近年、介護職に求められる業務の拡大、多様化に伴って、介護職の負担は肉体的にも精神的にも増大・蓄積する傾向にあります。疲労やストレスの蓄積は、介護の質の低下や事故につながります。利用者にとって安心で快適な生活を提供するためには、心身共に良好な状態で業務を遂行しなければなりません。

★健康管理のポイント

- 規則正しい生活
- 栄養バランスのとれた食事
- 睡眠と休養の確保
- 定期的な健康診断
- ストレスの解消

+1 プラスワン

介護職がストレスを抱える要因

○慢性的な人員不足　○介護の重度化　○健康管理体制の不備
○周囲からのハラスメント(性的嫌がらせ、身体的・精神的暴力など)等

② こころの健康管理 34 31 30

(1) 燃えつき症候群（バーンアウト・シンドローム）

燃えつき症候群とは、今まで熱心に仕事に打ち込んできた人が、心身の過労により燃えつきたように意欲を失い、社会に適応できなくなって

しまう状態をいいます。主な症状は無気力感、無感動、疲労感、不満足感などで、悪化すると、アルコール依存症を発症する場合もあります。

（2）ストレス対策

施設等は、職員に対するストレス対策（**ストレスケアマネジメント**）を行う必要があります。これは施設等の運営にとって大切なリスクマネジメントでもあるため、職員の仕事での不安、悩みなどを相談できるような職場全体の取り組みが重要です。

また、「労働安全衛生法」の一部改正により、2015（平成27）年12月から、定期的に労働者のストレスチェックと面接指導の実施等を事業者に義務づける**ストレスチェック**制度が導入されました。

「介護現場におけるハラスメント対策マニュアル」（2019〔平成31〕年3月）では、利用者や家族等から理不尽な要求があった場合には、適切に断る必要があることや、**ハラスメント**を受けたと少しでも感じた場合は、速やかに事業所等に報告・相談することが示されています。

ストレスチェックは、労働者のメンタルヘルス不調のリスクを低減させるため、年に1回、常時50人以上の労働者を使用する事業者に医師、保健師または厚生労働大臣が定める研修を修了した看護師もしくは精神保健福祉士が実施するよ。

❸ 身体の健康管理

（1）感染症の予防

介護を必要とする人は体力や免疫力が低下していることから、感染症にかかりやすい状態になっています。介護職は、自分自身が感染源とならないように、普段から自らの健康管理に努める必要があります。感染予防には、①**手洗い**の励行、②自分の身体に傷をつくらない、③**免疫力**の維持などが有効です。

（2）腰痛の予防

介護職は、利用者を持ち上げたり前傾中腰姿勢を伴う動作が多いため、特に**腰痛**の予防が重要になります。

- 普段から正しい姿勢をとる
- 介護時には、リフトなどの福祉用具を積極的に使用する
- ボディメカニクス p.458参照 を十分に活用する
- 腹筋・背筋力を鍛える体操や静的ストレッチング（筋肉を伸ばした状態で静止するもの）を普段から行う

また、介護職は長期継続が前提となるため、利用者の残存機能等をふまえた介護・看護方法を選択すること、リフトなどの福祉用具を積極的に使用することが腰痛予防として推奨されています。

❹ 労働環境の整備

(1) 「労働基準法」

「労働基準法」は、労働者の保護を目的として1947（昭和22）年に制定・施行されました。この法律では、**労働時間に関する規定**（1日8時間、週40時間まで）のほか、**母性機能の保護**についても次のように定められています。

★ 母性機能の保護の規定

- **原則6週間以内に出産予定**の女性が休業を請求した場合は就業させることができない
- **産後8週間以内**の就業は禁止（ただし、産後6週間を経過した女性が請求した場合、医師が支障なしと認めた業務には就かせることができる）

また、「労働基準法」で定める労働条件の基準は最低のものであるとし、雇用者に対してこの基準を理由に労働条件を低下させてはならないことはもとより、その向上を図るように努めなければならないとしています。

(2) 「労働安全衛生法」

「労働安全衛生法」は、「労働基準法」と相まって労働災害の防止に関する総合的計画的な対策を推進することにより、職場における労働者の安全と健康を確保するとともに、快適な職場環境の形成を促進していくための法律です。法の対象は事業者で、医療施設や社会福祉施設なども対象となります。事業者は、労働災害防止のための最低基準を守り、さらに労働者の健康保持増進のための措置や快適な職場環境形成のための

措置などを講じなければならないとされています。また、職場の安全衛生管理体制については、次のような規定があります。

★職場の安全衛生管理体制

衛生管理者	● 定期的に職場を巡回点検し、衛生状態など健康障害になる点があれば直ちに必要な措置を講じる。衛生教育等も行う ● 従業員が常時50人以上の事業場には、衛生管理者の選任が義務づけられている
産業医	● 衛生管理者への指導・助言のほか、労働者からの相談にも応じる ● 従業員が常時50人以上の事業場には、産業医の選任が義務づけられている
衛生委員会	● 労働災害の防止対策、衛生規定の作成、定期健診の実施など、労働者の健康障害を防止するための審議を行い、事業者に意見を示す機能をもっている ● 従業員が常時50人以上の事業場には、衛生委員会の設置が義務づけられている

さらに、仕事に関するストレスや悩み、不安を感じている人が増加していることから、厚生労働省は「労働安全衛生法」に基づき、2006（平成18）年に「労働者の心の健康の保持増進のための指針（**メンタルヘルス指針**）」を策定しました。

+1 プラスワン

衛生推進者

従業員が常時10人以上50人未満の事業場には、衛生推進者の選任が義務づけられている。職務内容は衛生管理者におおむね準じる。

産業医

産業医学（産業活動の中で労働者の健康を維持する医学）に関する専門知識をもち、事業者が労働者の安全・健康に配慮していくことを支援する医師。

（3）「育児・介護休業法」

「育児休業、介護休業等育児又は家族介護を行う労働者の福祉に関する法律（**育児・介護休業法**）」は、育児休業・介護休業制度や子の看護休暇・介護休暇制度を設けることなどを定めた法律です。法の対象は、**男女労働者**です。

労働者は、制度を利用する場合、育児休業と介護休業の場合は**取得期**

間、子の看護休暇と介護休暇の場合は取得日を明らかにしたうえで、事業主に申請します。

❶介護休業

要介護状態にある家族（以下、対象家族）１人につき、通算93日まで分割取得可能（３回を上限）です。

❷介護休暇

対象家族１人につき、１年に５労働日を限度（２人以上の場合は10労働日）とし、１日または時間単位での取得可。介護、通院等の付き添いなどが対象です。

❸育児休業

原則として１歳未満の子を養育する労働者が取得可能（２回まで分割取得可）。期間は、原則として子が１歳に達する日（誕生日の前日）までだが、一定の要件を満たす場合は１歳６か月まで延長可能（再延長は２歳まで）です。

❹子の看護休暇

養育する小学校就学前の子１人につき、１年に５労働日を限度（２人以上の場合は10労働日）とし、１日または時間単位での取得可。子の看護または疾病の予防を図るために必要な予防接種や健康診断にかかる子の世話が対象です。

また、2022（令和４）年10月から、出生時育児休業（産後パパ育休）制度が施行され、子の出生後８週間以内に４週間まで取得できるようになりました（２回まで分割取得）。育児休業とは別に取得できます。

❺短時間勤務制度、所定外労働（残業）の免除の義務化

事業主は、３歳未満の子を養育する労働者について、労働者が希望すれば利用できる短時間勤務制度（原則１日６時間）を設けることが義務づけられています。また、３歳未満の子を養育する労働者が申し出た場合には、事業主は所定労働時間を超えて労働させてはなりません。

（4）働き方改革

働き方改革は、働く人々が、個々の事情に応じた多様で柔軟な働き方を、自分で「選択」できるようにするための改革で、2019（平成31）年４月から順次施行されています。

改革の主なポイントは次のとおりです。

❶長時間労働の是正、多様で柔軟な働き方の実現等

「働き過ぎ」を防ぎながら、「ワーク・ライフ・バランス」と「多様で柔軟な働き方」を実現するため、次の内容が定められました。

★長時間労働の是正、多様で柔軟な働き方の実現等に向けて見直された内容

- 残業時間の上限規制（原則として月45時間、年360時間）
- 「5日間」の年次有給休暇の取得の義務づけ
- 勤務間インターバル制度の普及促進等（前日の終業時刻と翌日の始業時刻の間に一定時間以上の休息の確保に努める）
- 産業医・産業保健機能の強化

❷雇用形態にかかわらない公正な待遇の確保

同じ企業内における正規雇用労働者と非正規雇用労働者（パートタイム労働者・有期雇用労働者・派遣労働者）との間の不合理な待遇差を解消し、どのような雇用形態を選択しても、待遇に納得して働き続けられるようにするため、以下の内容が定められました。

★雇用形態にかかわらない公正な待遇の確保に向けて改正された内容

- 不合理な待遇差の禁止
- 労働者に対する待遇に関する説明義務の強化
- 行政による事業主への助言・指導等や裁判外紛争解決手続き（行政ADR）の整備

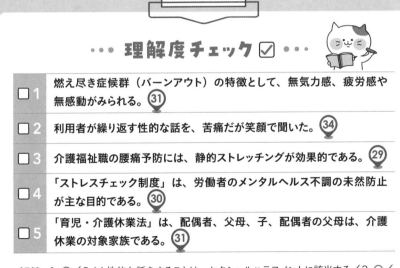

・・・ 理解度チェック ☑ ・・・

- ☐ 1 燃え尽き症候群（バーンアウト）の特徴として、無気力感、疲労感や無感動がみられる。㉛
- ☐ 2 利用者が繰り返す性的な話を、苦痛だが笑顔で聞いた。㉞
- ☐ 3 介護福祉職の腰痛予防には、静的ストレッチングが効果的である。㉙
- ☐ 4 「ストレスチェック制度」は、労働者のメンタルヘルス不調の未然防止が主な目的である。㉚
- ☐ 5 「育児・介護休業法」は、配偶者、父母、子、配偶者の父母は、介護休業の対象家族である。㉛

解答　1.○／2.✕ 性的な話をすることは、セクシャルハラスメントに該当する／3.○／4.○／5.○

Contents

コミュニケーション技術

ここでは、適切なコミュニケーションを実践するためのコミュニケーション技術を学習します。

介護を必要とする者の理解や援助的関係、援助的コミュニケーションについて理解するとともに、利用者や利用者家族、あるいは多職種協働におけるコミュニケーションについて理解を深めましょう。

重要度
A

利用者・家族とのコミュニケーション

Point
- ☑ 傾聴は対人援助の基本的かつ重要な姿勢
- ☑ 相手の状況に応じて質問の仕方を変える
- ☑ 介護職は常に中立の立場をとる

❶ 利用者・家族との関係づくり

　介護職と利用者が出会い、信頼関係を築いていくことで暮らしに希望をもてるようになると、利用者のニーズ（need）は「〜したい（want）」という積極的なものに変わります。そして、実際にサービス等を受けることにより、「〜できるかもしれない（hope）」という気持ちへと変化します。利用者のこうした変化は、家族にも大きな影響をもたらします。利用者やその家族がどのような生活様式・価値観・習慣などをもっているか、それぞれの家族がどのようなかたちで介護にかかわっているのか、利用者および家族のニーズは何かなど、介護職はさまざまな状況を正確に把握し、介護に当たらなくてはなりません。そのためにコミュニケーションと観察が必要となります。

❷ 傾聴

　傾聴とは、相手の言葉、表情、動作、間のとり方、沈黙などを通して、相手の経験、行動、感情、ものの見方などを、総合的に聴くということです。これは介護職として、対人援助の基本的かつ重要な姿勢です。

★ 傾聴のポイント

予備的共感 （準備的共感）	事前に得られた情報から、利用者や家族の置かれた環境や心理を予測する
観察	利用者や家族の心理をとらえるため、反応の仕方などをよく観察する
波長合わせ	利用者や家族が表した意思や感情を、言葉にしたり繰り返したりして、それらに対する反応を見る
日常的な言葉	利用者や家族と話すときは専門用語を避け、日常的な言葉を用いる

❸ 共感　納得と同意

　イーガン（Egan, G.）は、共感の技法を**第1次共感**（基本的共感）と**第2次共感**（深い共感）という2つのレベルに分類しています。

(1) 第1次共感

　第1次共感は応答の技法です。利用者や家族の言葉を「感情」と「その感情の理由」とに分けてとらえ、それをふまえて応答する方法です。

　例えば、利用者の「昨日は眠れなかったんです」に対し、介護職が「お辛かったでしょうね（感情）。昨夜は暑くて寝苦しかったですものね（感情の理由）」と答えるものです。

　この技法は**受容的・共感的**であり、介護職が話の内容と、そこに含まれる感情の両方を、しっかり受け止めたことが利用者や家族に伝わります。

(2) 第2次共感

　第2次共感は、言葉で表現されていない思い、それを生んだ背景を理解して受け止め、相手にわかるように戻すという方法です。

　また、介護職は、利用者や家族が今までの習慣や価値観を活かしながら新たな習慣や対処法を受け入れられるよう、利用者や家族から納得と同意を得て援助することが必要です。

　納得と同意を得る技法には、次のようなものがあります。

★ 納得と同意を得る技法

明確化の技法	相手の話す内容がわかりづらくまとまらない場合、相手に確認して明確にしていく技法
焦点化の技法	相手の話す内容を介護職が理解し、それを相手に確認する技法
要約の技法	相手の話から、内容、話のもつ意味、感情などを十分に理解し、まとめ、相手に伝える技法
総合的な直面化の技法	相手が起こす行動、それによる周囲への影響を、本人がより深くとらえられるよう、きっかけを提供する技法

❹ 質問

(1) 質問する際の留意点

　介護職として、利用者や家族に質問する際には次の点に留意しましょう。

- 前もって利用者と信頼関係を築いておく
- 焦って何度も質問しない
- 尋問や詰問にならないようにする
- 質問の答えを誘導したり、暗示したりしない
- 遠まわしに批判するような質問をしない

(2) 質問の仕方

状況に応じて尋ね方を変えることで、相手の気持ちや言いたいことを引き出しやすくなります。

❶開かれた質問（オープンクエスチョン）

「何が食べたいですか？」「具体的にどんな要望がありますか？」といった、相手が自分の言葉で自由に答えられる質問方法をいいます。利用者のことをまだ十分に把握していない場合や、**相談面接、生活場面面接**（利用者が話しやすく落ち着けるような場所や居室、施設内の廊下、食堂などでリラックスして行われる面接）などでよく用いられます。傾聴のためには開かれた質問を用い、ときには利用者が会話をリードできるよう促すことも大切です。

❷閉じられた質問（クローズドクエスチョン）

「はい」「いいえ」または「（子どもは）〇人です」など、相手が短い言葉で答えられるような質問方法をいいます。利用者の基本情報（名前、住所、家族構成など）の収集や、利用者にコミュニケーション障害がある場合などに効果的な方法です。質問者にとっては便利な方法といえますが、利用者は答えを自由に選択することができず、質問者の意図する方向に偏りがちになります。このため、利用者の抱える隠された要望や問題を見逃してしまう危険があります。

❸重複する質問

「どこに行きたいですか？ 山ですか？ 海ですか？」のように、具体的な選択肢を複数提示する質問方法をいいます。これにより、相手の本心を引き出しやすくなり、答えを明確にすることができます。

❹矢継ぎ早の質問

短時間で次々に質問をすると尋問のようになってしまい、相手を圧迫

することになります。利用者との信頼関係を壊すことにもなりかねない
ため、矢継ぎ早ではなく１つ質問をしたらその答えをきちんと受け止め、
基本的共感の応答をすることが大切です。

❺ 「なぜ?」「どうして?」の質問

「なぜ?」「どうして?」という聞き方は、相手が防衛姿勢をとる、理
由づけをする、質問者の意向に沿うような答えをつくり出す、といった
恐れがあり、介護の現場ではあまり用いられません。

❺ 相談・指導・助言

(1) 相談

専門職として利用者の相談に応じる際、適切な解決策が見つからない
ことが少なからずあるでしょう。そのような場合でも大切なことは、利
用者とのかかわりにおいて利用者と信頼関係を築き、利用者の抱える問
題を解決していくことです。

(2) 指導・助言

利用者や家族に対し、介護などに関する指導・助言を行うことも介護
職の職務に含まれています。介護職から見て、利用者にとっても、家族
にとっても適切でないと思われる介護を利用者の家族が行っていても、
それを頭ごなしに否定すれば家族からの反発を招いたり、両者の信頼関
係にひびが入りかねません。利用者や家族に対する指導・助言は、介護
職と利用者、家族の信頼関係に基づいて行い、培ってきた信頼関係を
壊さないよう心がける必要があります。

(3) 援助関係の原則

相談援助を行う際は、専門的な知識や技術を用いて個別に対応するこ
とが大切です。利用者と介護職の援助関係の原則として、**バイステック
の7原則**があります。

★ バイステックの7原則

①個別化	利用者の個別性（性格、成育歴、生活状況、家族構成、病歴等）を理解し、それに応じた援助をする

②意図的な感情表現	利用者が感情を自由に表現できるよう、介護職が意図的にはたらきかける
③統制された情緒関与	利用者の感情表出に対して、介護職が意図的かつ適切に対応する
④受容	利用者をそのままに受け止める
⑤非審判的態度	介護職の価値基準を一方的に利用者に当てはめて評価しない
⑥自己決定	利用者が自己決定できるように援助し、決定したことを尊重する
⑦秘密保持	利用者に関する情報は、本人の承諾なしに漏らしてはならない

❻ 家族とのコミュニケーション

（1）家族との協働関係の構築

　介護職が常に念頭に置くべきことは、支援の中心は利用者本人であり、**利用者主体**でなくてはならないということです。そして、利用者主体の介護を行うためには、家族の存在が重要となります。介護職は、家族と、**信頼関係を構築**し、**協働**するという意識をもつことが大切です。そのために家族それぞれの介護に対する気持ちや考え方をできるだけ把握するようにします。利用者本人と家族が介護についてどのような意向をもっているのか理解するために、介護職は、家族が抱くさまざまな感情や本心を、抑制することなく表現してもらえるような雰囲気をつくり、表出された感情を「受容」することが大切です。

（2）利用者と家族の意向を把握する技法

　よりよい介護を行うには、利用者と家族の意向を把握することが大切です。利用者と家族の関係がうまくいっていないように感じられる場合は、利用者と家族それぞれの意向をよく聴いたうえで調整を図ります。両者の意向に相違がみられる場合は、次の理由が考えられます。

- ●家族が利用者の心身状態や状況を正しく把握できていない
- ●家族の価値観で利用者のことを考えている
- ●家族が自分自身の利益を優先させている

（3）利用者と家族の意向を調整する技法

❶利用者と家族の意向が一致するよう支援する

利用者の意向を家族に理解してもらうことが大切です。介護職は、利用者が自分で思いを伝え、なるべく利用者と家族がお互いにわかり合えるように支援します。

★利用者と家族の意向を調整するポイント

- 利用者に対し、家族に話すための動機づけを行う
- 家族に対し、利用者の話を聴くための動機づけを行う
- 利用者と家族のコミュニケーションの場を設定する
- 利用者が話し始められる状況をつくる

利用者と家族が互いの意向を理解できたら、介護職は双方の意見が一致するよう調整をします。利用者の意向によって家族の権利が侵害されるような場合には、利用者の意向自体をよく検討する必要があります。

❷利用者と家族との間での中立性

介護を巡って、利用者と家族の利害が対立したり、葛藤が生じたりすることがあります。介護職は常に中立の立場をとり、利用者と家族それぞれの生活が常に安定するよう配慮しなければなりません。

・・・ 理解度チェック ☑ ・・・

☐ **1** 「この本は好きですか」は閉じられた質問である。㉟

☐ **2** 利用者の家族と信頼関係を形成するためには、介護は全面的に介護福祉職に任せてもらう。㉟

☐ **3** 介護福祉職が利用者と信頼関係を形成するためには、介護福祉職の価値判断に従ってもらう。㉝

☐ **4** 傾聴とは、利用者が抱いている感情を推察することである。㉛

☐ **5** 利用者の家族との信頼関係の構築を目的に家族から介護の体験を共感的に聴く。㊱

解答 1.○／2.✕ 家族と協働する必要がある／3.✕ 利用者の価値判断を尊重する／4.○／5.○

コミュニケーション技術

Lesson 1

利用者・家族とのコミュニケーション

利用者の状況・状態に応じたコミュニケーション

重要度 **A**

Point

☑ 障害に応じたコミュニケーション方法をとる
☑ 高齢の中途失聴者には手話よりも筆談が有効
☑ 運動性失語には五十音表やカードなどが有効

❶ 視覚障害者とのコミュニケーション

(1) コミュニケーションのポイント

　視覚障害者は、情報収集や情報理解、意思の伝達などコミュニケーション面での支障があります。しかし、触覚や聴覚といった**残存機能の活用**により、コミュニケーションが豊かになることを理解しておく必要があります。

(2) コミュニケーション方法

　視覚障害のある人とのコミュニケーションでは、**点字などの文字や音声言語**が中心となります。活字読み上げ装置、ポータブルレコーダー、拡大読書器など視覚障害者向けの補助具も、利用者の状態に応じて活用するとよいでしょう。

❷ 聴覚障害者とのコミュニケーション

　聴覚障害者への援助は、情報を十分に入手できないために感じている不安をできる限り取り除くことが基本となります。援助するにあたっては、次の点に留意します。

★聴覚障害者への援助の留意点

- 身振りで示すときでも、相手の顔を見て、声に出して話しかける
- 健常者に対する話し方と同じように話しかける
- 相手がうなずいていても、必ずしも理解しているとは限らないため、確認が必要な場合には、はっきりと「はい」「いいえ」の意思表示をしてもらう

★聴覚障害者とのコミュニケーション方法

手話	手指の動きや顔の表情などを用いて意思疎通を図る方法。技術面の習得にはある程度の時間を要するため、高齢の中途失聴者には手話よりも筆談などが有効
指文字	五十音などの表音文字を手指の形で表す方法。手話で表現できない言葉（人名、地名など）などを一字ずつ示すときなどに用いる
筆談	紙などに文字を書いて読み合う方法。要点を簡潔に、わかりやすく書くことがポイント
読話 （どくわ）	話す人の口の動きや表情を主な手がかりとして、話の内容を読み取る方法。話者は正面を向いて口元がよく見えるようにし、口を大きく開けて比較的ゆっくり話す

　また、聞こえを補うための機器として用いられる**補聴器**は、**伝音性難聴**の場合に有効です。ただし、不必要な雑音も同時に大きくしてしまうため、聞きたい音をうまく聞き取れるようになるまでには、ある程度の訓練が必要です。

❸ 言語障害者とのコミュニケーション

　言語障害者への援助は、その人に合ったコミュニケーション手段を見つけることが大切です。介護サービスを提供するにあたっては、次のような点に留意します。

★言語障害者への援助の留意点

- 話しやすい雰囲気づくりを心がける
- わかりやすい言葉を使い、文章は簡潔にする
- 簡単に答えられるよう、**閉じられた質問**を用いる
- 話の内容を相手が理解しているかどうか確認しながら、ゆっくりと話を進める
- 聞き取りに慣れるように心がける
- 話している途中で遮ったりせず、根気よく話を聞く
- 言葉の間違いを訂正したり、笑ったりしない

★言語障害者とのコミュニケーション方法

構音障害	人の話や言葉の意味は理解できていても、発する言葉が相手に聞き取りにくい場合は、筆談やパソコンなどを利用してコミュニケーションを図る

失語症	大まかにでも人の話が理解でき、コミュニケーションが成立するかどうかがポイントとなる 本人が理解しやすい話しかけ方を工夫する ● **ウェルニッケ失語**（感覚性失語）……身振りなどの非言語的コミュニケーションなど ● **ブローカ失語**（運動性失語）……五十音表、カード、閉じられた質問など

❹ 知的障害者とのコミュニケーション

　知的障害者とのコミュニケーションでは、本人の行動やしぐさ、感情表現も大切なメッセージと受け止め、本人の理解力に応じてコミュニケーション方法を工夫します。 また、子ども扱いするようなことは避けるなど、自尊心に配慮した対応が必要となります。

★知的障害者との基本的なコミュニケーション方法

伝え方の工夫	● 絵や文字を紙に書いて伝える ● モデリングで伝える
具体的な説明	● 判断が苦手な場合があるため、具体的に指示する ● いつ、どこで、何を、どのような手順にするとよいのかなどをわかりやすい言葉で簡潔にはっきりと伝える
良いところを 褒めて伸ばす	● 長所（ストレングス）を伸ばす ● できることを頼んで「ありがとう」と礼を言い、モチベーションを上げる
得意分野を見 つける	● 得意分野を見つける ● できることを増やす

モデリングとは動作を行動で
示し、それをまねる方法だよ。

❺ 発達障害者とのコミュニケーション

（1）自閉症スペクトラム障害（ASD） p.330参照 **のある人への対応**

　自閉症スペクトラム障害（ASD）のある人への対応として、知的障害を伴わない場合は、次のような点に配慮します。

★ 自閉症スペクトラム障害（ASD）のある人とのコミュニケーション方法

- あいまいな表現ではなく、具体的に伝える
- 大切な情報はメモで伝える
- その人のこだわりを制したりせず、行動を観察する
- 本人の話を傾聴し、本人の世界を理解するように努める
- 知的障害を伴う場合は、絵や写真など言葉以外の手段も活用する

（2）注意欠陥多動性障害（ADHD） p.330参照 のある人への対応

　最後まで話を聞いたりすることが難しいため、大切なことは初めに伝え、話が長くなりすぎないようにします。

　また、話を聞き漏らすこともありますので、集中できる環境をつくり、十分に注意を引いて話しかけるようにします。

（3）学習障害（LD） p.330参照 のある人への対応

　苦手なものに取り組むときに劣等感を感じてしまい、不安になるケースも多いため、成功体験の積み上げが重要となります。その人の苦手なものが何かを知り、できたときには、その成果を正しく評価します。読むこと、書くことに困難がある人には、ICT（Information and Communications Technology：情報通信技術）も活用するとよいでしょう。

⑥ 高次脳機能障害者へのコミュニケーション ㉞

　左半側空間無視 p.325参照 がある場合の対応のポイントは次のようになります。

★ 左半側空間無視がある場合の対応

- 話しかけるときは、右側に立ち、気づかない場合は身体に触れて注意を促す
- 少しずつ、左側を意識するように声かけをする

⑦ 認知症のある人とのコミュニケーション ㉟ ㉝ ㉜ ㉛

　認知症のある人でも、自分らしさを保ち、豊かな感情やさまざまな価値観をもっています。認知症ケアにおいて基本となるのが、認知症のある本人の視点を尊重し、その人らしさを大切にしたケア（パーソン・セ

ンタード・ケア）p.270参照 です。また、ケアは一方的に提供するのではなく、生活上の少し困難なことを補う、支える、見守ることが大切で認知症ケアと同様に、コミュニケーションにおいても本人の言動を否定せず、共感したり、見守ったり、その人のペースに合わせたりすることなどが重要です。具体的には、次のような点に留意します。

★ 認知症のある人とのコミュニケーション方法

- できることとできないことを整理し、できることを活かす
- わかりやすい言葉を使う。短く、簡潔な言葉で話す
- 文字や絵を使う
- むやみにできないことの指摘や修正せず、相手の話に沿って会話をする
- 言葉の奥にある感情を推測する
- 相手の言葉が出てこないときは、気持ちを代弁して確かめる
- 幻視や妄想がある場合でも、本人にとっての真実を否定せず、気持ちに寄り添う言葉をかける

⑧ 鬱病などのある人とのコミュニケーション

（1）抑鬱状態にある人への基本的対応

抑鬱状態にある人は、症状が一過性であることもあり、ある出来事がきっかけで回復することもあります。言葉や出来事に対し過剰にネガティブにとらえてしまっている場合には、それらの認知の歪みを修正するために**リフレーミング**の技法が有効であるといわれています。

（2）鬱病のある人への基本的対応

判断力などが低下しているので、質問は開かれた質問（オープンクエスチョン）よりも**閉じられた質問**（クローズドクエスチョン）のほうがよいでしょう。

また、安易に励ましたりするのではなく、受容的・共感的に接することが基本です。鬱病でもコミュニケーションが果たす役割は大きく、ピア・カウンセリングにより、同じ鬱病を発症している人同士が助け合うというかかわりを構築することも大切です。

❾ 統合失調症のある人とのコミュニケーション

統合失調症のある人は、妄想などで現実離れをした話や突飛な話をしたりしますが、本人にとっては事実として認識しているということを理解する必要があります。介護職は、妄想については**否定も肯定もせずに中立的**に受け止め、それと同時に、その言動の中にある思いは何かということもくみとり、その人の意思を尊重した、**安心感を提供できる**ようなかかわりをしていくことが基本となります。統合失調症のある人との会話では、次の点に留意します。

★統合失調症のある人とのコミュニケーション方法

- 言葉を短く区切り、わかりやすく話す
- 抽象的な表現を避け、具体的に話す
- 閉じられた質問（クローズドクエスチョン）で尋ねる
- 語尾をはっきりとさせ、明快に話す
- 説明をした内容が理解できているかを、繰り返し確認する
- 言葉と態度を一致させる。例えば怒っているのに笑っているなどの不一致は混乱を招く

❿ 重症心身障害のある人とのコミュニケーション

（1）重症心身障害の特徴と生活上の支援

重症心身障害は、重度の肢体不自由と重度の知的障害をあわせもった状態です。発達過程で発症しますが、適切な教育、医療・介護の援助により、少しずつさまざまな機能が獲得されていきます。コミュニケーション支援においては、肢体不自由の原因となる**脳性麻痺**や**知的障害の特徴**をよく理解しておく必要があります

（2）視覚障害または聴覚障害を伴う場合の対応

視覚障害・聴覚障害がある場合は、嬉しいとき、不安なとき、不快なときなどに、相手が示す感情や意思のわずかなサインを見つけることが重要です。表情のほか、発語や発声、身体の動きなどのさまざまな表現に注目します。サインに応じてはたらきかける中で、相互のコミュニケーションが図られるように意識します。

（3）言語によるコミュニケーション支援

　理解している単語数が 11 個以上の場合は、意思表出の安定化と定着が課題となります。**VOCA**（音声出力会話補助装置）や **AAC**（拡大・代替コミュニケーション）などを活用して、本人の意思表出が明確になるようはたらきかけます。理解している単語数が 11 個に満たない場合は、自分の要求を自然に出せるようにして、話し言葉や視覚サインの理解を促すことが課題になります。視覚サインでは、絵、簡略化した図など視覚的にわかりやすいシンボル機能を活用します。

⓫ 道具を用いたコミュニケーション

　障害等の状況によっては、文字を入力すると画面に表示され、音声で読み上げてくれる携帯用会話補助装置や人工喉頭（笛式人工喉頭、電動式人工喉頭）などの道具、コンピュータや携帯電話などのIT機器を用いたコミュニケーションが有効な場合があります。特にコンピュータや携帯電話は、視覚障害者や聴覚障害者、移動に不自由がある身体障害者のコミュニケーション手段としても大きな役割を果たしています。

・・・ 理解度チェック ☑ ・・・

☐ **1** 視覚障害者とのコミュニケーションでは聴覚、触覚、嗅覚を活用する。㉜

☐ **2** 構音障害のある利用者とのコミュニケーションでは、筆談の活用を控える。㉜

☐ **3** 認知症のある利用者とのコミュニケーションでは、表情やしぐさを確認しながら、感情の理解に努める。㉟

解答 1.〇／2.✕ 筆談やパソコンを利用してコミュニケーションを図る／3.〇

チームのコミュニケーション

Point
- ☑ 記録は事実をありのままに、客観的に書く
- ☑ 事実をありのままに、結論から先に報告
- ☑ サービス担当者会議は介護支援専門員が招集

❶ チームのコミュニケーション

利用者のニーズを満たすためには、さまざまな専門職とチームを形成し、チームによる支援を行うことが重要です。その際、チームの一員として自分の果たすべき役割をしっかり認識しておかなければなりません。チームにおけるコミュニケーションには、次のような役割があります。

★ **チームにおけるコミュニケーションの役割**

- 振り返りや話し合いで**目標・方針を共有する**
- コミュニケーションによって**必要な情報の共有をする**
- 目的を達成するために**メンバー間の相互理解と合意形成をする**
- メンバー個々の知識や経験を出し合うことで**課題解決のための方策を確立する**
- 普段から良好なコミュニケーションを図ることで**メンバーの信頼関係を形成する**

❷ 記録の目的と書き方

介護における**記録**には、介護の質や利用者のQOLの向上、介護福祉士の**現任教育**や**スーパービジョン**に役立つ、チームでの一貫した介護の継続といった目的があります。記録を書く際は、次のポイントに注意しましょう。

★ **記録の書き方のポイント**

読みやすく、わかりやすく	<ul><li>5W1Hを考えて連絡する</li><li>できる限り数値等を用いて**具体的に書く**</li><li>改ざん防止のため、筆記具は消えない**ボールペン**などを用いる。訂正時は、訂正前の文字が読めるように**2本線を引く**（修正液の使用は厳禁）</li><li>適切な専門用語や取り決められた略語を使用する（特殊な専門用語や俗語などは避ける）</li></ul>

事実をありのままに、客観的に	● 記憶が鮮明なうちに書き留め、あいまいな記述は避ける
社会的責務	● 介護実施者、指示者、情報収集源を明記し、記録者は必ず署名する ● プライバシー保護のため、記録書類は鍵のかかる場所に保管し、厳重に管理する

+1 プラスワン

5W1H

Who……誰(が)　When……いつ　Where……どこ(で)　What……何(を)
Why……なぜ　How……どのように

+1 プラスワン

スーパービジョン

熟練した援助の専門家が経験の浅い援助者に、専門的能力を発揮できるよう指導・援助すること。

❸ 情報の活用と管理

(1) ICTを活用した情報の管理と留意点

　情報を共有する際は、利用者のプライバシーに対する配慮や情報漏洩の防止を行わなければなりません。

★ICTの活用における留意点

- 電子メールは情報が漏れやすく、不特定多数の者に見られる恐れがあるため、利用者に関する情報を送信する際は匿名化する
- 改ざん防止のため、記録者以外の者が修正してはならない
- システムのトラブル等によるデータの消失を防ぐため、定期的に**バックアップ**（複製）をとる
- USBフラッシュメモリなどの補助記憶装置は紛失や盗難による情報漏洩の危険性が高いため、厳重な管理・保管の徹底を図る
- システムのセキュリティを維持するため、ウイルス対策ソフトを導入し、常に最新のウイルス定義に更新しておく
- パスワードは定期的に変更する（最長でも2か月以内）

（2）介護記録における個人情報の保護

「個人情報の保護に関する法律（個人情報保護法）」p.134参照は、個人情報の保護と管理について「個人の権利利益を保護する」と規定しています。介護職は、職務上知り得た利用者の情報を、本人の承諾を得ずに人に漏らしてはなりません。

❶個人情報の匿名化

ケアカンファレンスなどで利用者の個人情報を用いる場合は、本人と特定されないよう匿名化を図る必要があります。匿名化が困難な場合は、事前に利用者から承諾を得なければなりません。

❷個人情報の開示請求

利用者本人や家族から個人情報の開示を求められた場合は、原則として、書面の交付による方法などで遅滞なく開示しなければなりません。

❹ 報告・連絡・相談

（1）報告

報告は、チーム内で情報を共有したり、業務の進行状況を伝達したりするために行います。口頭と文書のどちらがよいか考え、口頭の場合には情報漏洩防止のため、報告する場所や声の大きさなどには十分配慮しましょう。

★ 報告の留意点

- 事実（「客観的事実」と「それに対する自分の判断」を含む）をありのままに報告する
- 事故やトラブルなどの緊急時には、即座に適切な相手に報告する
- 報告する時期を逸しない
- 結論から先に報告し、次に理由や経過を報告していく
- 要点をまとめ、相手にわかりやすい言葉・速度・声の高さ・表現を用いて報告する

（2）連絡

連絡は、客観的な情報を共有するために行います。

利用者やその家族、チームのメンバーなどと連絡をとる場合は、口頭と文書のどちらがよいか、いつ誰に連絡すべきかを考え、適切なタイミングで行います。また、連絡をとった場合は、連絡内容、時間、相手の

名前などを記録に残します。

★連絡の留意点

- 事実のみを速やかに伝える
- 連絡を必要とする人に直接行う
- 連絡のとれる時間帯、連絡方法（携帯電話、ファックス、自宅電話など）を把握しておく

（3）相談

　介護職には、円滑な業務遂行のために適切に相談する姿勢が求められます。相談相手から助言を得たり、自分自身を客観的に見たりすることによって、独りよがりではない解決方法を導き出すことができます。誰に、いつ相談するべきかを考え、相談内容や自分自身の考えをよく整理してから相談しましょう。

★相談の留意点

- 相談内容はメモをとる
- 相談の結果や過程は、相談した相手に報告する
- 資料などを準備してから相談する

❺ 会議

（1）会議の意義・目的

　会議は、関係者が集まって情報を共有し、話し合いによって物事を決定したり問題を解決したりするため聞かれます。会議を始める前に、何を話し合うのかを明確にするなど準備をしてから、効率的に行うことが大切です。

★会議の留意点

- 事前に会議資料を配布し、出席者全員がよく読んで議題の内容を把握しておく
- 参加者が集まりやすい時間（原則として勤務時間内）に開催する
- 意見の多数・少数にかかわらず、自分とは異なる意見にもよく耳を傾ける
- 各職種の専門性を理解して参加する

会議の種類は多岐にわたり、課題や目標の達成のために今後とるべき方針や具体的な方策を検討するための「討議」などもあります。複数メンバー参加のもと、より効果的な会議を運営していくには、**会議運営技術（ファシリテーション）**と**情報伝達技術（プレゼンテーション）**という２つの技術が必要となります。

ファシリテーション

会議において、さまざまな手法を駆使し、全体としての合意形成を図る技術。

プレゼンテーション

情報共有を目的に、内容をわかりやすく伝える技術。

（2）ケアカンファレンス（事例検討）

　援助過程で利用者の意向や希望をふまえたよりよい支援を行うために、援助にかかわる専門職などが方針や方法を検討する会議をケアカンファレンスといいます。会議では、個別援助計画の立案・修正のほか、関係者各自の役割分担や連絡調整も行います。**ケアカンファレンス**に参加するうえでの留意点は次のとおりです。

★**ケアカンファレンスの留意点**

- 症例や事例で挙げられている人物、生活環境などを想像し、参加者全員で共有する
- 常に利用者の立場に立って課題を解決する方法を考え、発言する
- 症例や事例の提供者を批判しない

（3）サービス担当者会議

　サービス担当者会議は、ケアプランの作成を目的として、**介護支援専門員（ケアマネジャー）**が保健、医療、福祉など、さまざまな分野の専門職を招集して行われます。会議には利用者や家族にも参加してもらい、医師や看護師、訪問介護員などの担当者が専門的な見地から意見を述べ、介護支援専門員が居宅サービス計画の原案を調整していきます。

コミュニケーション技術

Lesson 3 ｜ チームのコミュニケーション

★ サービス担当者会議の目的と留意点

目的	● 利用者や家族の生活全体と生活課題を共通理解する ● 支援目標である「利用者や家族の生活に対する意向」や「総合的な援助の方針」について共通理解する ● 居宅サービス計画の内容をよりよいものにする ● サービス担当者それぞれの役割分担を共通理解する ● サービス担当者のチームワークをよくする
留意点	● 会議の中心となる利用者の意向を尊重する ● 専門用語は極力使わず、わかりやすく説明する ● プライバシー保護のため、会議で用いらる利用者や家族の個人情報については、原則として、本人から事前に文書で同意を得る

・・・ 理解度チェック ☑ ・・・

☐ 1　介護記録は、介護福祉職の意見を中心に書く。㉝

☐ 2　叙述体を用いた介護記録では、利用者に起こったことをそのまま記録する。㉛

☐ 3　利用者の家族からの苦情は、上司にすぐに口頭で概要を報告してから、文書を作成して報告した。㉞

☐ 4　利用者の家族からの苦情は、上司に結論を伝えることを重視して、「いつもの苦情です」とすぐに報告した。㉞

☐ 5　ケアカンファレンスでは、利用者本人の参加を促し、利用者の意向をケア方針に反映させる。㉞

解答　1.✕ 利用者にかかわっている全員の意見を記録に反映させる／2.○／3.○／4.✕ 報告には、5W1Hを盛り込む／5.○

428

介護

Contents

生活支援技術

ここでは、「尊厳の保持」と「自立支援」の観点から、利用者が望む生活を支えるために必要な介護福祉士としての専門的技術・知識について学習します。

どのような状態であってもその人の自立を尊重できるように、また、安全・安楽に援助できるように、適切な介護技術と知識を身につけることが重要です。

生活支援

Point
- ☑ 生活には多面性がある
- ☑ 生活支援では自立支援の視点も必要
- ☑ 生活支援ではICFモデルの理解が必要

❶ 生活の理解

(1) 生活の多面性

　生活には**多面性**があり、いくつかの側面が統合されて個人の生活は成り立っています。これらの生活の各側面は個人により差異があることから、生活全体の個別性も高いものとなります。生活のありさまに一般的な正解はなく、どの側面が欠けても利用者が望む生活を実現することは困難です。

★ 生活における主な側面

身体的・精神的側面	生命を維持していくための不可欠な活動
家事的側面	文化的で自立した生活を維持するための活動
対人関係の側面	精神的な安定と、自己の存在を肯定的にとらえるために生活に必要な、家族・友人などとの良好な人間関係
社会的側面	社会の一員として生活していくために必要な、社会規範に則った他者との直接的なかかわり
文化的側面	生活を豊かにするための、趣味や習い事などの活動
経済的側面	生活基盤を支える収入や支出などの要素

(2) 生活の要素

　一人ひとりが望む生活を実現するためには、「人」「健康」「社会」「環境」「福祉」の5つの生活の要素が必要とされます。

★ 生活の要素

人	自分らしく生きる権利を有し、その自己決定が最大限尊重されるべき生活の主体
健康	疾患の有無ではなく、その人が望む生活を送ることができる状態
社会	人と人との共同生活の営みの総称。家族、近隣、地域などさまざまなものがある
環境	社会を取り巻くもので、住環境から社会環境まで広い概念が含まれる。人のまわりに存在する人的・物的・経済的・情報資源のすべてを指すと考えられる
福祉	上記の4つの要素に支障が生じ、他者の援助が必要になったときに活用される、自立を実現する手段

★ 本人を取り巻く環境

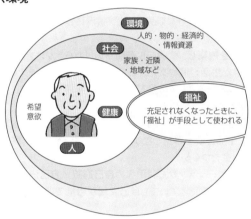

+1 プラスワン

健康の定義

WHO（世界保健機関）は、WHO憲章前文において「健康とは完全な肉体的、精神的及び社会的福祉の状態であり、単に疾病又は病弱の存在しないことではない」と示している。

❷ 生活支援のあり方　

（1）生活支援のとらえ方

　人は、誰でもよりよく生きることを目指して生活しています。 より

よく生きることを実現するための生活支援の基本は、まず利用者の日常生活を尊重することです。また、利用者の生活を支援するうえで、**自立支援**の視点も必要です。自立支援とは、いかなる状況の人に対しても、**自己決定権（主体性）**を尊重し、自分の人生が価値あるものとして自覚できるよう、その自立を側面から援助していくことであるといえます。

（2）生活支援を行う際の視点

自立に向けた具体的な生活支援では、利用者の生命・生活維持のための基本的サービスと QOLの向上に資するサービスが必要になります。生活支援を行ううえで介護職に求められる主な視点を整理すると次のようになります。

★ 生活支援を行う際の留意点

- 利用者のADLを把握し、十分な観察のもと、状況に合わせて常に安全を最優先した援助を心がける
- 常に利用者の状態を観察し、積極的に**予防**へのはたらきかけを行う
- 利用者が培ってきた生活習慣や文化、価値観を理解し、これまでの生活を尊重する
- 各専門職がチームの一員としての役割を理解し、利用者の変化に応じて、適切な連携・協働が展開されるよう努める
- 居住環境整備や福祉用具の活用により、心身両面における自立を支援する
- 利用者の意欲や生活習慣を尊重しながら、できる動作を増やす試みを行い、潜在能力を発揮できる機会をつくる
- さまざまなコミュニケーションから利用者の**自己選択・自己決定**を尊重できるように配慮する。また、支援を受けていても自己実現が可能であることを実感できるようにはたらきかける
- 社会との交流から利用者の意欲を引き出せるよう**社会参加**を支援し、機会の創出に努める

❸ ICFと生活支援

生活支援では、**ICF**（国際生活機能分類） p.370参照に基づき、健康状態がどのようなレベルであったとしても、本人が主体的に意欲をもって生活できるよう支援していくことが求められます。生活機能の構成要素である「活動」レベルの視点から目標設定を行った場合、次のように分類できます。

★ 活動の分類

する活動	活動向上支援の目標であり、将来目標を達成したときに、実生活で実行している活動
している活動	生活の場で毎日実際に行っている状態。ICFの活動の評価における「実行状況」に対応する
できる活動	自宅や居室棟、病棟などの生活の場での訓練や評価場面で、できると認められた状態。ICFの活動の評価における「能力」に対応する。通常、自立度が高く出る

　まず、目標としての「する活動」を、その方法（活動時の姿勢・補助具、介助方法など）や手順など細部にわたって具体的に設定します。その達成に向けて援助するにあたり、利用者の日常生活を、実行状況（している活動）と能力（できる活動）とに区別してアセスメントします。そのうえで、利用者が現在「できる活動」と「している活動」に具体的にはたらきかけていきます（**活動向上支援**）。

　介護職は、「利用者ができない部分を援助する」という視点ではなく、**ICF**モデルをよく理解し、医師や看護師など他の専門職とも連携しながら、利用者の活動の範囲を広げる支援を行っていくことが大切です。

・・・ 理解度チェック ☑ ・・・

☐ 1	高齢者の生活様式は、画一化されている。㉗
☐ 2	生活支援の基本的視点として、介護者の意向より利用者の意向を尊重する。㉔
☐ 3	利用者の生活習慣よりも、支援者側の規則を大切にして支援する。㉘
☐ 4	生活支援を行うときの視点として、利用者のできないことに焦点を当てる。㉖

解答　1.✕ 個人により差異がある／2.〇／3.✕ 利用者の生活習慣を尊重する／4.✕利用者のできることに焦点を当てる

居住環境整備の意義と目的

重要度 **A**

-╲╲╲
- **Point**
  - ☑ 居住環境整備では4つの視点が重要
  - ☑ 家庭内事故では転倒や転落、溺水等が多い
  - ☑ 居住環境整備や福祉用具は自立を助ける

❶ 自立に向けた居住環境の整備

居住環境の整備は、加齢や障害から生活環境への適応能力が低下している人たちが、可能な限り制限のない自由な生活を送るために行います。個人の障害や能力に配慮した居住環境整備は、本人の意欲の向上と尊厳の保持にもつながり、自立生活ができるようになるだけでなく、介護者の負担を大幅に軽減し、安全な介護の実践にも役立ちます。

❷ 居住環境と介護

日常生活をより快適に過ごすための居住環境整備には、次の視点が重要になると考えられます。

★居住環境整備における4つの視点

- 安全性の重視
- 健康的・衛生的な環境の保持
- 精神的安定が得られる空間づくり
- 自立を助ける機能的な生活空間

（1）安全性の重視

バリアフリー p.441参照 やユニバーサルデザイン p.441参照 を基本に、家庭内での事故や災害への対策が必要です。

❶家庭内事故と安全管理

国の調査によると、住宅にかかわる高齢者の不慮の事故死では、同一平面上や階段等からの転倒や転落、浴槽内での溺水（できすい）および溺死によるものが特に多いことがわかっています。また、死亡に至らないまでも、こ

うした 事故をきっかけに寝たきりになりやすいといわれています。

★家庭内での事故防止策

- 階段や廊下に手すりや滑り止めをつける
- 出入口や床の段差を解消する
- 通路に転倒の原因となる物を置かない
- 滑りにくい仕上げ材を使用する

❷災害と安全管理

　高齢者や障害者などは、災害時に要援護者となる恐れが特に高いため、日頃から住宅の安全に対する配慮が大切です。

★家庭でできる防災対策

- 住宅の内装材やカーテンなどには**不燃性**の素材を使用する
- 家具や冷蔵庫などを固定し、転倒を防止する
- 落下しやすい物や重い物は、高い所に置かない
- 避難路を塞（ふさ）ぐような場所に家具や荷物を置かない
- 割れると危険な大型ガラスには、**飛散防止処置**をしておく
- 就寝前や外出前には必ず**火の元**を確認し、ガスの元栓は閉めることを習慣にする
- 住宅購入や新築の際には、**耐震性・防火性**の高い建築材を選ぶ

（2）健康的・衛生的な環境の保持

　健康的な生活を維持するためには、シックハウス症候群への配慮やカビ・ダニ対策なども必要です。

❶シックハウス症候群

　シックハウス症候群とは、室内の健康を害する何らかの因子によって、頭や目、喉（のど）の痛み、吐き気や疲労感などの症状が複合的に起こる健康障害をいいます。喘息（ぜんそく）や皮膚炎など、アレルギー由来の疾患がある場合は症状が悪化することもあるため、換気を頻繁に行うなどの注意が必要です。

❷カビ・ダニ対策

　近年、室内のほこり（**ハウスダスト**）に含まれるカビやダニに起因する**アレルギー性疾患**の激増が大きな問題となっています。居室や浴室の清掃などを定期的に実施し、日頃からカビやダニが発生する環境をつくらないように心がけることが大切です。特に高温多湿になりやすい浴室は、使用後は換気を十分に行って乾燥させることが重要です。

★カビの発生条件

- 結露などによる適度な湿度があること
- 食べかす、フケ、ほこりなどの栄養分があること
- 適度な温度があること
- 酸素があること

★ダニの発生条件

- 適度な温度・湿度があること
- 人のフケなどの栄養分があること
- 潜り込む場所（畳やカーペットなど）があること

（3）自立を助ける機能的な生活空間

　住む人の心身の状態に合わせた居住環境の整備や福祉用具の導入を行います。利用者の自立により、家族の負担が軽減することで家族関係の円滑化にもつながります。

・・・ 理解度チェック ☑ ・・・

☐ 1 内閣府の調査によると、65歳以上の者の家庭内事故の発生割合が最も高い場所（屋内）は居室である。㉜

☐ 2 シックハウス症候群は、生活が不活発なために全身の機能が低下することをいう。㉖

☐ 3 布団についた、ダニの死骸や糞などのダニアレルゲンは、掃除機で吸い取って除去する。㉘

解答 1.○／2.✕ 室内の健康を害する何らかの因子によって起こる健康障害／3.○

安全で心地よい 生活の場づくり

❶ 居住環境整備

　従来の日本の住宅は、建築構造上、必ず敷居や上がり框（玄関などの上がる段差の部分に取り付けた横木、あるいは化粧材のこと）などの段差があります。また、高温多湿であるために、調湿効果のある畳や木などを多用しています。これらは長らく日本人の生活習慣や文化と結びつき、暮らしやすい環境と考えられてきましたが、高齢者や障害者にとっては次のような問題点が挙げられています。

★ 居住環境上の問題点と高齢者等の生活への影響

問題点	高齢者等の生活への影響
住宅内外の段差	生活動作を不便にし、転倒事故の原因となる。特に高齢者は、大きな段差よりもわずかな段差につまずきやすい
尺貫法の影響	日本古来の計量法である尺貫法の影響で廊下、階段、開口部の幅員が狭くなり、福祉用具の使用に支障が生じる
居室面積の狭さ	居室面積が先進諸国の中でも狭く、ベッド・車いす・ポータブルトイレなどを置くと、室内移動が一層困難になる
夏向きの構造	多湿な夏向きの家屋は、冬には室内外の温度差が大きく、身体機能の低下した高齢者等には大きなストレスとなる
床座様式	床から立ち上がる動作は身体への負担が大きい。就寝時の身体の位置が低いため、床のほこりを吸いやすくなる

　住宅改修や福祉用具の活用を検討する場合には、家屋の性質と福祉用具等の機能を十分理解し、それぞれを活用することによって相乗的な効果が得られるようにすることが必要です。

(1) 居住環境整備の工夫

居住環境の整備について、場所別の留意点は以下のようになります。

★ 玄関・廊下の留意点

- 玄関は、スロープや段差解消機を用いて段差の解消に努め、必要な箇所には手すりを取り付ける
- 玄関戸は、車いす利用者でも開閉しやすい引き戸が望ましい。間口は車いすが通れる広さ（80cm以上）とする
- 車いす利用者の場合、通行や方向転換などを考慮したスペースを確保する（廊下の幅は85cm以上）
- 廊下は、段差をなくし、滑りにくい材質の床材を用いる。壁面には手すりを連続的に取り付けたり、足元灯（フットライト）を設置するなど、移動の安全を図る

★ 階段の留意点

- 滑りにくく踏み外しにくいように、ゴム製の滑り止めをつける
- 可能なら両側、少なくとも片側（下りる際の利き手側）に手すりを設置する
- 夜間に足元を見やすくするため、足元灯（フットライト）を設置する
- 階段の勾配はできるだけ緩やかにし、小休止のための踊り場があると望ましい

★ 廊下における居住環境整備の例

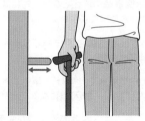

手すりは杖の高さと同じ位置に設置

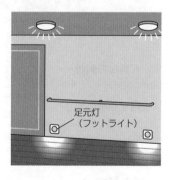

足元灯
（フットライト）

「高齢者、障害者等の円滑な移動等に配慮した建築設計標準」では、廊下に設置する手すりの高さは、床から75〜80cm程度とするのが基本とされているよ。

電気コードは、足が引っかからないように壁などに止める

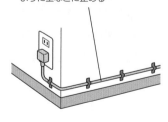

438

★ 脱衣室・浴室の留意点

- ヒートショックを起こさないよう、居室と脱衣室・浴室との温度差をなくす工夫が必要である
- 転倒防止のため、脱衣室・浴室間や浴室内の段差の解消に努め、床面は滑りにくい材質にするか、滑り止めゴムマットを使用する
- 浴槽の縁の高さは、洗い場から40 〜 45 cm 程度（膝くらいの高さ）とする
- 浴室内での移動や入浴中の姿勢保持などの安全を確保するため、必要な箇所に手すりを設置する
- 浴槽の出入りを安全かつ安楽に行えるよう、浴槽の上にバスボードを渡したり、浴槽の縁と同じ高さのいすや台を置く

★ 浴室における居住環境整備の例

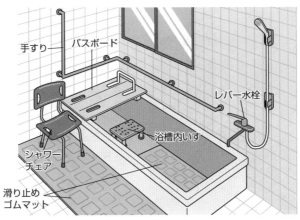

手すり　バスボード　レバー水栓　浴槽内いす　シャワーチェア　滑り止めゴムマット

浴室・トイレの手すりの直径の目安は、しっかりつかまれる28 〜 32mm程度だよ。

＋1プラスワン

ヒートショック

急激な温度変化がもたらす身体の変化のこと。ヒートショックによって血圧や脈拍数が大きく変動し、脳血管障害や心筋梗塞などを引き起こすことがある。

★ トイレの留意点

- トイレは居室や寝室からなるべく近い所に配置する
- 車いす利用や介護が必要な場合には、トイレの戸は内開きよりも引き戸や外開きが望ましい。万一に備えて、ドアの鍵は外からでも開けられるようにする
- 便器は洋式のほうが、利用者・家族とも負担が少ない。便座の高さは、移乗や立ち上がりが楽なように調整できるものが望ましい
- 座位保持、立ち上がり、移乗を安全かつ容易に行うため、手すりを設置する
- トイレットペーパーや水洗用のボタンは、健側の手が届く位置に取り付ける
- **緊急通報装置（コールボタン）は、万一利用者が倒れても手が届く位置に設置する**

★ トイレにおける居住環境整備の例

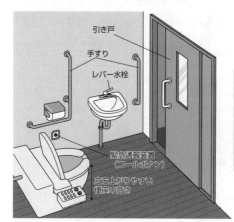

引き戸

手すり

レバー水栓

緊急通報装置
（コールボタン）

立ち上がりやすい
便座の高さ

関節リウマチのある人などには、高さや傾きが調節できる補高便座や立ち上がり補助便座が適しているよ。

★ 居室（寝室）の留意点

- 日当たりや風通しに配慮する
- 外出時の利便性や災害、緊急時に備えて、1階が望ましい
- トイレや浴室、家族の集まるリビングルーム（居間）に近いほうが移動に便利であり、孤立を防げる
- 部屋と部屋との間の段差をなくし、フラットな構造にする

（2）快適な室内環境

　快適で安全な居住空間を保つには、さらに、利便性・美観性・機能性などに配慮した室内環境が求められます。

❶採光

　住居に自然の光などを採り入れることを採光といいます。心地よい住宅の条件として、採光の良さは大変重要です。窓は、一般に縦長で高い

位置にあるほど採光がよくなります。日光の量は、カーテン、ブラインドなどによって調節します。

❷照明

照明には室内全体を照らす**全般照明**と、必要な部分を照らす**局部照明**があります。全般照明と局部照明を組み合わせる場合、視界に明暗の差があると目が疲労しやすくなります。このため、局部照明を強くしすぎないようにし、照明器具の位置にも注意します。

❸温度の調整

高齢になると、温度差に対する適応力が著しく低下します。各部屋や屋内外間の急激な温度差は、**ヒートショック**を起こす危険性が高まるため、温度差をできるだけ少なくすることが予防につながります。

また、屋内外を問わず、**高温多湿**な環境下にいることで体温調節機能が低下し、体温上昇やめまい、立ちくらみなどの**熱中症の症状**が現れる場合があります。扇風機やエアコンで適切な室温に調節したり、こまめに**水分**を補給したりして、熱中症を予防します。

❸ バリアフリーの環境づくり

疾患や障害の程度に即した環境を整備するための住宅の**バリアフリー化**は、利用者だけでなく介護者にとっても重要な意味をもちます。

バリアフリー法により、バリアフリー化基準やバリアフリー化を進めるための措置などを定めています。

（1）バリアフリー住宅

一定の基準に適合する住宅を**バリアフリー住宅**といい、安全性や機能性、可変性などへの具体的配慮として、段差解消・手すりの設置・空間確保などの目安が示されています。

（2）ユニバーサルデザイン

ユニバーサルデザインとは、すべての人が利用可能であるように配慮されたデザインをいい、次の7つの原則があります。

1. 誰にでも公平に利用できること
2. 使う上で自由度が高いこと
3. 使い方が簡単ですぐわかること
4. 必要な情報がすぐに理解できること
5. うっかりミスや危険につながらないデザインであること
6. 無理な姿勢をとることなく、少ない力でも楽に使用できること
7. アクセスしやすいスペースと大きさを確保すること

　また、このユニバーサルデザインの考え方を反映した製品を共用品といいます。**共用品**の身近な例としては、缶入りアルコール飲料の点字表記、シャンプーやリンスの容器の判別のための刻み、片手で開閉できる歯磨き粉容器などが挙げられます。

★ 共用品の例

缶入りアルコール飲料の
点字表記

シャンプー・リンス
の容器

片手で開閉できる
歯磨き粉容器

❹ 施設等における生活の工夫と支援

(1) 集団生活への配慮

　介護が必要な人々にとっては、施設や病院なども生活の場のひとつとなります。施設等の種類によっては、一時的な治療や訓練のための入所や入院とは異なり、長期間にわたる生活の場となることがあります。また、集団生活におけるルールの徹底 や公平を図る観点から、援助の方法や内容が画一化されやすい傾向もあります。しかし、利用者の生活にかかわる者は、集団が個人の集まりであることを常に忘れてはなりません。 介護職は、利用者それぞれの心身状態、意向、生活歴などを尊重

した**個別ケア**を行うと同時に、利用者同士がお互いの生活を尊重し合えるような支援体制を構築することが大切です。

（2）施設等を快適な居住空間とするための工夫

❶ユニット型の導入

　施設等に入所した利用者のプライバシーを大切にし、よりくつろげる空間を提供するため、近年は**ユニット型**が主流となっています。ユニットとは小規模生活単位のことで、施設全体の居室（原則個室）をいくつかのグループに分け、各グループを1ユニット（原則10人以下）とし、個々のユニットに**共同生活室**（食事や談話に利用）を設置します。少人数を介護職がケアにあたることで、一人ひとりに密着した介護が可能となります。特に認知症高齢者は生活に不便を感じることが多いため、介護職には生活上の一層の配慮が必要とされますが、ユニット型では、個別対応が可能になる、認知症高齢者にも生活空間が把握しやすい、といったメリットがあります。

★ **従来型の特別養護老人ホーム、ユニット型の特別養護老人ホームにおける居室の配置例**

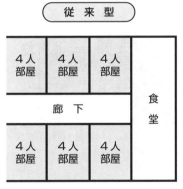
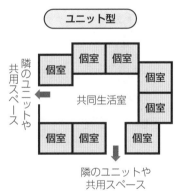

資料：厚生労働省「2015年の高齢者介護」を基に作成

各ユニットでは、利用者が相互に社会関係を構築し、自立した日常生活を営めるよう介護職が支援していくよ。

❷なじみの環境づくり

　施設等が「生活の場」となる場合、在宅で営まれていた個々の生活が

入所・入院後もできる限り継続されることが望ましいといえます。それは時間的な生活サイクルだけでなく、身のまわりの環境すべてにおいて同様です。施設等の集団生活の場は共用部分も多く、そのままでは殺風景になりやすい構造であることから、明るい環境づくりのためにさまざまな工夫が必要です。介護職は、常に利用者の在宅での生活をイメージし、誰もが日常として受け入れられる環境づくりに配慮します。

　また、利用者が自宅で使用していた家具や生活備品などで、施設等に持ち込めるものは継続して使用できるようにし、なじみの環境をつくることが、ひいては利用者の安心につながります。

❸利用者に仕様を合わせる

　集団生活の場であっても、入所や入院をしている利用者に仕様を合わせることが快適と安全の基本になります。机・いす・洗面台の高さなど、利用者の身体機能に適した設備を整えることが必要です。

　★ **施設における快適な居住空間の工夫例**

食べやすいように
前傾姿勢がとれる

両足の足底部が
床についている

テーブルといすの高さが利用者に
合っている

テーブルといすの高さが利用者に
合っていない

（3）居住環境整備の留意点

　一般に、高齢者は環境変化に対する適応能力が低下する傾向がみられ、施設等における徘徊や帰宅願望などの不適応状態を招く要因になることも少なくありません。

　不適応状態は、健康な高齢者に比べ、心身機能に何らかの問題を抱えている要介護者等に顕著にみられ、施設等への入退所が症状の悪化につながってしまうことがあります。このような生活環境の変化による状態

の悪化をリロケーションダメージといい、いったん受けたダメージを改善するのは容易ではありません。こうした悪循環を解消し、**リロケーションダメージ**を最小限に留められるように、在宅生活との変化が少ない施設環境をつくることが求められます。

（4）他職種の役割と協働

施設での生活では、暮らしの連続性を支援することが利用者 の安心・安全な生活のうえで重要です。暮らしの連続性には、利用者が入所する以前からの生活をできるだけ維持するといった側面のほかに、利用者の暮らしを24時間切れ目なく連続して支援するという側面もあります。利用者を24時間連続して支えていくためには、チームでのケアが不可欠になります。 チームケアを円滑に進めるには、日々の利用者の情報を共有 することが基本となるため、職員一人ひとりが記録の一元化・一覧化に努め、介護職以外の専門職とも積極的に連携し、情報の共有を図ります。

また、これらの連携にあたって家族の存在も忘れてはなりません。介護職にとって家族は支援の対象であると同時に、利用者を取り巻く重要な社会資源でもあります。利用者本人の意思表示が難しい場合などは、援助の方向性について家族に意見を聞くなどの密接な連携が必要です。

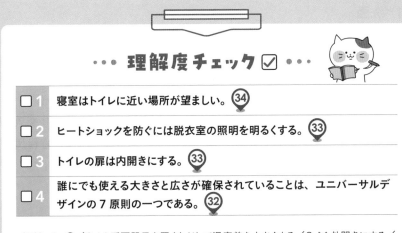

・・・ 理解度チェック ☑ ・・・

- ☐ 1 寝室はトイレに近い場所が望ましい。 ㉞
- ☐ 2 ヒートショックを防ぐには脱衣室の照明を明るくする。 ㉝
- ☐ 3 トイレの扉は内開きにする。 ㉝
- ☐ 4 誰にでも使える大きさと広さが確保されていることは、ユニバーサルデザインの7原則の一つである。 ㉜

解答 1.○／2.✕ 暖房器具を置くなどして温度差を小さくする／3.✕ 外開きにする／4.○

Lesson 4
自立に向けた身支度の介護

Point
- ☑ 目は目頭から目尻に向かって拭く
- ☑ 総義歯は下顎から外し、上顎から装着する
- ☑ 麻痺がある場合は脱健着患の原則を守る

❶ 身支度の意義と目的

　生活のさまざまな場面に合わせ、身なりを整えることを**身支度**といいます。身支度は、その人が「こうありたい」と望むスタイルに合わせて行われます。自分らしく思いどおりに身支度ができると、晴れやかな気分で日々の活動に取り組むことができ、反対に、思ったように身支度ができなければ、活動への意欲は損なわれ、人との接触を避けたくなるでしょう。

　このように身支度のできばえは精神面への影響が大きいため、介護者は身支度の意味を十分に理解し、利用者自身が楽しみながら主体的に行える身支度の方法を工夫していきます。

❷ 整容の介助

（1）洗面

　洗面は、顔面の汚れや皮脂、老廃物を取り除いて、皮膚の清潔を保持し、爽快（そうかい）な気分をもたらします。洗面後は、必要に応じてローションやクリームを使い、皮膚を保護します。

　洗面所への移動が困難な場合は、蒸しタオルなどで清拭（せいしき）をします。蒸しタオルの温度を必ず確認し、汚れやすい目や鼻、口のまわりを入念に拭（ふ）きます。目やにがひどいときは、ガーゼや脱脂綿で目頭から目尻に向かって拭きます。

★ 清拭の順序

① **目**……上・下とも、目頭から目尻に向かって一方方向に拭く
② **額**……額の中心から外側に向かって拭く
③ **鼻**……額から鼻先に向かって拭く
④ **頬**（ほお）……鼻を中心に、内側から外側に向かって拭く
⑤ **口の周囲**……上唇の中心から外側に拭く。口の周辺は円を描くように拭く
⑥ **下顎**（かがく）……顎（あご）の中心から外側に拭く
⑦ **耳**……耳の中や前後を拭く
⑧ **首**……前面はリンパ節に沿って拭く。背面は頭を起こして左右に拭く

（2）整髪

　整髪は、頭髪の乱れを整えるためだけでなく、頭髪や頭皮の 清潔保持のうえでも大切な習慣です。使いやすいブラシや鏡などを準備し、できるだけ利用者自身で整髪できるように支援します。整え方ひとつで印象が大きく変わるので、介護者が整髪する場合は利用者の希望を十分に確認することが必要です。

（3）ひげの手入れ

　ひげの手入れは、成人男性にとっては日常的な習慣です。清潔保持の点では毎日剃（そ）るほうがよいといえますが、好みの長さは人によって違うため、必ず利用者に確認します。

★ 電気かみそりを使ったひげの剃り方

- 皮膚を傷つけないよう、皮膚に軽く当てる
- 皮膚に対して直角に当て、均一の力で剃る
- ひげの流れに逆らうようにして剃る

（4）耳の手入れ

　高齢者は、耳垢（じこう）が溜（た）まって聞こえにくい状態になっていることがあるため、常に注意が必要です。耳掃除をする場合は、目に見える範囲内（入り口から 1 ～ 1.5cm程度）で慎重に行います。

- 耳垢が乾燥している場合……綿棒で耳垢を湿らせてから取る
- 耳垢が大きく、固くこびりついている場合……無理に取らずに耳鼻科に連れて行く

(5) 爪の手入れ

爪は伸びたままにしていると、皮膚を傷つけたり、爪の異常 p.184参照を引き起こしやすくなるので、こまめに手入れをします。爪や周囲の皮膚の状態をよく観察し、異常があれば、速やかに医療職へ報告します。高齢者の爪は硬く割れやすいため、入浴後や足浴（そくよく）・手浴（しゅよく）後の柔らかくなったときに切り、ヤスリをかけます。また、**少しずつ切り、深爪にならないように注意します**。

(6) 点眼

点眼の介助の際は、介護者は点眼前と点眼後に必ず手を洗い、また、利用者の目の周囲も清潔にしておきます。利用者の下眼瞼（か がんけん）（下まぶた）を引き、点眼容器の先端がまつ毛やまぶたに当たらないよう注意して下眼瞼に1滴点眼します。点眼後は薬効を高めるため、しばらく目を閉じて涙点（るいてん）（目頭）を軽く押さえます。複数点眼する場合は、それぞれ5分程度の間隔をおきます。

耳や爪の手入れ、点眼・点鼻の介助は、利用者の状態によっては介護職が行えないこともあるよ。p.342参照

❸ 口腔ケア

(1) 口腔（こうくう）ケアの目的

口腔機能を正常に保つことは、全身の健康のためにも重要です。歯や口腔が健康であれば、食事や会話を楽しむことができ精神面にもよい効果を与えます。普段から口腔に関する適切な知識をもち、歯の衛生を心がけることは、利用者のQOLの向上に不可欠です。

★ 口腔ケアの目的

う蝕などの予防	食べかすや歯垢（プラーク）を除去し、う蝕を予防する。また、う蝕の進行により引き起こされる歯周病（歯槽膿漏）なども併せて予防する
口腔粘膜疾患の予防	口腔内細菌によって引き起こされる口内炎やカンジダ症などを予防する
誤嚥性肺炎の予防	口腔内あるいは咽頭の病原菌を含む分泌物（痰や唾液）を誤嚥することで起こる誤嚥性肺炎を予防する
口臭の予防	口腔内細菌の増殖を抑え、口臭の発生を予防する

（2）基本的な口腔ケアの方法

　口腔ケアには、歯ブラシやスポンジブラシなどを使用する**機械的清掃法**と、含嗽剤（洗口剤）などの薬剤を使用する**化学的清掃法**があります。機械的清掃法は歯の衛生を保つ効果が高いため、できる限り歯ブラシなどによる清掃を優先して行い、化学的清掃法は機械的清掃法の補助と考えます。

★ 口腔ケアのポイント

- 口腔清掃は**毎食後**に行う。1日1回しか行えない場合は**夕食後**に行う
- 誤嚥予防のため、可能な限り座位をとる
- うがいができる利用者の場合は、ブラッシング前にうがいをする
- 残存機能を活用し、できる限り利用者自身で行えるよう援助する
- 口臭予防のため、舌苔を適度に除去する（過剰に除去すると、舌を痛めたり口臭がひどくなったりする場合がある）
- 介助の際は手袋を着用し、感染予防に配慮する

舌苔とは、舌の表面にみられる灰白色や褐色の苔状の付着物だよ。

❶ブラッシング法

　歯垢を除去し歯の衛生を保つ効果が最も高い方法です。歯ブラシは、力のコントロールがしやすいペングリップ（鉛筆持ち）で持ちます。毛先は、歯面に対しては 90°（**スクラビング法**）、歯肉溝に対しては 45°（**バス法**）に当て、軽い力で小刻みに動かします。使用後の歯ブラシはよく洗い、乾燥させます。

★ 歯ブラシの当て方

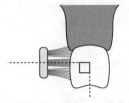

歯の軸に対して直角に歯ブラシを当てる
スクラビング法

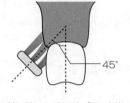

歯の軸に対して45°に歯ブラシを当てる
バス法

❷口腔清拭法

　利用者に口腔内の炎症や出血傾向、意識障害がある場合に、清拭剤に浸した綿棒やガーゼ、スポンジブラシなどで口腔内を拭きます。歯間部や歯頸部についた歯垢の除去効果はあまり期待できません。

❸含嗽法（洗口法）

　水や含嗽剤（洗口剤）などの液体を含んで口をすすぎ、うがいをして食べかすを取り除きます。消毒・殺菌作用のある含嗽剤は、口臭の除去効果が高く、清涼感が得られます。

（3）義歯の手入れ

❶義歯の着脱

　義歯（総義歯、局部床義歯）は、自分の歯と同様に清潔を保つことが大切です。義歯を装着したままにしておくと、口腔細菌が繁殖し、疾患や口臭の原因となります。総義歯は、下顎から上顎の順に外し、上顎から下顎の順に装着するのが基本となります。その際、無理な方向に力を入れないように注意します。

❷義歯の洗浄・保管

　義歯を装着している場合は、**毎食後**に取り外し、義歯用歯ブラシを用いて流水下で丁寧にブラッシングします。外した後の口の中は、特に歯頸部を丁寧にブラッシングします。汚れがひどい場合は、義歯専用の歯磨き粉を使用するか、ぬるま湯で溶かした義歯用洗浄剤に一晩つけておきます。義歯は乾燥すると、変形・変色したり、ひび割れが起こったりすることもあるため、外した義歯は必ず水を入れた容器に保管します。義歯が合わなくなったら、早めに歯科医の診察を勧めます。

（4）状態別口腔ケアの方法

　利用者の身体機能の状態により、次のような留意点が必要なことを理解しておきましょう。

★ 口腔ケアにおける留意点

経管栄養 p.356参照 を行っている場合	食べ物を咀しゃくしないため唾液による自浄作用が低下し、口臭の発生や誤嚥性肺炎のリスクが高くなる。スポンジブラシなどで口腔内を湿らせてから口腔清掃を行う。なお、注入直後の口腔ケアは嘔吐反射を誘発する恐れがあるため、しばらく時間をおいてから行う
嚥下障害がある場合	口に含んだ水を誤って気管に入れてしまう恐れがあるので気をつける
片麻痺がある場合	患側の頬部や歯列間に食べかすが残りやすいので、その部分の口腔清掃を丁寧に行う

（5）口腔清掃に用いる用具・器具

　口腔清掃に用いる用具・器具の種類はたくさんありますが、それぞれの特徴を理解し、利用者に適した安全なものを選びます。

★ 口腔清掃に用いる用具・器具

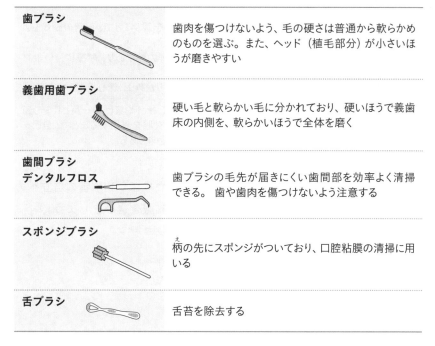

歯ブラシ	歯肉を傷つけないよう、毛の硬さは普通から軟らかめのものを選ぶ。また、ヘッド（植毛部分）が小さいほうが磨きやすい
義歯用歯ブラシ	硬い毛と軟らかい毛に分かれており、硬いほうで義歯床の内側を、軟らかいほうで全体を磨く
歯間ブラシ デンタルフロス	歯ブラシの毛先が届きにくい歯間部を効率よく清掃できる。歯や歯肉を傷つけないよう注意する
スポンジブラシ	柄の先にスポンジがついており、口腔粘膜の清掃に用いる
舌ブラシ	舌苔を除去する

(1) 衣服を着用する目的

　私たちは、1日の生活の流れや季節、T.P.O. に合わせて衣服を決めています。さっぱりした身なりは明るい気分をもたらし、他者との交流や生活意欲を向上させる効果があり、反対に、一日中、寝まき（寝衣）を着て過ごすような生活は、気力や体力を低下させ、精神面にも悪影響を与えます。つまり、衣服の着脱は、社会生活を維持するために欠かせない生活習慣といえます。介護職は、利用者の好みや習慣を十分に尊重したうえで、着替えが利用者の精神的満足や自己表現の機会になるように配慮することが大切です。

★ **主な衣服の機能**

気候調節機能	皮膚と外界との間に空気の層をつくり、人体に快適な状態を維持し、外界の温度変化に対応する。外界が暑い時には放熱を促し、寒い時には放熱を防ぐような衣服を選ぶ
身体の保護機能	風雨、直射日光などの自然環境や外界の刺激から身体を保護する。また、汗や皮脂などの皮膚の汚れは有害細菌やカビが発生する要因となるため、これらの皮膚の汚れを吸収した衣服を着替えることで、身体の衛生を保持する
生活活動上の機能	着る目的や動作に適合した衣服を選ぶことで、日常の動作をより快適に行うことができる ● 活発な活動時……伸縮性や弾力性があり、摩擦に強い素材の衣服 ● 休養や睡眠時……十分なゆとりがあり、着心地がよい衣服
社会的機能	着る人の職業や立場などを表し、社会や集団の一員としての道徳儀礼を示す。T.P.O.に応じた衣服を着用することで、自己を表現するという心理的に重要な意味もある

(2) 衣服の着脱介助

　衣服の着脱は毎日行う行為です。介助のしやすさや利用者の自立への視点、残存機能などに配慮し、着脱しやすい衣服を選びましょう。

★ パジャマ（洋服）の着脱法（右片麻痺 / 座位）

❶利用者に、パジャマのボタンを外し、
右身頃（患側）を肩まで下げてもらう

❷パジャマを脱がせやすいように、利用
者に健側の肩を下げてもらう
❸介護者は、健側の袖を脱がせ、上衣を
とる

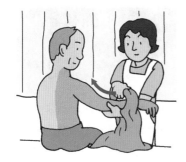

❹新しいパジャマの袖を患側の手から通
し、肩まで着せる
❺健側の手を通し、肩まで着せる

❻利用者にボタンをかけてもらう

❼利用者に浅く腰かけてもらう。前傾姿勢
で立位をとらせ、介護者はズボンを下げ
ていく
❽利用者を座位にし、健側から脱がせる。
患側は踵（かかと）を支えながら脱がせる

❾患側の足を支え、新しいズボンを患側の
足から履かせる。次に、利用者に健側の
足を通してもらう
❿利用者を立位にし、介護者は利用者の腰
を支えながらズボンを腰まで引き上げる
⓫パジャマ全体のしわ、たるみなどを整える

★衣服の着脱介助時の留意点

- タオルケットなどを利用して肌の露出を最小限にするなど、**プライバシー**に十分配慮する
- 適度な室温に調節する
- 苦痛を与えないよう手早く行い、着心地よく着せる
- 上肢や下肢に麻痺や傷などがある場合は、健側から脱がせ、患側から着せる（脱健着患の原則）
- 身体に汚れや発汗がある場合は清拭する
- 褥瘡の原因になるため、衣服のしわやたるみを伸ばす

浴衣の襟は、介護者側から見てカタカナの「ソ」の字のように合わせます。腰ひもは、縦結びにせず横結びにし、寝たときに身体の下になるような位置や傷の上に結び目がこないようにします。

★正しい浴衣の着せ方

「ソ」の字

横結び

（3）衣服の種類

　加齢や疾患、障害のために着脱が困難な場合や時間がかかるような場合には、できるだけ着脱しやすいデザインや材質の衣服を選び、利用者の身体機能に合わせた工夫をしていきます。また、衣服を選ぶ際は、機能性だけを重視するのではなく、利用者の好みを反映することも大切です。

・・・ 理解度チェック ☑ ・・・

☐ **1** 経管栄養を行っている利用者への口腔ケアは、上顎部は、口腔の奥から手前に向かって清拭する。㉞

☐ **2** 爪切り後は、やすりをかけて滑らかにする。㊱

☐ **3** 義歯は乾燥させてからケースに保管する。㉘

☐ **4** 右片麻痺がある場合、服を脱ぐときは、右上肢から脱ぐ。㉞

解答 1.○／2.○／3.✕ 水を入れたケースに保管する／4.✕ 健側の左上肢から脱ぐようにする

重要度 **A**

Lesson 5

自立に向けた移動の介護

Point
- ☑ 長期臥床状態が続くと生活不活発病を発症
- ☑ 四肢麻痺のうち下肢が重度のものを両麻痺
- ☑ 関節拘縮では良肢位を保つ

❶ 移動の意義と目的 ㉟

(1) 移動と暮らし

移動による生活範囲の拡大は、ADL や IADL の自立に大きくかかわるだけでなく、QOL の向上にも役立ちます。自立歩行が困難な場合でも、ベッドから車いすへの移乗が可能になれば寝食分離や室内外の移動が可能になります。そこから周囲の人々との交流が増えて社会生活が豊かなものになり、生きていくうえでの楽しみや心の張りが生まれることが期待できます。このように移動は身体的側面からの意義に加えて、精神的側面や社会的側面からの意義も極めて大きいといえます。

IADL

電話、バスや電車などを利用した遠方への外出、買い物、金銭の管理、服薬など、何らかの手段、器具を用いて実施する生活動作群をいう。

(2) 移動を阻害する要因

疾患やけがなどをきっかけに長期臥床（がしょう）状態が続くと、身体機能の低下が全身に及び、**生活不活発病**（廃用症候群（はいよう）） p.375参照 の発症につながることもあります。生活不活発病を予防するには、状態に合わせた福祉用具の導入や住宅改修を検討するほか、**リハビリテーション**を行うなど、心身機能の維持・向上に取り組める環境を整備します。

主症状	予防
筋萎縮 (きんいしゅく)	リハビリテーション、早期離床
骨萎縮	適度な運動、**カルシウム含有食品を毎日摂取**
関節拘縮 (こうしゅく)	関節可動域（ROM）訓練
起立性低血圧	立位訓練、脱水や降圧剤の過剰投与に注意
静脈血栓症	体位変換、離床、適度な運動や水分補給
褥瘡 (じょくそう)	体位変換、皮膚の清潔保持、栄養状態の改善等
尿失禁	適切な膀胱留置カテーテルの使用、ポータブルトイレの設置 (ぼうこう)
便秘	適度な運動や水分補給、食物繊維の摂取
抑鬱 (よくうつ)	作業・レクリエーション療法、社会的孤立の予防

❷ 麻痺および関節拘縮の理解

(1) 麻痺（まひ）

　麻痺とは、筋肉や神経が障害のためにはたらかなくなった状態のことをいいます。障害される機能・麻痺の部位などによって、次のように分けられます。

★ 障害された機能による分類

- ● 運動麻痺……運動機能が障害されるもの
- ● 知覚麻痺（感覚麻痺）……知覚機能（温度の感覚や痛み、触覚など）が障害されるもの

★ 麻痺の部位による分類

四肢麻痺	頸髄損傷（けいずい）や脳性麻痺などでみられる両上肢および両下肢の麻痺。上肢のほうが重度のものを両側片麻痺、下肢のほうが重度のものを両麻痺という
片麻痺	右半身または左半身というように、身体の片側の麻痺
三肢麻痺	四肢のうち、いずれか三肢の麻痺
対麻痺	両下肢の麻痺
単麻痺	四肢のうち一肢の麻痺

★ 麻痺の部位による分類

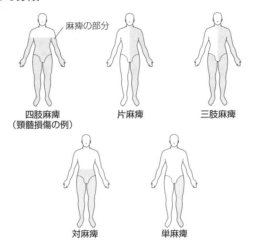

麻痺の部分

四肢麻痺
(頸髄損傷の例)

片麻痺

三肢麻痺

対麻痺

単麻痺

（2）関節拘縮

　関節拘縮とは、関節を構成する組織やその周囲の組織（関節包や靭帯など骨や軟骨以外の組織）が縮み、関節の動きが悪くなる状態のことで、特に股関節や肘関節、膝関節など大きな関節の拘縮は、基本動作やADL を困難にします。介助する際は、利用者の関節可動域 p.178参照 について十分に理解し、苦痛の少ない方法で行い、良肢位を保ちます。

+1プラスワン

良肢位

関節拘縮などでその位置で動かせなくなったとしても苦痛が少なく、機能上最も影響の少ない姿勢。機能的肢位または便宜肢位ともいう。

··· 理解度チェック ☑ ···

☐ 1　廃用症候群（生活不活発病）により、うつ状態になる可能性がある。㉟

☐ 2　関節拘縮は運動を制限することで予防できる。㉘

解答　1.○／2.✕ 運動制限ではなく関節可動域（ROM）訓練

Lesson 6

重要度 **A**

体位変換・安楽な体位の保持

Point
- ☑ ボディメカニクスを活用する
- ☑ 定期的に体位変換を行う
- ☑ 褥瘡の初期症状では発赤がみられる

① 移動の介護の基本的理解　㉞㉛

(1) 移動の介護における5つの原則

　安全・安楽な移動の介護を行う際には、次の5つの原則を押さえておくことが必要となります。

★移動の介護の5つの原則

❶ 利用者の身体の状態を考え、**残存機能**を活用する
❷ 利用者にこれから行う介助を事前に説明し、了解を得る
❸ 寝返りを打つ、座る、立ち上がるなど、身体の自然な動きに従って介助を行う
❹ 状況に応じた介護の方法を実施する
❺ **ボディメカニクス**（生体力学）を活用する

　また、移動や体位変換を行う際、利用者に対して何のために、どのように行うかを説明し、協力を得ることが大切です。一つひとつの動作のたびに利用者に**声かけ**をすることで利用者の不安を軽くするだけでなく、利用者の意識が移動する方向に向き、介助を楽に行うことができます。

(2) ボディメカニクス

　ボディメカニクス（生体力学）とは外部からの力や抵抗に対して、筋肉や骨、関節などが関連し合って起こる姿勢や動作のことです。介護者は、利用者の安全・安楽と自身の健康保持のため、どのように身体を動かすと負担がかからず、最小の労力で最大の効果を上げることができるかを知らなければなりません。そのためにはボディメカニクスに関する知識が重要です。

★ボディメカニクスの基本的な原則

- 身体を安定させるために、支持基底面を広くとる。また、重心を低くする
- 骨盤を安定させる
- 利用者に近づき、お互いの重心を近づける
- 大きな筋群（背筋や腹筋など）を活用し、利用者の身体を水平に引く
- てこの原理を活用する
- 利用者の身体を小さくまとめ、摩擦による抵抗を少なくする
- 身体（体幹）をねじらず、足先を重心の移動方向に向ける

　不安定な姿勢のまま介助を行うと、無理な力がかかり腰などを痛める原因になります。介護者はボディメカニクスの基本を守りながら、安定した姿勢をとるよう心がけます。

支持基底面

身体を支える面積のこと。右図のAよりもBのほうが足の間隔が広く、支持基底面が大きくなるため、身体が安定する。

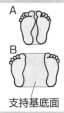

支持基底面

❷ 体位変換　㊱㉝㉛㉚

　自分で姿勢を変えたり寝返りを打ったりすることができなくて長時間同じ姿勢が続くと、苦痛や疲労を感じるだけでなく、**関節拘縮**や**褥瘡**を引き起こします。自力で体位を変えることが困難な利用者に対しては、定期的（約2時間ごとを目安）に仰臥位、側臥位、腹臥位などに姿勢を変え、状態に合わせた楽な姿勢をとれるようにします。その際、利用者ができることは自分で行えるように工夫し、体位変換の自立へとつなげます。

★ベッド上での体位変換の介助の留意点

- 水平移動時はベッドの側面につけた介護者の両膝を、臥位から座位にする時は利用者の臀部を支点とする
- 片麻痺のある利用者を側臥位にする場合、健側を下にする
- 片麻痺のある利用者が座位から立位になる場合、立ち上がりやすいよう、利用者はベッドに浅く腰掛け、前屈みになる。介護者は利用者の患側の膝に手を当て、立ち上がるのを補助する

（1）安楽な体位の保持と介助

　身体機能の低下により思うように動くことが困難な利用者にとって、安楽な体位を保つということは、身体的な寛ぎだけでなく精神的な安定ももたらします。介護者は、安楽な体位保持の重要性を認識したうえで、次の点に注意しながら介助を行います。

★ 安楽な体位の保持の留意点

- 支持基底面を広くとり、体圧を分散させる
- 脊椎や四肢は、自然で楽な湾曲を保つ
- 身体とベッドの間に空間がある場合は、枕やクッション等の当てものをして緊張を和らげ、エネルギーの消耗を軽減する
- 必要な用具を活用し、その人の好む体位を工夫する
- 褥瘡好発部位の保護を行う
- 良肢位を保ち、関節拘縮の予防に留意する

★ 安楽な体位（半座位の場合）

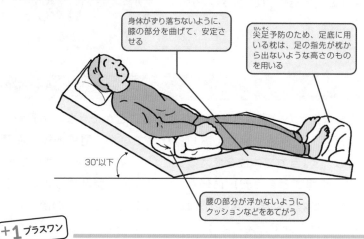

身体がずり落ちないように、膝の部分を曲げて、安定させる

尖足予防のため、足底に用いる枕は、足の指先が枕から出ないような高さのものを用いる

30°以下

腰の部分が浮かないようにクッションなどをあてがう

+1 プラスワン

尖足

アキレス腱が萎縮して足首の関節が底屈した状態（つま先が下がった状態）。立位時や歩行時に踵が床につかず、つま先だけになるため、支障をきたしやすくなる。

★ **安楽な体位（30°側臥位の場合）**

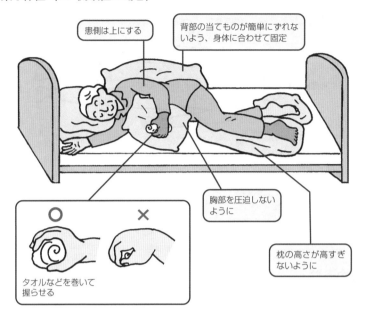

患側は上にする

背部の当てものが簡単にずれないよう、身体に合わせて固定

胸部を圧迫しないように

枕の高さが高すぎないように

○ × タオルなどを巻いて握らせる

（2）褥瘡の予防

❶褥瘡の原因

　褥瘡は「床ずれ」ともよばれ、身体組織の一部が長時間にわたって圧迫を受け、血液の循環障害が起こった状態をいいます。 褥瘡の初期症状では発赤（皮膚の炎症によって表面近くの血管が拡張・充血したために、皮膚が赤みを帯びた状態）がみられ、適切な治療を行わないと比較的短時間で皮膚の損傷は進行してびらんや潰瘍となり、筋肉や骨が露出するほどになってしまうこともあります。介護者は、援助を行う中で利用者の皮膚の状態を注意深く観察し、褥瘡が発生しないよう利用者の姿勢に絶えず気を配る必 要があります。

★ **褥瘡のできやすい人**

- 自力で寝返りの打てない人
- 痩せている人（骨の突出が顕著なため）
- 浮腫（むくみ）のある人（糖尿病による合併症や心臓・腎臓疾患によるもの）
- 知覚麻痺（感覚麻痺）のため痛覚のない人

★ 褥瘡好発部位

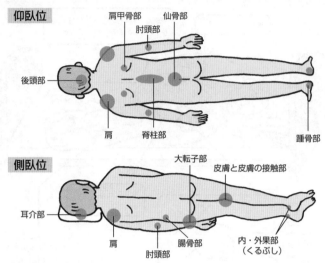

❷褥瘡の予防

褥瘡は、次のような要因を取り除くことが予防のポイントとなります。

★ 褥瘡予防のポイント

原因	予防法
圧迫	● 定期的に体位変換を行う。90°側臥位は避け、30°側臥位とする ● 座位では、足底部を床面にしっかりとつけ、股関節部、膝関節部、足関節部が90°に近い姿勢を保持する。座り続けることは避ける
摩擦	● シーツや寝まきには、しわをつくらない、糊をつけすぎない。また、肌触りのよい素材を選ぶ ● 寝まきは背縫いのないものを選ぶ ● ベッドのギャッチアップは30°以下とする
身体の不潔と湿潤	● 入浴や清拭を行い、身体を清潔に保つ ● 敷物は、通気性がよい天然素材のもの（ムートン・麻マットなど）を使用する ● 発汗等による皮膚の湿潤を取り除く ● 寝具類は、週に1回は日光に当てて、十分に乾燥させる
身体機能の低下	● 栄養状態を改善する（栄養のバランス、水分の補給に配慮）

また、褥瘡予防用具 p.522参照〉を適切に活用することで、褥瘡の予防や症状の緩和が図れるほか、介護者の負担を軽減することや介護の効果をより高めることができます。

❸褥瘡ができた際の介護

予防してもなお褥瘡ができてしまった場合、初期段階では体圧分散や褥瘡部周辺の清潔保持などに努めますが、褥瘡部のマッサージは避けます。進行後は、感染予防、清潔保持、栄養状態の改善などへの対応が重要になります。

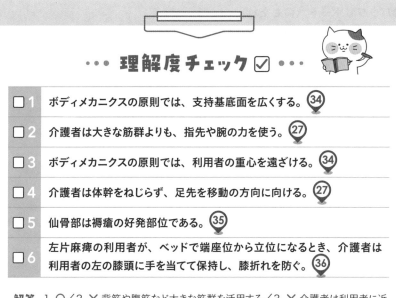

・・・ 理解度チェック ☑ ・・・

☐**1** ボディメカニクスの原則では、支持基底面を広くする。③④

☐**2** 介護者は大きな筋群よりも、指先や腕の力を使う。㉗

☐**3** ボディメカニクスの原則では、利用者の重心を遠ざける。③④

☐**4** 介護者は体幹をねじらず、足先を移動の方向に向ける。㉗

☐**5** 仙骨部は褥瘡の好発部位である。㉟

☐**6** 左片麻痺の利用者が、ベッドで端座位から立位になるとき、介護者は利用者の左の膝頭に手を当てて保持し、膝折れを防ぐ。㊱

解答 1.○／2.✗ 背筋や腹筋など大きな筋群を活用する／3.✗ 介護者は利用者に近づいて、互いの重心を近づけるようにする／4.○／5.○／6.○

車いす・歩行の介助

① 車いすの介助　㉝ ㉜ ㉛ ㉚

(1) 車いすの基本的理解

車いすは、歩行が困難な利用者にとって、活動範囲を広げるための重要な移動手段です。車いすにはさまざまな種類がありp.518参照、姿勢の保持、体力など身体状況への適応と、生活や用途に応じて適切なものを選択することが大切です。手動車いすは、身体支持部分と駆動部分で構成されており、使用者が自分でハンドリムを操作する自走用と、車輪が小さくハンドリムのついていない介助用があります。

★手動車いすの各部の名称

❶ハンドグリップ
❷バックサポート（背もたれ）
❸アームサポート（※）
❹ブレーキ
❺シート
❻サイドガード
❼ティッピングレバー
❽ハンドリム
❾駆動輪（後輪）
❿キャスター（前輪）
⓫レッグサポート
⓬フットサポート（※）
⓭レッグサポートパイプ

※の部分は、取り外しのできる機種もある

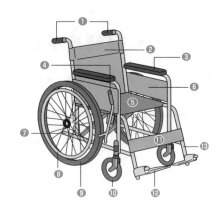

（2）車いすの介助

　利用者に危険が及ばないよう安全・安楽に行うことが重要です。ここでは、車いすの基本的な使用方法と場面に応じた介助方法を見ていきましょう。

★ 車いす介助の留意点

- 事前に大車輪の空気圧や摩耗度、ブレーキの利き具合などを点検する
- 利用者に恐怖感を与えないよう、歩行速度よりも遅い速度で移動する
- 車いすを動かす際は、利用者の足が**フットサポート**に載っているか確認する
- 車いすから他の場所へ移乗する場合や他の場所から車いすへ移乗する場合、一定時間停止する場合は、安全のために必ず**ブレーキ**をかける

★ 車いすの基本的な使用方法

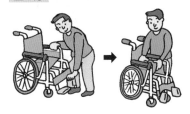

畳み方

①ブレーキをかけ、フットサポートを上げる　②車いすの横側からシートの中央を持ち上げ、折り畳む

広げ方

①ブレーキがかかっていることを確認して、少し外側に開く　②車いすの前に回り、シートの下に手を挟まないよう注意して、シートの両端を押し広げる

★ 場面に応じた介助方法

段差を上がる

①前向きに進み、ティッピングレバーを踏んでキャスターを上げる　②キャスターを段に載せる

③後輪を押し上げる

段差を下りる

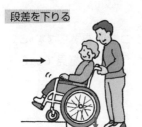  

①後ろ向きになり、後輪を下ろす

②ティッピングレバーを踏み、キャスターを上げた状態で後ろに引く

③キャスターをゆっくり下ろす

坂道の場合

《上り坂》
介護者は、後ろから身体を少し前傾して、押し戻されないようにしっかり押す

《緩やかな下り坂》
前向きで、車いすを引くようにして下る

《急な下り坂（5°以上）》
後ろ向きで車いすをしっかりと支えながら、一歩一歩ゆっくりと下る

不整地（砂利道等）の場合

①ティッピングレバーを踏んでキャスターを上げ、そのまま前進する
②整地になったところで、キャスターを下ろす
※利用者の首が不安定な場合は、車いすを後ろ向きで引っ張る

★ 注意が必要な場面での介助方法

- 駅のホームには緩やかな傾斜があるため、電車を待つ間は線路と平行に位置し、ブレーキをかけておく
- 電車に乗車後は進行方向に対して直角になるように位置し、安全のため、ブレーキをかける
- エレベーターに乗るときは、正面からまっすぐに進む

★ ベッドから車いすへ移乗する方法（側方移乗法 / 片麻痺 / 一部解除）

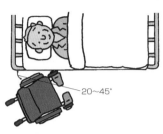

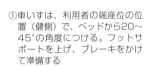

20〜45°

① 車いすは、利用者の端座位の位置（健側）で、ベッドから20〜45°の角度につける。フットサポートを上げ、ブレーキをかけて準備する

② 利用者はベッドに浅く腰かけ、車いすは利用者にできるだけ近づける

③ 利用者は健側に置いた車いすの向こう側（遠いほう）のアームサポートを健側の手で握る。健側の足はキャスターの近くで、立ち上がる際に力の入る位置につける
④ 介護者は、利用者の患側を保護しながら前傾姿勢で立ち上がらせる

⑤ 健側の足を軸に回転させ、車いすに座らせる
⑥ 利用者は健側に力を入れ、シートに深く腰かける

⑦ フットサポートに足を載せる

② 歩行の介助　

（1）歩行介助の基本的理解

　歩行は、人が移動するための基本的な手段となるため、身体機能の低下や障害などによって自分の足で移動することが困難になると、生活のあらゆる面で不自由を感じることになります。歩行が困難になっても、杖や手すりなどの**歩行支援用具**を活用して、活動範囲を広げていけるよう援助します。

- 歩行の介助を行う前には必ず体重移動の練習をする
- 歩行速度、歩幅、ふらつき、腕の振り方、身体のバランスなど 利用者の歩行状態をよく観察し、一人ひとりの歩行パターンの特徴を把握し、適切に介助する

(2) 杖

杖 p.519参照 は、患側下肢の**体重負荷の減少**と**バランスの保持**を目的とします。歩行の安全性を確保するため、利用者の障害の程度に応じて杖の長さや種類を選び、使用する前に必ず先端のゴムの減り具合をチェックします。

★ 杖の長さ

杖の長さ

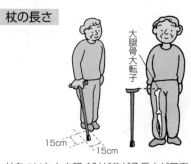

15cm　15cm

杖をついたとき軽く肘が曲がる長さが目安
（手の位置は、大腿骨大転子のところ）

腰が曲がった高齢者の場合は、曲がった姿勢で杖の長さを決める

・・・ 理解度チェック ☑ ・・・

□	1	車いすのブレーキが利きやすいように空気圧を下げる。㉗
□	2	車いすをたたむときは、ブレーキをかけてから行う。㉟
□	3	急な下り坂は、車いすを前向きにして進む。㊱

解答 1.✕ 空気圧を下げるとブレーキが利きにくくなるので、適度な空気圧に調整する／2.〇／3.✕ 後方を確認しながら、後ろ向きで進む

Lesson 8

重要度 **B**

利用者の状態に応じた移動の介助

Point
- ☑ 片麻痺の人の歩行介助では患側後方に立つ
- ☑ 誘導歩行では必要に応じて声かけを行う
- ☑ 白杖には安全確認や障害物回避の役割がある

❶ 片麻痺のある場合

片麻痺のある利用者の歩行介助を行う際には、介護者は利用者の患側後方に立ち、転倒を防ぎます。

★杖歩行の基本動作（三動作歩行）

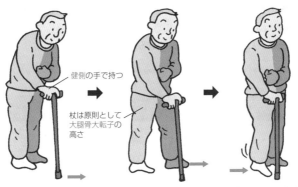

健側の手で持つ

杖は原則として大腿骨大転子の高さ

①杖を一歩分前につく　②患側の足を前に出す　③健側の足を出し、患側の足に揃える

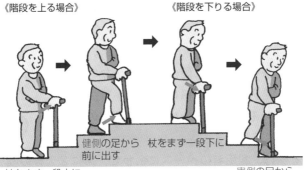

《階段を上る場合》　　　《階段を下りる場合》

健側の足から前に出す　杖をまず一段下に

杖をまず一段上に

患側の足から前に出す

469

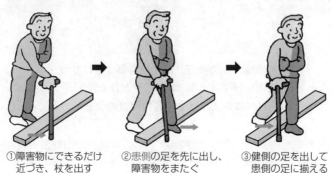

《障害物を越える場合》

①障害物にできるだけ
近づき、杖を出す

②患側の足を先に出し、
障害物をまたぐ

③健側の足を出して
患側の足に揃える

+1 プラスワン

二動作歩行

杖と患側の足を同時に出し、次に健側の足を出す方法は「二動作歩行」という。三動作歩行より速く歩くことができるが、不安定で転倒しやすいため、重度の麻痺がある人には不向きな方法である。

❷ 視覚障害がある場合 ㉞ ㉚

　視覚障害者への歩行の援助は、誘導歩行、手引き歩行、ガイドヘルプなどともよばれます。基本をしっかり身につけ、利用者を安全に誘導できるようにしましょう。

（1）移動の援助

★ 位置関係

　介護者は声かけをし、利用者の半歩前（白杖を持つ手の反対側）に立ちます。次に、肘のすぐ上を、空いているほうの手でつかんでもらいます。介護者は肘を軽く身体につけ、腕が横に開かないように歩きます。2人の位置関係は身体が平行になるようにし、それぞれの両肩を結ぶ線は身体の向きと直角になるようにします。

　誘導する際は、利用者のペースに合わせ、常に2人分の幅を確保しながら歩きます。その際、歩いている場所や周辺の状況、危険箇所の説明

など、必要に応じて**声かけ**を行います。「危ないですよ」などのあいまいな言い方ではなく、その場の状況を具体的に説明することが必要です。

(2) 周囲の状況に応じた誘導の仕方

　実際の援助では、周囲の状況に応じて誘導の仕方を変える必要があります。場面に応じた介助方法や留意点は次のとおりです。

★ 周囲の状況に応じた誘導の仕方

階段		階段の前に来たら、階段に直角に向かっていったん止まり、階段の状況（上りか下りか、どのくらいの長さか、手すりの有無など）を伝える。利用者に白杖で階段の高さを確認してもらった後、声かけをしてから一段上がる（下りる）。踊り場あるいは最終段に着いたら伝える
トイレ		一般に、利用者をトイレの中まで誘導し、ドアの鍵のかけ方や便座の向き、トイレットペーパーの位置、緊急通報装置（コールボタン）の位置などを詳しく伝える
狭い通路		介護者は利用者に通路が狭くなることを伝え、手引きしていた腕を背中（腰より少し上の真ん中）に回す。利用者は介護者の背後に回り、一列で通過する
ドアの開閉と通過		ドアの前に来たら利用者にドアの種類を伝える。介護者がドアを開け、利用者に開けたドアを押さえてもらう。介護者が通過したら、続けて利用者も通過する。介護者は、利用者がドアを閉めるのを待ち、先へ進む
誘導を中断		介護者がやむを得ない理由で誘導を中断し、利用者のそばから離れる場合は、理由をはっきりと知らせ、安全な場所（柱や壁に触れる位置）に誘導する。また、戻る時間の目安を伝え、戻ってきた際も必ず声をかける
乗り物	電車	駅のホームでは、視覚障害者誘導用ブロック（点字ブロック）よりも内側に利用者を誘導して電車を待つ。介護者が先に乗車し、電車とホームとのすきまに注意しながら利用者を乗降口の手すりに誘導する
	バス	乗降口のステップの有無、高さを伝える。介護者が先に乗車し、利用者を手すりに誘導する
	車	ドアフレームや屋根に利用者の手を導き、高さを確認してもらった後、利用者が先に乗る。降車時は介護者が先に降り、その後に利用者がドアフレームなどの高さを確認しながら降りる

(3) 歩行支援のための道具・用具など

　視覚障害者の歩行支援のための道具・用具などを適切に活用することで、障害があることにより起こる日常生活上のさまざまな問題を軽減

できます。

❶白杖

白杖（盲人安全つえ）は、視覚障害者が障害物や段差などの存在に気づき、危険を回避するための歩行支援用具です。

「障害者総合支援法」に規定されている補装具のひとつ。市町村は、視覚障害者から申請があった場合、交付（貸与）もしくは修理し、費用を支給することができます。

★白杖の役割

- 歩行面（路面）の情報収集を行い、安全確認をする
- 障害物を避ける
- 視覚障害者であることを周囲に知らせ、協力を呼びかける

❷盲導犬

盲導犬は特別な訓練を受けた犬で、視覚障害者の目の代わりとなる役割を果たしています。視覚障害者は、盲導犬につけた**ハーネス**という器具を持って一緒に歩行します。視覚障害者は、自分が思い描いた地図（**メンタルマップ**）を基に行きたい方向や場所を命令し、それに従って盲導犬は動いています。なお、盲導犬の利用にあたっては、視覚障害者と盲導犬が一緒に専門的な訓練を受ける必要があります。

★盲導犬を連れている視覚障害者への理解

- ハーネスには絶対に触らない
- ハーネスをつけている盲導犬に声をかけたり、なでたりしない
- 盲導犬に勝手に食べ物などを与えない

「道路交通法」第14条では、視覚障害者が道路を通行するときは、白色または黄色の杖、もしくは盲導犬を連れていなければならない、と規定されているよ。

❸視覚障害者誘導用ブロック

歩道や駅構内などに設置されている**視覚障害者誘導用ブロック**（**点字ブロック**）は、視覚障害者の移動のための重要な設備です。建設省（現：国土交通省）の通達により、視覚障害者誘導用ブロックの色彩は、原則

として黄色とすると規定されています。

★ 視覚障害者誘導用ブロック（点字ブロック）の設置例

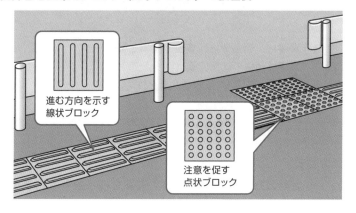

進む方向を示す
線状ブロック

注意を促す
点状ブロック

・・・ 理解度チェック ☑ ・・・

☐ 1　視覚障害者の外出支援として、階段を上るときは、利用者の手首を握って誘導する。㉞

☐ 2　視覚障害者の外出支援として、狭い通路は、後ろから誘導する。㉘

☐ 3　視覚障害者の外出支援として、利用者から一時離れるときは、柱や壁に触れる位置まで 誘導する。㉘

☐ 4　視覚障害者の外出支援として、電車を待つときは、点字ブロックの上で待つように誘導する。㉘

☐ 5　視覚障害者の外出支援として、タクシーに乗るときは、支援者が先に乗って誘導する。㉞

解答　1.✕ 肘のすぐ上を、白杖を持つ手の反対の手でつかんでもらうようにする／2.✕ 前から誘導する／3.○／4.✕ 点字ブロックよりも内側で待つ／5.✕ 利用者に先に乗ってもらう

Lesson 9
自立に向けた食事の介護

Point
- ☑ 食事は、寝食分離、座位が基本となる
- ☑ 食事は適温で配膳する
- ☑ 利用者と同じ高さで食事介助を行う

① 食事の意義と目的

(1) 食事の目的

　食事は、生命活動のためのエネルギーや栄養を補う重要な行為であり、好きなものを食べるという満足感や満腹による心理的安定をもたらします。また、家族や親しい人と一緒に食卓を囲むことで良好な人間関係を構築し、さらには行事食や郷土料理などによって食文化を継承していくという社会的な役割も果たしています。

(2) 食事における生活支援とは

　私たちは食事のたびに、献立を決め、必要な材料を揃え、適切な方法で調理を行い、食卓へ配膳し、食後には食器を洗って片付けるという一連の行為を繰り返しています。食事に関する援助が必要な状態になっても、利用者自身が献立や調理法を決めたり、使う食器を選んだり、調理や片付けにおいてできる部分を行うなど、主体的に食事にかかわっていくことが重要です。介護者は、利用者のできない部分について自助具を工夫したり、社会資源を活用したりしながら、食習慣や嗜好にも配慮した食事の援助を行い、利用者の QOL の向上へとつなげていきます。

② 食事の介護

(1) 食事の場所と姿勢

　基本的には、寝床から離れ（寝食分離）、座位で食事を摂ります。使用するテーブルやいすは利用者の状態に合ったものを準備し、室内の温度や明るさなどにも配慮します。

（2）基本的な食事介助の方法と留意点

食事介助の作業ごとの留意点は以下のようになります。

★ 準備

- 食事前に排泄を済ませ、部屋の換気を十分に行う
- 手や口腔を清潔にし、身支度を済ませる
- 安定した姿勢が保持できるように整える

★ 献立・配膳上の注意点

- 高齢者は味覚が低下しているので、濃い味つけを好む。新鮮な食材を使う、だしを利かせる、酸味・香辛料・香味野菜を利用するなど工夫し、薄味に仕上げる。調味料は多用しない
- 適温（温かい物は温かく、冷たい物は冷たい状態）で配膳する
- 利用者側から食事内容が見えるよう配膳し、食器や盛り付けについても工夫する

★ 食事の際の基本的な介助

- 胃液や唾液の分泌を促すよう、最初にスープやみそ汁などの汁物を勧める
- 好みを聞きながら汁物と主食、副食を交互に勧める
- 食欲がない場合には、栄養価の高い食べ物を勧める
- 利用者と同じ高さになるように座って介助する
- 嚥下の状態の確認は、利用者のタイミングに合わせて一口ごとに行う
- 利用者の嗜好を尊重し、栄養バランスがとれていれば、多少の偏食は無理に矯正する必要はない

★ 食後

- 食後の満足感や体調を確認する
- 歯磨き・うがい・義歯の洗浄など口腔を清潔に保つ
- 口の周囲を拭き、安楽な姿勢に戻す

一部介助が必要な場合は、利用者と同じ高さに座って介助するよ。立ったまま介助すると利用者の顎が上がった状態になって、気道が開いて誤嚥の原因となるよ。

❸ 自助具の活用

　自助具の定義は明文化されていませんが、一般的には上肢の麻痺や関節リウマチなどにより ADL に支障が生じている場合に、自力で行いやすくするために改良・工夫された道具のことを指します。利用者の状態に合った道具を用いることで ADL の自立につながります。

★ 自助具の種類（食事関連）

スプーン・フォーク・箸

手の不自由な人のためのカフベルト付きスプーンホルダー　　握りやすくするために、持ち手を太くしたフォークとスプーン　　ばねで固定してある箸（はし）

コップ　　　　　　　　　　　　　　　　　　皿

こぼれないコップ（離乳食用コップ）　　ホルダー付きコップ　　角度をつけて食べやすくしてある皿

・・・ 理解度チェック ☑ ・・・

□ 1　嚥下障害の人には食事の後に嚥下体操をするように勧める。㉞

□ 2　食事のテーブルは、肘がつき腕が自由に動かせるものを用意する。㉜

□ 3　食事の介護では、利用者に声をかけるときは、食べ物を口に入れてから行う。㉟

解答　1.✕ 食前に嚥下体操を勧める／2.○／3.✕ 誤嚥につながる恐れがあるため、口の中に食べ物がないことを確認してから声をかける

Lesson 10
利用者の状態に応じた食事の介護

Point
- ☑ 視覚障害者にはクロックポジションを活用
- ☑ 内部障害者は食生活に注意が必要
- ☑ 調理法を工夫し、誤嚥を予防する

❶ 視覚障害

　料理名や調理法、使用されている素材などについて、利用者にわかりやすく説明することが大切です。食べ物を並べる際は、位置関係を把握しやすいよう時計の文字盤になぞらえた**クロックポジション**の方法を用います。介護者が「４時の方向にみそ汁」「８時の方向にはご飯」などと位置と料理名を説明しながら利用者の手を誘導し、利用者自らが食器に軽く触れて位置を確認します。食事が終わる頃になったら、料理などがどのくらい器に残っているかを、利用者に声かけします。

★クロックポジションの例

❷ 片麻痺

　食事の際は、安定した姿勢が保持できるように支援します。介護者は、健側（けんそく）の口角（こうかく）から食べ物を入れ、患側（かんそく）に食べ物が残っていないか確認しながら介助します。また、誤嚥（ごえん）などの事故が起こらないように十分な見守りが必要です。半側空間無視 p.325参照 がみられる場合は、患側の食事を残してしまうことがあるため、タイミングを見て食器の配置を入れ替えたり、適宜声かけをしたりする必要があります。

❸ 内部障害

(1) 心臓機能障害 〈p.315参照〉

　基本的には減塩、**低脂肪**、**低コレステロール**の食事を心がけ、ビタミン、ミネラル、**食物繊維**を多めに摂取します。

★ 日常生活上の留意点

- 1日3食を規則正しくきちんと摂る
- 適切なエネルギー量を守り、食べ過ぎや飲み過ぎに気をつける
- 食後30 〜 60分は安静に過ごす
- 喫煙の習慣がある場合は禁煙を促す
- アルコールは適量であれば問題ない

(2) 呼吸器機能障害 〈p.316参照〉

　呼吸器機能に障害がある場合、風邪（かぜ）やインフルエンザなどに 感染すると症状が急激に悪化する恐れがあります。感染症などに対する抵抗力をつけるためにも、栄養バランスのよい食事を摂ることは重要です。

★ 日常生活上の留意点

- 食べ過ぎなどで胃が膨れると、横隔膜（おうかくまく）が圧迫されて呼吸しにくくなる
- 無理をせず、少量ずつ、数回に分けて、必要なエネルギー量を摂る

(3) 腎臓（じんぞう）機能障害 〈p.315参照〉

　腎臓機能障害者の食事療法では、腎臓にかかる負担を軽くして症状の進行を遅らせるために**食事制限**が行われます。基本的には、**塩分**、**たんぱく質**、**カリウム**を制限し、十分なエネルギー量を摂取します。ただし、**透析療法**を行っている場合は、治療の効果を妨げないよう基本の食事制限とは異なる制限が必要となります。このため、医師の指示をよく確認し、透析の種類に応じた食事療法を守ります。

★ 透析療法の種類に応じた食事制限の相違

品目	血液透析	腹膜透析
塩分・水分	制限あり	
カリウム	制限あり	原則制限なし
たんぱく質	良質のたんぱく質を必要量摂る	
エネルギー量	十分に摂る	制限あり

★日常生活上の留意点

- 食事制限のために食欲不振になることもあるので、香辛料を使うなど献立に変化をもたせる
- たんぱく質を多く含む食品（肉や魚、卵など）、乳製品の過剰な摂取は控える
- 生野菜や果物、豆類などにはカリウムを多く含むものがあるため、摂取する際には注意する
- 喫煙の習慣がある場合は禁煙を促す
- アルコールは適量であれば問題ない

（4）膀胱・直腸機能障害 p.317参照

　医師からの指導が特になければ、基本的には食事の制限はありませんが、日頃からバランスのよい食事を心がけ、暴飲暴食は避けるようにします。ただし、ストーマ p.318参照 を造設した人（オストメイト）の場合は、次のような注意が必要です。

★オストメイトの食事における留意点

消化管（器）ストーマ	● 便秘や下痢を起こしやすい食べ物を把握しておく ● 調理の際に食材を細かく刻む、一度にたくさん摂らない、よくかんで食べる、などの配慮が必要
回腸ストーマ	● 栄養分や水分が消化・吸収される前に便（水様便）が排出されるため、栄養不足や貧血、脱水にならないように注意する ● ネギやニンニクなど臭いの強い食品、ガスの発生しやすい食品は避ける
尿路ストーマ	● 尿量が少ないと尿路感染症などにつながる恐れがあるため、水分を十分に摂る ● 尿がアルカリ性になると臭いが強くなるため、ビタミンC を含む食品を多く摂取して尿を正常（酸性）に保つ

❹ 認知症

　食べるという行為を思い出すように、利用者に手を添えて食器などに導いたり、持ちやすい食器を用意したりするなど、食事の方法を工夫します。拒食がみられる場合は、焦らせたり急がせたりせずに本人の食事のペースに合わせ、なるべく自分から食べる気持ちになるように援助します。

❺ 咀しゃく・嚥下機能の低下

(1) 食事の際に起こりやすい事故と対応

　疾患や障害、加齢などの影響により、咀しゃく・嚥下機能が低下している利用者は、食事中に誤嚥 p.194参照 や窒息を起こしやすくなります。また、誤嚥性肺炎 p.248参照 などを発症して命にかかわるような事態に陥ることもあります。介護者は、誤嚥予防の重要性を認識し、摂食・嚥下のメカニズム p.190参照 を把握したうえで、食事の姿勢 や食べ物の調理方法に配慮します。

(2) 誤嚥の予防

　嚥下機能の低下や唾液の分泌量の減少により、食べ物が飲み込みにくくなったり嚥下反射が鈍くなったりすると、誤嚥を起こしやすくなります。

★ 誤嚥予防のポイント

- 座位をとり、顎を引いた嚥下しやすい姿勢をとる。寝たきりの場合でも、無理のない範囲で上体を起こす
- 食べ物は舌の中央に入れる
- 食べ物を口に入れたら、口唇を閉じるように声かけする
- 嚥下しやすい形状の食べ物を少量ずつ勧める
- 水分でむせやすい場合は、増粘剤（とろみ剤）を少量ずつかきまぜながら加え、料理にとろみをつける
- 隠し包丁を入れる、一口大に切る、軟らかくなるまで煮る
- 咀しゃく中は話しかけない

> 一人ひとり食べやすいものが異なるので、その人が嚥下しやすい食べ物、調理方法、大きさなどを把握することが大切だよ。

★嚥下しやすい食べ物と誤嚥しやすい食べ物

嚥下しやすい食べ物

①プリン状の食品
プリン、卵豆腐など

②ゼリー状の食品
ゼリー、寒天寄せなど

③マッシュ状の食品
ポテト、カボチャなど

④とろろ状の食品
とろろイモなど

⑤粥状の食品
雑炊など

⑥ポタージュ類

⑦乳化状の食品
ヨーグルトなど

⑧ミンチ状の食品

誤嚥しやすい食べ物

①スポンジ状の食品
カステラ、ケーキなど

②練り製品
かまぼこ類

③口の中に粘着する食品
海藻、もちなど

④その他
豆、こんにゃく、水など

❻ 脱水、低栄養の予防

（1）脱水の予防

　高齢者は、体内の水分が若年者に比べて少なく、また体液の調節機能や水分吸収機能なども加齢により低下しているため、**脱水**を起こしやすい傾向があります。脱水症状は自分で気づかないことも多く、最悪の場合、死に至る恐れもあるので、注意深く観察し、速やかに対処する必要があります。

★ 脱水予防のポイント

- 高齢者の排泄予測量からみて、最低でも食事を含め1日2,500mL（うち、飲料水1,500mL）程度の水分補給をする
- みそ汁やスープなど水分の多い料理や食品を献立に取り入れる
- 間食時・入浴後・発汗時など、食事以外でも適宜水分を摂取する
- 外気や暖房などで室温が高いと不感蒸泄が多くなるので、水分摂取量を多めにする
- 1日の水分摂取量と排泄量のバランスシートを作成し、水分摂取量を確認する
- なるべく経口での摂取を促す。無理な場合には、速やかに医療職へ報告する

（2）低栄養の予防

　高齢者は、身体機能の低下や疾患などによって低栄養 p.193参照 になることがあります。低栄養を予防するためには、たんぱく質を多く含む食品（肉や魚、卵など）やエネルギーを十分に摂取する、いろいろな食品をバランスよく食べる、といったことが必要です。

+1 プラスワン

脱水

嘔吐や下痢、発汗などのために体内の水分や電解質が多量に失われた状態。体内の水分量が不足すると、口渇、頭痛、吐き気、めまい、皮膚の乾燥、体温上昇、倦怠感、目のくぼみ、尿量の減少などの症状が現れる。

・・・ 理解度チェック ☑ ・・・

☐ 1	視覚障害の人には、クロックポジションで説明する。㉗
☐ 2	右片麻痺の人には、口の右側に食物を入れる。㉛
☐ 3	慢性腎不全の人には、レモンや香辛料を利用し、塩分を控えた味付けにする。㉞
☐ 4	増粘剤（とろみ剤）は添加後、かき混ぜずに提供する。㉗
☐ 5	血液透析を受けている利用者には、ゆでこぼした野菜をとるように勧める。㊱

解答　1.○／2.✕ 健側の左の口角から食べ物を入れる／3.○／4.✕ かきまぜて提供する／5.○

自立に向けた入浴・清潔保持の介護

重要度 A

Point
- ☑ 血行が促進され、疲労回復等につながる
- ☑ 入浴の前後に健康状態を確認する
- ☑ 部分浴や清拭は安楽な体位で短時間で行う

❶ 入浴・清潔保持の意義と目的

　身体を清潔にすることは、健康を維持するために欠かせない生活習慣のひとつです。清潔を保つための援助では、単に身体をきれいにするだけでなく、**生理的・心理的・社会的効果**を考え、さらには利用者が長年培 つちか ってきた生活習慣を継続していけるような援助を展開することが大切です。

★**入浴・清潔保持による効果**

- 気分爽快 そうかい になり、食欲などの増進をもたらす
- 血行が促進され、疲労回復および褥瘡 じょくそう 予防につながる
- 心身ともにリラックスでき、安眠をもたらす
- 皮膚が清潔になり、雑菌の繁殖防止・感染症予防につながる
- 皮膚を保湿する
- 胃腸のはたらきが活発になり、排便・排ガスを促す
- 体臭等を防ぎ、良好な対人関係の維持・形成につながる

❷ 入浴介助の技法

（1）入浴介助を行うにあたって

　入浴介助を行う際には、安全で快適な援助に努めるとともに、利用者のプライバシーについても十分な配慮が必要です。また、入浴は体力を消耗するため、入浴の前後に利用者の健康状態を十分に確認します。

　入浴・清潔保持の介助は、介護者にとっても身体的な負担が大きいため、福祉用具の導入を検討したり、介護者自身の健康状態や安全についてもよく認識したうえで、計画的に援助を行いましょう。

（2）入浴（全身浴）

　利用者それぞれの健康状態や心身状態によって入浴の方法は異なりますが、できる限り利用者自身が行えるところはやってもらい、残存機能の維持・向上を図ります。ただし、浴室は滑りやすいため安全対策を十分にとり、自立度が高い利用者であっても十分な見守りを行い、事故の防止に努めます。

　また、浴室内で高齢者に起こりやすい溺水および溺死の原因は心筋梗塞（そく）や脳内出血などの発作によるものが多く、暖かい居室などと寒い脱衣室・浴室との温度差による**ヒートショック**や、長湯などが関係しているとされています。脱衣室・浴室の室温 や湯温、入浴法、浴槽に浸かる時間には十分注意します。

★ 入浴介助の留意点

介助過程	介助方法および留意点
準備	● 事前に健康状態（**バイタルサイン**（脈拍、呼吸、血圧、体温）、表情、食欲、睡眠、皮膚の状態など）を観察する ● 空腹時・食事直後・飲酒直後の入浴は避ける ● 脱衣室・浴室は暖かくしておく ● 湯温を確認する ● 入浴前に排泄（はいせつ）を済ませる ● 脱衣の際に全身の状態を観察し、かぶれや褥瘡（じょくそう）などがないか、皮膚の変化を確認する
入浴中	● 心臓に遠い部位から（末梢（まっしょう）から中枢に向けて）湯をかける ● 入浴は短時間が望ましい。長湯は避ける ● 介助する場合は、できるだけ利用者の身体に近づき、重心を低くする（ボディメカニクスの活用）
入浴後	● 湯冷めをしないよう身体の水気を十分に拭（ふ）き取るとともに、室温に配慮する ● 体力を消耗するため、**休息を十分にとる**。また、発汗作用によって失われた水分を補給し、**脱水を防止**する ● 疲労感や身体状況に異常がないか確認する

❸ シャワー浴

　シャワー浴は、浴槽での入浴が難しい場合や、発汗や失禁などの汚れ

をすぐに落としたい場合に行います。

★シャワー浴の介助の留意点

- 入浴に比べ、体力の消耗が少ない
- 身体が十分に温まりにくいため、適宜かけ湯をしたり、湯を入れた洗面器に足を浸けて行う
- 石鹸_{せっけん}をたくさんつけて洗わないと汚れが残りやすい
- 利用者が楽に動作を行えるよう、安定のよいシャワーチェアや手すりなどを利用する

❹ 部分浴

体調不良等で入浴ができないときは、**手浴**や**足浴**_{しゅよく　そくよく}、陰部洗浄、洗髪などの**部分浴**を行い、身体の清潔を保持します。部分浴であっても体力を消耗するため、利用者が疲れないよう安楽な体位にし、短時間で手際よく行うことが大切です。介護者は常に利用者の**プライバシーに配慮**し、必要に応じてスクリーンやカーテンなどを使用します。

❶足浴

足浴は、足を清潔にするだけでなく、全身の血行が促進され、身体が温まってリラックスした状態になることから、**安眠**の効果も期待できます。適度な室温にし、腰から膝_{ひざ}までをバスタオルなどで覆うことで、冬場でも寒さを感じることなく行えます。

❷手浴

手は細菌などで汚染されやすく、手指に関節拘縮_{こうしゅく}などがある場合は汚れも溜_たまりやすいため、こまめな手浴で清潔保持に努めます。手浴には、関節リウマチによる関節拘縮の予防や症状の緩和などの効果があります。手浴は、座位が可能であれば端座位_{たんざい}の姿勢で行うのが望ましいですが、ベッド上で行う場合は上体を起こします。

❸陰部洗浄

陰部は、尿や便などの排泄物・分泌物などによって不潔になりやすく、炎症も起こしやすい部位なので、汚れや汚臭を取り除いて清潔を保ち、感染症などを予防します。

★陰部洗浄の介助の留意点

- 女性の場合は、尿路感染症や性器への感染防止のため、前から後ろ（恥骨部から肛門）に向かって洗う
- ぬるま湯を使用する
- 利用者の羞恥心に十分配慮する

❹洗髪

　洗髪は、髪や頭皮についた汚れ（汗や皮脂、ほこりなど）を取り除くとともに、頭皮を適度に刺激することで血行を促進し、爽快感をもたらします。利用者の体調や生活習慣などを考慮したうえで、洗髪の方法や頻度を検討します。

★洗髪の介助の留意点

- 利用者に疲労を与えないよう安楽な体位で短時間に行う
- 洗髪前にブラシ等で髪をブラッシングして汚れを浮かせておく
- シャンプー剤は介護者の手のひらで泡立ててから、頭皮を傷つけないよう指の腹を使って洗う。髪をすすぐ前にシャンプーの泡を取り除いておく
- ドライヤーを使用して乾かす場合は、頭皮から20cmほど離す

❺ 清拭（全身清拭）

　全身清拭には、垢や汚れを取り除き皮膚を清潔に保つことのほか、皮膚を刺激することで血行や新陳代謝を促し、褥瘡や筋萎縮を防ぐ効果が期待できます。介護者は、利用者の羞恥心に十分配慮しながら全身の状態をさりげなく観察し、異常がみられる場合は速やかに医療職へ報告します。

★清拭の介助の留意点

- 日中の暖かい時間帯を選び、適度な室温にする
- 食事の直後は避け、排泄は済ませておく
- 安楽な体位で、疲労させないよう手際よく行う
- 50〜55℃程度の湯を準備し、冷感を与えないよう手早く行う
- 均等の圧力で連続的に拭き、血行を促す
- 末梢から中枢（上肢は手先から肩へ、下肢は足先から大腿へ）に向かって、筋肉の走行に沿って拭く
- 皮膚と皮膚の接するところ（手足の指先や指の間など）は湿潤しやすいので丁寧に拭く
- 清拭が終わった部位から乾いたタオルで十分に水分を拭き取る

★ 全身清拭の順序

①手
指先や指の間を丁寧に拭く

②上肢
手首を支え手首から肘へ、次に肘を支え肘から肩に向かって拭く

③胸部
上部は鎖骨に沿って内側から外側に向かって拭く。中央部は乳房に沿って円を描くように拭く

④腹部
腸の走行に沿って「の」の字を描くように拭く

⑤下肢
足首を支え足首から膝関節へ、次に膝窩部を支え膝関節から大腿部に向かって拭く

⑥足部
指先や指の間を丁寧に拭く

⑦背部
脊椎に沿って上部の方向に拭く

⑧臀部
外側へ丸く拭く

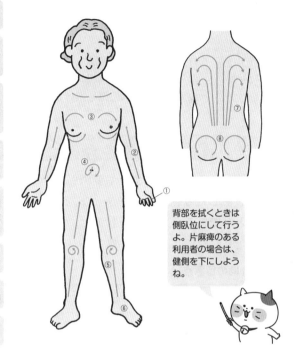

背部を拭くときは側臥位にして行うよ。片麻痺のある利用者の場合は、健側を下にしようね。

··· 理解度チェック ☑ ···

☐ **1** 入浴は、浮力作用によって筋肉がほぐれ、関節運動を行うのに適している。㉝

☐ **2** 空腹時の入浴は控える。㉞

☐ **3** 手浴は、温めて手指を動かすことで拘縮の予防につながる。㉖

☐ **4** 洗髪の基本として、ドライヤーの温風は、頭皮に直接当たるようにする。㉟

☐ **5** 清拭の介護では、両下肢は末梢から中枢に向かって拭く。㉜

解答 1.○／2.○／3.○／4.✕ ドライヤーは、毛髪を広げながら、頭皮に直接当たらないように注意してかける／5.○

Lesson 12
重要度 **A**

利用者の状態に応じた入浴・清潔保持の介護

Point
- ☑ 片麻痺の人には健側から湯をかける
- ☑ 心臓機能障害者はぬるめの湯、半身浴とする
- ☑ 血液透析当日は入浴を避ける

❶ 片麻痺

　片麻痺（かたまひ）がある利用者は歩行や姿勢保持が不安定になるため、浴室に手すりを設置したり、シャワーチェアなどの福祉用具を活用したりして、安全に入浴できるように支援します。浴槽に入るときも、姿勢を崩して転倒したりしないよう、常に見守りが必要です。

★ 入浴介助の留意点

- 浴室内では、介護者は利用者の患側（かんそく）後方に立ち、移動介助を行う
- 浴槽に入るときは、転倒防止のため、浴槽の縁やバスボードなどに腰かけ、健側（けんそく）の足から入る。浴槽から出るときも浴槽の縁やバスボードなどに腰かけ、介護者の支援の下、患側の足を先に浴槽外に出す
- 麻痺や関節拘縮（こうしゅく）のある利用者には、入浴中に手足の伸縮運動などを無理のない程度に行ってもらう
- 熱湯でやけどをしないよう、浴槽やシャワーの湯温には十分注意する。湯をかける場合は、湯温が確認できる健側からかける

❷ 内部障害

（1）心臓機能障害

　入浴によって、心臓などの循環機能にできるだけ負担がかからないように支援することが基本となります。利用者の体調が悪いときには、入浴を控えるようにします。なお、心臓ペースメーカーを装着している場合も普通に入浴することができます。

★ 入浴介助の留意点

- ● ヒートショックを避けるため、脱衣室・浴室は暖かくしておく
- ● ぬるめの湯に入り、長湯はしない（湯に浸かる時間は5分程度）
- ● 浴槽内の水位は心臓より下にし、半身浴で入浴する

全身浴では、水面下に沈んだ身体にかかる圧力（静水圧）によって心臓などに負担がかかるから注意しようね。

（2）腎臓機能障害

　入浴には特に問題はありません。ただし、**血液透析** p.316参照 を行っている場合は注意が必要です。血液透析後は血圧が不安定になり、入浴により血管が拡張すると急激な血圧低下を起こすことがあります。このため、血液透析の当日に入浴することは避けます。

（3）呼吸器機能障害

　入浴による利用者の身体的負担を少しでも減らすように支援することが基本となります。利用者の体調が悪いときには、入浴を控えるようにします。

★ 入浴介助の留意点

- ● 入浴時は酸素の消費量が増えるため、酸素療法を行っている場合は鼻カニューレをつけて酸素を吸入しながら入浴する
- ● ぬるめの湯に入り、長湯はしない
- ● 浴槽内の水位は心臓より下にし、半身浴で入浴する
- ● 利用者の身体的負担が大きいため、できるだけ介護者が介助して負担を軽減する

（4）膀胱・直腸機能障害

❶ストーマ

　ストーマを装着している場合、排泄物の付着等による**皮膚炎**が起こりやすいため、ストーマの周辺は清潔保持に努めます。入浴についてはほとんど制限がなく、いくつかの注意事項を守れば普通に入浴することができます。

★ 入浴介助の留意点

消化管（器）ストーマ	入浴時にストーマ装具を外してもよい（通常は腸内圧のほうが浴槽内の水圧より高く、ストーマ装具を外して入浴しても湯が体内に入り込むことはない）が、入浴用パウチを使用するとよい
尿路ストーマ	常に尿が出ている状態のため、ストーマ装具を装着したまま入浴する

❷膀胱留置カテーテル p.318参照〉

尿路感染を起こしやすいので、カテーテル挿入部の周囲を清潔に保ちます。入浴時には蓄尿袋を外し、尿が流れ出ないようカテーテルにキャップをはめます。入浴後は水気をしっかり拭き取り、カテーテルと蓄尿袋の排液管を消毒してから接続します。

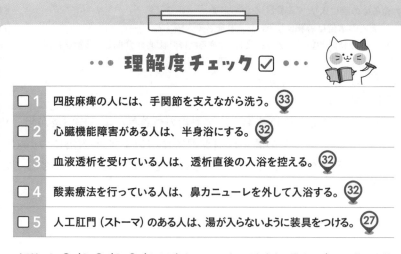

・・・ 理解度チェック ☑ ・・・

☐ **1** 四肢麻痺の人には、手関節を支えながら洗う。㉝

☐ **2** 心臓機能障害がある人は、半身浴にする。㉜

☐ **3** 血液透析を受けている人は、透析直後の入浴を控える。㉜

☐ **4** 酸素療法を行っている人は、鼻カニューレを外して入浴する。㉜

☐ **5** 人工肛門（ストーマ）のある人は、湯が入らないように装具をつける。㉗

解答 1.〇／2.〇／3.〇／4.✕ 鼻カニューレをつけたまま入浴する／5.✕ 装具を外して入浴しても湯が体内に入り込むことはない

自立に向けた排泄の介護

Point

- ☑ 排泄行為の自立は社会的自立の重要な条件
- ☑ 排泄後は、時間・量・色・臭い等を記録する
- ☑ おむつは尿意・便意の後退をもたらしやすい

❶ 排泄の意義と目的

　生理的欲求である排泄（はいせつ）は、日常生活を健康で快適に過ごすうえで大きな意味をもっており、排泄行為の自立は社会的自立の重要な条件であるといえます。介護を必要とする利用者の多くは、排泄機能の低下などにより便秘や下痢（げり）、失禁といった排泄障害を抱えています。排泄はプライベートな行為であり、それを他人に介助してもらうことは、強い抵抗や羞恥心（しゅうちしん）を伴います。そのため、排泄のコントロールができなくなると、失敗を恐れて水分を摂らなくなったり外出しなくなったりするなど、利用者の精神的・社会的活動が不活発になることがあります。介護者は利用者の心理面にも十分に配慮し、排泄関連の福祉用具などを活用しながら、利用者の生活リズムに沿った**安心・安楽**な排泄の方法を工夫します。

> 居室などトイレ以外の場所で排泄介助を行う場合は、他人の目に触れないように、カーテンやスクリーンを用いるなどしてプライバシーに配慮しようね。

❷ 気持ちよい排泄を支える介護 ㉚

（1）排泄介助を行うにあたって

　排泄の介助を行うにあたり、利用者の排泄の自立度がどの程度なのかを把握する必要があります。排泄の自立度は、次のような一連の動作に沿っていくつかの段階に分けて考えることができます。

★ 排泄の一連の動作

① 尿意・便意を感じる
② 立ち上がってトイレまで移動する
③ 便器の前に立ち、衣服を脱ぐ
④ 安定した座位を保ち、前傾姿勢をとる
⑤ 排泄後に、トイレットペーパーで拭き、水を流す
⑥ 衣服を着て、手を洗う
⑦ 居室などに戻る

　排泄のコントロールができなくなった場合は、それが一連の動作のどの段階で起きている問題なのか、原因は疾患によるものなのか、心身の機能低下によるものなのかなどを見極め、必要な援助の方法を導き出します。

（2）排泄介助の基本

　排泄の介助では、利用者が気兼ねなく一人で排泄できる環境をつくることが基本となります。一連の排泄行為が安全・安楽で清潔に行えるよう心がけます。

★ 排泄介助の留意点

● 常に快く対応し、待たせず、速やかに介助を行う
● 排泄物による感染症を防ぐため、排泄の介助時は必ず使い捨ての手袋等を装着する
● 利用者に事前に説明し同意を得る。周囲に人がいる場合は直接的な表現は避けるなど、伝え方に配慮する

③ 排泄の介助　

（1）トイレ・ポータブルトイレ

❶尿意・便意がない場合

　排泄をつかさどる神経機能が障害されている場合に尿意・便意は失われます。失われた尿意・便意の代わりに、介護者が排泄の時間帯を把握して利用者に排泄を促します。

❷尿意・便意がある場合

　トイレへの移動が可能な場合は、照明や段差解消などの環境整備を行い、できるだけトイレでの排泄が継続できるように支援します。夜間、

移動に時間がかかり排泄に間に合わない場合や、トイレまで一人で行くことが困難な場合は、居室等でポータブルトイレや尿器・差込便器を使用するのもよいでしょう。排泄後は、体調や残尿感・残便感の有無を利用者に確認します。また、プライバシーに配慮しながら、排泄時間・排泄物の量・色・臭いなどを記録し、異常があれば医療職へ連絡します。

★ ベッドからポータブルトイレへ移乗する方法（左片麻痺／一部介助）

❶ポータブルトイレは、利用者が寝ている状態の健側の足側に置く

❷利用者を端座位にし、立ち上がりやすいようにベッドに浅く腰掛けてもらう。その後、ベッドサイドレールを健側の手で握ってもらう

❸介護者は、利用者の足の位置を確認し、前傾姿勢をとらせ、立ち上がらせる
❹健側の足を中心に利用者を回転させ、ポータブルトイレに近づける。利用者のズボンと下着を脱がせ、ポータブルトイレに座らせる

呼び鈴

トイレットペーパー

❺バスタオルを掛け、ズボンなどを膝下まで下げる。利用者の手の届く位置にトイレットペーパーと呼び鈴を置く
❻排泄が終わったら、手洗いまたはおしぼり等で手をきれいにする

（2）尿器・差込便器
❶尿器を使用した排泄の介助

尿器を使用する場合、男性と女性とでは身体構造の違いにより介助の際の手順が若干異なりますが、防水シーツを敷き、尿器がずれないように砂袋で押さえるなどの対応は同じです。

❷差込便器を使用した排泄の介助

　一般的に排便時には同時に尿が出るため、介助の際には排便だけではなく排尿に対する準備も必要です。排便時は、上半身を起こして腹圧を加えやすい体位にします。

★ 差込便器を使用した排泄介助の留意点

- 女性は背部から尿が漏れやすいので、便器を差し込む位置に注意する。また、尿が前方に飛ばないようにトイレットペーパーを垂らす
- 男性の排便時には尿器も一緒に準備しておく
- 排泄物の飛び散りやハネを防ぎ、処分がしやすいよう、便器の中にトイレットペーパーを敷く
- 便器の中央に肛門（こうもん）がくる位置に便器を挿入する
- 肛門を拭くときは、尿路感染症防止のため、背中のほうに向かって拭く

（3）おむつ

　おむつは、排泄介助の最後の手段です。おむつを使用する際は利用者の気持ちを十分に理解し、利用者に適したおむつと交換方法を選択して介護します。

★ おむつを安易に使用することの弊害

- 自尊心を傷つけるため、本人の納得のいかない着用は鬱（うつ）状態などを誘発しやすい
- 常に排尿態勢をとるため、尿意・便意の後退をもたらしやすい
- 尿路感染症を起こしやすい

★ おむつの種類

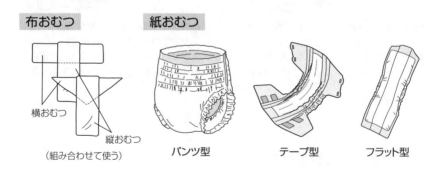

布おむつ

横おむつ
縦おむつ
（組み合わせて使う）

紙おむつ

パンツ型　　テープ型　　フラット型

494

★ おむつを使用した排泄介助の留意点

おむつの交換	● 皮膚の状態を観察する ● 常に皮膚を清潔に保てるよう、おむつは汚れたらすぐに取り替える。皮膚に付着している汚れはトイレットペーパー等で拭き取った後、蒸しタオルで清拭する ● おむつは汚れを内側に丸め、片付ける
おむつの装着	● 布おむつの場合、尿漏れを防ぐため、男性は前の部分を厚く、女性は後ろの部分を厚くする ● おむつをおむつカバーからはみ出さないように装着する ● ずり落ちないように、おむつの上端は腸骨部に合わせる ● 陰部・腹部・大腿部を圧迫しないように、また動きやすいように当てる。腹部とおむつとの間には指2本程度のゆとりをもたせる ● 紙おむつのテープは、腹部を圧迫しないように、上側はやや下向きに、下側はやや上向きに止める

（4）排泄関連用具

利用者の心理的負担や介護者の介護負担を考え、利用者や同居家族などの生活状況を十分検討して用具を選択する必要があります。排泄関連用具 p.522参照 には、排泄動作を助けるものや排泄機能を補うものなどがあります。

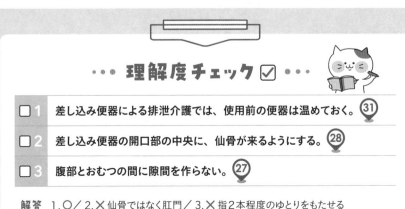

··· 理解度チェック ☑ ···

☐ 1 　差し込み便器による排泄介護では、使用前の便器は温めておく。㉛

☐ 2 　差し込み便器の開口部の中央に、仙骨が来るようにする。㉘

☐ 3 　腹部とおむつの間に隙間を作らない。㉗

解答　1.○／ 2.✕ 仙骨ではなく肛門／ 3.✕ 指2本程度のゆとりをもたせる

利用者の状態に応じた排泄の介護

☑ 腹圧性尿失禁の予防には骨盤底筋訓練が有効
☑ 便秘の予防・改善は水分と食物繊維の摂取
☑ 便秘・下痢時は腹部を温める

❶ 尿失禁　

(1) 尿失禁の原因

尿失禁 p.202参照 とは、自分の意思に反して尿が漏れてしまうことをいいます。膀胱（ぼうこう）の容量不足や尿道括約筋（にょうどうかつやくきん）の筋力低下のほか、運動機能や身体機能の低下によりトイレへの移動が困難で間に合わない、尿意を伝えられないことなどが原因となります。

(2) 尿失禁の介助

尿失禁がみられたときには手際よく始末し、利用者の人格を傷つける言葉や態度は絶対に避けます。1度や2度の尿失禁で安易におむつの使用に切り替えることはせず、厚手の失禁パンツや尿パッド類を用いるなど、利用者が安心して過ごせるよう配慮します。

★尿失禁の介助を行ううえでの観察ポイント

尿失禁のア セスメント	● いつ・どんなときに失禁するか ● 失禁と自制の程度はどうか ● 促すと排泄（はいせつ）できるか
尿失禁の直接の理由	● 環境の変化 ● トイレまでが遠すぎる ● 衣服が脱ぎにくい ● 四肢の機能障害 ● 言語障害や認知症などで、排泄サインを伝えにくい
頻度と時間	● 昼と夜との間隔 ● 1日の回数・時間帯・量

(3) 尿失禁の予防

排泄の自立のためには、食事・水分摂取と排泄、睡眠と排泄の関係を

把握するとともに、**排泄サイン**を素早くキャッチする、排泄の予測を立てトイレへ誘導するなどのはたらきかけが必要です。

★ 尿失禁の予防

種類	予防法
腹圧性尿失禁	● 骨盤底筋訓練
機能性尿失禁	● 医療職の指導による運動機能向上のための機能訓練 ● 適切な排泄関連用具の活用 ● 排泄環境の整備 ● 早めのトイレ誘導等

❷ 便秘、下痢　

(1) 便秘

❶便秘の原因と予防

　便通には個人差がありますが、通常1日1回、多くは朝にみられます。普段と比べて便が硬く、量も少なく、排便回数が減少し、排便困難がある状態のことを便秘といいます。

★ 便秘の原因

- 急激な環境変化
- 食事摂取量の不足または偏り
- 腸の疾患
- 腸のはたらきの低下
- 薬剤による副作用
- 便意の抑制
- 水分摂取量の不足
- 腹筋力の低下

★ 便秘の予防・改善

- できるだけ身体を動かす
- 規則的な排便を習慣づける
- 水分を十分に摂る
- 整腸作用がある食物繊維を含む食品（野菜・果物・豆類など）を多く摂取する

❷便秘の介助

　介護者は、利用者が便意を感じたらすぐトイレに行けるようにし、安

心してゆっくり排泄ができる環境を整えます。どうしても便通がない場合は、看護師などによって下剤の投与、坐薬・浣腸の挿入、摘便などが行われます。

★便秘の介助の留意点

- できる限り腹圧がかかる座位の姿勢にする
- 腹部を温める
- 腸の走行に沿って「の」の字を描くマッサージを行う（上行結腸、横行結腸、下行結腸の順 p.176参照）

（2）下痢

❶下痢の原因

下痢とは、便の状態が水または泥状であることをいいます。

★下痢の原因

- 感染症
- 炎症
- 腸内の異常発酵や腐敗
- 神経の過敏

❷下痢の介助

感染症による下痢の場合は、感染症の拡大を防止するため、十分に注意しながら介助します。下痢が続くような場合は、医療職に報告し、点滴などの治療を受けます。

★下痢の介助の留意点

- 安静にして体力の消耗を防ぎ、消化器に負担のかからない食物を摂る
- 番茶や湯ざましなどの水分を少しずつ数回にわたって摂取するように促し、脱水の防止に努める。冷たい飲み物、炭酸飲料、牛乳は避ける
- 腹部を温め、痛みを和らげる
- 排便後は柔らかい紙を重ねて押さえるように拭く
- できる限り陰部洗浄や座浴を行い、清潔を保つ

❸ 内部障害

内部障害者の排泄介助の留意点は次のとおりです。

★内部障害別の排泄介助の留意点

種類	留意点
心臓機能障害	● 排便時にいきみすぎると心臓に負担がかかるため、日頃から便秘予防を心がける
膀胱留置カテーテル	● 水分摂取量が少ないとカテーテルが詰まる原因になるため、1日1,500〜2,000mL程度の水分補給を心がける ● 体外へ排出された尿を溜める蓄尿袋（採尿バッグ）は、膀胱よりも低い位置に固定する ● 利用者の羞恥心に配慮し、尿の観察時以外は蓄尿袋のカバーを装着しておく ● 男性の場合、陰茎を上向きにして腹部に留置カテーテルを固定する ● 排出された尿の性状・量などを注意深く観察し、濁りや血液の混入、カテーテル周辺からの尿漏れなどがみられる場合は医療職に報告する
自己導尿	● 利用者が医師の指導を守りながら安全・安楽に自己導尿が行えるよう、必要に応じて物品の準備や座位の保持の援助を行う ● 導尿が済んだらカテーテルを適切に処理し、排尿の量・性状などを記録する

・・・ 理解度チェック ☑ ・・・

☐ 1 便秘傾向のある人には、腰部を冷やすように勧める。㉞

☐ 2 下痢が続いている人には、温めた牛乳を提供する。㉖

☐ 3 便意がはっきりしない人には、朝食後に時間を決めてトイレへ誘導する。㉟

☐ 4 膀胱留置カテーテルの介助では、採尿バッグは膀胱と同じ高さに置く。㉜

解答 1.✕ 腰背部温罨法が、効果的とされている／2.✕ 牛乳は消化器に負担をかけるため、番茶や湯ざましを提供／3.○／4.✕ 膀胱より低い位置に固定する

自立に向けた家事の介護

❶ 家事の意義と目的

(1) 家事の意義

　家事は、人が生きていくうえで土台となる行為であると同時に、その手順や方法には暮らしの中で培った生活習慣や価値観が反映されており、利用者が望む生活を実現するための重要な要素にもなっています。専門職が行う家事支援では、技術やサービスの提供だけでなく、個々の多様なニーズに応える支援が必要です。

(2) 家事支援と制度

　介護保険制度における家事支援の代表的なサービスには、訪問介護による**生活援助**があります。これは利用者本人の代行的なサービスであり、対象となるのは介護等を要する状態が解消された場合には本人が自身で行うことが基本となる行為です。したがって、次の行為は生活援助のサービスに含まれません。

★**生活援助に含まれない行為**

- 商品の販売や農作業等生業の援助的な行為
- 「直接本人の援助」に該当しない行為（利用者の家族のために行う洗たくや調理など）
- 「日常生活の援助」に該当しない行為（草むしりやペットの世話など）

❷ 調理の支援

(1) 調理の支援とは

　食事の援助には、買い物、調理、配膳・下膳、食事介助などがありますが、介護職による調理の支援では、必要な情報を十分収集し、個別的・

専門的に行うことが求められます。理由としては、食事が生活習慣や嗜好_{こう}、その日の体調などに影響を受けることや、疾患や服薬状況により摂取の仕方に専門的な対応が必要なことも多いといった点が挙げられます。

★ 調理の支援に必要な視点

- 嗜好の傾向
- 栄養のバランス
- 摂取カロリー
- 疾患（食事制限など）
- 体調
- 利用者の望む食生活像の把握

★ 主な食中毒の原因菌と予防法

ウエルシュ菌	カレーやシチューなどの煮込み料理を常温放置することにより菌が増殖し、食中毒が発生する 【主症状】下痢、腹痛など 【予防法】菌（芽胞）は熱に強いので、十分に加熱調理後、低温保存する
カンピロバクター	生または加熱不十分の鶏肉などを介して発生する 【主症状】頭痛、めまい、腹痛、下痢、高熱など 【予防法】十分に加熱調理する
サルモネラ菌	鶏卵とその加工品、鶏肉などの食肉を介して発生する 【主症状】下痢、腹痛、急な高熱、嘔吐など 【予防法】鶏卵・肉は十分に加熱調理する。鶏卵の生食は新鮮なもの以外は避ける
腸炎ビブリオ	魚介類や、魚介類を調理したまな板や包丁などを介した二次汚染で発生する 【主症状】下痢、腹痛、発熱、嘔吐など 【予防法】真水（水道水）で十分に洗い、調理直前まで冷蔵保存する
黄色ブドウ球菌	鼻粘膜や化膿した傷口の中に多く存在。手指を介した二次汚染で発生する 【主症状】下痢、腹痛、嘔吐など 【予防法】手指の洗浄、調理器具の洗浄殺菌。手荒れや傷がある場合はゴム手袋などをするなど、食品に直接触れない

食中毒にはこのほか腸管出血性大腸菌感染症やノロウイルスがあるよ。

（2）調理と栄養素

　調理の目的は、食物を安全でおいしく食べられるように調整することです。利用者が主体的に食事を楽しめるように、個々の心身状況や栄養状態などに配慮した献立・食材を決めることが大切です。

　食物に含まれる栄養素には、**炭水化物**（糖質、食物繊維）、**脂質、たんぱく質、ビタミン、無機質**（ミネラル）の5つがあり、五大栄養素とよばれています。

★ 五大栄養素の主なはたらき

- 体温維持や活動の**エネルギー源**となる（熱量素）…炭水化物、脂質、たんぱく質
- 身体の組織をつくり、成長を促す（構成素）…脂質、たんぱく質、無機質
- 身体の機能を調整する（調整素）…ビタミン、無機質

★ 主なビタミン

種類		主なはたらき	主な供給源	欠乏症状
脂溶性ビタミン	A	● 視力の調節 ● 成長促進	レバー、うなぎ、乳製品、緑黄色野菜	発育不良、夜盲症、ドライアイ
	D	● 骨の形成とはたらきに関与	いわし、さけ、まぐろ、きのこ類	骨粗鬆症、骨軟化症
	E	● 酸化防止 ● 老化防止	穀物、緑黄色野菜、豆類、卵黄	歩行失調、位置感覚障害
	K	● 血液凝固に関与 ● 骨の形成促進	緑黄色野菜、豆類、海藻類	血液凝固遅延、骨粗鬆症
水溶性ビタミン	B_1	● 糖質代謝に関与 ● 消化液の分泌促進	豚肉、レバー、豆類、緑黄色野菜	浮腫、脚気、食欲不振、倦怠感
	B_2	● アミノ酸・糖質・脂質 の代謝に関与	レバー、卵、牛乳、緑黄色野菜、肉類	口唇炎、口角炎、発育不良
	B_6	● アミノ酸の代謝に関与 ● 皮膚を健康に保つ	レバー、肉類、魚介類、卵、牛乳	貧血、痙攣、皮膚炎
	B_{12}	● 造血作用	レバー、肉類、魚介類、卵	悪性貧血
	C	● コラーゲンの合成	果実、野菜、いも類	壊血病、貧血、成長不良、骨形成不全

★ 主な無機質

種類	主なはたらき	主な供給源	欠乏症状
カルシウム	● 骨や歯の形成 ● 精神安定	牛乳、乳製品、小魚、海藻類	骨粗鬆症、精神不安
鉄	● 酸素を体内に運搬	緑黄色野菜、卵黄、レバー	貧血
ナトリウム	● 神経興奮の伝達 ● 体液の浸透圧の調節	食塩、しょうゆ、みそ	血圧の低下、倦怠感、精神不安
カリウム	● 浸透圧やpHの調節	野菜、果実	筋力低下
マグネシウム	● 筋肉の収縮や神経伝達、血圧調節などに関与	緑黄色野菜、穀類、肉類	骨の形成不全
亜鉛	● たんぱく質の合成に関与 ● インスリンの構成元素	魚介類、肉類、牛乳、卵黄	成長不良、皮膚障害、味覚障害
マンガン	● 骨の生成促進	牛乳、肉類、豆類	骨の発育不全

③ 洗濯の支援

(1) 洗濯の支援

洗濯には、水を用いる湿式洗濯（水洗い）と有機溶剤を用いる乾式洗濯（ドライクリーニング）がありますが、ここでは湿式洗濯の支援のポイントを見ていきましょう。

★ 湿式洗濯の支援のポイント

準備	● 素材、色などを確認し、洗濯機使用のものと手洗いのものに分類する ● 汚れの箇所、汚れのひどさ、汚れの種類（水溶性、油性）を確認する ● ひどい染みなどはあらかじめ落としておく
洗濯	● 洗剤は表示された使用量を守り、すすぎは十分に行う ● 生成りや淡い色合いの衣類は蛍光増白剤が入っていない洗剤を使用する ● 風合いの失われやすい繊維や傷みやすいものは、脱水の時間を短めにする
乾燥	● 変色しやすい繊維は陰干しにする ● 干し方は利用者の習慣を尊重する

収納	● アイロンは、表示された温度を守る ● 畳み方は利用者の習慣を尊重する ● 感染症や皮膚障害のある利用者のものは区別して保管する ● 防湿剤、防カビ剤、防虫剤を適宜使用する ● 防虫剤は成分の違うものを混合しない

（2）染み抜き

　下敷き布（白タオルなど）の上に染みのついた部分を裏返しにして載せ、水または薬剤（**ベンジン**）をつけたガーゼなどで叩き、汚れを下敷き布に移し取るのが基本的な方法です。それでも取れない場合には**漂白剤**などを使用します。

★ 染み抜き時の注意点

- 染みのついた部分をこすって広げない
- できるだけ早く、適切な方法で染みを取り除く
- 薬剤を使用する場合は、目立たない部分で試してから使う

★ 漂白剤の種類と適否

種類		白物			色・柄物		
		毛・絹	綿	化学繊維	毛・絹	綿	化学繊維
酸化型	次亜塩素酸ナトリウム（塩素系）	×	○	○※	×	×	×
	過酸化水素（酸素系）	○	○	○	○	○	○
還元型	ハイドロサルファイト	○	○	○	×	×	×

※アクリル、ポリエステル、キュプラ、レーヨンのみ使用可

❹ 裁縫の支援

　高齢者は、長く使用してきた身のまわりの品には強い愛着を示すことも多いため、介護職は、その思いに寄り添い、理解ある支援を行っていくことが求められます。衣類などの補修、リフォームを行う裁縫は、家事支援において必要なサービスとなります。

　用途に応じた裁縫の支援のポイントは次のようになります。

★ 用途に応じた裁縫の基本と支援のポイント

準備	● 衣類の素材を確認し、補修の方法や糸を選ぶ ● 裁縫箱にある針の数を確認する
糸の始末	● 糸が抜けないよう縫い始めには玉結びを作る ● 必要な場合は、介護者が針に糸を通す

● 用途に合わせた縫い方を選ぶ

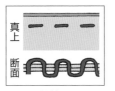

並縫い
しつけや仮縫いの縫い合わせなどに用いられる

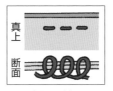

半返し縫い
丈夫に縫い合わせたい場合に用いられる

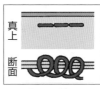

本返し縫い
手縫いの中で一番丈夫な縫い方。ミシン縫いの代わりなどに用いられる

縫い方

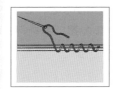

かがり縫い
縫い目のほつれや破れた部分を綴じるときに用いられる

まつり縫い
スカートやズボンの裾を留めるときに用いられる

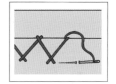

千鳥がけ
ウールやほつれやすい生地の裾を留めるときに用いられる

ボタンつけ
4つ穴・2つ穴ボタンの場合、ボタンを留めたときに生地がつらないように糸足を作る

── 糸足

● 縫い終わりには、生地がつらないよう指先や爪で縫い目をしごいてから玉留めを作る

片付け	● 使用した針を片付け、はじめと同じ数か確認する

（1）家庭経営、家計管理の支援

　家庭経営とは、日常生活を送る中で心身両面に起こるさまざまな欲求を、消費活動を通じて充足させていく営みを指しています。これは単に欲求に即した物品を入手することだけでなく、質や用途、嗜好などのほか、妥当な予算や調達方法などを決め、適したものを揃（そろ）えることまでが含まれます。家庭経営では、個々のライフスタイルに応じた支援が求められます。

　また、家庭経営を円滑に行うためには、**家計管理**を適切に行うことが必要です。加齢や障害により自ら家計を管理することが難しい場合であっても、できるだけ利用者が家庭経営の主体者として携われるように支援していきます。

（2）買い物の支援

　生活は、毎日の食材をはじめ、消耗品や日用品など、さまざまな物品に囲まれて成り立っています。一定のサイクルで買い物を行わなければ、日常生活を送るうえで支障が出てしまいます。また、何を・いつ・どれくらい買うか、を検討し、予算内で買い物を行うことは家庭経済を正常に機能させていくうえでの基本的な行為です。外出を伴う買い物は、身体機能の低下による影響を受けやすい家事のひとつです。できる限り参加の機会を確保し、自己決定を尊重した支援が行えるように配慮することが大切です。

（3）消費生活に関するトラブル

　昨今では、形を変えた新たな悪質商法や高齢者を狙った詐欺まがい商法など、社会問題となっている販売方法が数多く横行しています。トラブルに巻き込まれたときは、早めに**消費生活センター**に相談することが重要です。

★社会問題となっている主な販売方法

マルチ商法（連鎖販売取引）	商品やサービスを購入・契約して、自分もまたその買い手を探し、買い手が増えるごとにマージンが手元に入る取引形態
ネガティブ・オプション（送りつけ商法）	注文していない商品を一方的に送りつけ、受け取った以上支払い義務があると消費者に勘違いさせて代金を払わせることを狙った商法
モニター商法	「モニター募集」などで人を集め、モニターになることを条件に商品やサービスを特別に安く提供すると思わせて高額商品を買わせる商法
霊感商法（開運商法）	「先祖を供養しないとたたりがある」などと不安をあおり、「不安を取り除くため」などと言って高額の壺や印鑑などを買わせる商法
点検商法	点検を口実に来訪し、居住環境や什器などについて「危険な状態、交換が必要」などと事実と異なることを言って新品に取り替えさせ、代金を請求する商法
当選商法	「当選した」「景品が当たった」「あなただけが選ばれた」などと特別な優位性を強調して消費者に近づき、高額な商品やサービスを売りつける商法
催眠商法（SF商法）	ビルの一室や特設会場など閉めきった会場に人を集め、巧みな話術で日用品等を無料配付または格安で販売して雰囲気を盛り上げた後、高額商品を売りつける商法

・・・ 理解度チェック ☑ ・・・

☐ 1　骨粗鬆症予防に必要なビタミンKは、納豆に多く含まれている。㉘

☐ 2　衣服についたバターのしみを取るには、しみに洗剤を浸み込ませて、布の上に置いて叩く。㉝

☐ 3　次亜塩素酸ナトリウムを主成分とする衣類用漂白剤は、全ての白物の漂白に使用できる。㉞

解答　1.○／2.○／3.✕ 綿や化学繊維の白物には使用できるが、毛や絹などには使用できない

Lesson 16

自立に向けた休息と睡眠の介護

重要度 **A**

- ☑ メラトニンは睡眠のリズムなどを調節するホルモン
- ☑ マットレスは適度な硬さがあるものがよい
- ☑ カフェインを含む嗜好飲料は避ける

❶ 睡眠の意義と目的

　睡眠は、心身を休ませ疲労を回復させるだけでなく、新陳代謝や免疫物質をつくるホルモン分泌を促し、良好な健康状態や生活リズムを維持するために欠かせない活動です。睡眠のリズムには個人差がありますが、一般的に高齢者は日中の活動量が少ないことなどから、夜間に不眠になるという悪循環に陥りがちです。利用者の生活における睡眠パターンを把握して不眠の原因を探り、それを取り除くことが睡眠介護の基本となります。

❷ 安眠のための援助　　

（1）安眠を促す環境

　質の高い睡眠のためには、睡眠の環境を整えることが大切です。

- ● 温度・湿度……季節に合わせた快適な室温・湿度に調節する
- ● 音……話し声や足音、ドアの開閉音、テレビの音など、夜間の騒音、雑音は排除する
- ● 明るさ……就寝時はできるだけ暗いほうがよい。ただし利用者の好みに合わせて明るさを調節する
- ● 照明……ベッド上から照明の光源が見えないよう、**間接照明**やシェードをつけるなど工夫する。手元照明や足元灯（フットライト）などがあると、夜間のトイレなどが安心して移動できる

　安眠のためには、季節に合わせた寝具を選ぶことも大切です。掛け布団、毛布、タオルケットなどは、軽くて暖かいものを選びます。シーツやカバーなどは、清潔で乾燥したものを使用します。

★快適な枕・マットレスの選び方

枕	● 寝返りを打っても十分な長さがある（肩幅より20～30cm広いもの） ● 高さは頭と脊椎が水平になる程度が基本となるが、利用者の好みを尊重する（高すぎる枕は頸椎に負担がかかるので配慮する）
マットレス	● 適度な高さと広さがある ● 起き上がりや寝返りが打ちやすい適度な硬さがある

（2）日中の過ごし方の工夫

　夜間ぐっすりと眠るためには、規則正しい生活のリズムを整えることが大切です。朝は決まった時間に目を覚まし、日中は適度な疲労を感じる程度の仕事や運動を行うという生活パターンを確立して、夜間の安眠へとつなげていきます。

★安眠への介助の留意点

- 水分はできるだけ夕方までに1日の必要量を摂る
- 就寝の2～3時間前までには食事を済ませ、就寝前の空腹・満腹状態を避ける
- 夕食後から就寝までの時間が長いときは、中間に、温かい飲み物などを摂取する。ただし、覚醒作用のあるカフェインを含む嗜好飲料（コーヒーや紅茶、緑茶など）は避ける
- 就寝前は、精神的興奮をもたらす刺激の強いテレビの視聴や読書などは避ける

（3）入眠への準備

　利用者が、心身ともにリラックスし、穏やかな気持ちで入眠できるように援助するだけでなく、夜間目が覚めたときにも速やかに対処できるよう準備しておきます。

★入眠の際の留意点

- 床につく時間に合わせて、入浴（ぬるめの湯）を済ませておく
- 尿意が睡眠の妨げとならないように排尿を済ませる。必要に応じて、ポータブルトイレなどを準備しておく
- 肩や足元が冷えないよう保温に気をつけ、必要に応じて湯たんぽや電気あんかなどを用いる
- 睡眠の妨げになるもの（かゆみや痛み、空腹、満腹など）があれば対処する

(1) 不眠時の対応

安眠を妨げる要因を取り除いても不眠が改善されない場合は、**医師**から**睡眠薬**を処方してもらいます。睡眠薬は、作用時間の違いにより超短時間型、短時間型、中間型、長時間型に分けられ、不眠のタイプにより処方される睡眠薬も異なります。服用時は、歩行障害や虚脱状態などの**副作用**が生じることもあるため、介護職は利用者の状態を十分に注意して観察します。

★ 睡眠薬服用の注意点

- 水か白湯で服用する
- 医師の指示どおりの時間と量を守る。勝手に量を増やしたり、服用を止めたりしてはいけない
- 介護職の判断で服用を勧めたり、他人の睡眠薬を服用させたりしてはならない

睡眠薬は一般に、入眠障害に対しては最も早く効果の現れる超短時間型が、中途覚醒 p.206参照 ・早朝覚醒・熟眠障害には短時間型から長時間型が処方されるよ。

(2) 精神障害

精神障害では、不眠などの**睡眠障害**の訴えがしばしばあり、睡眠薬を服用していることも少なくありません。また、症状の**日内変動**や**昼夜逆転**などがみられ、生活リズムに影響が現れることもあります。このため、医師と相談したうえで、利用者の状態に合った睡眠をとれるように援助していきます。

（3）認知症

　睡眠が昼夜逆転している場合は、なるべく昼間は起きて活動的に過ごせるように、歌や散歩など利用者の好みに合わせた楽しみの時間を設けて精神的な刺激を与えます。また、軽い運動などを取り入れ、できるだけ身体も動かすようにし、良質の睡眠がとれるようにします。

··· 理解度チェック ☑ ···

- ☐ **1** マットレスは、腰が深く沈む柔らかさのものにする。㉟
- ☐ **2** 施設における安眠を促すための環境として、介護福祉職同士の会話が響かないようにする。㉜
- ☐ **3** 終日臥床している利用者が息苦しさを訴えたときは、半座位にする。㉟
- ☐ **4** 睡眠薬を服用している高齢者にアルコールと一緒に服用してもらった。㉜

　解答　1.✕ 適度な硬さがあって起き上がりやすいものが適している。腰が深く沈む柔らかさのマットレスは、起き上がりにくい／ 2.◯／ 3.◯／ 4.✕ 睡眠薬は、水か白湯で服用する

重要度 **A**

人生の最終段階における介護

Point
- ☑ 終末期ケアでは緩和ケアが中心となる
- ☑ 終末期は身体的・精神的側面での援助が必要
- ☑ 利用者の死後はグリーフケアが大切

❶ 人生の最終段階における介護の意義と目的

現代の医療技術をもってしても回復の見込みがなく、死期が近づいた状態（終末期）にある人に対して行われるケアを**終末期ケア**、または**ターミナルケア**（エンドオブライフケア）といいます。終末期ケアでは、基本的に疾患そのものへの治療は行わず、利用者の価値観や自己決定を尊重しながら緩和ケアを中心とした援助を行い、QOLの向上を目指します。

❷ 人生の最終段階の介護

（1）人生の最終段階におけるケア

厚生労働省の「人生の最終段階における医療・ケアの決定プロセスに関するガイドライン　解説編」（2018〔平成30〕年）によると、人生の最終段階における医療・ケアにおいては、できる限り早期から肉体的苦痛等を緩和すること（緩和ケア）が重要であると示されています。また、医療・ケアの提供にあたっては、医療行為（または介護）の目的や内容を十分に説明し、本人の同意を得ること（**インフォームド・コンセント**）が大切です。

（2）意思決定への支援

❶アドバンス・ケア・プランニング（ACP）

利用者自らが望む医療・ケアについて、本人が家族等や医療・介護職からなるケアチームと繰り返し話し合い、今後の目標や考え方を明確にし、共有します。このプロセスをアドバンス・ケア・プランニング（ACP）

といいます。「人生会議B」という愛称も定められ、自分の意思を関係者と話し合って確認する点が重要とされています。

❷リビングウィル（事前指示書）

living（＝生きている）、will（＝意思、遺言）「生前発効の遺言」という意味で、本人の意思が明確なうちに、意思疎通が困難になった場合に行われる医療行為について指示した文書のことです。

（3）人生の最終段階における日常生活の援助

❶身体的側面での援助

ターミナルケアでは、身体的苦痛をできる限り取り除くことが重要です。痛みや倦怠感（けんたいかん）などの身体的苦痛に常に悩まされる状態では疲弊（ひへい）していくばかりで、残された時間を安らかなものにできずQOL（生活の質）も低下してしまいます。医療職と連携を図りながら、できる限り身体的苦痛をコントロールし、最期まで利用者が望む生活を送ることができるよう援助していきます。日常生活における援助では、必要に応じて**体位変換**などを行い、できるだけ苦痛を和らげます。食事はなるべく本人の希望を取り入れ、満足感が得られるように配慮します。

❷精神的側面での援助

終末期を迎えた利用者は、身体的な苦痛だけではなく、日に日に近づきつつある死と向き合い、不安や恐怖、悲しみ、諦め（あきら）といったさまざまな感情を抱えながら暮らしています。利用者とコミュニケーションを図る中で相手の複雑な胸の内を察し、共感的な姿勢で**傾聴**に努め、できる限り穏やかな気持ちで最期を迎えられるように援助します。また、利用者の手を握る、身体をさするなどの**スキンシップ**を行い、疼痛（とうつう）や不安の緩和を図ります。

★日常生活における援助のポイント

- 食事はできるだけ本人の希望を取り入れ、食欲増進と栄養補給に配慮する
- 必要に応じて体位変換などを行い、できるだけ苦痛を和らげる
- 疼痛緩和のために麻薬性鎮痛剤（モルヒネなど）が使用される場合には、その管理方法や副作用について医療職に確認をとり、利用者の状態をよく観察する
- 手を握る、身体をさするなどのスキンシップを行い、疼痛や不安の緩和を図る
- 家族が利用者の清拭（せいしき）を希望した場合は家族に行ってもらい、納得のいく看取りができるように支援する

❸ 危篤時の介護

　危篤時の対応は、主に医師や看護師などの医療職が中心となって行いますが、介護職は、利用者が望む最期を迎えられるよう援助するために、次のような点に留意します。

★危篤時の介護の留意点

- 利用者にとって安楽な体位を保持し、呼吸が楽になるよう枕などの位置を工夫する
- 義歯を装着している場合は窒息予防のために外す
- 死を迎える場の室温や明るさなどに気を配る
- できるだけ利用者の意識がはっきりしているうちに、親しい人や親戚、知人との面会の機会をもてるように配慮する
- 不用意な発言は慎み、死の間際まで優しく言葉をかけ続け、利用者の不安を取り除くよう努める

❹ 家族支援

(1) 家族への援助

　終末期における介護では、利用者本人だけでなく、その家族も、身近な人を失うことへの不安、悲しみ、憤りを感じているということを忘れてはなりません。介護職は、そのような家族の精神的負担だけでなく、介護量の増加による身体的負担の軽減に努めます。共に過ごした過去への執着、共に生きるはずだった未来への絶望感などを抱えながら、必死で生活している家族の心情を受け止め、家族が心おきなく最後のかかわりができるよう配慮することが大切です。

(2) 遺族への援助

　利用者本人の人生は死によって終止符が打たれますが、身近な人を失った遺族の悲しみは利用者が亡くなった後も続きます。故人を偲び悲嘆することは自然なことですが、中には深い喪失感により鬱病などの精神疾患を引き起こしてしまうこともあります。故人を巡る共通の思い出をもつ介護職は、遺族に悲しみを共有しているということを伝え、遺族が立ち直っていく過程を精神的に支えていく**グリーフケア**が大切です。

（3）デスカンファレンス

　デスカンファレンスとは、利用者が亡くなった後に、ケアにかかわったチームメンバーがケアの内容を振り返り、悲しみを共有しつつ、次のケアに活かしていくことをいいます。デスカンファレンスでは、チームメンバーが自由に意見を言える場になることが大切です。そのためには、個人の責任や反省点を追及することは避け、他者の意見は好意的に聞いて尊重するという姿勢をもつことが求められます。

★ 終末期に関連した用語と対象、時期

用語	対象	時期
リビングウィル	利用者	生前〜終末期
アドバンス・ケア・プランニング（ACP）	利用者	生前〜終末期
ターミナルケア（エンドオブライフケア）	利用者	終末期
グリーフケア	家族	利用者の死後
デスカンファレンス	介護職等	利用者の死後

··· 理解度チェック ☑ ···

- □ 1　介護老人福祉施設で看取りまで希望する利用者の意思確認の合意内容は、介護福祉職間で口頭で共有する。㉛
- □ 2　施設に入所している利用者の介護は、介護福祉職が最期まで行い、家族には控えてもらう。㉟
- □ 3　終末期の利用者の家族支援では、死に至る過程で生じる身体的変化を説明する。㉞
- □ 4　デスカンファレンスでは、亡くなった利用者の事例を振り返り、今後の介護に活用する。㊱

解答　1.✕ 意思確認の合意内容は、口頭ではなく書面に残す／2.✕ 家族が自分の生活を継続しながらケアに参加し、納得のいく看取りができるよう環境を整える／3.○／4.○

Lesson 18

福祉用具の意義と活用

✎ Point
- ☑ 福祉用具の定義と活用することの意義について理解する
- ☑ 福祉用具の種類や機能と選ぶ際の視点について理解する
- ☑ 介護ロボットの活用と種類について理解する

❶ 福祉用具の定義

　疾患・障害などで低下した機能を補完・代替し、生活上の困難を改善する福祉用具は、高齢者や障害者の生活にとっては重要な役割を担います。福祉用具とは、1993（平成5）年に制定された「福祉用具の研究開発及び普及の促進に関する法律」に「心身の機能が低下し日常生活を営むのに支障のある老人又は心身障害者の日常生活上の便宜を図るための用具及びこれらの者の機能訓練のための用具並びに補装具をいう」と定義されています。

❷ 福祉用具の活用にあたって

　福祉用具の導入にあたっては、利用者および家族の生活全体を総合的に検討することが大切です。

　また現在、福祉用具の利用については、「介護保険法」による福祉用具貸与、特定福祉用具販売、「障害者総合支援法」による補装具費支給制度、日常生活用具給付等事業などの公的制度があります。

　これらを上手く組み合わせて利用することが、福祉用具の効果的な活用や生活課題の軽減につながります。

❸ 福祉用具の選び方　

（1）使用目的の明確化

　いつ、誰が、何のために使用するのか、また利用者の残存機能や能力、

使う意欲があるかなどを確認し、使用目的を明確にします。利用者の状態に即した適切な福祉用具を選択するには、機能低下や障害などの原因になっている疾患の特性に配慮し、症状の現れ方、疾患の進行速度などを理解することが必要です。

（2）残存機能の活用と福祉用具間の整合性

福祉用具の選定では、利用者が残存機能を活かして自立していくという視点と、利用者や家族が実際にその福祉用具を使いこなせるということが重要です。そのためには、事前に試用してみる必要があります。なお、メンテナンスやアフターサービスについても確認しておきます。

また、複数の福祉用具を導入する際は、各々の性能が発揮できるよう事前の検討と注意が必要です。

（3）居住環境との適合性

福祉用具を導入しても、ドアなどの開口幅の狭さや段差のために、使用できないことがあります。居住環境の条件に合わせた福祉用具を選択することが重要です。

❹ 福祉用具の種類

（1）起居動作

●特殊寝台（ギャッチベッド）

ギャッチベッドの基本的機能には、背上げや膝上げ、高さ調節の３つがあり、そのいずれかもしくはすべての機能によって、寝返りや起き上がり動作を補助します。高さの調節ができることで、着替えや排泄介助を行う場合の介護者の負担を軽減できます。

★ ギャッチベッド

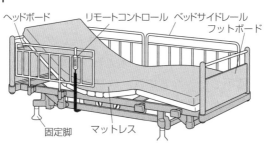

ヘッドボード　リモートコントロール　ベッドサイドレール　フットボード

固定脚　マットレス

(2) 移動動作

❶車いす

　車いすには、さまざまな種類があります。機能別には、自走用、介助用、リクライニング機能のついたもの、電動式、ティルト機能のついたものなどがあり、用途別には片手操作型・切断者用などもあります。姿勢の保持、体力など身体状況への適合と、生活や用途に応じて適切なものを選択することが大切です。

　また、電動車いすは、上下肢の障害のために手動車いすの操作が困難な場合や、手動での長距離走行が難しい場合に使用します。構造は、手動車いすにもついている身体支持部分と駆動部分のほかに、ジョイスティックやハンドル（電動カート、シニアカーなど）などの操作部分が加わります。

★ 車いすの種類

自走用標準型車いす

介助用標準型車いす

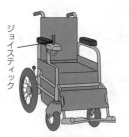

ジョイスティック

普通型電動車いす

❷歩行補助つえ

　歩行補助つえは、握り手をしっかりと持って体重を支えることで歩行を補助する用具であり、①歩行時の患側下肢にかかる体重の免荷、②歩行バランスの調整、③歩行パターンの矯正、④歩行速度と耐久性の改善、⑤心理的な支え、といった目的があります。

　介護保険制度で福祉用具貸与 p.99参照 の対象となる歩行補助つえには、多点杖（三脚杖、四脚杖）、プラットホームクラッチ、ロフストランド・クラッチ、カナディアン・クラッチ、松葉杖があります。握力の弱い人や筋力が低下した人などには、ロフストランド・クラッチやカナディアン・クラッチが、関節リウマチ等により手指・手首で杖を支持することが困難な人には、プラットホームクラッチが向いています。利用者の身体の状態と目的に合ったものを選ぶことが大切です。

★ 歩行補助つえの例

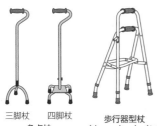
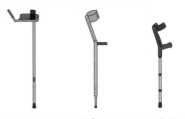

歩行が不安定な人向き			歩行がやや安定している人向き		

三脚杖　四脚杖
多点杖

歩行器型杖
（ウォーカーケイン）

プラットホーム
クラッチ

カナディアン・
クラッチ

ロフストランド・
クラッチ

❸歩行器

歩行器を使用する場合は、両上肢に障害がないこと、立位で歩行器を操作するだけのバランス機能があることなどを事前に確認します。車輪（キャスター）がついている場合は、利用者の状態によってはバランスを崩してしまう恐れもあるため、注意が必要です。

★ 歩行器の例

交互型　　　　　　三輪型　　　　　　四輪型

❹手すり

手すりは、利用者の体重を支えることで、バランスを保ちながら安全に移動することができ、転倒などの事故の予防にもつながります。利用者の身体の状態や、動作の目的、設置場所に応じて、横型、縦型、L字型、斜めの手すりを使い分けます。

★ 手すりの例

横型　　　　　　縦型　　　　　　　　L字型

❺スロープ

　段差を解消し、車いす等の使用をスムーズにします。取り外しできるものや固定設置するものなどがありますので、使用場所に応じて選択します。

★スロープの例

ハンディースロープ

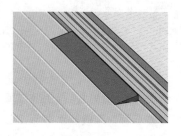

段差スロープ

❻リフト

　自分で動くことのできない人を移動するときの補助として用いられる機器です。リフトの使用は利用者の生活範囲を広げ、介護者の負担を軽減しますが、操作にあたってのスペースも必要とされますので、生活環境、移動場面を考慮して導入を決定しなければなりません。

● **床走行式リフト（吊り具式走行リフト）**……一般的なタイプで、床からの吊り上げも可能。脚部は開閉自由なため、狭い場所への移動も可能だが、キャスター式なので、車いす同様、段差があると使用しにくい面もある

● **固定式リフト**……固定式リフトは設置場所により、家屋に直接固定するものと、壁面への突っ張りなどで固定するものなどに分けられ、浴槽やベッドなど他の用具に設置して使用するものは、簡単に設置できる反面、設置場所周辺の使用に限られるという欠点がある

● **据置式リフト（やぐら式リフト）**……2本または4本の支柱でレールを支える架台を室内に組み、レールに沿ってリフトの駆動部が走行する構造。座る位置が低いので、ベッドサイドレールや車いすの肘掛け、浴槽の縁等に脚や臀部が引っかかる恐れがあるので注意が必要

★ リフトの例

床走行式リフト（吊り具式走行リフト）

据置式リフト（段差解消機）

❼階段昇降機

　階段の昇降時の介助負担を軽減するために用います。移動や操作するためのスペースが必要なので、階段の広さや居住環境を考慮したうえで導入を決定するようにします。

●**いす式階段昇降機**……住宅内の直線型・曲線型階段に固定設置して使用。いすが回転する機器もあり、乗り降りも楽にできる。使わないときは、いすとステップを折り畳んで収納できる

★ **階段昇降機**

❽シルバーカー

　シルバーカーは、主に屋外で使用する歩行支援用具です。車輪がついており、荷物を楽に運ぶことができたり、疲れたときにはブレーキをかけていすとして使用したりすることもできます。歩行が不安定なために買い物などに出かけることを思い留まっている利用者でも、身体の状態に合ったシルバーカーを使用することで、外出の機会を広げることができます。

★ **シルバーカーの例**

(3) 褥瘡予防

褥瘡予防用具には、エアーマットレスや無圧布団などの全身用、ムートンなどの局所用など、さまざまなものがあります。寝たきりや麻痺などで体位変換ができない利用者の身体状況に合わせ、上手に活用することで褥瘡ができないように工夫することが必要です。

★ **褥瘡予防用具の種類**

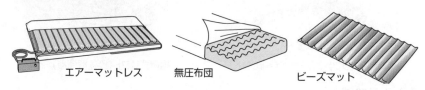

エアーマットレス　　無圧布団　　ビーズマット

(4) 入浴

入浴の際は、介助がなくても安全に入浴する目的や、介護の負担を軽減する目的で福祉用具が使用されます。したがって、滑りにくい材質の用具を選ぶことが必要です。入浴関連用具には、浴室への移動、座位保持、浴槽への出入りを補助する用具などがあります。

★ **入浴関連用具の種類**

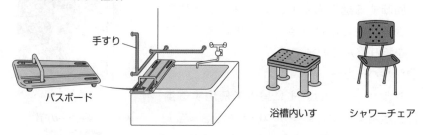

手すり

バスボード　　　　　　　　　浴槽内いす　　シャワーチェア

(5) 排泄

利用者の心理的負担や介護者の介護負担を考え、利用者や同居家族などの生活状況を十分検討して用具を選択する必要があります。排泄関連用具には、排泄動作を助けるものや排泄機能を補うものなどがあります。

★ 排泄関連用具の種類

背もたれ、
肘掛け付き

ポータブルトイレ

特殊尿器

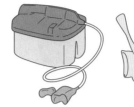

自動採尿器

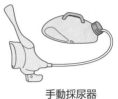

手動採尿器

工夫された便座

立ち上がり補助便座（自動昇降便座）

便器に固定する

補高便座

関節リウマチのある人などや、膝や股関節が十分に曲がらない人、下肢の筋力が
低下して立ちしゃがみが困難な人には、高さや傾きを調節する

❺ 福祉用具における介護ロボットの活用

　ロボット技術が応用され、利用者の自立支援や介護者の負担軽減に役
立つ介護機器を「介護ロボット」とよんでいます。

　内閣に設置されている日本経済再生本部は、2015（平成27）年に「ロ
ボット新戦略—ビジョン・戦略・アクションプラン—」を公表しました。
ここでは、介護・医療が必要な状態になっても、住み慣れた地域で自立
した生活を継続することを支援することを基本方針とし、介護ロボット
を活用することにより介護従事者がやりがいをもってサービスを提供で
きる職場環境を実現すること、介護ロボットの活用により業務の効率化・
省人力化を図ることなどが基本的考え方として示されています。また、
介護利用における開発重点分野として、**移乗支援**（装着型、非装着型）、
移動支援（屋外用、屋内用）、**排泄支援**、**認知症のある人の見守り**（施

523

設用、在宅用)、入浴支援が挙げられています。

★ 介護ロボットの種類

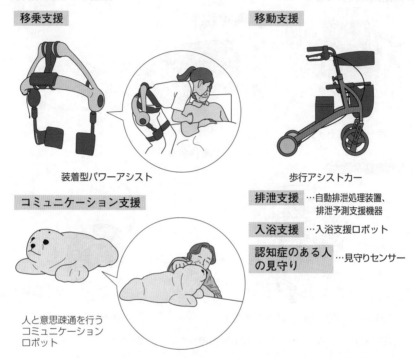

移乗支援

装着型パワーアシスト

移動支援

歩行アシストカー

コミュニケーション支援

人と意思疎通を行う
コミュニケーション
ロボット

排泄支援 …自動排泄処理装置、
排泄予測支援機器

入浴支援 …入浴支援ロボット

認知症のある人
の見守り …見守りセンサー

　また、現在は介護ロボットのほか、ICT（情報通信技術）やIoT（さ
まざまなものがインターネットで接続すること）を活用した福祉用具が
開発されており、今後も新しい技術の導入・開発により介護の効率化・
省人力化が進むことが期待されています。

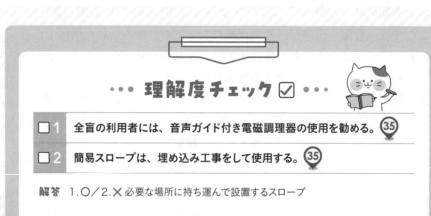

・・・ 理解度チェック ☑ ・・・

☐ 1　全盲の利用者には、音声ガイド付き電磁調理器の使用を勧める。㉟

☐ 2　簡易スロープは、埋め込み工事をして使用する。㉟

解答　1.○／2.✕ 必要な場所に持ち運んで設置するスロープ

Contents

介護過程

ここでは、他の科目で学習した知識や技術を統合して、介護
過程を展開、介護計画を立案し、適切な介護サービスを提供
するための実践的展開について学習します。
他の科目で学習した基礎知識も必要になるので、振り返りな
がら、介護過程の展開について学習しましょう。

Lesson **1**

介護過程の意義

\\\\ **Point**
- ☑ **根拠に基づいた介護を実践する**
- ☑ **介護過程はアセスメントなど4つで構成**
- ☑ **介護過程を循環させ、質の高い介護を提供**

❶ 介護過程とは

(1) 介護過程の基本理解

　介護過程とは、利用者が生活のうえで直面している問題の解決に向けて検討し、計画を立て、実施、評価する一連のプロセスのことです。このプロセスを介護職と利用者が共に踏むことによって、介護職は利用者の抱えている生活課題（ニーズ）を**客観的**かつ**科学的**に判断することができ、利用者が望むよりよい生活の実現に近づけることができます。

　介護過程の最終的な目的は、利用者や家族の尊厳を守り、その願いや思いにかなった生活を実現するために、適切な介護サービスを提供することです。利用者の心身の状況や生活様式、考え方、家族状況、経済状況などを十分に把握したうえで、「その人らしい日常生活」を理解しておくことが、根拠に基づいた介護の実践と利用者の自立支援につながります。

★介護過程を実践するうえでのポイント

- 尊厳保持の厳守
- 根拠に基づいた介護の実践
- 自立支援を目指す介護の実践
- 個別性の高い介護の実践
- 多職種協働によるチームケアの実践

(2) 介護過程の概要

　介護過程は一般的に、**アセスメント、計画の立案、援助の実施、評価**の４つで構成されます。

★ 介護過程の一連のプロセス

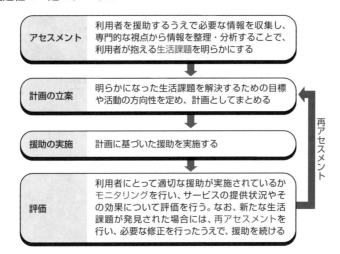

アセスメント	利用者を援助するうえで必要な情報を収集し、専門的な視点から情報を整理・分析することで、利用者が抱える生活課題を明らかにする
計画の立案	明らかになった生活課題を解決するための目標や活動の方向性を定め、計画としてまとめる
援助の実施	計画に基づいた援助を実施する
評価	利用者にとって適切な援助が実施されているかモニタリングを行い、サービスの提供状況やその効果について評価を行う。なお、新たな生活課題が発見された場合には、再アセスメントを行い、必要な修正を行ったうえで、援助を続ける

再アセスメント

② 介護過程と生活支援の関係性

　援助が必要な人々の生活は**個別性**が高く、目に見える問題に対応していくだけでは質の高い生活を維持することは難しいといえます。アセスメントの段階から利用者の全体像が把握できるよう**多角的・継続的**な情報収集に努め、利用者が望む生活の実現に向け、専門的視点から生活課題の明確化を図ります。そして、前記の４つの過程を循環させることによって、より質の高い介護の提供を目指します。

　長年介護現場に携わり、多くのケースを見てきた介護職の中には、自らの経験や先入観で利用者の状態を把握し、全体観や客観性に欠けた視点で援助を組み立ててしまうといったケースもみられます。同じような疾患や障害、家族構成であっても、利用者一人ひとりの背景はさまざまであり、生活課題も個別的です。個人の状態に合わせた根拠に基づいた援助を行うためには、適切な介護過程を展開することが必要です。

★介護過程の流れ

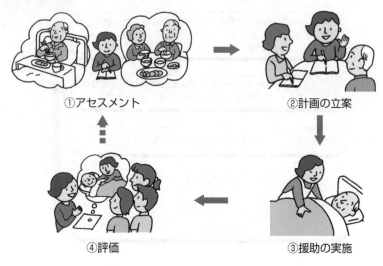

①アセスメント

②計画の立案

④評価

③援助の実施

・・・ 理解度チェック ☑ ・・・

☐ 1 介護過程とは、介護の目的を実現するための、客観的で科学的な思考と実践の過程のことである。㉖

☐ 2 介護職が望む、よりよい生活を実現することである。㉖

☐ 3 介護過程を展開する目的として、根拠のある介護を実践することがある。㉟

☐ 4 利用者の生活の質の向上は、介護過程の目的の一つである。㉝

☐ 5 情報は、多角的・継続的に収集する。㉘

解答 1.○／2.✕介護職ではなく利用者／3.○／4.○／5.○

重要度
A

Lesson *2*

介護過程の展開

Point

☑ アセスメントは客観的・主観的な視点が必要
☑ 目標は達成可能な内容であることが重要
☑ 援助内容は利用者等に説明し、同意を得る

❶ アセスメント

(1) アセスメントとは

　アセスメントとは、利用者から発せられる主観的な要求のことである**主訴（デマンド）**やADL、心身の状況、生活環境などの必要な情報を収集・分析し、利用者の**生活課題（ニーズ）**を明確にする一連の作業です。アセスメントにおいて、利用者の生活課題の直接的・間接的な原因を探ることにより、いくつかの生活課題に共通する背景などが見つかることもあります。介護職は、目標とする生活について利用者と話し合い、今後の生活のイメージを共有することが大切です。このアセスメントが適切に行われるかどうかが、その後の援助の質を決め、利用者の自立や自己実現に大きな影響を及ぼします。

(2) アセスメントの方法

　アセスメントには、**情報収集、情報分析・解釈、生活課題の明確化**、というプロセスが含まれます。これらを通して必要な援助とその根拠を明らかにしていきます。

❶情報収集

　情報収集では、利用者がどのように問題をとらえているかという利用者の**主観的**な視点と、問題の背後にある潜在的な要因を追究する介護職の**客観的**な視点の両面が必要となります。そのため介護職は、利用者の提供する情報だけでなく、その心理状態、面接時の態度や表情、行動などを細部にわたって観察・推測し、利用者の現状をありのままに受け止めます（受容）。

　さらに、利用者の家族や関係者（友人・隣人・職場の同僚など）のほ

か、利用者を専門的に見ることのできる人（関連機関の職員など）からの情報を収集していくことも、利用者を理解するうえで必要となります。なお、情報収集は、利用者の問題や状況把握に必要十分な範囲に限定するよう配慮します。

★情報収集の方法

面接	利用者との相談面接や生活場面面接などにおいて、場面に適したコミュニケーションをとりながら収集する
計測	基礎疾患や障害を原因とする心身機能の状態や、日々の体調などについて、医療機関による定期的な診断、バイタルサインなどから収集する
記録	日々の記録の中から、心身状況の変化や行動の傾向性を観察する。関係職種が作成した記録からも収集する

❷情報分析・解釈

収集した情報は、その意味を考えたり、根拠づけをしたりして、分析を加えます。それぞれの情報を関連づけて解釈することにより、利用者の生活課題が見えてきます。

❸生活課題の明確化

介護過程における**生活課題**とは、利用者が望む生活を実現するうえで解決しなければならない問題を意味します。実際の支援においては、①状態の改善・維持を目指すものと、②状態の低下・悪化を予防するもの、とに大別されます。生活課題が複数ある場合は、利用者のニーズと生活状況に合わせて優先順位をつけることが必要です。

❷ 計画の立案

（1）計画の種類

介護保険制度における計画は、**介護サービス計画**（施設サービス計画、居宅サービス計画）と**介護計画**（個別援助計画）の２つに大別されます。

介護サービス計画は**ケアプラン**ともいい、利用者にかかわるすべての専門職の計画を統合し、支援全体の方針を決定するものです。これは一般に、**介護支援専門員（ケアマネジャー）**が作成します。一方、介護計画は、介護サービス計画で掲げた目標を実現するために、各専門職がど

のように利用者にかかわっていくかを具体的に示したものです。

★ 計画の種類

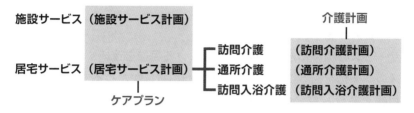

+1 プラスワン

介護計画（個別援助計画）

障害者総合支援制度においては「個別支援計画」とよばれ、訓練等給付などのサービスごとに作成される。

（2）目標設定

　介護計画の作成にあたっては、利用者やその家族と介護職間で協議を行い、生活課題の解決に向けた具体的な**目標**を設定します。目標は、利用者が望む生活を実現していくための援助の方向性を示すものであり、効果的な援助を実践するため、生活課題ごとに目標達成までの**期間**を設けます。

★ 目標と期間

長期目標	いつまでに、どのレベルまで解決するのかという、利用者が目指す最終的な状況や結果となる目標
短期目標	解決すべき生活課題および長期目標に対して、達成期限を設定して段階的に対応し解決に結びつける、具体的な活動の目標

　目標は達成可能な内容であることが重要です。単なる努力目標とならないよう、利用者の状態像に合った目標を設定します。

★ 目標設定の主なポイント

- 正しい予後を予測し、内容・時期ともに**達成可能**なものにする
- できるだけ数値化を図るなど**具体的**にし、抽象的な表現は避ける
- 利用者や家族が理解できるようにわかりやすく記載する
- 援助の優先順位が高いものから順に記載する
- 主語は主体者である利用者にする

(3) 援助内容の決定

　目標が決まったら、その達成のためにどのような援助が必要かを検討します。その際、次の点に留意します。

❶サービスの標準化と個別化

　サービスの標準化とは、介護計画における目標を達成するために、サービスの均一化を図ることをいいます。利用者にかかわるすべての介護職が目標を共有し自分の役割を把握するためにも、誰が読んでも同一のサービスを提供できる標準化された援助内容を示すことが重要です。

　一方、サービスの個別化とは、利用者個々の特性をふまえ、それぞれの生活習慣や価値観を尊重した援助を提供することをいいます。

❷説明と同意（インフォームド・コンセント）

　介護計画には、専門職ではない利用者や家族に援助の内容を正しく理解してもらえるよう、援助の方法・観察視点・頻度・留意事項など、誰が読んでもわかりやすい表現を使用します。また、利用者や家族が援助に主体的にかかわれるよう、援助内容について十分な説明を行い、同意を得ておくこと（インフォームド・コンセント）が必要です。

❸頻度・期間

　利用者の心身状態や家族の介護負担の程度などを予測し、援助の頻度と期間を設定します。

　援助が必要な生活課題が複数ある場合、サービスの開始時期や期間などがすべて同じである必要はなく、実情に合わせて計画的に導入するようにします。また、利用者や家族の要望を反映することは必要ですが、利用者の残存機能を活用し、自立した生活を支援していくためには、サービスの盛り込みすぎなどにならないよう配慮することが求められます。

❸ 援助の実施

(1) 援助の実施における基本的視点

　援助の実施において、介護職には、個別性・自己決定の尊重、自立支援と予防のほか、安全・安楽への配慮という視点が求められます。

　ただし、安全を優先することによって自立の意欲を阻害してしまい、

利用者らしい生活の実現が困難になったり、逆に、個別性・自己決定を尊重するあまり、安全に対するリスクが生じてしまったりする場合もあります。

したがって介護職は、これらのバランスを適切に保ち、効果的な援助を行うことが大切です。

（2）モニタリング

モニタリングとは、提供されたサービスが利用者のニーズと合致しているか、実施された援助が介護計画に沿って進んでいるか、問題解決のために行われた介入が実際に有効であったかどうかなど、利用者に提供された各種サービスの点検・確認を行うことをいいます。

人間の心や身体の状態は刻々と変化していますが、利用者の中には、心身の状態により自分の要望を的確に伝えられない人もいます。そのため、利用者からの主訴（デマンド）や、接したときの様子などから利用者のニーズをくみ取り、援助の妥当性を判断していくことが求められます。

★ モニタリングの判断基準

- 介護計画に沿ってサービスが提供されているか
- 援助目標が達成され、利用者の生活に改善がみられるか
- 個々のサービスが適切であり、利用者や家族が満足しているか
- 心身状況や環境の変化など、新しい生活課題が生じていないか

（3）記録

客観的な記録から、計画の有効性やサービス内容の妥当性を評価することができます。介護過程を通して、利用者の状況やニーズがどのように変化していったのかを評価するためには、①援助の**実施前**、②援助の**実施中**、③援助の**実施後**の３段階の記録が必要です。

★ 3段階の記録の内容

援助の実施前	援助を実施する前の利用者の心身の状況、主訴（デマンド）、生活環境などを記載
援助の実施中	実際に提供した援助の内容・方法と、それに対する利用者の反応や言動、介護職の判断と対応などを記載
援助の実施後	何がどの程度できるようになったか、残された生活課題は何かなど、援助目標の達成度を記載

> **記録の保存**
>
> 提供したサービス内容などの記録は、介護保険制度では2年間、障害者総合支援制度では5年間、保存することが省令で定められている。

❹ 評価

(1) 評価の目的

　介護過程は、介護計画に掲げた目標に沿って進められます。提供したサービスが、生活課題の解決や目標達成に向けて効果を上げているかを確認し、計画の妥当性を測ることが評価の目的です。評価は、利用者やその家族を含むすべての援助機関が効果的に機能しているかを測定するため、援助の目的・方向性を再確認する機会にもなります。

★評価に関する留意点

- 評価の内容は主体者である利用者にも伝える
- 援助を実施した際の利用者の反応も評価する
- 計画を立てたが実施しなかったものも評価する
- 目標が達成されても評価する
- 他の利用者の目標達成度と比較した評価はしない
- 評価の責任者は介護計画の作成者である

(2) 評価の項目と手順

　介護計画の評価では、結果だけを重視するのではなく援助を実践する過程も評価します。

★評価の項目と手順

プロセスの評価	実施されている援助が、当初の計画どおりに進んでいるかを評価する。手順等が変更されている場合は実態を把握し、必要な場合は計画を修正する
内容の評価	援助の内容・方法が、利用者のニーズ、状態に適しているかを評価する。現在の状況だけで判断するのではなく、予防や自立支援の視点をもって内容を精査する
効果の評価	援助の実践結果から援助方法の有効性を判断し、その成果が設定した目標に対してどのくらい効果を上げたかを検証する。効果が上がらなかった部分については、要因を検討し、必要な場合は目標を見直す
新たな生活課題への評価	援助を実施する過程で、新たな生活課題が生じていないかを評価する

（3）評価の視点

　評価は原則として、介護計画作成時に定めた**評価期間**ごとに行いますが、利用者の状態の変化や要望により、計画の見直しを目的として早めに評価を行うこともあります。

★**評価の視点**

短期目標が達成できた場合	長期目標に向けた新たな生活課題を検討する。また、短期目標達成後も状態の維持が必要なものについては、目標を設定し直して援助を継続するなど、**再アセスメント**を行う
短期目標が達成できなかった場合	達成できなかった原因を考え、新たな目標を検討する。原因には、介護計画の内容や実施が不適切、といったことが考えられる

> 利用者の状態が変化した場合にも、目標達成が困難になる場合があるので、関係者と協議のうえ、援助内容の変更や援助目標の修正が必要かを判断をするよ。

（4）評価の留意点

　次のような場合には、援助目標の達成状況が判断できないこともあります。

❶評価期間が適切でない

　援助の内容によっては、利用者の心身状況や生活に変化が現れるまでに一定の時間を要するものもあり、短期間では目標の達成状況が判断できない場合があります。逆に、評価期間が長すぎるものは、援助の結果なのか、時間の経過で得られた結果なのか判然としなくなってしまう場合もあるため、評価期間は適切な予測の基に決定することが大切です。

❷評価資料がない

　評価を行うには、援助開始時からの利用者の変化を把握していることが不可欠であり、援助に関する情報はできるだけ多く収集することが大切です。適切な評価を実施するには**記録**が重要な役割を担います。日頃から、評価を行うことを視野に入れ、必要な情報を盛り込んだ的確な記録を残すよう意識しましょう。

❸評価基準がない、もしくはあいまい

　目標の達成状況を判断するためには、目標が評価可能なものでなければなりません。「しっかり立つ」「きちんと食べる」「快適に過ごす」など、これらは日常的には頻繁に使われる表現ですが、これらが指す状況は個人の主観に委（ゆだ）ねられてしまい客観性がありません。評価の基準は、誰が活用しても同じ結果が導き出せる客観的なものが望ましいでしょう。

・・・ 理解度チェック ☑ ・・・

- ☐ 1　介護過程が評価する項目として、短期目標の達成度が最も優先すべきものである。㉟
- ☐ 2　情報収集はモニタリングを実施してから行う。㉞
- ☐ 3　生活課題とは、利用者が望む生活を実現するために解決するべきことをいう。㉞
- ☐ 4　アセスメントとは、具体的な支援計画を検討することである。㉝
- ☐ 5　介護計画は介護福祉職の価値観に沿って実施する。㉜

　　解答　1.○／2.✕ モニタリングとは、適切な援助が実施されたかどうかを確認することである／3.○／4.✕ 利用者の生活課題を明確にするのが、アセスメントである／5.✕ 介護福祉職ではなく、利用者の価値観に沿って実施する

重要度 **A**

介護過程とチームアプローチ

Point
- ☑ ケアマネジメントではケアプランを作成
- ☑ 介護過程では介護計画を作成
- ☑ チームケアは多角的な援助につながる

❶ ケアマネジメントと介護過程

　介護保険制度における**ケアマネジメント**は、要介護者や家族が抱える複数の生活課題（ニーズ）と社会資源とを結びつけるための援助技術です。一方、**介護過程**は、利用者が直面している個々の問題を解決するために専門的な方法によって援助する一連のプロセスといえます。個々の援助がケアプランに位置づけられた役割を十分に果たすことで、初めて要介護者や家族が抱える生活課題を解決することができます。多職種連携が重要とされる根拠はここにあるのです。ケアマネジメントと介護過程は、それぞれ別個のものとして理解しておきましょう。

★**ケアマネジメントと介護過程**

ケアマネジメント	介護過程
総合的な援助の方針を要介護者や関連職種と協議し、ケアマネジメントを展開する	ケアプランの目標に沿って各専門職が個別援助を展開する
ケアプランを作成	介護計画を作成

要介護者の生活課題の解決に向け、生活全般を対象とした総合的な援助を展開するのがケアマネジメントで、ケアプランの目標に沿って各専門職（介護職など）が個別援助（訪問介護や訪問看護など）を展開するのが介護過程だよ。

★ケアマネジメントと介護過程の関係（訪問介護の場合）

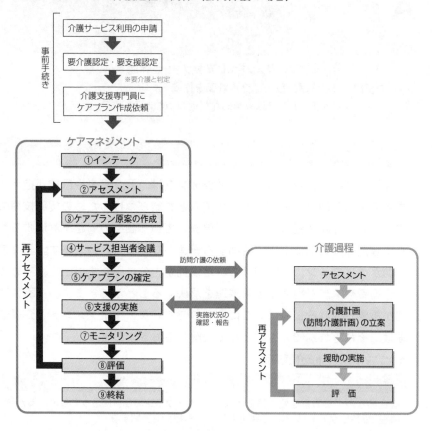

❷ チームアプローチにおける介護職の役割

（1）観察と連携

　介護職は身のまわりの援助を行うため、利用者の状態の変化に気づき
やすい立場にいるといえます。**バイタルサイン** p.345参照 のような計測
可能な要素だけでなく、食事の摂取状況や排泄物の性状、顔色、話の内
容などから「いつもと違う」「何かがおかしい」ということを素早く察
知することが求められます。「食事の進みが遅い」「言葉に詰まりやすい」
といった日常の小さな変化は、利用者の普段の状態を十分に把握してい
ないと見落とされがちですが、これが心身状態の悪化や急変の徴候であ

ることも考えられます。

　介護職には、ささいな変化であっても医療職への迅速な情報提供に努めることが求められます。

（2）援助にかかわる職種の専門性

　利用者の生活には医療・保健・福祉のさまざまな専門職がかかわりをもちますが、生活全般においてアセスメントを行う場合でも、その担当者の専門分野の特徴が強く出るといわれます。例えば、医療職がアセスメントを行うと、利用者の疾病（しっぺい）や障害の状態に関する情報分析が多くなり、介護職が行うと、利用者の日常生活をより快適に質の高いものとするための援助に視点が置かれるという具合です。

　こうした専門職ごとの視点の違いは、チームケアとして相乗効果を上げ、多角的な援助につながります。しかし、逆に連携が滞（とどこお）った場合は、偏（かたよ）った援助になってしまう恐れもあります。

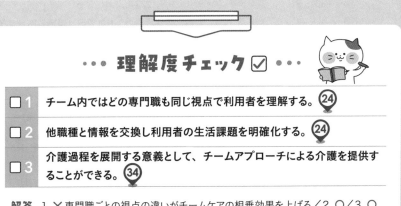

··· 理解度チェック ☑ ···

☐ 1　チーム内ではどの専門職も同じ視点で利用者を理解する。㉔

☐ 2　他職種と情報を交換し利用者の生活課題を明確化する。㉔

☐ 3　介護過程を展開する意義として、チームアプローチによる介護を提供することができる。�34

解答　1. ✕ 専門職ごとの視点の違いがチームケアの相乗効果を上げる／2. ○／3. ○

索引

545

·· Memo ··

介護保険 MAP

◉介護保険制度〜制度のお金の流れ〜

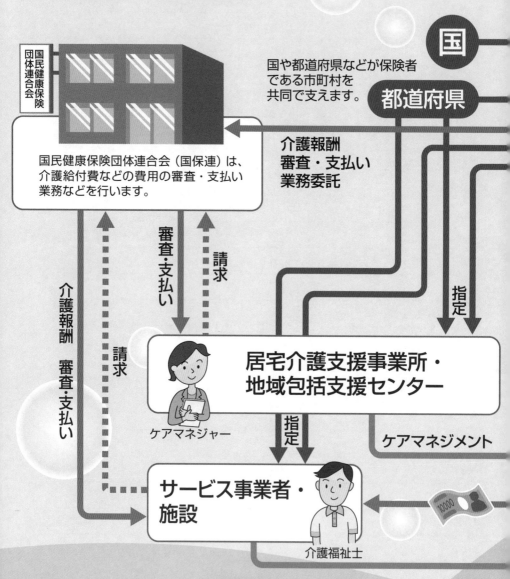

国や都道府県などが保険者である市町村を共同で支えます。

国民健康保険団体連合会（国保連）は、介護給付費などの費用の審査・支払い業務などを行います。

国

都道府県

介護報酬
審査・支払い
業務委託

審査・支払い

請求

指定

国民健康保険団体連合会

介護報酬　審査・支払い

請求

ケアマネジャー

居宅介護支援事業所・
地域包括支援センター

指定

ケアマネジメント

サービス事業者・
施設

指定

介護福祉士

介護保険のサービスは、都道府県または市町村から指定を受けた事業者や施設が提供します。
サービス費用は、保険給付分をサービス事業者等が利用者に代わって受け取り、利用者は利用料を支払います。

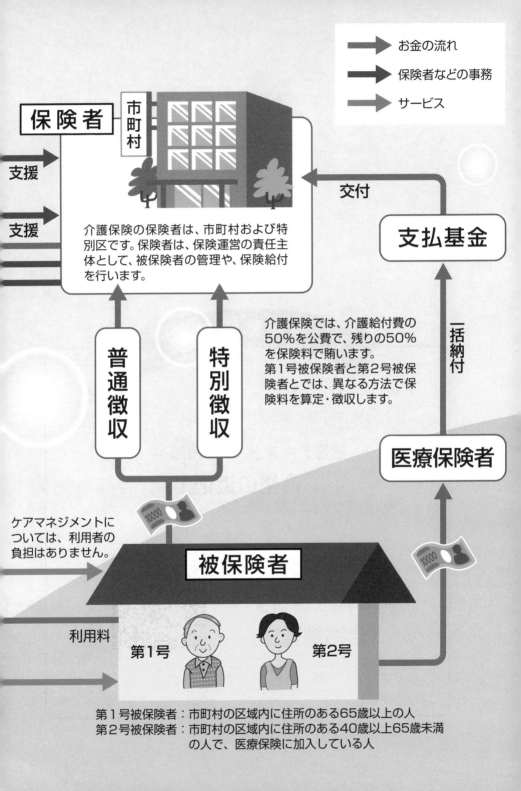

お金の流れ

保険者などの事務

サービス

保険者

市町村

介護保険の保険者は、市町村および特別区です。保険者は、保険運営の責任主体として、被保険者の管理や、保険給付を行います。

支援

支援

交付

支払基金

普通徴収

特別徴収

介護保険では、介護給付費の50%を公費で、残りの50%を保険料で賄います。
第1号被保険者と第2号被保険者とでは、異なる方法で保険料を算定・徴収します。

一括納付

医療保険者

ケアマネジメントについては、利用者の負担はありません。

被保険者

利用料

第1号　　第2号

第1号被保険者：市町村の区域内に住所のある65歳以上の人
第2号被保険者：市町村の区域内に住所のある40歳以上65歳未満の人で、医療保険に加入している人

特典動画 ▶

2025年1月
試験対応

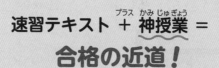

速習テキスト ＋ 神授業 ＝
合格の近道！

国家試験対策講師
飯塚慶子先生の
『速習テキスト』を使った
「合格勉強法」

飯塚慶子　介護福祉士　🔍

国家試験突破を強力サポート

2025年版介護福祉士試験対策書籍

ユーキャンだから効率的に学べる

- 合格に的を絞った内容で学習の負担軽減
- ていねいな解説で理解度アップ！
- 試験直前まで活用できる使いやすさ

効率的に学びたい受験者に最適！

過去5年分を徹底解説！

相互リンクでよくわかる！

よくわかる！速習テキスト
A5判　2024年5月17日発刊

よくわかる！過去5年問題集
〔赤シート付き〕
A5判　2024年5月17日発刊

読んで書いて知識を定着！

速習テキストにリンク

本試験をシミュレーション！

書いて覚える！ワークノート
B5判　2024年4月12日発刊

学習の総まとめに予想模試2回！

2025徹底予想模試
〔取り外せる問題冊子〕
B5判　2024年5月17日発刊

2024年3月末現在。書名・発刊日・カバーデザイン等は変更になる可能性がございます。

●法改正・正誤等の情報につきましては、下記「ユーキャンの本」ウェブサイト内
「追補（法改正・正誤）」をご覧ください。
https://www.u-can.co.jp/book/information

●本書の内容についてお気づきの点は
・「ユーキャンの本」ウェブサイト内「よくあるご質問」をご参照ください。
https://www.u-can.co.jp/book/faq
・郵送・FAXでのお問い合わせをご希望の方は、書名・発行年月日・お客様のお名前・
ご住所・FAX番号をお書き添えの上、下記までご連絡ください。
【郵送】〒169-8682 東京都新宿北郵便局 郵便私書箱第2005号
　　　　ユーキャン学び出版 介護福祉士 資格書籍編集部
【FAX】03-3350-7883
◎より詳しい解説や解答方法についてのお問い合わせ、他社の書籍の記載内容等に関し
ては回答いたしかねます。

●お電話でのお問い合わせ・質問指導は行っておりません。

2025年版　ユーキャンの介護福祉士　よくわかる！速習テキスト

2024年5月17日　初　版　第1刷発行	編　者	ユーキャン介護福祉士
		試験研究会
	発行者	品川泰一
	発行所	株式会社 ユーキャン 学び出版
		〒151-0053
		東京都渋谷区代々木1-11-1
		Tel 03-3378-1400
	編　集	株式会社 東京コア
	発売元	株式会社 自由国民社
		〒171-0033
		東京都豊島区高田3-10-11
		Tel 03-6233-0781（営業部）

印刷・製本　シナノ書籍印刷株式会社